9

«Ni está el mañana —ni el ayer— escrito.»

ANTONIO MACHADO
El dios ibero

1. La colección ESPEJO DE ESPAÑA, bajo el signo de Editorial Planeta, pretende aportar su colaboración, no por modesta menos decidida, al cumplimiento de una tarea que, pese a contar con tantos precedentes ilustres, día tras día se evidencia como más urgente y necesaria: el esclarecimiento de las complejas realidades peninsulares de toda índole —humanas, históricas, políticas, sociológicas, económicas...— que nos conforman individual y colectivamente, y, con preferencia, de aquellas de ayer que gravitan sobre hoy condicionando el mañana.

2. Esta aportación, a la que de manera muy especial invitamos a colaborar a los escritores de las diversas lenguas hispánicas, se articula inicialmente en siete series:

    I   los españoles
    II biografías y memorias
    III movimientos políticos, sociales y económicos
    IV la historia viva
    V la guerra civil
    VI la España de la posguerra
    VII testigos del futuro

Con ellas, y con las que en lo sucesivo se crea oportuno incorporar, aspiramos a traducir en realidades el propósito que nos anima.

3. Bueno será, sin embargo, advertir —puesto que no se pretende engañar a nadie— que somos conscientes de cuantas circunstancias nos limitan. Así, por ejemplo, en su deseo de suplir una bibliografía inexistente muchas veces, que cabe confiar estudios posteriores completen y enriquezcan, ESPEJO DE ESPAÑA en algunos casos sólo podrá intentar, *aquí* y *ahora*, una aproximación —sin falseamiento, por descontado, de cuanto se explique o interprete— a los temas propuestos, pero permítasenos pensar, a fuer de posibilistas, que tal vez los logros futuros se fundamentan ya en las tentativas presentes sin solución de continuidad.

4. Al texto de los autores que en cada caso se eligen por su idoneidad manifiesta para el tratamiento de los temas seleccionados, la colección incorpora un muy abundante material gráfico, no, obviamente, por razones estéticas, sino en función de su interés documental, y, cuando la obra lo requiere, tablas cronológicas, cuadros sinópticos y todos aquellos elementos que pueden complementarlo eticazmente. Se trata, en definitiva, de que cada uno de los títulos, en su unidad texto-imagen, responda a la voluntad de testimonio que preside las diversas series.

5. Sería ingenuo desconocer, empero, que este ESPEJO que, acogido a la definición que Stendhal aplicara a la novela, pretendemos pasear a lo largo del camino, según se proyecte a su izquierda o a su derecha recogerá, sin duda, sobre los mismos hombres, sobre los mismos hechos y sobre las mismas ideas, imágenes diversas y hasta contrapuestas. Nada más natural y deseable. La colección integra, sin que ello presuponga identificación con una u otra tendencia, obras y autores de plural ideología, consecuente con el principio de que ser liberal presupone estar siempre dispuesto a admitir que *el otro* puede tener razón. Aspiramos a crear un ágora de libre acceso, cerrada, única excepción, para quienes frente a la dialéctica de la palabra preconicen, aunque sólo sea por escrito, la dialéctica de la pistola.

6. Y si en algunas ocasiones la estampa que ESPEJO DE ESPAÑA nos ofrezca hiere nuestra sensibilidad o conturba nuestra visión convencional, unamos nuestra voluntad de reforma a la voluntad de testimonio antes aludida y recordemos la vigencia de lo dicho por Quevedo: «Arrojar la cara importa, que el espejo no hay de qué.»

RAFAEL BORRÀS BETRIU
Director

ESPAÑOLES DE MI TIEMPO

Salvador de Madariaga nació en La Coruña
en 1886, cursó estudios de ingeniero de minas
en Francia y desde 1921 desempeñó
importantes cargos
en la Sociedad de Naciones. En 1928
fue nombrado catedrático de literatura española
en la Universidad de Oxford, al advenimiento
de la República fue embajador de España
en Washington y París y en 1934 desempeñó
la cartera de Instrucción Pública en el gabinete
Lerroux. En 1936, tras ser elegido miembro
de la Academia Española, se instaló primero
en Ginebra y posteriormente en Oxford,
hasta que, en 1972, fijó su residencia
en el cantón suizo del Tichino. Entre sus
numerosos libros destacan *Shelley y Calderón*
(1920), *Guía del lector del Quijote* (1926),
Ingleses, franceses y españoles (1928),
España (1931), *Vida de Colón* (1939),
Vida de Hernán Cortés (1942) y *Memorias* (1974).

SALVADOR DE MADARIAGA

ESPAÑOLES DE MI TIEMPO

EDITORIAL PLANETA   BARCELONA

ESPEJO DE ESPAÑA
Dirección: Rafael Borrás Betriu
Serie: Biografías y memorias

© Salvador de Madariaga, 1974
Editorial Planeta, S. A., Calvet, 51-53, Barcelona (España)
Edición al cuidado de Carlos Pujol y Marcel Plans
Sobrecubierta: Martínez Aránega

Procedencia de las ilustraciones: Alfonso, Archivo Editorial Planeta, Autor, Cifra,
Consulado de Cuba, Edistudio, Espasa-Calpe, Fulgur, Keystone, Kettel, Mas, Rá-
fols, Salmer y Viñals Gisbert.

Producción y maquetas: equipo técnico de Editorial Planeta
Dirección artística y compaginación: Eduardo Asensio y Ángel Bueso
Primera edición: noviembre de 1974 (11.000 ejemplares)
Segunda edición: noviembre de 1974 (11.000 ejemplares)
Depósito legal: B. 48.275-1974
ISBN 84-320-5609-X
Printed in Spain/Impreso en España
Composición y compaginación: Talleres Gráficos "Duplex, S. A.", Ciudad
de la Asunción, 26-D, Barcelona-16
Impresión: Policrom, S. A., Tánger, 25, Barcelona-5

ÍNDICE

A Cécile y Carlos Prieto

Prólogo

ESTE LIBRO NO SE ME OCURRIÓ A MÍ. La idea de que lo escribiese nació en otro cerebro: el del editor José Manuel Lara Hernández. Con mi irresistible afición a escudriñar el porqué de las cosas, quise indagar la razón de tan extraño suceso, y di con dos: una, que yo tendía a ver mi experiencia de cerca de noventa años en su conjunto y sin separar sus componentes bípedos; la otra, que tenía proyectado otro libro sobre personas, sin limitarlo ni a mi país ni a mi tiempo.

Libro, claro está, muy distinto. Porque el primero, este que aquí voy prologando, es más fuerte de experiencia vital, mientras que el otro será más intelectual y crítico que personal e histórico. Con lo cual ya he dicho que en éste por fuerza habrá de intervenir más que en el otro eso que en astronomía se llama la ecuación personal del observador. Este pensamiento no ha dejado de elevar un obstáculo recio contra la idea de escribir el libro. Por muy seguro que me sienta de mi objetividad, siempre es de temer que el juicio personal perjudique al juzgado más que al juzgador; lo que a su vez recae con más peso sobre el juzgador que sobre el juzgado. A lo que viene a añadirse que los descritos, en cuanto objetos de juicio, ya no están aquí para responder y vindicar su acción.

Este último pensamiento me ha trabajado mucho. Finalmente, me he resignado a apartarlo de mi camino por pensar que todos estamos sometidos a la misma ley y que tampoco estaré yo aquí para hacer valer mi verdad cuando otros mañana digan la suya.

Salvador de Madariaga, Locarno, abril de 1974.

11

Diré ya en pro de este mi libro que puede aplicársele lo que al suyo aplicó Montaigne: «éste es un libro de buena fe». Si se observaren errores, no serán debidos a la mala voluntad sino a la dificultad inherente en el propósito, que ha sido el de tratar de presentar retratos verídicos y auténticos de tres docenas y media de hombres.

«Este libro no se me ocurrió a mí. La idea de que lo escribiese nació en otro cerebro: el del editor José Manuel Lara Hernández.»

Plan ya en sí ambicioso, que se le puede perdonar al autor quizá precisamente por lo que más parecería a la vez justificar su competencia y exponer su incompetencia para intentarlo. Este aspecto de dos filos en su persona no es otro que su posición singular y excepcional dentro de su época o tiempo. Este autor no ha pertenecido a ninguna «generación», a ningún partido, a ninguna escuela, a ningún grupo, clase, categoría, tendencia, región, en suma a ninguna formación de las que han entretejido la vida de España en lo que va de siglo. Sus poesías no se hallarán en ninguna antología, y Pedro Salinas escribió su artículo de Literatura española, para un diccionario de Literatura Universal, sin mencionar su nombre.

Con su propia mano en su propio arado, este autor ha labrado su propio surco; y cuando en 1931, no por escritor sino por embajador, se le nombró para la Junta Cultural del Ministerio de Estado, hizo observar a sus colegas que la Biblioteca Modelo que se regalaba a los países extranjeros —doscientos cincuenta volúmenes de autores clásicos y otros tantos modernos— contaba dos tomos del secretario de la Junta (cuyo nombre no recuerdo) y ninguno de este autor.

Emigrado desde sus años escolares por una como fuerza del destino, me he visto obligado a observar a mi país desde fuera aun más tiempo y con más intensidad que desde dentro. De aquí mi competencia y mi incompetencia para la labor. Predispuesto por mi manera de ser a la observación de los caracteres nacionales, he llegado a formular la clave en la historia de España como un subjetivismo más fuerte que el que adorna y aflige a los demás europeos. La incapacidad para reconocerlo así que se observa en no pocos intelectuales me parece proceder del mismo rasgo de nuestro carácter.

Un día, charlando con Maeztu en mi casa de Londres, me explicaba su indiferencia para con la música. Se puso en pie, se fue al piano, que estaba abierto y con un cuaderno de Bach a la vista, y tocó, leyéndolos, tres o cuatro compases. «¿Ve usted? Este último lo he tocado mal adrede. Esta nota es falsa, ¿no? Bueno, pues me tiene sin cuidado.»

Bonito ejemplo de subjetividad porque limpio de ideología y de personalismo. He aquí otro ejemplo mucho más pintoresco. Se refiere a las dificultades que tuve con Sánchez Albornoz sobre cómo organizar el trabajo en Ginebra cuando allí representaba yo a España. Pero de mi punto de vista poco o nada diré porque ya lo he hecho en mis *Memorias*. Estoy hablando aquí de la carencia de objetividad en los españoles. Y no hace falta más que dejar hablar al español de turno.

—*Vengo a pedirte el consulado de Ginebra —me dijo un día Juanito Teixidor, amigo mío e hijo de un viejo compañero de juventud de mi padre.*

—*¿Está vacante?*

—*Sí.*

—*Cuenta con él. Ordenaré tu nombramiento. Un abrazo.*

A los pocos días, me llama desde París Madariaga, embajador de España en Francia:

—Deseo que envíe usted a Teixidor a mis órdenes a la Sociedad de las Naciones.

—Imposible, Madariaga. Juanito (así le llamo yo) me ha pedido el consulado de Ginebra; es mi amigo y ya está acordado su nombramiento.

—Insisto en reclamarle.

—Perdone, Madariaga; comprenda que no puedo complacerle. Va a tenerle en Ginebra.

—No; quiero que esté a mis órdenes.

Corté. Al día siguiente, Madariaga llamó a Aguirre de Cárcer, mi subsecretario:

—Dígale al ministro que insisto en reclamar a Teixidor.

—Aguirre, convenza a Madariaga de que no me es posible faltar a mi palabra. Soy un hombre de honor. Le enviaré a quien quiera.

—Madariaga me ha dicho que si no envía a Teixidor, dimite la Embajada.

Me harté:

—Dígale a Madariaga que, si dimite, le acepto la dimisión. El ministro soy yo.[1]

Pura maravilla. Viene a verle Teixidor, le pide un puesto; y él, como Albornoz, se lo da sin enterarse de nada como ministro; y cuando yo (claro que no con los modales autoritarios que me presta y que se dan de cachetes con mi carácter) insisto en que necesito otra manera de tener a Teixidor en Ginebra, se incomoda y me amenaza con aceptar mi dimisión, todo sin la menor idea de cómo estaba el asunto en sí, sino tan sólo en relación con su promesa y su honor. Maravilla de subjetividad.

De esto ni se da cuenta el eminente historiador. Él ha dado su palabra, como lo cuenta, sin consultar un papel, una persona, es decir sobre una base puramente subjetiva; cuenta las cosas según su sicología y me la atribuye a mí, y no hay más que hablar. ¿No es evidente —arguye a la tácita— que la palabra dada a un amigo es más sagrada que el interés del país?

Sucede que su relato viola dos de los rasgos más firmes de mi carácter. Detesto el mando y no sostengo el rencor. Importa poner esto en claro

---

1. Claudio Sánchez Albornoz: *De mi anecdotario político.* Losada, Buenos Aires, 1972.

porque es bueno que el lector no desconozca del todo al que le pone delante cuarenta españoles.

Tarda uno más en conocerse a sí mismo que en conocer a los demás. Yo he tardado más de media vida en darme cuenta de que detesto el mando, el de arriba abajo y el de abajo arriba. Creo poder afirmar que no he dado una orden en mi vida. Subordinados he tenido, pero los he tratado siempre como a compañeros; y casi siempre he logrado que mis jefes me trataran a mí sobre el mismo pie. Ni al servicio he tratado jamás sino de usted, rogando o sugiriendo y explícitamente agradeciendo lo que por mí se hacía. Hoy, mirándolo todo retrospectivamente, creo que esta detestación del mando radica en una profunda aversión a humillar al otro. Cuando he estado demasiado seguro de que el otro se equivocaba, he preferido callarme a argüir con tan excesiva ventaja. Quizá sean éstas las verdaderas raíces de ese hondo anarquismo ibérico que es la pasión que ha alimentado mi lucha por la libertad.

La idea de que yo fuera a luchar con tesón por querer tener a Teixidor o al Moro Muza a mis órdenes, es pura fantasía. ¡Bastante tengo yo con tener que darme órdenes a mí mismo y aún quiere Albornoz que vaya a buscar a otro para que también le dé órdenes! Increíble para mí.

Y otro tanto digo del rencor. Que yo guarde rencor a Albornoz por esto o por lo otro, ¿*para* qué? El rencor es en mí fuego de paja pronto apagado. Estas páginas dan constante frecuencia de ello. Y el colmo es que a ese rencor inexistente atribuye Albornoz que yo considere como obra de Fernando de los Ríos la creación de la Junta de Estado, que para él es obra suya. Esto es encantador. Porque la Junta de Estado, que yo atribuí a Fernando, resultó ser idea de Martínez Barrio, el cual me escribió para que yo rectificase; y yo me limité a reproducir su carta tan serio; y ahora resulta que es obra de Albornoz; siendo así que esa idea era mía; y el que la mató, como tantas otras cosas de Estado, fue precisamente Azaña, el jefe del partido de Sánchez Albornoz, aunque ya el pobre toro se tambaleaba alanceado por los picadores socialistas.

Quien contemple esta galería de retratos desde cierta distancia, para no perderse en dimes y diretes, podrá dar testimonio de la riqueza y el vigor de los españoles. No sólo de los que me he atrevido a esbozar sino

15

de los que he tenido que renunciar a traer al grupo, ya por una causa ya por otra. Sánchez Román, Romanones, Bagaría, Casares Quiroga, Negrín, Ricardo Baeza, Gabriel Miró, Joaquín Maurín, Luis Cernuda y tantos otros. Los retratados y los que faltan y aun los que por estar afortunadamente en vida, como Albornoz, como Segovia, no eran elegibles, ¡qué grupo de hombres de hondo interés humano reúne aquí el azar de una selección individual! ¿Vamos a extraviarnos en un análisis de defectos y cualidades? ¿Qué significan estos vocablos sino juicios de valor sólo aplicables a tales o cuales circunstancias que hacen actuar nuestros rasgos morales ya en un sentido ya en otro? Y cuando nos arriesgamos a alabar o condenar tal éxito o tal fracaso de nuestra historia, cómo cayó la monarquía o por qué fracasó la república ¿no queda lugar para la sospecha de que tales accidentes históricos no sean sino síntomas de hipertensión colectiva?

Con permiso de la Facultad médica española, me permitiría exponer la enfermedad política de España como un caso de alta presión. Cada individuo siente su yo henchir no sólo el espacio vital que como célula del cuerpo nacional le corresponde, sino el mayor posible allende, hasta que se tropieza con las paredes de las células vecinas, sus propios conciudadanos, todos afligidos como él de un yoísmo inmoderado; de modo que, hecha la suma integral, el cuerpo nacional sufre de hipertensión. Lo que le duele a España no es la flojera de los individuos que la componen, sino la excesiva presión de cada uno de sus *yos*.

Ábrase, pues, a nuestro pueblo el espacio que ha menester para que el yo de cada cual halle su equilibrio. Désele más trabajo, más libertad, más medios no sólo de consumir el alimento, el bienestar, el solaz, sino de dejar arder ese fuego que es la vida y que aspira a consumirse a sí mismo. Lo que España pide no es una sociedad de consumo de mercancías, sino una sociedad de consumo de vidas, no en la muerte mutua sino en la vida hambrienta de ser.

Pero ese hiperyoísmo del español redunda en perjuicio del conjunto puesto que todo lo que rebasa el ámbito natural de la actividad del yo invade los ámbitos naturales vecinos, y de este mero hecho ecológico nace la envidia, la pasión más contraria al ser colectivo que darse puede. Quien haya observado bien la actitud de un grupo de aves —gaviotas o gorriones—, a quienes se echa a voleo un cesto de pan, sabrá que los picos se abren y los ojos se disparan menos para ver y tragar el trozo que a cada cual llega que para otear con disgusto el trozo que se va a llevar el otro.

Quizá vaya en ello también algo de nuestra arraigada anarquía. Las fuerzas sociales suelen tener una componente horizontal, de mera relación, y otra vertical, de mando-obediencia. Esta componente me inspira verdadera aversión, no sólo cuando para mí significa obediencia, sino, quizá aún más, cuando implica mando. Mi ideal sería un mundo en el que cada cual hiciera lo que le pareciese (no precisamente lo que le diera la gana) y todos estos actos libres se armonizaran. Absurdo, ¿no? Pero ahí está el ideal. La hermosura de lo imposible.

Tercer impulso de raíz en este modo de ser y de sentir, quizá lo sea mi fuerte tendencia a la espontaneidad, en un mundo de gentes calculadoras. Detesto el cálculo más aún que el mando; y nunca obro con «segundas» porque ya las «primeras» me causan bastante hastío. Este rasgo de mi carácter puede explicar algo de lo que me sucede tanto en el plano de la acción como en la esfera del pensamiento. Lo espontáneo en el pensamiento es la intuición. La intuición, servida por la emoción, lleva a una actitud vertical. El pensador-sentidor, como vertical que es, rehúye los libros y la erudición, los diplomas y las profesiones. Su vocación es más fuerte que su profesión.

Véase así cómo he sido toda mi vida (sin proponérmelo) hombre de improvisación, de salto de una carrera a otra, de cambio de un ambiente a otro, de lo que tan donosamente llamaba Ortega *adamismo*. Entre otras muchas pejigueras que me ha causado esta proclividad, la más pertinaz y terca quizá haya sido una hincha o tirria que me han profesado siempre ciertos eruditos de excesiva horizontalidad, aquellos cuyo pensamiento viaja de libro en libro y que se resisten a creer que nadie pueda hallar nada cerrando los ojos en vez de ponerse unas gafas.

No voy a meterme a fondo en este tema, que me llevaría a defenderme contra gentes que, por no hallar qué decir en contra de mis libros, inventan cosas. Hay quien todo lo marra o echa a perder por empeñarse en protestar contra la idea que —según él— tienen de mí fuera de España, cuando los españoles saben que hay mejores plumas que la mía en la España de hoy; y a tal fin me ha achacado plagios de libros que no he leído, probando con ello que él no ha leído ni los míos que critica. A este nivel, no discutiré con quien me ataque.

Pero sí describiré lo que me ha ocurrido a nivel más alto. No lo hago de buena gana, pero sí por necesidad, puesto que es menester restablecer la verdad cuando se ha torcido. Se trata nada menos que de J. Vicens Vives, uno de los buenos historiadores que España ha dado en nuestros días y al que se debe una onda de rejuvenecimiento en nuestra historiografía, de la que debemos todos estarle agradecidos.

Fallecido en la flor de la edad, Vicens Vives no estuvo en Oxford (que yo sepa) más de una vez y tuve la mala suerte de hallarme fuera cuando por allí pasó. Como lo sabe muy bien mi amigo Trueta, yo abrigaba el deseo y la esperanza de conocer personalmente a un académico cuya obra me inspiraba tanta admiración: pero no lo quiso así el sino o la Providencia. Ya años después de su muerte, recibí de otro amigo catalán y excelente historiador, el padre Batllori, un ejemplar del volumen de la *Obra dispersa* de Vicens Vives, referente a España-América-Europa. En el erudito ensayo inicial sobre la historiografía española, el autor tiene la amabilidad de decir (p. 32): «También han de caber aquí las obras de Salvador de Madariaga, las cuales pecan por ser excesivamente interpretativas, aunque no puede negarse vivacidad e inteligencia a la producción de este notable publicista.»

Hasta aquí, crítica irreprochable para un historiador cuyo criterio difiere del mío. Pero cuando leemos la reseña de la versión inglesa de mi *Auge del imperio español* ya estamos en un tipo distinto de crítica que, por mucho que lo desee, no puedo pasar por alto, precisamente por tratarse de autor tan eminente. La actitud general del autor es la del erudito poco amigo de que meros «aficionados» le pisen el terreno. «Sin grandes sorpresas, nos lleva en la última parte a las conclusiones generales...» «Este libro contribuirá, sin duda, a disipar muchas prevenciones entre los lectores de lengua inglesa sobre la obra de España en América. En cambio, no les informará adecuadamente sobre el estado actual de la bibliografía española y americana sobre tan vasto asunto.»

Típico del erudito. Libros sobre libros sobre libros. Pero —y aquí viene lo grave— quiso la casualidad que eso de «sin grandes sorpresas», es decir, sin traer nada nuevo, viniera justo después de esta frase: «el autor examina (...) los dos grandes períodos de evolución histórica de las Indias: el austriaco y el borbónico. Este último recibe el nombre de *whig*.» ¿Sin sorpresas? ¡Pues buena fue la mía cuando me enteré por el historiador que me criticaba de que yo llamaba *whig* al período borbónico de las Indias! ¿De dónde habrá sacado tan peregrina idea Vicens Vives?, me preguntaba yo. ¿*Whigs* los Borbones? ¿Cómo iba yo a aplicar a los

LERROUX

Borbones, en relación con las Indias, una palabra inglesa de origen escocés para designar un matiz político-social sutil y complejo aun en la misma Inglaterra? Mientras así le daba vueltas a aquel enigma, vi la solución con súbita luz de evidencia. Como título a todo aquel capítulo de la venida de los Borbones, había escrito yo THE COMING OF THE WIG y Vicens Vives había leído WHIG por WIG: pero *wig*, sin H, quiere decir *peluca*. Lo que los Borbones traían era la peluca. Resolví el enigma; pero en su lugar surgió otro:

La peluca y su llegada a España da el tono a todo el capítulo. De la peluca se habla en párrafos enteros. *Al confundir* WIG *con* WHIG *lo que demostraba Vicens Vives era que no había leído mi libro.* Leyó el título, y además mal, pero nada más; de haber leído media página más, no habría cometido error tan garrafal.

Convengo, pues, en el derecho que a todo escritor asiste de expresar su opinión libre sobre los libros que lee; pero no sobre lo que sólo ha ojeado u hojeado. Y yo he padecido no poco de críticos que no se molestan en leerme antes de criticarme. Obligado me veo, pues, a rogar al lector que considere que el grado de objetividad que creo haber logrado en estas páginas ha exigido un grado adecuado de disciplina.

No lo diría si ello no redundara más que en elogio del autor del libro; pero el caso es que, quizá sin excepción, los hombres a quienes van dedicados los capítulos que siguen presentaban todos dotes humanas de bastante singularidad para no sólo permitir mi objetividad sino hacerla obligatoria como cosa de mera honradez. Quizá se me permita calar algo más hondo en esto. Estos hombres que aquí intento resucitar vivieron momentos de fuerte dramatismo en la historia de España, en la que todos entraron por la triste puerta de 1898; y tuvieron que habérselas no sólo con un país que al fin liquidaba sin gloria un imperio ganado con tanta, sino con una nación donde por primera vez y en un ambiente moderno, entraba el pueblo en escena con más fuerza en el pie que claridad en la cabeza; mientras que la historia europea pasaba por dos tremendos terremotos históricos, y la doctrina de Marx erigía un imperio casi omnipotente rodeado de países en casi ruina moral dentro de armazones de asombrosa riqueza física.

Estos hombres intentaron hacer una nación española más adaptada a la curiosa mezcla de invención, osadía, confusión y despiste que viene a ser hoy la política universal. Se dividieron en dos bandos: tradición contra progreso, sin ver que la tradición es el río visto hacia monte y el progreso el mismo río visto hacia valle; y, herederos de una tradición monoideica y de un progreso reconquistador, fueron a dar en una guerra civil que dejó exhaustos a unos y otros.

Aquí los vamos a ver luchando con un destino adverso y cruel; observados por uno de ellos que, como ellos, hizo lo que pudo por no errar y erró como todos ellos; pero del cuadro que en su conjunto todos forman no deja de desprenderse cierta esperanza que no habrá que dejar volar en alas de ninguna ilusión: la esperanza de que los que un día habrán de seguir nuestros pasos se encuentren con un terreno ya reconocido y no yerren como lo hicimos nosotros; así será si al menos han aprendido que hay que respetar lo que es como es aun para cambiarlo en lo que debiera ser.

Tocó en suerte a estos hombres habérselas con las repercusiones en España de la tremenda revolución, mucho más social que política, que sacude el planeta de 1914 a nuestros días: trayendo el centro de gravedad de nuestra vida del cielo a la tierra, del alma al cuerpo, del sacerdote al médico, del hombre de Estado al técnico; y como consecuencia, el rejuvenecimiento y la liberación del cuerpo y el paso de una civilización dominada por el hombre a otra dominada por la mujer.

Y se daba el caso de que aquellas orientaciones, ideas generales, reglas, maneras que hasta 1914 habían plasmado el Occidente eran precisamente las que más y mejor venía encarnando España por lo menos desde los siglos de la dinastía austriaca. Vista con esta perspectiva, la República sólo fue leve onduela en un rabión del río de nuestra historia que todavía dura. Las diferencias entre un hombre revolucionario, anarquista-comunista, buena persona de transparente honradez, como Pestaña o Joaquín Maurín por un lado, y hombres como Canalejas, Maura, Cambó, de igual honradez y perspectiva contraria, son menores que las que distinguen a estos cuatro de hombres como Olózaga o Narváez, de O'Donnell, Pi y Margall, Madoz o Prim. Éstos se batían en una sociedad caduca que ni siquiera se daba cuenta de que estaba ya muerta. Aquéllos hablaban ya por ver de armonizar las cosas con el ser español.

En lo cual se daba ya un progreso considerable, pero no suficiente ni para el ajuste de las cosas ni para el acuerdo entre las personas. Por esa misma ley natural del carácter español que trata siempre de imponer el yo al mundo que lo rodea, la labor política en España, aun centrada como ya estaba en el siglo xx en lo real y no en lo aparencial, cayó en el error de aspirar a adaptar el pueblo a las ideas en vez de adaptar las ideas al pueblo.

Ésta es la esencia de la lucha y la explicación de su siempre renovado fracaso. Porque si estos hombres (como quizá lo vieron alguno que otro entre ellos) se hubiesen propuesto adaptar sus ideas al pueblo, se hubieran encontrado con sus adversarios en el pueblo, y llegado así a la paz civil; mientras que, al empeñarse en adaptar el pueblo a sus ideas, que formaban como mínimo dos sistemas incompatibles, dividieron al pueblo y lo obligaron a la guerra civil.

Este error general es la causa de la tragedia española, que a su vez concede cierta nobleza a todos y cada uno de los españoles de mi tiempo que la vivieron en su carne.

Casi todos los ensayos que aquí van son inéditos. Los que no lo son se publicaron antes en revistas, todos menos el relativo a Santiago Alba, que vio la luz como prólogo a la biografía que de aquel prohombre publicó el señor García Venero (Madrid, 1963). El relativo a Ortega salió en el dominical de ABC; el de Menéndez Pidal, parte en la Revista de Occidente y parte en Cuadernos Hispanoamericanos.

El libro es un rosario de recuerdos personales. En detalles de investigación sobre lo que había esfumado el tiempo, me han sido de gran utilidad sobre todo mi hermana Pilar y el antropólogo navarro, hoy instalado en Oxford, Juan Antonio Jáuregui. La duquesa de Alba ha puesto a mi disposición excelente documentación relativa a su padre. Para el buen equilibrio y juicio de lo que va dicho, he contado sobre todo con el buen consejo de mi mujer, y si en algo peca el libro a este respecto, culpa será mía y no suya.

Al abordar a Unamuno y a Lorca, he sentido tan fuerte preferencia por mis dos elegías sobre todo lo que pudiera añadir a sus dos figuras, que he optado por reproducir estos dos poemas como colofón de mi libro.

José Echegaray

(1832-1916)

De todas las figuras españolas que en estas páginas me propongo evocar, son Echegaray y Galdós las que más nos remontan, en el siglo XIX, hasta casi la generación de sus comienzos. Nacidos el uno en 1832, el otro en 1843, evocan la España romántica de la que es Echegaray, por lo menos, epígono, y se evade Galdós por la mera potencia de su genio.

Físicamente, eran de tipo opuesto: chiquitín Echegaray, alto Galdós. Y aparte otras diferencias más significativas, Galdós no ponía los pies en el Ateneo, mientras que a Echegaray le agradaba aquel lugar, rasgo gracias al cual me fue dado conocerle. Regresé a España, ya ingeniero de Minas de la Escuela de París, en 1911, e ingresé en la Compañía de Caminos de Hierro del Norte de España, donde trabajé hasta mi segunda expatriación en 1916. En ese intervalo, solía ir, al caer la tarde, a solazarme en el Ateneo.

Al pie de la ventana de la Cacharrería, toda reluciente de los brocados azules nuevos que remozaban sus butacas, solía instalarse don José Echegaray. Casi desaparecía en aquella ilustrísima hondonada, chiquito y marfileño, con el cráneo abollado por la ciencia matemática, los ojos sonrientes tras unos lentes en bicicleta, sujetos por ancha cinta negra; siempre vestido de negro, muy pulcro, el cuello de la camisa duro, y una corbatica de terciopelo negro un si era o no era negligentemente anudada, flotando apenas con cierta reserva sobre la camisa almidonada; una mano fina y marfileña posada sobre el bastón, de pie entre las piernas.

Del 12 al 16, años en que lo vi, le hablé y le escuché, pues era llano y sencillo y nada engreído por su doble fama de matemático y de poeta, andaba en los ochenta. Solía hablar más con un ingeniero de Caminos retirado, no mucho más joven que él, y que, de su larga estancia en las

Filipinas se había traído un matiz amarillento, ciertos rasgos achinados y una dentadura, también muy amarilla, en la que faltaban más soldados en filas que los que quedaban para formar. Este hombre, sin embargo, lograba hacer su rostro ameno y agradable por su mero buen humor, su talante algo volteriano e indulgente y su mucha experiencia.

Ambos viejos solían quedarse al margen de los debates de la sala de actos y aún más de las apasionadas discusiones de la Cacharrería. Las grandes figuras de la nueva generación pasaban, entraban, salían, se sentaban, gesticulaban. Los ultranuevos —Lequerica, Calvo Sotelo— comenzaban a despuntar. Azaña, ya activo y retraído en su desdén universal, pasaba hacia algo concreto e inmediato; García Sanchiz observaba y bromeaba ya, a caza de mariposas verbales; Victoriano García Martí, erguido y soleado el rostro, los ojos pensativos tras los quevedos, buscaba en aquella casa docta cómo lograr la síntesis de su lirismo gallego y de su actividad catalana; leía, leía siempre Fernando de los Ríos, y pasaba con cínica sonrisa el diminuto Benavente, chupando un puro casi tan grande como él.

Pasaba como semioculta y escurridiza la sombra de Vidaurreta, mueca en boca o boca en mueca, como temiendo oír de pronto el estribillo que se agazapaba en los rincones:

Vidaurreta es un muchacho
que nos hace la viñeta,
Vidaurreta,
Vidaurreta,

y en los rincones se conspiraba a la política menuda. Allí, Cristóbal de Castro, muy bien ataviado siempre, zapatos deslumbrantes, perla en corbata, la barbilla cubana y el acento todavía un poquitín de allá, preguntado si era ya canalejista, se miraba el reló de pulsera y levantaba apenas una punta del velo del misterio: «todavía no»; feliz ignorante de que también él tenía su estribillo:

Se cree la mar de listo
y es más bruto que un camastro.
Huyamos todos de Cristó-
bal de Castro.

Había un ateneísta suizo —¿diose jamás palabra más expresiva de ese lazareto en que la opinión española (algo como la inglesa) tiene apartado al intelectual?—; digo, pues, que había un ateneísta que semejaba a Jesucristo, alto, rubio de barba corta partida por gala en dos, que a no ser por los lentes a los que asomaban sus ojos azules, hubiese impresionado como una imagen viva del Mesías. Era vegetariano, y usaba sandalias y pie desnudo. Su evangelio era la dieta y el ejercicio, y su adversario ideológico y profesional era el maestro de esgrima. «No cabe imaginar —decía— ejercicio menos apto para descanso y solaz del intelectual», en lo que me parecía que llevaba razón, porque detesto la esgrima, pero no en lo de la dieta, porque me gustan los buenos manjares, ni en lo del ejercicio, porque me aburre como casi todo lo que es bueno para la salud.

Por allí caía a veces un fulano cuyo nombre se me ha disuelto en el tiempo, fornido, espeso de lengua y espíritu, que ya años antes me había contado que por doquiera que iba gustaba lo que de bueno de mesa y tálamo tenía el país; el cual, al verme un día en la Cacharrería tras años de ausencia, me preguntó si era yo hermano de un ingeniero del Norte que solía ir por allí años antes, y me pareció oportuno contestar que éramos gemelos, con lo cual se atenuaba la trola. «Tanto —le confirmé—, que nos han sucedido la mar de confusiones»; y lo dejé así. Pero no él, que era concreto hasta en sus placeres. «¿Por ejemplo?» «Pues mire usted, un día estuve yo hablando con uno, así como ahora estoy hablando con usted, y lo menos tres cuartos de hora, y luego resultó que era con mi hermano con quien había estado hablando.» Se me quedó mirando. «Pero, ¿cómo?, no lo entiendo... y usted se creyó...» «Pues sí. Como nos parecemos tanto, no me di cuenta.» Me miró un rato en silencio y se marchó, y yo pude seguir con mi Valle-Inclán.

El cual no iba mucho por el Ateneo. Benavente era siempre el más rodeado, quizá por su lengua viperina, que iba bien (pese a la mezcla de especies) con su aspecto de caballo de ajedrez o de mar, todo en volutas, las de su cuerpo, las de sus bigotes y las del humo de su puro, tan grande que me hacía a veces preguntarme a solas: ¿quién fuma a quién? Afirmaba don Jacinto que doña Emilia Pardo Bazán, encareciendo la suciedad de una fámula suya, decía «que ni siquiera se quitaba esas costras que todos tenemos en las pantorrillas»; y al afirmar otro del círculo que a doña Emilia, por lo mucho que copiaba, sería fácil dejarla desnuda... interpuso el caballito calvo y rizado: «desnuda con un folleto alante y otro atrás».

Al chiste, apenas si amanecían los ojos negros, siempre ceñudos, o adormilados, o recelosos de no comprender, del gran Dubois (pronunciado a la española), siempre acicalado, correcto, ventrudo, bastón en mano, de profesión ateneísta, calvo con moderación, barba negra bien recortada, tan sólo contera al mentón fuerte, excelente y misterioso sujeto que me miraba siempre con ojos de duda y respeto desde que había dejado pasar, indiferente y pasivo, una ocasión de ganarme 250 pesetas por una conferencia que no quise hacer; «claro, usted aspira a otras cosas», interrogaba con los ojos negros...; y de todo se sonreía Vegue y Goldoni con sonrisa de niño que procuraba intelectualizar para hacerla digna de su segundo apellido. Si Vegue, ¿por qué no Vighi, que parecía como el caso siguiente de la misma declinación? Tanto que hubo alguien (a lo mejor fui yo) que procuró hacerla completa:

Nominativo: Vaga
Genitivo: Vegue
Dativo: Vigui
Acusativo: Whisky
Vocativo: Carece
Ablativo: Huici

el cual también rondaba por la ilustre sala y no precisamente silencioso.

Curioso lugar, aquel Ateneo que se concebía a sí mismo como una academia helénica, pero que vivía en realidad en paz bovina, de vez en cuando soliviantada por llamaradas de pasión. Cuando cruzaban sus salas y recovecos aires políticos, la serenidad filosófica se la llevaba el huracán, y las disputas tomaban el estilo de Aquiles o de Hércules más que el de Sócrates o el de Platón. En el fondo, se percibía un aroma de cocido casero bajo el humo de las abstracciones. Recuerdo que en un debate sobre este tipo de tema, abstracto pero con vistas al cajón del pan, di por primera vez una opinión que tantas veces me ha hecho confirmar la experiencia: que los abogados son de lo mejor que tenemos en España, la gente que más y con más tenacidad ha laborado por hacer de la Península un centro genuino de civilización humana; y claro que tuve que añadir a mi guisado una pizca de yerbabuena de ironía: «Dios se lo pague (a los abogados) haciendo que disminuyan los pleitos, que es lo que debe desear toda persona amante de la justicia.»

Los ases de la política se dejaban ver de cuando en cuando, cuidadosos de recoger hasta la última gota de la esencia prestigiosa que aquella casa destilaba. Para estos fines don José Echegaray era un destilador de prestigio nada desdeñable, ya que encarnaba una verdadera trinidad de actividades: la ciencia, el teatro y la política, en la que figuraba no quizá como de los más empeñados, pero con un historial que no carecía de distinción.

No creo que en la ciencia haya Echegaray contribuido gran cosa al proceso siempre indefinido del saber; ni aun que pudiera considerársele como un espíritu creador en la matemática. Quizá, por paradójico que parezca, sea su teatro la obra más matemática de su fértil cerebro; que Echegaray no deja de evocar a Calderón en las simetrías de sus estructuras dramáticas y en cierta impresión mecánica que dejan en el ánimo aun sus dramas más románticos.

Don José Echegaray tenía un hermano que se llamaba Miguel y que, pese a la elevada alcurnia del sabio don José, cultivaba el género chico. La obra más famosa de don Miguel es *Gigantes y cabezudos*, zarzuela que

«...una mano fina y marfileña
posada sobre el bastón...»
(Echegaray por Joaquín Sorolla.)

«...pasaba con cínica sonrisa
el diminuto Benavente,
chupando un puro
casi tan grande como él.»

intentaba recoger en una especie de torbellino de patriotismo y de sentimiento familiar las tristezas del 1898. Miguel Echegaray era al pueblo y a la clase media modesta algo así como lo que José Echegaray era para la clase más pudiente y de más aspiraciones —si no exigencias— culturales.

Ambos procuraban dar sendos campos de escape y de evasión de sí mismos a los públicos a los que dedicaban su labor. Eran todavía aquéllos los días que Ortega describió con tanto acierto y resonancia, en su discurso de la Comedia, de los gobiernos de alucinación; los días de la hojarasca oratoria, el entusiasmo como llama sin fuego y la esperanza como horizonte sin campo; días en los que parecía que se preparaba algo así como una explosión del vacío.

Aquellos dos hombres sinceros y honrados a carta cabal simbolizaban el escape de un pueblo que, padeciendo a la vez hambre de pan y hambre de espíritu, huía de sí mismo como de su mayor enemigo. Los dramas de José Echegaray y las zarzuelas de su hermano Miguel creaban sendas Españas, tan aparatosas como ideales, que entretenían a la clase media mientras que las cosas en su ciego tumulto iban poco a poco forjándoles una España real.

Benito Pérez Galdós

(1843-1920)

No crucé nunca la palabra con Galdós; pero no pocas veces lo vi pasar como sombra gloriosa entre los humildes que le hacíamos multitud y coro, admirándolo ingenuamente como se admira el milagro entre los hechos corrientes y molientes. Llevaba ya de ganancia la estatura, que era noble, y de por sí imponía respeto; el silencio y la soledad —siempre iba solo— y un no sé qué (quizá mera impresión personal mía) que lo imaginaba portador de algún sacramento misterioso, algún mensaje del que todo lo veía a los que vivían distraídos, mirando sin ver las cosas que importan.

Más tarde, aquella figura, aquella aparición, se prolongaba en la oscuridad de lo ignoto con decires y rumores que la agrandaban y humanizaban. Era mujeriego y había, entre las muchas mujeres que había conquistado, una o dos que se morían por él y por él hubieran dado la vida. Le gustaba el Retiro y en aquel jardín, tan vasto de espacio como de tiempo, le atribuía la fama victorias de amador, que luego, transfiguradas por el arte, volverían a florecer en tal o cual de sus novelas.

Y más tarde todavía, cayó en la política. Como tanto hombre de bien, como su mismo coetáneo Anatole France, el Velázquez literario de la España del XIX preside mítines, conferencias y banquetes. Ya entonces, aquellos ojos que todo lo habían visto, se nublan con la ceguera de la vejez; y el rostro pasivo y paciente que tanto chispeó de ingenio y vibró de amores, ahora cuajado en un nirvana de Buda, escucha sin oír, oye sin escuchar, peroraciones de tuertos que no ven más que lo que les cae a un lado de la nariz. Es la época más patética, más popular, más estéril de su vida. A ella se da con la generosidad sin límites de un corazón honrado, que, pese a su avanzada edad, es novato e ingenuo en la política.

Galdós en su juventud,
según un grabado de la época.

El escritor con la actriz Carmen Cobeña,
leyendo su obra «Casandra».

Caricatura de Galdós por Fresno.

De instinto, cuando iba a verle presidir aquellos comicios —también ingenuos y honrados, también generosos y abiertos a la esperanza como él— comenzaba yo a sospechar que no era idóneo aquel lugar para tan profundo artista, cuyos ojos del alma habían nacido acomodados a largas distancias y altas perspectivas. Y sin embargo, símbolo fue entonces Galdós para el pueblo de una gran esperanza, y por haber llegado a poder encarnarlo, revestía una dimensión de grandeza que rebosaba su excelsitud como poeta de su pueblo.

Porque esto es lo que vino a ser. Inserto en aquella era políticamente vacua, vio lo que España tenía de plenitud, y se consagró a pintarla, o sea, primero a verla. Parece fácil; pero ese ver que es el don del gran artista ha de penetrar en el ser de lo que se mira para expresar y comunicar lo que es, lo que hay, lo que dura y se graba en el tiempo como si el tiempo fuera bronce. En aquella España de alucinación, Galdós vio la España real.

Esto es lo que el pueblo de Madrid sintió en él y por eso vio en él a su poeta. Agarbanzado lo llama Valle-Inclán; pero Valle-Inclán, con todo su don genial de hacer cantar las cosas, de transfigurar el día corriente en obra de arte, es un maravilloso artista para artistas; y Galdós ni pensó en tal vocación para él. Galdós no quiso transfigurar, sino retratar sin cambiar, profundizar sin dejar de contemplar también la superficie; buscar lo perdurable en lo corriente; no huir de lo real, sino vivirlo y hacerlo vivir.

Galdós fue el maestro de la sensibilidad del pueblo español en el siglo XIX; el mago que presenta España a España, que barre los prejuicios, las añoranzas, toda la esperanza y mala yerba que ocultan el ser del país, y hace posible que el pueblo español, no sólo se mire sino que se vea a sí mismo tal y como es. Y por eso ha venido a ser como el poeta épico de España en el siglo XX.

Esta épica la da en primer grado con sus «Episodios Nacionales», que se van entrenzando con los sucesos históricos de todo el siglo XIX; pero aún más épicas todavía son las novelas donde la historia de los hechos políticos forma el cauce del relato. Más historia es *León Roch* o *La de Bringas* que *Trafalgar* o *La de los tristes destinos*; historia más íntima y secreta del pueblo español. La figura de Galdós surge en el momento preciso para preparar la toma de conciencia de sí mismo por el pueblo de España, que va a ser la labor política del siglo XX.

El marqués de Merry del Val

(1864-1943)

EN AQUELLOS TIEMPOS, los de la primera guerra europea, era Papa Pío X y su secretario de Estado era español: el cardenal Merry del Val. Un hermano de esta eminencia era embajador de España en Londres. Los Merry del Val eran hijos de un diplomático y aun creo que el cardenal había nacido en Londres siendo su padre consejero en la embajada; de todos modos, se habían educado en Inglaterra y hablaban el inglés «sin rozarse», como propios súbditos de la reina Victoria.

Es de saber que esta facultad —la de hablar inglés sin acento— se transfigura en Inglaterra en una virtud, porque el inglés medio da por sentado que quien habla bien su lengua sin asomo de extranjerismo, persona decente tiene que ser; y si esta virtud va reforzada con una inteligencia superior, suele de por sí dar brillantes resultados, como sucedió con Rafael Merry del Val, que llegó a subir hasta las mismas gradas del trono papal.

A veces con un inglés impecable (y un buen sastre) basta, aunque el aporte intelectual no pase del nivel del montón. Tal sucedió con el marqués de Merry del Val, hermano del cardenal, que llevaba la cortedad de caletre impresa en el cruce de la línea frente-nariz con la barra de las cejas, cruz natural para medir lo que pasa, y que por lo agudo o romo expresa inmediatamente los puntos que calza el intelecto del que la lleva en el rostro.

En nuestro embajador de entonces, este cruce mental acusaba una tozudez obtusa, incapaz de matices, de intuición, de perspicacia alguna. Era un hombre de excelente educación formal, de pocas ideas y éstas casi todas no diría que falsas, pero sí usadas, heredadas, dogmas muertos ni analizados ni discutidos que ocupaban inertes los espacios de su Escorial cerebral, solemne pudridero de antiguallas decimonónicas.

Nada de lo que vengo diciendo impedía al marqués de Merry del Val ser un buen embajador, y aun excelente. En primer lugar, era marqués, con lo cual ya llevaba ganada la mitad de la negociación en un país tan *snob* como Inglaterra; pero además, Inglaterra no es sólo *snob*. Eso queda en la superficie. Es una colectividad muy hecha, cocida y recocida en su propio jugo social; de modo que el individuo que ha absorbido en años de convivencia tanta sustancia social, cualesquiera que sean sus dotes individuales, logra una personalidad ya modelada para llenar los huecos que ofrece la colectividad en que vive. Nada más que de oírle decir *How do you do,* los demás saben colocarlo, situarlo, tratarlo; y si se trata de un diplomático, su camino es fácil, las puertas le están abiertas. «Conoce las cuerdas», dicen los ingleses con metáfora de marineros.

El marqués de Merry del Val conocía las cuerdas, y su gañote, bien ejercitado por años de Inglaterra, gargarizaba lo justo y no más las palabras claves, que en inglés son casi siempre preguntas, como *don't you know?* Ni hay tampoco que exagerar la importancia del intelecto abstracto en la profesión diplomática, para la cual la firmeza y solera, la inteligencia y preparación universitaria y la experiencia mundana del marqués eran mucho más que suficientes, y sus dotes profesionales y morales, de lo más alto y estimable para su delicada misión. Es, pues, más que probable que fue buen embajador y muy estimado por los ingleses, uno de los cuales (Austin Chamberlain) le echó en cara que, mientras España había hecho en París una de las embajadas más hermosas de Europa, tenía en Londres como embajada una especie de casa de huéspedes. Merry consiguió que el rey tomara cartas en el asunto e hizo comprar la casa de Belgrave Square. Aun así, gana París.

Sabía por terceras personas que a mí el marqués me tenía a distancia como un peligroso joven revolucionario, pues en esto de juzgar al otro antes de conocerlo, cuanto menos se sabe de él más libertad hay para errar; y un día en que, no recuerdo por qué, nos encontramos sentados a una misma mesa tomando refrescos en el antiguo Club Español de Londres, me colocaron los que nos habían reunido frente a Su Excelencia, a la mesa que él presidía. Buena posición, pensé. Si quiero que me oiga, con hablar alto basta.

Era un lugar situado en el centro de Londres, en una de las bocacalles de Oxford Street; y sin embargo, no podía ser más español. Barrunto que ello se debía a dos causas: a que Sancha había aprovechado la forma de patio que el local le brindaba para decorarlo como un patio andaluz; y a ese aire popular que toman la cosas españolas fuera de España, quizá por ser el pueblo en España un elemento tan vivo y creador, de modo que mientras los lugares creados por los de otros países expresan la comodidad, la riqueza, el lujo y la cultura intelectual, los españoles, de instinto, se expresan en un ambiente popular; aunque no quepa excluir del cuadro el hecho de ser en general nuestros emigrados (aun cuando no sean políticos) gentes de más modesta posición que los que se expatrian de otros países.

Sea de ello lo que fuere, allí estábamos hasta una docena de españoles sentados a una mesa que presidía Merry del Val. Se habló de todo, como suele suceder entre españoles, y con entera libertad de expresión pese a la presencia oficial. El embajador hablaba poco, pero escuchaba mucho. Y no sé cómo ni por qué, de pronto me di cuenta de que estaba hablando yo y de que Merry, al oírme, había soltado a sus conversadores para escuchar lo que yo decía (supongo que medio temiendo medio esperando alguna idea incendiaria), y de que yo, que estaba desarrollando uno de los temas favoritos por los que brego desde hace tantos años, abogaba por el retorno de las Universidades a la plena libertad de que antaño gozaban y que habían perdido en el siglo XIX, de donde pasé a mi idea de que cada Universidad fuese la cabeza pensante de una región, y —precisamente cuando el embajador más aguzaba el oído— lancé otra de mis ideas: volver a hacer de Salamanca una Universidad pontificia especializada en teología católica.

Todo lo cual desconcertaba sobremanera al embajador, que al fin se fue, sin duda abandonando toda esperanza de llegar a devanar mi enrevesado ovillo, que así lo veía él. Y pasó el tiempo y se terminó la guerra. Se cerró mi oficina y tuve que buscar de qué vivir, que mi carrera de ingeniero la había tirado por la ventana al irme a Londres, y ni por asomo se me ocurrió volver a ella.

Ya por entonces me había hecho algún renombre, sobre todo con la conferencia sobre Shelley y Calderón que me había pedido la Royal Society of Literature, y tenía buena relación con los diarios de más prestigio en el país: *The Times, The Observer* y *The Manchester Guardian*. La muerte de Fitzmaurice Kelly abrió una vacante de profesor de Español en la Universidad de Londres, y me presenté candidato. No diré si era bueno o malo, mejor o peor. Pero si diré que el Comité de Selección propuso que no se ocupara la cátedra y que se diera el puesto de *Lector* a Antonio Pastor. Tampoco juzgaré, por ser parte. Pero lo que sí digo es que se me excluyó por veto de Merry del Val.

El cual me indicó poco después que deseaba hablarme. Fui a verle a la embajada, y me propuso que me encargase del servicio de prensa, con cuatrocientas libras al año, insistiendo mucho en que como funcionario, me daría la mayor libertad de criterio y opinión y además podía ejercer como quisiera mi profesión literaria.

Le di las gracias y le dije que no.

Creo que, de todos los tratos que tuve con él, éste fue el que más le desconcertó; porque a él le constaba que en aquel momento yo no tenía emolumento ni renta ni fuente alguna de ingreso o esperanza de tal; y además sospecho que su veto al cargo universitario se debía precisamente a la jugada de ajedrez que había preparado: libre en la Universidad, no lo sería en la embajada. Su plan era lógico y racional.

No así el mío. No era lógico ni racional, y sólo se salvaba porque tampoco era plan, puesto que no lo tenía. Lo único que me decía todo mi ser con claridad, que en otras ocasiones también me ha iluminado, era que yo no aceptaría jamás tener por superior a aquel cruce de lo obtuso con lo terco; y en cuanto al cajón del pan, pues ya veríamos.

Se estaba por entonces organizando la Secretaría General de la Sociedad de Naciones, en el mismo Londres, antes de emigrar a Ginebra. Hice alguna gestión y me topé con el mismo veto. Pasaron meses. Se mudó la Sociedad de Naciones a Ginebra y, en las circunstancias que he relatado en otro lugar,[1] ingresé al fin en aquella casa que parecía hecha a medida para mí. Los elementos de este ingreso fueron dos: mi gestión como delegado de España en la Conferencia del Tráfico que la Sociedad de Naciones celebró en Barcelona en 1921; y el aval de un ministro inglés, H. A. L. Fisher (que luego fue rector de un colegio de Oxford), y de un ministro español, el de Estado, que lo era Heredia, hombre demasiado liberal e inteligente para avenirse a una opinión de Merry del Val.

No van aquí estos detalles a humo de pajas, como luego se verá. Hice mis seis años en Ginebra y un día, cuando ya me sentía deseoso de cambiar no sólo de residencia sino de profesión, recibí una carta manuscrita de un amigo inglés, el doctor Henry Thomas, director entonces de la sección española de la Biblioteca Nacional sita en el Museo Británico. En ella me confiaba que se iba a crear en Oxford una «cátedra de Estudios Hispánicos» y que el Comité encargado de escoger al profesor le había rogado que me escribiera para decirme que si yo le escribía a él una carta particular afirmando que aceptaría, me ofrecerían oficialmente la cátedra.

Ahora bien, el embajador de España (todavía Merry del Val) era vocal *ex-officio* del Comité, y esto merece una explicación. En Inglaterra (entonces más que ahora) todas las universidades eran y son autónomas, de modo que no hace falta ponerles el mote. Nombran sus profesores como les parece, y cuando, por tradición es el «rey», o sea, hoy, el gobierno, el que lo nombra, el profesor lleva el título de *Regius*. De éstos hay muy pocos en Oxford o Cambridge, y ninguno en las demás. El

1. V. mis *Memorias*.

Berenguer: «...buen militar y, aun en política,
hombre de buena voluntad y deseoso de salvar
la monarquía volviendo a la Constitución.»
(Reunión del primer Consejo de Ministros
presidido por el almirante Aznar.)

«...don José Sánchez Guerra pronunció
un sensacional discurso
en el que declaraba que había perdido
la confianza en la confianza regia.»

procedimiento suele tener por base la creación del Comité de la Cátedra, compuesto de profesores de disciplinas afines (por ejemplo, en este caso, el de Filología Románica) de personas idóneas y respetadas, y, por cortesía, en este caso, el embajador de España. A veces, si lo hay, se incluye en el Comité al donante de los fondos. En este caso, el donante más sustancial había sido el embajador de Chile, que era un dentista chileno llamado Edwards, que había hecho una fortuna con un gran periódico de Santiago.

Otra de las consecuencias de este sistema autónomo resultó ser bastante pintoresca: muchas cátedras llevan una especie de advocación, el obispo medieval que las fundó, el sabio que ilustró la materia, el hombre de Estado admirado en tiempos de su fundación, a veces, el «fundador» o sea el *fondador* si vale innovar con un retruécano cojo. La cátedra de francés, fundada a raíz de la victoria de 1918, se llama Cátedra Mariscal Foch de Lengua y Literatura Francesa; la mía se llamó Cátedra Alfonso XIII de Estudios Españoles.

Este título regio y la presencia del embajador en el Comité dieron pábulo a la idea de que la cátedra se debía al gobierno español o al rey de España, y cuando digo «debía» se entiende en su acepción de teneduría de libros. Pero no había tal. Lo que había era algo mucho más raro. El promotor, el que había concebido la idea y la había llevado a la práctica, era un médico militar inglés que no sabía ni jota de nuestra lengua y que se consagró a aquella labor con una tenacidad pasmosa; y si algún interés personal le impulsaba, no podía ser más sencillo e inocente: aspiraba a una gran cruz española, que obtuvo.

Así, pues, cuando a fines de 1927 renuncié a mi puesto de director del Desarme, me encontré de súbito decorativamente nombrado profesor de la Cátedra Alfonso XIII de Estudios Hispánicos, cuyo servicio comencé a mediados de enero de 1928. Nada más oficial, seguro, honorable y honorífico... hasta que el mismo Diablo se inquietó y vino a brindarme sus oficiosos servicios.

Por aquel entonces se cumplía un centenario, el tercero, de la publicación (1628) de la *Exercitatio anatomica de motu cordis et sanguinis in animalibus*, de William Harvey, donde se describe por primera vez la circulación de la sangre. *The Times* publicó un artículo conmemorativo en el cual el autor se refería a los precursores de Harvey, y entre ellos a Servet, o Serveto, de quien decía que había muerto en la hoguera por sus opiniones religiosas en 1553. Sin más.

Así que yo creí llegado el caso de intervenir para hacer constar que Serveto había muerto quemado, no por la Inquisición española, como podría desprenderse del ultradiscreto artículo, sino por Calvino en Ginebra. Pero ¿podía yo exigir tanta claridad sin, a mi vez, emanarla? Así que le puse a mi carta un segundo párrafo que decía: «Añadiré que si Serveto se llega a quedar en España, habría muerto a la misma temperatura.» Hasta aquí, la verdad pura y sin tacha. Pero al Diablo parece que le resultó algo aburrido, y me inspiró ponerle a la carta mi firma oficial entera, cosa que jamás hice ni antes ni después: *King Alfonso XIII Professor of Spanish Studies. Oxford.*

Como buen católico que era, Merry del Val se llevaba muy mal con el Diablo, y esta carta se le atragantó. Pero el caso es que acababa de nombrarme un comité entre cuyos vocales figuraba él. Sin duda por esta causa, no me escribió ni atacó de frente, pero movilizó su gente en Madrid y *El Debate* me excomulgó como mal patriota y cosas por el estilo; a lo que respondí que mi obligación como profesor y como hombre de letras no consistía en defender a España, sino en volver por la verdad. Lo cual no podía ser más verdadero, aunque el Diablo se tapaba la boca para que no vieran como se reía.

Las cosas fueron de mal en peor y Primo tuvo que abandonar el poder. Su sucesor fue el general Berenguer, buen militar y, aun en política, hombre de buena voluntad y deseoso de salvar la monarquía volviendo a la Constitución. Pero, como en aquellas circunstancias parecía inevitable, no se había roto del todo con el estilo dictatorial. En el equipo gobernante figuraban dos hombres en quienes Berenguer no podía depositar la menor confianza: uno era el general Milans del Bosch, palaciego conocido; otro, el siniestro Martínez Anido, cuyos modos de resolver conflictos carecían de amenidad.

¿Qué hacían ambos en Barcelona, donde oficialmente no tenían nada que hacer? Se me puso la mosca en la oreja sobre oscuras intrigas, y el expresidente del Consejo conservador, don José Sánchez Guerra, pronunció un sensacional discurso en el que declaraba que había perdido la confianza en la confianza regia. Creí llegado el momento de llamarle la atención al rey, precisamente desde Londres, sobre su responsabilidad personal, y el 9 de marzo de 1930, el *Observer* de Londres publicaba un artículo mío titulado: *The situation in Spain. The case against Alfonso.*

Yo no podía dudar de la responsabilidad directa del rey en el asalto al poder por parte de Primo de Rivera; de modo que, ido Primo por decisión regia, era inútil andarse por las ramas. En mi artículo señalé al rey la responsabilidad directa que asumiría si uno u otro de aquellos dos generales se desmandaba. Quien lea el párrafo final de mi artículo, que cito en mi semblanza de Alfonso XIII, verá que hice lo que estaba de mi parte para que mi franqueza no perdiera la deferencia debida al rey.

Nada de esto se le alcanzaba a Merry del Val. Así que echó mano de su pluma más tosca y primitiva y me escribió una carta cuyo texto dice:

Londres, 15 de Marzo de 1930.

Sr. Don Salvador de Madariaga.

Muy señor mío:

Embargado por el dolor de mi reciente desgracia[2] y sus múltiples consecuencias, no he leído hasta ahora el artículo que sobre Su Majestad el Rey (q.D.g.!) ha publicado The Observer *bajo su nombre de V. el pasado domingo día 9 del corriente mes.*

No pienso entrar con V. en una polémica probablemente interminable y sin resultado efectivo, aunque fácil por mi parte dada la falta de fundamento de aquella relumbrante y fantástica estructura.

Me limitaré a observar que cuando se tiene la honra de ocupar la Cátedra de Alfonso XIII y se ha comido muy a gusto el pan que no hace tantos años le proporcionó el régimen cuyo Jefe lleva el mismo nombre que por título ostenta su actual cargo, se renuncia a éste antes de atacar a dicha Augusta Persona.

Además, en el extranjero los españoles que lo son huyen de cuanto pueda aminorar el prestigio de su Patria o sacudir los cimientos de sus esenciales Instituciones, y evitan por propio decoro mezclar a los demás en nuestra internas rencillas.

No se moleste en contestar a esta carta mía, porque no pienso cansarme con la réplica.

Comprenderá, sin embargo, que Representante como soy del Monarca atacado y fiel servidor de mi Rey, cual fuere, y Don Alfonso XIII en particular, me será imposible sostener con V. las mismas buenas relaciones que hasta ahora.

Queda de V. atto. s. s. Q.L.B.L.M.

EL MARQUÉS DE MERRY DEL VAL.

El pobre hombre lo reducía todo a un nivel de pesebre. Ni se daba cuenta de que mi sueldo en la Sociedad de Naciones era internacional y mi nombramiento también, ni de que la cátedra no se debía a nadie de mi país, ni el rey en ella hacía otra cosa que dar su nombre. Añadiré que la Universidad, única entidad que hubiera podido hacerme alguna observación, no hizo nada oficialmente y que en lo extraoficial y personal mi actitud cayó muy bien en Oxford.

Con esta carta, Merry del Val sellaba su carácter de vasallo medieval

---

2. Se refiere al fallecimiento de su hermano, el cardenal.

44

que, en su tiempo, estaba de moda ostentar entre ciertos altos servidores del rey. Las cosas en sí que estaban preparando el destino de España, la caída de la monarquía, la emigración del rey, la República, la inmensa desgracia de la Guerra Civil, eran para aquel pobre hombre carta cerrada. Él sólo veía al profesor de Oxford como un vasallo más que osaba levantar la cabeza del pesebre en que lo alimentaba el rey.

Alejandro Lerroux

(1864-1949)

DICHO FUE COMÚN, y aun proverbial desde los primeros días del nuevo régimen, que la República traía una hipoteca, que era Lerroux. Cosa de dominio público, consabida, que ni se discutía ni ponía en duda. Menos dicho, menos observado era que el Lerroux viejo, pero todavía ambicioso, traía otra hipoteca, que también era Lerroux el joven. Y mucho de lo que le pasó a la República y todo lo que le pasó a Lerroux de 1931 a 1940 se debió a esta doble hipoteca.

Cuando se hundió la monarquía estaba yo en Méjico, dando un curso, prestado a aquella Universidad por la mía, que era la de Oxford; y cuando llegué a La Habana, el 1.º de mayo de aquel 1931 para dar otro curso también en aquella Universidad, anunciaba la prensa que el gobierno de los Estados Unidos había dado su *placet* a mi nombramiento para la embajada de Washington. El lector que lo deseare hallará en mis *Memorias* este episodio contado con más detalle. Tomé el *Cristóbal Colón* para volver a España, y al pasar por Nueva York llamé a Madrid para pedir explicaciones de tan insólito proceder. No se me ocurrió llamar a Lerroux, ministro de Estado, porque no lo conocía ni lo había visto jamás. Llamé a Fernando de los Ríos.

El gobierno me había puesto en una situación imposible con la Universidad de Oxford, de la que era profesor. En su euforia de poder, los «nuevos» se creyeron sin duda que entraba en sus atribuciones privar a Oxford de su profesor de Lengua y Literatura españolas, como si Oxford fuera Santiago o Salamanca, que hasta quizá se alegraran si les quitaban un profesor; y ya el mal hecho, no me quedaba otro remedio que aceptar.

Seguí viaje a Madrid. Cuando me presenté al ministro, lo comprendí todo. Aquel buen señor estaba *in albis* de todo lo concerniente a política exterior y le interesaba más el gobernador civil de Badajoz o el alcalde de Vicálvaro que el primer ministro inglés o el secretario géneral de la Sociedad de Naciones. Era un hombre campechano y simpático, que daba la impresión de tener demasiado carácter para un ser ordinario y no bastante intelecto para un ser fino; simpático, afable, poco amigo del detalle concreto o de la tarea bien definida, muy despierto, bien lavado y peinado, pero con un no sé qué de gato bien lamido que a lo mejor erizaba melena y bigotes en haces de puntas eléctricas. Cuidado. Cuidado...

De Madrid me fui a Oxford para sincerarme con mi Universidad, que estaba no poco fosca conmigo, y de Oxford a Washington a presentar credenciales. Pero en cuanto el Ministerio de Estado se enfrentó con la labor de organizar la Asamblea de Ginebra del próximo setiembre, me mandó llamar, como era natural, y tuve que volver a Madrid. Ya entonces había traído Lerroux a Oliván a la dirección de política (que si no, no se les habría ocurrido llamarme); de modo que pudimos ocuparnos de Ginebra tranquilamente mientras el ministro se dedicaba a sus alcaldes y gobernadores.

Pero llegó el momento de navegar y allí empezaron nuestros respectivos calvarios. Era el segundo viaje a Ginebra de Lerroux y el primero mío. Lerroux se refiere en sus *Memorias* a este viaje al relatar los dramáticos incidentes de una excursión a París hecha entonces por Galarza, al parecer causada por alguna inquietud en Madrid sobre qué hacía Lerroux en París. Haré constar que en este episodio me siento del lado de Lerroux, porque la obsesión de no pocas gentes en Madrid, sin excluir a Azaña, sobre los peligros que los monárquicos harían correr a la República en París me pareció ya entonces, y me parece más ahora, ridícula; porque los monárquicos jamás significaron tanto peligro para la República como los republicanos.

Así ¿qué decir de su actuación en Ginebra? ¿Qué pensar de aquel gobierno que mandaba nada menos que a Galarza a París para parar los peligros que Lerroux hacía correr a la República conspirando con los monárquicos, y ni por asomo pensó en los peligros a los que Lerroux iba a exponer a la República en Ginebra sumiéndola en el ridículo?

Antes que la Asamblea de la Sociedad de Naciones —anual— se iba a celebrar una reunión de su Consejo —trimestral—, y quiso nuestra suerte desastrada que España ocupara entonces la presidencia. No había escapatoria. Lerroux tenía que presidir.

Ahora bien, Lerroux chapurreaba el francés hablado, leía, no mal, el francés escrito, *pero no lo comprendía ni hablado ni leído*; y ésa fue la causa de su naufragio ginebrino. Después de una primera sesión pública desastrosa (a la que no asistí todavía), la Secretaría General tomó la precaución de prepararle un guión escrito a máquina, que no tenía más que seguir; pero, aunque se lo explicó Oliván de antemano, se hizo un lío dos o tres veces y terminó, en vez de levantar la sesión, leyendo todo entero lo que su guión decía: *Le président lève la séance.*

¿Qué dice él mismo de su propio naufragio en el ridículo? Helo aquí, tomado de su libro *La pequeña historia*:

Regresé a Madrid, di cuenta resumida al Presidente del Consejo de mi misión en Ginebra, llevé al de Ministros (sic) breves Memorias sobre lo que se había tratado en la Sociedad de las Naciones, y todavía estoy esperando una palabra que expresase su opinión, favorable o adversa, sobre mi gestión.

Había presidido la Asamblea de dicha Sociedad, honor debido a la suerte, y aunque de ello no pudiera holgarse el representante, parecía natural que los representados hubieran tenido una palabra de cortesía, ya que no de afecto, para mí.

Puro Lerroux. Ni siquiera parece haberse dado cuenta de lo que había presidido, que era el Consejo y no la Asamblea; pero no haya engaño: de que había hecho el ridículo se dio cuenta perfecta; sólo que él aspiraba a transmutar el fracaso en éxito mediante su bien montada publicidad, y argüía sobre esta base, olvidando, o queriendo olvidar, que sus colegas tenían ojos y oídos en Ginebra, y conocían la triste verdad en cuanto eran capaces de hacerlo, como Largo o Fernando, causa más que suficiente de su embarazoso silencio.

Vino la Asamblea y hubo que presentar a España en su nuevo atavío de nación liberal y democrática ante el Parlamento del mundo, que si no fue lo que aquella Asamblea era, fue lo que aspiraba a ser. Allí nuestro flanco flojo era Lerroux; pero contábamos con salvarlo mediante la colaboración entre Oliván y yo. Oliván consiguió casi sin lucha que Lerroux presentase la República a la Asamblea en un discurso que redactaría yo. Reinaba, naturalmente, mucha expectación. Lerroux leyó el discurso bastante bien, adaptando al texto francés su inveterada costumbre de hablar en público, arte en que era maestro. La Asamblea aplaudió a rabiar, y después tuve que hacerme el distraído ante los numerosos delegados que, con buena o mala intención, cada cual como quien era, sugirieron o dejaron entender que aquello era mío. No en vano dijo Buffon que el estilo es el hombre.

Quizá por esta causa, Oliván se empeñó en que hablase yo también. Le opuse algunas objeciones. No era usual que en el debate general hablase más de un delegado por país; no me darían hora de mañana, sino de tarde, de modo que no estarían los peces gordos, y su propósito se perdería; y, en Madrid, los radicales, que habían celebrado la victoria de su jefe en Ginebra, se ofenderían. Oliván quería un efecto más convincente como el que da un discurso sin papel, hablado y no leído.

Aunque no me dijo nada, habló con Lerroux y le convenció; el propio Lerroux me rogó que preparase algo porque iba a hacer la gestión. Y pasó entonces lo que no había yo imaginado ni podía imaginar: me dieron, desde luego, hora para la tarde, pero asistieron los peces gordos, empezando por Briand.

Ésta y no otra es la historia de la presentación de la República al Parlamento europeo. Pero ¿cómo la describe Lerroux en su libro? «Hube de volver a Ginebra, a participar en la Asamblea plenaria de la Sociedad de las Naciones» (p. 127). De aquí, Lerroux da un salto a París y vuelve sobre el tema de la supuesta conspiración y de Galarza como antídoto real a una conspiración imaginaria.

Pero hagámonos cuenta. Lerroux, en lo de Ginebra, no podía ser veraz. Él se percataba muy bien de su insuficiencia y de que «Ginebra» era una realidad contra la cual, como roca dura, podría estrellarse cualquier esquife de los que en España pasaban por acorazados. De su primer viaje (Consejo de mayo de 1931) parece haber regresado todavía asustado del riesgo que había corrido. «Ninguno de mis compañeros de gobierno tuvo para mí una frase alentadora... ni siquiera don Niceto, que sabía por experiencia propia qué fácil es entrar en Ginebra y qué difícil salir de la Sociedad de las Naciones con la tranquilidad de que no nos acompaña ni nos despide una sonrisa irónica» (p. 105).

Él sabía que, además, ninguno de sus compañeros estaba dispuesto a sacrificar a las cosas de fuera ni un adarme del interés en que ardían por las cosas de adentro; y en sus *Memorias* alude a ello y se queja; pero más despistado que él quizá no hubiera arriba de un par de sus colegas. Por ejemplo, con gran indignación quiso llevar al Consejo de la Sociedad de Naciones, una queja, «un insulto a España», consistente en que muchos padres de San Francisco el Grande se habían encargado «trajes de particular», y «el de Ministros» aprobó la gestión: «el acuerdo fue unánime y sin discusión ni observaciones».

Así que, cuando el lector se asombra del género de problemas que la República española escogía para proponerle a la Sociedad de Naciones, no por eso se pone del lado del hombre de Estado novel (a los 67 años) cuando añade: «A ningún compañero se le ocurrió preguntar cuál era el estado de los asuntos pendientes en Ginebra, ni cuáles los que podían interesarle más a España, ni con qué criterio habría de actuarse para situar desde el principio a la República Española en posición conveniente y, hasta donde fuera posible, ventajosa.» De donde concluye: «La política interior absorbía la intención y la actividad de los Ministros y todos ellos parecían tan ajenos y ausentes de la exterior como si España estuviese en la luna.»

Algo más dice. Pero para apreciarlo en todo su sabor, convendrá volver primero por unos días a Ginebra. Al final de su primer viaje,

«...se hizo un lío dos o tres veces y terminó,
en vez de levantar la sesión, leyendo todo
entero lo que su guión decía:
"Le président lève la séance."»
(Reunión del Consejo de la Sociedad
de Naciones presidido por Alejandro Lerroux.)

«...en cuanto a Sanjurjo, estaba
decidido a amnistiarlo.»
(En la foto, el general con su
defensor don Francisco Bergamín.)

«...el capitán Galán, aquel locuelo
que se sublevó antes de tiempo
y murió fusilado, con lo que
de loco pasó a héroe y mártir...»

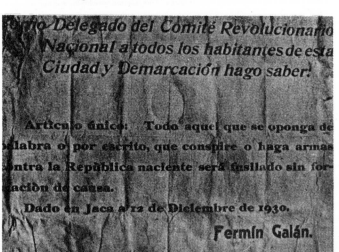

...rio Delegado del Comité Revolucionario
Nacional a todos los habitantes de esta
Ciudad y Demarcación hago saber!

Artículo único: Todo aquel que se oponga de
palabra o por escrito, que conspire o haga armas
contra la República naciente será fusilado sin formación de causa.

Dado en Jaca a 12 de Diciembre de 1930.

Fermín Galán.

confiesa Lerroux que regresó a España «como estudiante que vuelve de unos exámenes donde ha tenido la fortuna de sacar del "bombo" números correspondientes a lecciones fáciles». Pero en su viaje de setiembre hubo una lección muy difícil. Ya no le sería tan fácil movilizar la prensa y, como él refiere con excelente imitación de candor ingenuo: «La prensa nacional e internacional había abultado excesivamente la importancia de mi intervención en Ginebra» (lo cual era falso en cuanto a la prensa internacional, y obra suya en cuanto a la nacional).

En la noche del 18-19 de octubre de 1931, el ejército japonés atacó la Manchuria en Mukden. Comenzó entonces un largo duelo diplomático entre la Sociedad de Naciones y el Japón, y (Lerroux ya en Madrid) fui yo como presidente del Consejo de la Sociedad de Naciones a pedir explicaciones al embajador Yosisagua, representante del Japón en el Consejo.

No entra aquí hacer el relato de aquel conflicto, sino tan sólo ilustrar la parte que le tocó desempeñar a Lerroux. Durante todo el otoño estuvo el Consejo reunido en sesión casi permanente; llevando yo el asunto, desde luego, y no Lerroux. Pero oigámosle ahora lo que dijo en Madrid y quedó sin copiar antes: «Sin embargo, el interés porque yo me hallase presente a la reunión de Ginebra les acuciaba, porque no transcurrió día sin que un compañero u otro me preguntase que cuándo emprendía el viaje» (p. 95).

¿A aquellos gobernantes de España les preocupaba la Manchuria? Nada. Les interesaba echar fuera a Lerroux. Y sucedió que en uno de esos viajes de aquel otoño histórico y desastroso, el Consejo de Ginebra se reunió en régimen de sesión secreta; lo cual significaba un delegado solo por país y el secretario general. Cuando entramos en la sala Lerroux y yo, mis colegas se miraron y asintieron en silencio. Nos sentamos, Lerroux en la presidencia y yo a su derecha; y llevé las sesiones yo como si Lerroux estuviese en Madrid, salvo que a todo lo que decía, le ponía como exordio: «Piensa el presidente...», «dice el presidente...», siendo así que en torno a aquella mesa todos veían que Lerroux y yo no cambiábamos ni una palabra, ni una mirada.

Así, varios días, y al final, yendo juntos y solos a pie del Palacio de la Sociedad de Naciones al hotel, me dijo Lerroux con un suspiro: «Hay a veces que hacer el ridículo por su país.» Pero también esto era típico Lerroux. Él allí no estaba haciendo el ridículo *por su país*, sino para servir a su figura política, contando con mi silencio y con las trompetas periodísticas que manejaba él; no hacía el ridículo sacrificando a su país; hacía hacer el ridículo a su país, sacrificándolo a su carrera personal. Esto aparte, en ningún momento trató de sincerarse en público conmigo como lo hizo en secreto aquella tarde de regreso al hotel. Sus relatos de Ginebra callan mi nombre, mis servicios a él como ministro y mis servicios a mi país; y el párrafo sobre el interés de sus compañeros en mandarlo a Ginebra es claramente pérfido:

Entonces no, pero más tarde, recordando aquel momento, he pensado que más de un compañero esperaría con interior regocijo el triste papel que iba yo a representar en Ginebra, donde tenía que sustituir a un diplomático experimentado, Quiñones de León, que actuando en la Sociedad de las Naciones había logrado obtener la simpatía y la consideración de todos y muy especialmente de Briand, uno de los políticos más sugestivos y más sagaces que han figurado en la vida internacional contemporánea. Nos conocíamos desde antes de que tuviese asiento por primera vez en la Cámara de su país.

Todo este aspecto, claro está, era entonces futuro increado. Lo ocurrido en las sesiones públicas estaba al alcance de todos; lo casi increíble de las sesiones secretas, sólo por entonces lo supo Oliván. Lerroux llevaba con la mayor frescura la cabeza muy alta, y nuestras relaciones continuaron lo que siempre habían sido: corteses, aunque no más. Cuando cayó el primer gabinete Azaña, a fines del 33, Lerroux me ofreció la cartera de Estado, que acepté si mi partido convenía en ello. La ORGA, se opuso, pero aceptó estar representada por otro ministro. Esta actitud mía fue, pues, de novato. Lerroux, que de todo tenía menos de novato, se debió de dar cuenta.

Porque la segunda vez que me ofreció una cartera lo hizo con el mayor cinismo de la peor politiquería. Quiso que fuera ministro de Instrucción en un gobierno que sabía iba a durar poco; y mintiéndome descaradamente, me presentó la cosa como un servicio que le haría porque derechas e izquierdas se disputaban aquel Ministerio, pero ambas aceptarían mi nombre. No tenía a quién nombrar. Habían rechazado tres médicos: Cardenal, Hernando y Marañón.

Su segunda mentira fue también tácita, pero neta. Yo le había escrito una carta, después de su primera oferta, diciéndole que colaboraría gustoso siempre y cuando se fuese a una colaboración con los socialistas, y que no se amnistiase a Sanjurjo. A esta carta no me contestó. Lo consideré normal en un gobernante, pero lo interpreté como una aquiescencia. Así que cuando me pidió me encargara de la cartera de Instrucción, di por sentado que cumpliría mis dos condiciones. Hoy, leídas sus *Memorias* y las de Azaña, me parece esta actitud mía nueva prueba de mi poca adaptación al medio ambiente aquel. No sólo era Lerroux opuesto a colaborar con los socialistas, sino el protagonista de aquella postura; y en cuanto a Sanjurjo, estaba decidido a amnistiarlo.

Considero que mi decisión de dejar la embajada y (a lo que sabía yo) la delegación de Ginebra, para entrar en un Ministerio Lerroux como ministro fue quizá el mayor desacierto de mi vida pública. Quizá pueda algún día darle su entera explicación fuera de la mera política.

Claro que Lerroux me ocultó que antes de recurrir a mí, había fracasado con tres médicos; pero si yo lo hubiese sabido, no hubiera sido capaz de interpretarlo, por ignorar la gramática parda de Madrid. Sucedió que el ministro de Justicia, Álvarez Valdés, republicano de toda la semana, soltó una pifia (quizá calculada) sobre el capitán Galán, aquel locuelo que se sublevó antes de tiempo y murió fusilado, con lo que de loco pasó a héroe y mártir; de modo que, al oír la blasfemia de Valdés, la Cámara se sublevó aún más que el propio Galán, y Valdés «tuvo que dimitir».

Entonces me llamó Lerroux y me endilgó este o parecido discurso: «La crisis es puramente parcial. El gobierno no durará arriba de un mes. No vale la pena nombrar otro ministro. Bastará con un ministro de los actuales que, interinamente, se encargue también de la cartera de Justicia. No puede ser más que usted. Todos menos dos de los ministros son abogados, y no podrían actuar como tales, al cesar de ministros, durante un año. El de Trabajo, que es médico, no sirve. Porque habrá que defender en la Cámara el proyecto de ley de amnistía a Sanjurjo.»

Seguían las mentiras y se iluminaba lo de los tres médicos. Ningún abogado quería entrar en aquel ministerio de cinco semanas, y ninguno quería tomar sobre sí la amnistía de Sanjurjo. Me encontré en el dilema de dimitir a las tres semanas de jurar el cargo o aguantar las consecuencias de mi candidez. Decidí aguantar, puesto que me quedaban sólo semanas de actividad política y recobrar mi libertad. Desde aquel momento, me consideré libre de todo compromiso con Lerroux.

Para comprenderle bien y hacerle justicia, sin embargo, hay que considerar a Lerroux como un *emigrado en el tiempo*. Toda su formación, su experiencia, sus reacciones biosicológicas, actitudes, prejuicios, costumbres y modales son del siglo XIX y todas las tiene que desplegar en el XX. Es más fácil condenarlo y descartarlo de la baraja vital de nuestra era que estimar como es debido al sistema de fuerzas de todo orden y calibre que se llamó en vida don Alejandro Lerroux.

Las dos «hipotecas» de que hablé al principio se vienen a insertar aquí en sus respectivos sitios. Lerroux empezó como republicano revolucionario-conservador. Sí, aunque parezca incoherente, así fue. Y estos términos piden cada uno su aclaración.

Lerroux fue ante todo un republicano; pero en el sentido que a esta palabra se le da en España y en Portugal. Quizá sea por mi convicción de que las formas de gobierno, como ya lo dice el lenguaje, son eso, meras formas, no he podido percibir nunca en qué consiste ser republicano. No veo cómo se puede fundar una actitud política y hasta un partido sobre la mera ausencia de la corona. Puesto que hay monarquías de ultramontanos a masones y socialistas, ser meramente NO-ESO, es incoherente. No ¿qué?

A mi ver, esta índole meramente negativa, de lo que es ser republicano, causa la esterilidad de los partidos que tomaron este adjetivo por etiqueta. Por otra parte, Lerroux llega a la vida pública antes que las reivindicaciones obreras hayan adquirido en España fuerza política; cuando los republicanos todavía limitan sus programa a un liberalismo más polarizado sobre la Iglesia que sobre la fábrica o el muelle o la tierra.

Las campañas que dieron nombre al joven republicano de ardiente palabra son soflamas incendiarias para quemar iglesias e invadir conventos, no para sitiar o saquear factorías. Como si no bastase esta modestia de su programa republicano, el joven Lerroux se coloca a una extrema izquierda también ideológica y no demasiado inclinada a meterse en honduras económicas. La índole revolucionaria de su actividad se limita a lo político; como aspiración, una independencia muy siglo XIX de la tiranía de «los curas» y «del Estado»; y todo por la patria.

Esta última sonoridad, tan frecuente en la elocuencia lerrouxiana, debió de llamar la atención en Madrid; porque aquéllos eran tiempos tensos, sobre todo en Barcelona, donde aquel tribuno popular ejercía muy general influencia, y pronto se llegó a observar que en los momentos más peligrosos de tensión catalanista-centralista, algo solía salir por encanto del taller político de Lerroux que le venía al pelo al equipo de Madrid.

Pero, pese a las apariencias, la opinión en España no tarda en ver las cosas y juzgarlas a su manera; y es cosa muy de notar que, por ser el criterio español dominante más estético que ético, la regla ética viene a ser en España más bien cosa de elegancia de la conducta que de contaduría del bien y del mal. Hay que tener muy en cuenta esta condición de nuestro pueblo para entender nuestra política y no pocos de nuestros políticos.

Basta con hojear memorias de ese tiempo para medir la pésima opinión que se tenía en toda España de la ética política de Lerroux; pero basta leer su biografía para ver que esta opinión, con no haberle hecho ningún bien, no le perjudicó ni con mucho tanto como era de suponer. Y esta observación se explica por lo que arriba queda dicho sobre la índole dramática de nuestra vida pública; pero también porque don Alejandro no quebró entonces la línea de horizonte de su época, y se había atenido siempre a lo que se hacía en torno.

Sus *Memorias* son excelente testigo. No se busque en ellas veracidad; pero tampoco debe imaginarse el lector que falta en ellas sinceridad.

Por extraño que parezca: pese a sus ocultaciones, eclipses, autocensuras, vaguedades, el estilo es claro y de hombre franco y noble. No me arredran las fechorías que me hizo a mí para decir que latía en él cierta nobleza y cierta franqueza, y que sentía verdadero desdén por lo mezquino. Si a veces desbarra, ello se debe a sus pasiones políticas y a ser en el fondo «extranjero» o emigrado en el tiempo. Tengo sus desaforados juicios de Azaña y de Casares Quiroga por ejemplo de esta pasión. Pero en general, es agudo, penetrante y exacto.

Al punto que su estilo, normalmente nada más que claro y corriente (no es poco), logra a veces una distinción literaria sorprendente. Lerroux revela en sus *Memorias* verdadero arte pictórico, sobre todo en sus retratos, ya morales, ya físicos, de tal o cual personaje. «Así era Albornoz: menudo, melenudo y campanudo, nervioso, ingenuo y apasionado, superficial y endiosado. Pero de tanto señorito provinciano como he conocido, ninguno era más bueno ni mejor intencionado» (pp. 70-71).

He aquí una excelente «instantánea» de Silvela: «Vi a Silvela inclinado sobre el pupitre, ambas manos sirviendo de soporte al mentón y, desbordándolas, la onda blanca de su barba sedosa, cuidadosamente peinada; montada sobre la nariz, la batería de sus lentes de oro, y vigilante su mirada de felino» (p. 108).

Y, a pesar de su prejuicio en contra, también lo es este de Azaña: «Me pareció más fofo que otros días. Sobre la tez pálida de cirio que matizaba su rostro, extendía reflejos amarillentos la amargura de sus gafas. Tras ellas se agazapaban sus ojos, fingiendo asombro ante mis primeras palabras, que no fueron amistosas» (p. 175). Aún más agresivo y, *por tanto*, injusto, pero no por eso carente de penetración, figura este otro retrato de su gran adversario:

> *No pudimos llegar a entendernos. Él es un alma ensombrecida por no sé qué decepciones primarias, por no sé qué fracasos iniciales que le mantienen en guardia perpetua contra el prójimo. Y esa desconfianza permanente y aisladora, que esconde tras de unas antiparras mayúsculas la batería de unos ojos siempre asustados y la ametralladora de una mirada rotativa, recelosa y vigilante, es como una muralla desde cuyas almenas el castellano otea el horizonte, mira sin compasión a los siervos de la gleba que labran su terruño, desprecia a casi toda la restante humanidad y, no esperando ya nada del presente ni del porvenir, se reconcentra y recrea en la contemplación y admiración de sí mismo, porque él sabe —él cree— que lleva dentro un grande hombre.*

Como escritor que soy, no creo asequibles estos aciertos de estilo en un hombre podrido de corrupción, y estimo que, quien lo haya tratado, habrá percibido en él un sincero deseo de servir a su país conviviendo y

«Toda su formación, su experiencia, sus reacciones biosicológicas, actitudes, prejuicios, costumbres y modales son del siglo XIX y todas las tiene que desplegar en el XX.» (En la foto, don Alejandro en la presidencia de un mitin; dos sitios a su izquierda, don Miguel de Unamuno.)

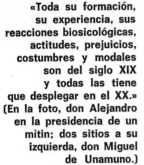

«...encarnaba lo que la República había venido a barrer, pero también lo que los republicanos, en su gran mayoría, habían vivido y preparado para el día de su triunfo.»

«Las campañas que dieron nombre al joven republicano de ardiente palabra son soflamas incendiarias para quemar iglesias e invadir conventos, no para sitiar o saquear factorías.» (Lerroux con la plana mayor de sus «jóvenes bárbaros».)

alternando con una explotación de la situación así adquirida, en pro de su persona y amigos; o de otro modo, que su corrupción se debía más a su subjetivismo casi total que a una cínica indiferencia para con el bien común.

Lerroux me dio más de un ejemplo concreto de este vigor de su espíritu público en movimientos espontáneos del ánimo, de esos que no se dejan confundir con la comedia. Cuando le presenté mi plan para crear un título de ciudadano de honor, que se nombraría todos los años el 14 de abril, para honrar el hombre de la calle, de cualquier clase que fuese, cuya vida hubiera sido ejemplar, vi lucir en todo su semblante un sincero y hondo regocijo y (si se me permite la inmodestia) una sincera admiración; y cuando le propuse crear una comisión de hombres de gran experiencia administrativa para que estudiaran una honda reforma de la administración sucedió otro tanto, salvo que me pidió que añadiera un militar, lo que lejos de parecerme cosa de militarismo me pareció cosa de sentido común.

Y aún diré más. Que si se va a llevar el debate al terreno del sectarismo, más sectario fue Azaña que, con un espíritu mezquino de guerra civil, dejó caer la institución del ciudadano de honor, que Lerroux que la propuso. Lo que separaba a aquellos dos hombres era el tiempo. No tragaban sus estilos mutuos. Lerroux, que en sus *Memorias* presenta a Alcalá Zamora y a él mismo como los dos hombres de la República, no yerra en cuanto a estilo y generación; pero tampoco ve que el verdadero hombre de la República fue Azaña —en todo lo excelso y bueno, pero también en lo flojo, provinciano y «tertuliano» y aun mezquino.

La tragedia de don Alejandro difiere, pues, de las otras dos, la de don Niceto y la de Azaña, en que él llevaba sus dos hipotecas a cuestas y las consideraba lícitas y normales, tanto da decir morales. Él hacía lo que se solía hacer. Mientras con su tribu cruzaba el desierto de la oposición, a comer langosta; pero en el poder, cada cual a sus langostinos, y si hay *champagne*, mejor. Esto no era actitud ni filosofía ni teoría; era vivencia de las cosas. Y por eso, cuando se topa con su «embotellamiento» en la cartera de Estado, o con la larga intriga de don Niceto para separar a Martínez Barrio por métodos dignos de Alfonso XIII, clama al cielo y muy sinceramente, *ma non troppo*, porque se da cuenta de que de lo que se trata es de eliminarlo a él, no precisamente como tal don Alejandro Lerroux, sino como el protagonista del hipercacique generoso.

Por eso fue Lerroux tan impopular y tan popular: porque encarnaba lo que la República había venido a barrer, pero también lo que los republicanos, en su gran mayoría, habían vivido y preparado para el día de su triunfo. Fue indigno de su triunfo, pero no tanto; porque sus adversarios, aun los mejores, aun Azaña, no fueron tan dignos de su triunfo como ellos creían; y quizá, al fin y al cabo, ganase a todos don Alejandro en humildad, cosa poco usual en los del 31. A todos, cada cual a su modo, nos agostó la cosecha la hipersubjetividad típica de nuestro ser nacional. En esto era Lerroux más extremado quizá, pero también más ingenuo. En el fondo, la República murió de falta de republicanos, porque *res-publica* quiere decir cosa pública, o sea, objetividad.

Cuenta Lerroux en sus *Memorias* que cuando en el destierro recibió aviso de que se había proclamado la República, la emoción le hizo prorrumpir en sollozos. Los sollozos fueron proféticos.

Ramón María del Valle-Inclán

(1866-1936)

CUANTO MÁS LO LEO, más me persuado de que don Ramón María del Valle-Inclán es la creación más acabada de Ramón Valle. Creación genial. Primero y ya logrado esbozo del esperpento. Claro que, como todo lo que de verdad nace, llega todavía sin nombre; y se da un período —días, meses, años— en el que la criatura ya respira, pero no tiene todavía nombre; y se le dan tal cual uno tal cual otro, apuntando con mayor o menor fortuna al blanco de su ser real. De este período, todavía vacilante, es el primer nombre que su autor le da: DON ESTRAFALARIO. No está mal; pero la puntería no es muy buena, y lo que hay mejor y más sabroso en el recién creado, se le escapa. Luego lo llamará don Ramón del Valle-Inclán; y por último, don Ramón María del Valle-Inclán.

La puntería va afinándose; y ese retorno a sí mismo, a un sí mismo más o menos estilizado, es de buena ley. Pero no es de desdeñar, ni mucho menos, aquel primer intento: DON ESTRAFALARIO; porque nos permite espiar detrás del seto sin que la luna nos tenga que brindar sus cuernos. La página es un tesoro de revelaciones. Es la primera del esperpento de *Los cuernos de Don Friolera,* cuya lista de personajes comienza así:

DON ESTRAFALARIO Y DON MANOLITO, INTELECTUALES

Basta una ojeada para darse cuenta de que el DON ESTRAFALARIO es, a ojos de Valle, el propio Valle-Inclán; con lo cual cobramos ya en el mejor Banco posible la certidumbre de que Valle se veía a sí mismo como un intelectual, uno de los dos «intelectuales» que son las «dos

61

figuras asomadas al arambel del corredor». Y aquí viene una frase que es pura confesión: «Boinas azules, vasto entrecejo, gozo contemplativo casi infantil y casi austero. Y así es lo cierto.»

Boinas azules, en lo que leo libre y sutil alusión a la tendencia intelectual a los celajes puros y abstractos; *vasto entrecejo,* alusión también sutil a la anchura de miras, la visión estereoscópica que permite la distancia entre los dos ojos; y luego, esa joya: *gozo contemplativo casi infantil y casi austero,* que es todo Valle-Inclán; y por si hubiera duda, añade: *y así es lo cierto.* Es decir, que no se trata de mera apariencia o parecido sino que así son de verdad aquellos dos intelectuales, cosa que equivale a esa firma que uno pone en su tarjeta de identidad.

Porque aquí está el auténtico Valle-Inclán: «goce contemplativo, casi infantil y casi austero». Ésta es la almendra misma de su estética: ver lo que hay, gozar de lo que se ha visto, con gozo *casi* de niño, porque al fin y al cabo, no lo es uno, y *casi* austero por ser un gozo que es *casi* fin en sí, aunque algo queda fuera. Como suele suceder en Valle, la frase es casi geométricamente exacta.

Luego, el autor, que ha descrito a los dos intelectuales juntos, pasa a retratarlos por separado: lógicamente, debió haber empezado por Don Estrafalario, que es el primero que mienta en su lista; pero se revela al buen entendedor comenzando por el otro: «El viejo rasurado, expresión mínima y dulce de lego franciscano, es Don Manolito el Pinto.» [Leve, quizá demasiado leve indicio puede ser ese «franciscano» de que Valle pensaba en don Francisco Giner.] Y luego: «Su compañero, un esperpento de antiparras y barbas...», ¿no está claro que aquí da Valle el retrato de su gran creación, del inconfundible don Ramón María del Valle-Inclán? «...es el clérigo hereje que ahorcó los hábitos en Oñate. La malicia ha dejado en olvido su nombre para decirle Don Estrafalario.»

Creo que esta página es prueba clara de que Valle se creó a sí mismo como un esperpento más, quizá el más convincente de todos los suyos, porque en su caso, la naturaleza le frenaba mejor la fantasía que en otros de plena invención. Su primera aproximación es apodarse a sí mismo «estrafalario», es decir, extraño, extravagante, otro que los corrientes, y (sospecho o vislumbro) al menos en algún plano subconsciente, *hombre de habla poco usual,* porque Valle era gallego, muy gallego, y el vocablo ese, *estrafalario* no iba a pasar sus barbas sin hacerle pensar en la *fala.*

Aquí tenemos, pues, ya el primer esbozo de don Ramón María del Valle-Inclán, tal y como lo creó Ramón Valle, con su aspecto físico de esperpento, su fachada de antiparras y barbas, su primer nombre, estrafalario, alusivo a su extraño lenguaje (el que hizo afilando voces y frases del castellano) y lo esencial de su estética, el goce casi infantil y casi

«Su aspecto era ya una aparición.»

austero. Y nótese qué exacto es siempre: no dice gafas y barba, o lentes y barba, sino antiparras y barbas, que es por sus muchas aes lo perfecto para fAchAdA.

Y no queda aquí la cosa. Porque Don Estrafalario y don Manolito se enzarzan en una discusión, de lo más revelador posible, precisamente sobre la estética. Habría que transcribirla toda. Vayan sólo algunos sorbos.

DON MANOLITO (describiendo un cuadro). *Es la obra maestra de una pintura absurda. El Diablo saca la lengua y guiña un ojo. Es un prodigio.*

DON ESTRAFALARIO. *...La verdad es que tenía otra idea de las risas infernales... Ese pintor absurdo me ha revelado que los pobres humanos le hacemos mucha gracia al Cornudo Monarca...*

DON MANOLITO. *Esta mañana, apuró usted del frasco, Don Estrafalario. Está V. algo calamocano.*

DON ESTRAFALARIO. *Para usted lo estoy siempre... Si al Diablo le hacemos gracia los pecadores, la consecuencia es que se regocija con la Obra Divina.*

DON MANOLITO. *En sus defectos.*

DON ESTRAFALARIO. *La Obra Divina está exenta de defectos. No crea usted en la realidad de ese Diablo que se interesa por el sainete humano y se divierte como un tendero. Las lágrimas y la risa nacen de la contemplación de cosas parejas a nosotros mismos.*

DON MANOLITO. *Hay que amar, Don Estrafalario. La risa y las lágrimas son los caminos de Dios. Ésa es mi estética y la de usted.*

DON ESTRAFALARIO. *La mía no. Mi estética es una superación del dolor y de la risa, como deben ser las conversaciones de los muertos al contarse historias de los vivos.*

DON MANOLITO. *¡Usted, Don Estrafalario, quiere ser como Dios!*

DON ESTRAFALARIO. *Yo quisiera ver este mundo con la perspectiva de la otra ribera. Soy como aquel mi pariente que usted conoció, y que una vez al preguntarle el cacique qué deseaba ser, contestó: «Yo, difunto.»*

Todo lo que de él sé, ya por haberle leído como por haberle escuchado en conversación, confirma esta página tan valiosa como la mejor descripción de la actitud de aquel gran artista que fue Ramón Valle, el creador de don Ramón María del Valle-Inclán. Hay que partir de que los españoles son demasiado teólogos para ser puramente artistas.

64

Si dejamos a un lado los hebreos, que tan superlativa parte han tomado en la historia de las artes de España, casi se podría decir que los únicos grandes artistas puros que ha dado España son Garcilaso y Velázquez; y aun sobre Velázquez me quedan sospechas de que fuera de origen judeo-portugués.

Hay en el español una preocupación ética que le cierra el camino hacia la maravillosa pureza estética de Shakespeare, de Leonardo o de Bach. En la página que acabo de comentar y citar, Valle se declara libre de esta preocupación, y con razón. Casi me atrevería a decir que no llega a su serenidad estética sin previa lucha con el prejuicio moral, y que por eso, a veces, se pasa y cae en el exceso contrario, un como deseo de ofender la ética del otro que supone antiestética; y aun esto menos para restablecer su propia jerarquía de valores que para fastidiar al otro, deporte favorito de muchos españoles.

Cuando en 1923 publiqué en Barcelona mis *Semblanzas literarias contemporáneas* (donde le dedicaba un ensayo), se me acercó para dilucidar mis críticas de su *Sonata de otoño,* donde me parecía demasiado indiferente e inhumano el paso de Bradomín de la alcoba de la amante que acaba de morir en sus brazos a la alcoba de la amante viva que recoge los besos plantados por la otra. Y diré de pasada que fue para mí una entrevista inolvidable por la encantadora modestia con que se defendía.

Este reproche se lo sigo haciendo aún hoy y sobre casi toda su obra. Me parece que la estética, que al fin y al cabo es el aspecto sensible de la vida humana, no puede violar los sentimientos normales del hombre en el ambiente y siglo en que vive sin quebrar sus propios principios.

Pero también creo que Valle-Inclán, con ser el artista literario más asombroso de España en nuestro siglo (quizá a nivel con Lorca), no deja de presentar defectos aun como tal escritor consciente. Hay en un gran artista consciente una infalibilidad muy parecida a la del científico. Valle-Inclán era casi siempre verbalmente infalible. Lo que decía no podía haberse dicho mejor. Pero sobre el oro resaltan más los arañazos.

Helo aquí ante la página todavía blanca pensando, sintiendo, viviendo lo que va a escribir. La misma intensidad con que lo vive le sugiere para expresarlo decires y vocablos, y de esta vivencia realzada brota el estilo más refinado, exacto, exaltado, de lo que dice. Lo cual, a su vez, lo exalta más; y así, objeto y sujeto influyéndose mutuamente, cuaja el estilo literario como inspirado por encima de la mera formulación. La verdad a secas florece en una verdad más viva.

Pero de aquí a querer estimular este proceso mediante una presión del artista sobre el objeto, a fin de exprimirle el licor de la expresión como un jugo de fruta, va una distancia estética que algunos artistas no son siempre capaces de reconocer como ilícita. Leyendo ciertas obras de Valle-Inclán se percibe este defecto-exceso: por ejemplo, en *La corte de los milagros,* donde hay frases enteras que la hipertensión metafórica hace crípticas.

Claro que nos paramos a hacerle estos reproches cuando ya hemos cobrado nuestras ventajas. Como gran artista que es, Valle-Inclán ha purificado el relato de todo lo que sin duda quería decir al tratar a Galdós de «agarbanzado». El reguero de los sucesos corre limpio de todo prosaísmo y se mantiene limpio, fresco y espumante, como arroyo de sierra, transparente y luminoso; pero se dan casos, y no pocos, en los que Valle-Inclán lo vuelve a oscurecer por su prurito de pulir y cortar como diamantes vocablos que brillarían más en su humilde pedregosidad natural.

No se trata tan sólo de una infidelidad a su propia estética tal y como él se la definía hace un rato a Don Manolito, sino de algo más específicamente valleinclanesco: un como prurito de sublimación de su yo transfigurándolo en una cadena de sueños. Éste, el primero más inmediato, lo sueña joyero (quizá con reminiscencias de José María de Heredia). Otros lo transmutan en Casanova (las «mañanas triunfantes») o en d'Artagnan. Quien recuerde aquel cuerpo desmedrado nada apto para la esgrima, y casi seguramente trabajado por los alucinógenos, se dará cuenta del aspecto dramático de esta aspiración a lo erótico-heroico. Pero el arte todo lo vence y don Ramón, soñándose despierto, logró crear su Marqués de Bradomín, feo, católico y sentimental, pero también intrépido, mujeriego y lírico.

Ello no obstante, he de añadir un toque de primera autoridad histórica que matice y rectifique esta observación. Durante la primera guerra mundial, hacia 1917 (tenía yo 31 años y Valle-Inclán 51) visité el frente del Somme invitado por los ingleses. Este servicio, muy bien organizado, tenía por base un castillo de aquella región y por jefe un capitán Roberts, que era un maravilloso lingüista y hablaba español como un madrileño. A este capitán le pregunté si recordaba en su experiencia un visitante de cualquier país que fuera, que le hubiera dejado un recuerdo valioso. Sin vacilar, me contestó: «Por aquí han pasado escritores de todo el mundo. Ninguno como Valle-Inclán.» Le pregunté por qué. «Jamás he visto tal desprecio, ni siquiera desprecio, tal indiferencia con el peligro. Yo le avisaba, porque, como militar que soy, sé lo que es eso, pero no me hacía caso.» He creído necesario poner en su punto las cosas para que no haya error sobre el ánimo del gran artista gallego.

Su aspecto era ya una aparición. Salir todos los días en pleno Madrid, vestido de máscara sin que nadie pensara en el Carnaval, fue ya en sí éxito maravilloso de equilibrio entre desmesura y mesura. Estrafalario, sin duda; pero justo a la frontera, y aceptado por todos con

66

«Divinas palabras», de Valle-Inclán, representado
en el teatro Bellas Artes de Madrid en 1961.

«...el artista literario más asombroso de España
en nuestro siglo (quizá a nivel con Lorca)...»
(García Lorca, Pura Ucelay y Valle-Inclán, fotografiados
en el curso de una representación teatral.)

evidente placer. «Esperpento de antiparras y barbas», protegido del aire colado madrileño por un poncho color de pan sin cocer, Valle-Inclán iba y venía por la capital rodeado de sonrisas de afecto, admiración y esa indulgencia de que goza el que logra que sus actos se consideren como «cosas». Cosas de don Ramón: pasaporte para la plena libertad.

Y no sólo en el atuendo y en la manera de vivir; pues su conversación no era menos pintoresca que su poncho. En primer lugar, hablaba con el acento gallego más fuerte, afectuoso y *meigo* que cabe imaginar; y hasta para contar cosas no tan caritativas, les ponía una música de gaita gallega que las hacía buenas para la comunión de los santos; y cómo era agudísimo observador y, como buen gallego, vivía en pleno humorismo, Valle-Inclán sonreía mucho. ¡El mundo es tan «pavero»!

Hablar con él equivalía a leer de antemano sus obras desde las todavía increadas a las que ya volaban por Madrid de labio en labio; porque las obras de Valle-Inclán, con ser tan conscientes y cinceladas, dejaban —y dejan— que sus sucesos se desprendan del engarce del relato y gocen de libertad, de conversación en conversación. De aquí su alta estimación en cualquier tertulia que fuese. Una recuerdo en la que le dio por relatar las aventuras de la Reina Castiza con un brío incomparable que no bastaba a frenar el fuerte ceceo con que hablaba.

No estoy seguro de que aquel ceceo fuese natural. Nada o muy poco en él lo era. Se había creado a sí mismo con la misma atención que consagraba a la puridad de las palabras que consentía coser a su paño de maravillas; era, en suma, una obra de arte; pero tan lograda que parecía natural.

Esta especie de esquizofrenia es quizá el cuadro de referencia, la armazón sicológica de Valle-Inclán. Sobre ella vino a ejercer fuerte influencia su afición a las drogas, que, probablemente exagerada por su prurito «estrafalario», era sin embargo real y efectiva; de modo que no cabe interpretar ciertas rarezas suyas como si Valle-Inclán fuera un tendero o un tenedor de libros. A este capítulo pertenece todo eso de sus plagios, que no es sino otra forma de manifestarse como esperpento y estrafalario.

Gregorio Marañón me decía un día: «Don Ramón no tiene derecho a estar en vida. Le hice un reconocimiento total hace cinco años y ya entonces el mero hecho de que estuviera en vida era un insulto a la ciencia.» Tenía la garganta y el esófago tan acorchados que si no le daban el té hirviendo lo rechazaba por frío. Tanto por sus dotes de artista como por sus peculiaridades corporales, era Valle-Inclán un ser mucho más que estrafalario, casi inverosímil.

Era un caso algo parecido al de Shelley en cuanto a decir la verdad. Al joven poeta inglés le era a veces imposible estar seguro de lo que era verdad o no lo era; pero no había en él ni sombra de mentira. La presión de ciertas vivencias en su ánimo podía ser igual aunque unas fueran sueños y otras realidades. Valle vivía con tanta fuerza las cosas que vivía que, si eran sueños, los aceptaba como realidades. De aquí procede quizá el vigor de algunos de sus relatos, sobre todo si el protagonista es otra de sus creaciones, como aquel Marqués de Bradomín que fue también una de sus más logradas.

Azaña lo trata mal. Pero Azaña no trataba bien más que a Azaña. Su propia transfiguración en diputado radical le salió mal a Valle. ¿Cómo le iba a salir bien? Fue una de sus locuras más descabelladas. Valle no era esnob; no admiraba a la aristocracia, que describió con singular gracejo con ribetes de desprecio; pero lo que de seguro no era es democrático.

En este aspecto de las cosas, vivió por encima de ideologías y partidos, viéndolo todo «desde la otra ribera». Todas sus querencias políticas se explican tan sólo por su total incompetencia en un ambiente que no podía ni comprender, cuanto menos dominar. El genio le costó caro a Valle-Inclán; la cuenta que le cobró el destino en insuficiencias físicas y morales fue cuantiosa y muy pesada de llevar para él. De esto no pudo o no quiso darse cuenta Azaña. Ello no obstante, Valle-Inclán queda en la vida y las letras de España como uno de los españoles más logrados de nuestro siglo.

Español del noroeste. Como tal gallego, dotado de sentido lírico y de humorismo. Su lirismo suele ser objetivo. No exhala sentimientos personales, sino que describe, en sentimientos de persona, lo que hay de poético en las cosas. Es a modo de lirismo reflejo, la luz de cuya poesía ha de posarse primero sobre un objeto para reflejarse sin recato. Es quizá cierto pudor, que le lleva a emocionarse en las cosas y rehuir la emoción personal.

Sale ganando el lirismo de las cosas. El artista conoce su modelo, y su modelo es el pueblo español, sin ilusiones ni calumnias. La imparcialidad de Valle-Inclán como artista es aquí perfecta, y plasmada a veces en versos inolvidables:

> *Pardillos de hablar adusto*
> *con resonancias latinas,*
> *la cara el perfil de Augusto,*
> *las intenciones dañinas.*

> *Una chica fea*
> *que la tifoidea*

pelona dejó,
baila en la guardilla
arrastra una silla
y ella es el gachó.
Sale al ventanuco
y parece el cuco
que habla en el reló.

y esta maravilla:

hay un zapatero
que silba a un jilguero
la Internacional.

Todo esto hay que recordarlo para no descarrilar leyendo *La marquesa Rosalinda*. Porque el verdadero aire común que hermana aquella deliciosa comedia del arte con *El crimen de Medinica* es precisamente el humorismo. Cosa escasa entre españoles (¡esa teología!...) sólo lo dan de sí de verdad los gallegos (que lo de los andaluces es otra cosa). Si no estuviera escrita con humorismo, *La marquesa Rosalinda* sería una obra cursi y *El crimen de Medinica* una obra vulgar. Pero estamos ante algo no menos fuerte, sólo que mucho más fino que aquellas humoradas bruscas y exorbitadas de don Francisco de Quevedo, otro esperpento de antiparras.

En su conversación, lo que más burbujeaba era ese humorismo, en el cual Valle-Inclán no buscaba la risa (ni la propia ni la del otro), sino el entrechoque y contraste de los seres humanos en el torbellino del mundo unos con otros y uno con uno mismo. Para él no se trataba de corregir con la burla: *castigat ridendo mores*. ¿Para qué corregir, para qué mejorar? ¿Qué es mejorar? Para Valle-Inclán tan sólo se trataba de ver las cosas desde la otra ribera, y eso no (como sospechaba Don Manolito) por ser o querer ser como Dios, sino porque era él ya una obra de arte creada por aquel genio asombroso que fue Ramón Valle.

Adolfo Prieto

(1867-1945)

CUANDO, EN 1941, publiqué por vez primera mi *Vida de Hernán Cortés* en su versión española, le puse esta dedicatoria: «A don Adolfo Prieto, español de Méjico, mejicano de España.» Para mí era aquel hombre un caso muy parecido al de Cortés, y puesto que creo haber sido Cortés el hombre de acción que ha rayado a mayor altura en toda la historia de Euroamérica, mi opinión sobre aquel insigne compatriota no podía ser más alta.

De Cortés recordaba don Adolfo lo esencial: el haber sido un gran árbol hispano cuyas raíces laboraban en lo hondo del suelo español y cuya fronda y fruto daban sombra y vigor a Méjico; pero también recordaba a Cortés en otros aspectos de su ser y vida, y en particular su doble vocación de hombre de letras y de hombre de armas, si por armas entendemos los meros instrumentos de la acción. Y (quizá por consecuencia de todo ello) también me hacía pensar en Cortés aquella vastedad de su ánimo que no se limitaba al binomio armas-letras sino que abarcaba todo lo humano como su reino natural.

Cuando llegué por primera vez a Méjico, a fines de marzo de 1931, ya profesor de Oxford pero «prestado» por mi Universidad a la de Méjico para un curso de un mes, todos los que se me ofrecieron para guiar mis pasos en aquella tierra tan nueva para mí daban por sentado que el jefe nato de aquella colonia era don Adolfo, y esta opinión se me hizo evidente en cuanto lo conocí.

Don Adolfo tenía entonces sesenta y cuatro años. Era cenceño, robusto, ágil, callado pero no taciturno, cordial pero con reserva, de rostro más bien largo que ancho, que dominaban unos ojos fuertes pero bondadosos y una mandíbula inflexible. Se adivinaba tras la cordialidad y la acogida cierta austeridad para sí mismo y una vida interior activa pero recluida en el silencio. Nada en aquel hombre de habla y modales tan firmes, pero tan·modestos, nada permitía adivinar el gran poder económico y prestigio social de que disfrutaba ya hacía años. Conquistador, sin duda, pero tan natural parecíale serlo que ni pensaba en ello.

Poco a poco, mientras me abría puertas y ventanas y me enlazaba con amigos e instituciones, fui enterándome de los cursos y rumbos de aquella vida tan llena. Era asturiano, nacido en Sama el 11 de enero de 1867, y había estudiado Filosofía y Letras en la Universidad de Madrid, teniendo, por cierto, como compañero a Menéndez Pidal. A los veintitrés años llegó a Méjico y pronto entró en la casa de Banca e Industria que dirigía don Antonio Basagoiti. Sus cualidades de hombre y sus dotes de hombre de acción hallaron en aquella casa campo propicio, lo que redundó en beneficio suyo, de la casa y de Méjico.

Méjico, en efecto, necesitaba hombres como don Adolfo Prieto. En 1890, cuando él llega a la capital, comienza a periclitar la larga dictadura de Porfirio Díaz, que se venía sosteniendo tantos años sobre dos muletas: la implacable represión de todo desorden y la complacencia para el capitalismo extranjero, que dominaban Francia, Inglaterra y sobre todo y cada vez más, los Estados Unidos. Pero el descontento general, ya hábil ya burdamente manejado por hombres ambiciosos, terminó por derribar al déspota, con lo cual se inició para el país una era de violentas convulsiones políticas que iba a durar hasta que Lázaro Cárdenas diera el golpe maestro tan esperado: la nacionalización del petróleo.

Hoy ha cambiado tanto la opinión pública universal que los jóvenes no aciertan ni a imaginar lo que significaba para un pueblo arisco y susceptible como el mejicano disponer de una riqueza natural casi toda ella usurpada por los grandes capitalistas de fuera; ni la arrogancia, el matonismo y hasta el cinismo de ciertas intervenciones yanquis en la vida interior y soberana de la nación mejicana.

Durante mi estancia en Londres de 1916 a 1921 tuve alguna que otra ocasión de polemizar en la prensa inglesa (sobre todo en el *Observer* gracias a mi amistad con el director, el famoso periodista irlandés Garvin) sobre la especie de lazareto en que el Foreign Office tenía a Méjico, negándose a reconocer su régimen y gobierno bajo los pretextos más tendenciosos; y logré reducir a polvo de tinta las cartas que publicaba un señor Roberts que había sido cónsul general en Méjico y actuaba entonces en pro de los petroleros.

Pero esto dicho, justo es reconocer que el propio Méjico no era país fácil. El proceso de formación republicana y creación de instituciones que se inicia a fines del siglo XIX con la caída de Porfirio Díaz, da suelta a las actividades más variadas y aun encontradas: a alzamientos, guerras

Maternidad «María Josefa», donativo de Adolfo Prieto,
en donde nacieron desde 1945 todos los hijos de los obreros
de la Compañía Fundidora de Fierro y Acero de Monterrey, S. A.

civiles binarias o ternarias; traiciones, asesinatos, compras y ventas de caudillos, incautaciones de tierras, anarquía, en fin, de un pueblo ultravital, abundoso de hombres mucho más ansiosos de mandar que aptos para obedecer.

En este hervidero tuvo que hacer su carrera y su fortuna el joven asturiano que llega a Méjico casi cuando va a caer el dictador. Quien no conozca aquel maravilloso país, con todo lo que recela de recodos, recovecos, virajes bruscos, eclipses, relámpagos, socavones y cortes súbitos para el hombre de la calle que va a su oficina, no podrá medir lo que exige de dominio de sí, paciencia, audacia y prudencia batidas juntas como aceite y vinagre, al que aspire a crear una institución económica. Estas cualidades, allí no sólo inestimables sino indispensables, eran las que pronto se dieron a conocer en la labor de don Adolfo Prieto.

Ya cuando trabajaba en el complejo o grupo (que hoy se diría) de Basagoiti echó su mirada de halcón sobre una casa productora de hierro y acero sita en Monterrey. Aquella casa había conocido días mejores; pero, cuando don Adolfo comenzó a observarla de cerca, apenas si merecía su mirada. La verdad es que andaba por los suelos. Quizá por eso sostuvo su atención. Estudió no sólo el presente y el pasado de la casa; sino la situación en términos de materias primas, transportes, geografía, mercados y hombres: su conclusión fue que todo estaba a mano para levantar una obra grande; pero que estaba todo por hacer. En 1917 era presidente de su Consejo de Administración. A su muerte, en 1945, era la Compañía Fundidora de Fierro y Acero de Monterrey la primera casa productora de acero del país.

Admirable, se dirá; pero no muy nuevo. Estas cosas suceden y el hombre creador hace maravillas aun en un ambiente tan imprevisto e imprevisible como el de Méjico. De acuerdo. Pero es que aún queda no poco por decir. No recuerdo quién fue de sus amigos el que me contó que don Adolfo solía hacer frecuentes visitas al hospicio y que terminó por regirlo. En ese hospicio se educaban y vivían los huérfanos. Iba, hablaba con los chicos, los sondaba y calaba, y al que le parecía merecerlo le costeaba la carrera. Esto era cosa corriente y moliente, nada de excepcional, sino cosa del pan nuestro de cada día.

Creo que en esta costumbre —que lo era— de don Adolfo se daban cita dos tendencias de su ser: una era su compasión por los desheredados de la fortuna, para quienes él, tan privilegiado por sus dotes naturales, sentía especial conmiseración casi como compañero de infortunio. Pues sí. De infortunio. Porque don Adolfo, de su matrimonio con doña Inés Castro, había tenido una hija que había muerto de muy corta edad, y esta pérdida le había asestado el golpe que necesitaba su alma para impregnar de urgencia de dolor la mera solidaridad humana que, sin dolor íntimo, suele quedarse fría en su abstracción.

Pero al lado de esta *compasión* (en el pleno sentido del vocablo) creo que en aquella costumbre de visitar el hospicio en busca de buenas cabezas, se manifestaba también el espíritu creador de aquel hombre singular. Para él los muchachos del hospicio eran materia prima humana, simiente humana, privada por la suerte del jardinero que la plantase y regase; y por eso se imaginaba colocado allí para reemplazar al padre o maestro ausente y crear lo que, sin él, no se hubiera creado.

Por este camino, llegamos mejor a comprender cómo y por qué este patrono de 1917 se adelanta en casi medio siglo a la legislación social moderna. Todo lo que las empresas modernas han creado para sus obreros, lo había hecho él ya cuarenta años antes. Escuelas, campos de recreo, hospitales, seguros, todo lo concibió y realizó de modo que Monterrey fuera el modelo de la empresa humanamente concebida, empezando por los salarios altos y las horas reducidas.

En este orden de cosas, su gran empeño, espoleado por el recuerdo de su niña fallecida, fue dotar a Monterrey de una casa de maternidad, en la que, explicaba al arquitecto, las mujeres de su personal hallasen tres departamentos prontos a recibirlas: el de la gestación o prenatal, el del parto y el posnatal. Éste era su regalo de despedida a la Fundidora, a la vez inspirado en su deseo creador y en su compasión humana. De su ambición delegada y como encarnada en su obra, da admirable ejemplo esta frase que pronunció en el acto de entrega del edificio para escuela de los hijos de los obreros: «Que de estos talleres, de esta factoría, habrá de salir la aristocracia del proletariado mexicano.»

Con todo, los amigos que lo conocían bien, vivían bajo la impresión de ser la fama, el buen nombre, la simpatía general de que disfrutaba don Adolfo más vasta y honda, quizá también, más concreta de lo que las cartas a la vista parecían sugerir. La clave de este misterio no se descubrió hasta después de su muerte, cuando salió a relucir la ingente cantidad de socorros y auxilios de toda clase a que subvenía con el mayor sigilo.

De este aspecto de su vida vino el azar a darle testimonio nada menos que a su sobrino don Carlos Prieto, heredero de su obra, de su actividad y de su genio organizador. Cuenta, pues, don Carlos Prieto cómo en el verano de 1930, en una de sus excursiones en compañía de ingenieros de la Fundidora, fue a dar a una humildísima cabaña en los alrededores de Tlaxiaco. «Hecha la visita a la oscuridad de la choza, pude percibir una escena tristísima: sobre un petate en el suelo estaba una niña ardiendo en fiebre, y a su lado, arrodillada e indudablemente rezando, su madre. Los ojos de esta mujer, que quizá había perdido la fe en la ciencia de los hombres, se dirigían hacia una especie de altar, alumbrado con dos lámparas de aceite... entre las imágenes de la Virgen de Guadalupe y del Sagrado Corazón de Jesús, se encontraba una fotografía de don Adolfo Prieto arrancada de algún periódico ilustrado. "Ese señor también es un Santo. Fue el único hombre que besó a mi hija en la enfermería del Hospicio de México. Si él supiera lo que le está sucediendo, de seguro me la sanaba."»

Nada de esta actividad secreta dejaba traslucir aquel gran corazón envuelto en su cáscara dura como de nuez de coco, amable pero entera y un sí es o no es rebarbativa. Pero recordemos por donde empezamos: la vocación binaria de don Adolfo, que tanto recuerda a Cortés. Su Filosofía y Letras como corona y no mero adorno de su Banca y técnica. Hay que imaginarlo recorriendo a España para encontrar un busto de Bécquer que había prometido encontrar para un amigo y, al no encontrarlo, contratando a un escultor que le hiciera un bronce antes de defraudar a su amigo.

Quiso la suerte que en el mismo año en que lo conocí, cayera la monarquía, se instaurase la República, y me nombrasen embajador en Washington. Al regresar aquel mismo verano a Madrid para organizar la delegación española que iría a Ginebra en setiembre, me lo encontré en Madrid. Veía la República como una gran esperanza abierta a España. Creo que era demasiado realista para conceder excesiva importancia a las etiquetas que cabe ponerle a un régimen; de modo que su satisfacción ante la República carecía de entusiasmo ingenuo, pero era sincera y henchida de razón. Cuando nos separamos, le animaba todavía su gran esperanza de español. Ya no nos volvimos a ver. Vino nuestra guerra y luego la guerra mundial. Cuando apenas comenzaba nuestra paz, halló él otra más profunda y verdadera.

Ramón Menéndez Pidal

(1869-1968)

CONOCÍ A DON RAMÓN EL AÑO 1901. Era en verano. Yo, que ya estudiaba en París, tenía quince años y don Ramón treinta y dos. Mi padre me había mandado pasar unos días en el Paular con la familia del comandante Ibáñez Marín, su amigo y compañero. La mujer del comandante, entonces una de las más hermosas que he conocido, era Carmen Ibáñez, que luego fue Carmen Mesa, al casar con el poeta Enrique de Mesa. Me acogió como una madre, muy joven por cierto para tal función, y allá vivía yo disfrutando lo indecible en la Sierra del aire puro y afilado, y del ambiente no menos afilado y puro de aquella familia ejemplar. Porque Ibáñez Marín era un militar intelectual y estudioso, con aquel su aire de gigante teutónico, calvo y barbudo, rebosante de vigor y de salud. Murió de una bala marroquí.

Una noche —estábamos cenando— se presentó de pronto un visitante. Acogido con júbilo por toda la casa, se quedó de pie, sonriente, hablando poco pero —me pareció— siempre bien, justo, exacto, cortés, y con un encanto singular. Era don Ramón Menéndez Pidal. Daba la impresión de hombre sarmentoso y curtido por el aire y el sol, granjero quizá, trotador desde luego, que casi se le adivinaba el caballo en la forma de estar de pie; y en aquel comedor cerrado y caliente, parecía como que su mera presencia abría una perspectiva hacia montes y valles. En todo pensé que fuese menos erudito.

En lo que más pensaba era en el españolismo espléndido de su rostro, a la vez modesto y firme, los trazos seguros de todas las facciones, que parecían dibujadas por un gran artista, y aquella barba oscura, corta y cerrada, tan distinta de la barba de Ibáñez Marín, flotante como un río, como de las *barbiches* que me había dejado en la rue Poissonnière de

París. Quizá sin darme cuenta todavía, comenzaba yo a ir apuntando en mi sensibilidad rasgos de carácter nacional; y callado en mi rincón ante aquella conversación animada, miraba ya al gigantesco militar, ya a la bellísima mujer, ya a aquel hombre joven, sano, fuerte, escultural, que sereno y casi inmóvil, parecía emanar luz de su rostro. ¡Qué España tan plena era ésta y tan distinta de la Francia que comenzaba yo entonces a conocer! Y ¿dónde estaba la diferencia?

Desviado de mi vocación natural por el sino que me llevó a una formación científica y luego técnica, perdí contacto con don Ramón y sólo volví a acercarme a su órbita, y aun así no mucho, cuando mi vocación me impulsó a tirar por la ventana una carrera de ingeniero bien encarrilada. A medida que lo leía y estudiaba, me daba cuenta de lo que representaba en la historia de nuestra erudición. Don Ramón era el modelo del estudioso moderno que se va por montes y valles a verificar en persona lo que ha creído vislumbrar en los papeles. Entonces vino a tomar su significación más profunda aquel aire de caballero campesino que tanto me había impresionado en el Paular.

Cuando la Universidad de Oxford me ofreció la nueva cátedra de Estudios Españoles, me vi súbitamente transformado en un hispanista *malgré lui*. Ya en la cofradía, tuve más frecuentes ocasiones de ver a don Ramón y de cartearme con él y de apreciar más aún y más concretamente su inmenso saber y su seguro juicio. Pero de estos encuentros y cartas no guardo recuerdo especial. En cambio lo conservo, y muy vivo, de mi visita al modesto hotel en que vivió algún tiempo en su período de emigrado en París; porque esta visita es una de las escenas más nobles que atesora mi memoria. La sencillez, la serenidad, la concentración natural de aquel hombre ya bien entrado en años, que sin una mirada, un recuerdo, una alusión a lo que ha dejado en Madrid, dedica su atención a la labor de siempre, ahora esperándole sobre una humilde mesilla de pino en un exiguo cuarto de hotel, son más para vividas que para contadas. Y diré aquí que de estos casos he conocido muchos —de españoles emigrados que han sabido calladamente conllevar su soledad y desarraigo sin pestañear—. Todavía recuerdo mi emoción cuando visité en Méjico a Altamira, en una modestísima morada que ennoblecía con sólo su presencia, digna e impasible; y casos no menos nobles podría referir de tal o cual familia, en verdad valerosa.

Don Ramón Menéndez Pidal volvió a sus libros y tuvo la suerte —que otros no tuvieron— de que no se los dispersaran. Por fortuna para las letras españolas, este patriarca de nuestras ciencias históricas volvió a situarse donde mayor rendimiento podían dar sus maravillosas dotes. Seguimos viéndonos y carteándonos, y de ese período data otra impresión que me produjo al discutir sobre el origen de Colón, que yo creo hebreo y él al principio lo rebatía. ¿Quién era yo para discutir con

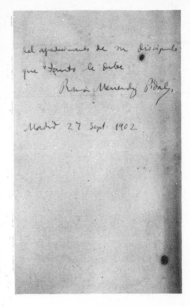

Fotocopia de una carta de Menéndez Pidal a Menéndez y Pelayo, escrita en 1902.

Menéndez Pidal en su juventud,
durante su estancia en Quito
como enviado español para
el estudio de límites
entre Ecuador y Perú.

«...esa maravilla de crítica
que es su estudio sobre
la ''Chanson de Roland''...»

RAMÓN MENÉNDEZ PIDAL

LA
CHANSON
DE
ROLAND
Y EL NEOTRADICIONALISMO

ESPASA-CALPE, S. A.

Menéndez Pidal en 1957 conversando
animadamente con Dámaso Alonso
en la sede de la Real Academia Española.
A la izquierda, el perfil
de Wenceslao Fernández Flórez.

Menéndez Pidal? Pero no sólo aceptaba la discusión sino que, si no se rendía a mis argumentos, estaba dispuesto a examinarlos y a dejarse convencer; y entonces noté en él, no sólo esa objetividad, sin la que la obra no vale nada, sino esa humildad sin la que el hombre no vale mucho.

Esta humildad de don Ramón la pude observar más tarde, envuelta en su perfecta cortesía, en discusiones públicas, como una que tuvo en Oxford sobre Las Casas con Marcel Bataillon. Para mí, imprime el sello de la grandeza a su figura. Yo no me atrevería a decir que la humildad sea virtud muy española, aunque la hallásemos en el Cid. Ello se debe a que solemos abrazarnos a las cosas con demasiada vehemencia y convertirlas en algo nuestro. El español no dice: «Los tres ángulos de un triángulo valen dos rectos»; sino «yo lo que le digo a usted es que los tres ángulos, etc.». En mi experiencia, he conocido más españoles altivos, ufanos, susceptibles y suspicaces que humildes. Tres bellas humildades he conocido y vivido: la de Menéndez Pidal, la del duque de Alba (padre de la duquesa actual) y la de Valle-Inclán.

Por eso no dejó de desconcertarme que don Ramón se dejara embaucar en la aventura del Premio Nobel. No porque no lo mereciera. ¿Quién con más títulos que él para una distinción mundial como obrero del espíritu? Pero aquella operación falló por dos motivos: un apoyo estatal demasiado oficial y un desconocimiento evidente de lo que el Premio Nobel ha venido a ser. El apoyo estatal al Premio Nobel me parece execrable; pero no lo condeno en este caso sencillamente porque se da en casi todos. Por este lado, el Premio Nobel recuerda las canonizaciones romanas, que se hacen a fuerza de presiones diplomáticas; pero creo que se dio el apoyo con alguna indiscreción. En cuanto a lo que el Premio Nobel es, la Academia de Estocolmo prefiere concentrarlo en la capacidad creadora estética, y si la dejan en paz, en los poetas. Hay excepciones, como la de Bertrand Russell y la de Churchill, que se explican circunstancialmente; pero recuerdo haber pensado entonces que, dada la actitud de Estocolmo, pedir el Premio Nobel de Literatura para Menéndez Pidal era como pedir un premio de pintura para Sánchez Cantón. En cambio, como historiador, nadie con más títulos que él en el mundo entero.

La última vez que lo vi honraba mi hogar en un almuerzo íntimo al que le acompañaba su nieto. Cumplía aquel día 93 años y medio; y su vitalidad mental y aun física eran envidiables. ¿Qué premio ni qué monumento necesita quien ha dejado una obra monumental y una escuela de tan brillantes discípulos? Uno que no llegó a discípulo, ni siquiera a alumno suyo, se honra hoy en aportar un grano de arena a su monumento espiritual.

84

Menéndez Pidal en 1964; en su biblioteca,
en el jardín de su casa de Chamartín; su mesa de trabajo.

Toda su vida —y le conocí desde sus 35 años— fue don Ramón modelo de distinción española. Cada país tiene su distinción como su vulgaridad. En el francés, la distinción suele sugerir intelectualidad; en el inglés, aristocracia; en el español, es individual y personal, aunque no deja de evocar cierto tipo, y siempre se expresa no sólo en el rostro y la figura sino en el modo de llevar el uno y la otra; con una sencillez inimitable y profunda.

Toda su vida supo don Ramón Menéndez Pidal dar, sin querer, esa impresión de distinción sencilla e inevitable, sin superioridad ni alejamiento, antes bien, con una cordialidad innata y natural, y con una modestia que, en hombre tan dotado, era hasta emocionante. Porque sus dotes debieron ser fenomenales, a juzgar por su obra. Precisamente por ser poco dotado por la naturaleza y poco preparado por mis estudios para la erudición, admiro la erudición y no ceso de asombrarme de que en un cerebro humano quepa el inmenso saber concreto que almacenaba y como que archivaba en perfecto orden nuestro gran filólogo español.

Pero don Ramón Menéndez Pidal trajo a la erudición española un elemento vital que completaba felizmente su ingente labor de biblioteca. Su reconstitución del Cid, por ejemplo, le debe casi tanto a sus propias algaras de captador de hechos y vistas, planos y paisajes, como al estudioso hojeador de libros. Lo uno ilumina y fecunda lo otro; y gracias a esta doble actividad de su autor, la obra de don Ramón adquiere una vivacidad que otros eruditos más «enclaustrados» no logran alcanzar.

Asombrosa es también la amplitud de su curiosidad intelectual. Claro es que en una vida tan larga y tan devotamente consagrada a la historia de nuestras letras y de nuestras gestas, tuvo tiempo para todo: pero el que se acerca a una de sus obras, por ejemplo, esa maravilla de crítica que es su estudio sobre la *Chanson de Roland,* se queda suspenso ante la inmensa erudición en que se apoya, y el arte-ciencia con que la maneja una inteligencia siempre dueña absoluta de sus facultades y de los hechos y textos sobre los que se ejerce.

Faltó a Menéndez Pidal la creación estética, esa facultad poética que distingue, por ejemplo, a su discípulo y sucesor, Dámaso Alonso, porque Dámaso Alonso, que es un erudito de primera categoría, es también un poeta de primera magnitud en nuestro firmamento literario. Esta combinación es muy de admirar. Pero si a Menéndez Pidal le faltó la creación poética, tuvo, sin embargo, una sensibilidad crítica de lo más fino y penetrante que se ha conocido en nuestra literatura, una sensibilidad quizá sólo lograda por el gran Ortega.

Gran don ha sido para nuestras letras, en la época en que España ha dado al mundo tantos nombres excelsos en la creación estética, el haber aportado también a la cultura universal un crítico, historiador y filósofo de la talla de Menéndez Pidal; y no pequeño don también que se nos permitiera gozar de su presencia, vida y frutos durante casi un siglo.

Francisco Largo Caballero

(1869-1946)

DE TODOS ESTOS HOMBRES cuyos retratos vengo pergeñando, el único
que pertenece al pueblo sin sombra de duda ni distingo es Francisco
Largo Caballero, el que, andando el tiempo, iba a ser otro don Francisco, uno de los tres tocayos que, en España, van a encarnar las fuerzas
humanas del siglo. Y diré de pasada que algún elogio merece nuestro
pueblo y su modo de vivir por ese uso del *don,* que antaño revelaba
alcurnia y hogaño expresa deferencia para con la edad. Por un lado
vuelve no a lo de ayer sino a lo de anteayer, ya que, al fin y al cabo,
señor viene de *senior,* o sea de *más viejo*. Y no va ello sin cierta sabiduría empírica, ya que al reservar cierta deferencia a la edad, no es la
mera vejez lo que se venera, sino la persistencia de la buena conducta
a través de los años.

Este don Francisco no nació don ni mucho menos. Era hijo de un
obrero y de su mujer, que se quedó con el chico al eludir el marido sus
deberes conyugales y paternos. La instrucción primaria del muchacho
duró tres años, de sus cuatro a sus siete de edad, porque entonces tuvo
no sólo que buscar sino que hallar trabajo para coadyuvar a lo poco
que su madre ganaba.

Esta ascensión de los primeros años, por los ásperos peldaños de
la indigencia, es lo más hermoso de su biografía y está contado con una
sencillez y un vigor dignos del tema. Al leerlos por segunda vez, se me
ocurrió pensar en lo útil que sería hacer de la autobiografía de Largo
Caballero un libro de lectura prescrito para todas las escuelas de segunda
enseñanza de España. Allí, el hijo del pudiente vería lo que es subir
la cuesta de la niñez para muchos, casi todos los hijos del obrero español; la indiferencia de los que ya tienen el pan seguro con respecto

89

a los que todavía no lo tienen; la pétrea frialdad de la burocracia para con los pobres; la paciencia, el dominio de sí, que el pobre ha menester para ir creciendo sin que se le retuerzan los instintos naturales al modo de colmillos de jabalí; la dura escuela de la voluntad, el aguzar del ingenio.

En estas primeras páginas de su autobiografía, Largo Caballero explaya —a veces sin darse cuenta— las bases mismas de su ser tal y como lo irían haciendo las tremendas circunstancias que lo aguardaban. Cuando lo conocí (ya secretario general de la U.G.T.), se veía en su rostro el rasgo dominante a que él alude más de una vez en sus «recuerdos»: «la voluntad de acero». Todo el modelado de la mandíbula inferior lo decía bien a las claras.

Pero las facciones de aquel rostro desmentían o, por lo menos, ocultaban la pasión política y social que animaba e impulsaba su energía. Era una cara plácida; los ojos azules y el pelo rubio también desmentían su origen popular, al menos para quien se atuviese a la regla empírica que confunde rubio-de-ojos-azules con aristócrata, y moreno-de-ojos-negros con proletario. Era no sólo rubio sino rubicundo, de tez sonrosada y rostro redondo, y en la forma de la boca, cuando en reposo, le florecía una sonrisa, quizá un poco sugeridora de satisfacción.

Si tal era, su vida lo justificaba; porque después de pocos años de trabajo como estuquista había llegado a ser uno de los dos hombres de confianza de Pablo Iglesias (otro rubio de ojos azules), y su primer lugarteniente; éxito tan redondo y temprano que sin duda debió de ser la simiente de la leyenda que hizo del discípulo hijo natural del maestro.

No había tal cosa. Había tres otras cosas, cada una bastante para explicar su rápida elevación en la escala del poder social por vía del poder obrero: su formidable voluntad; su insobornable honradez y limpieza de propósito; su talento natural y eficiencia como organizador y cumplidor de su obligación. ¿Inteligencia? Según. No vamos a pedirle al dirigente más genuinamente obrero del obrerismo español que rivalice en filosofía política con Fernando de los Ríos o con Besteiro, ni en gramática parda con Prieto o con Negrín. Pero este muchacho que a los siete años tiene que ir mendigando jornales de miseria, llega apenas rebasados los veinte a enfrentarse con cualquiera de sus compañeros de lucha en pro del pensamiento de Marx, y se revela tan capaz de apoyarse en los clásicos del socialismo como el más pintado de sus rivales.

No tenemos derecho a reprocharle que su cultura general no abarcase mucho más. Tan sólo observamos que, en lo esencial, su aparato intelectual constaba de dos partes, ambas sólidas y eficientes para su propósito: una filosofía marxista y una experiencia proletaria personal. Aquélla le daba el motor; ésta, el combustible. Largo fue toda su vida un marxista apasionado, de cuya fuerte convicción intelectual ardía el fuego de la indignación ante la injusticia, y del deseo, anhelo, ideal, de emancipar a sus compañeros de clase de las humillaciones e infamias que él había conocido en su carne.

Recuerdo perfectamente cómo se le solía calumniar entre la gente de más dinero que caletre. Tanto él, como su maestro, Pablo Iglesias, pasaban entre mucha gente como «vividores», palabra tan automáticamente aplicada a ellos y a sus congéneres, que casi parecía ya una especie de definición de su oficio social. Pero el caso es que, lejos de serlo, estos dirigentes socialistas de la primera época eran de una admirable austeridad y que o no recibían sueldo alguno por la labor considerable que llevaban a cabo en sus asociaciones o se les abonaban emolumentos ridículos.

Mucho más tarde, cuando ya Largo cobraba sueldo como secretario general de la U.G.T., me encontré con él en Londres y lo llevé a ver a su homólogo, el secretario del T.U.C., especie de U.G.T. inglesa. Este señor trabajaba en un suntuoso despacho y cobraba mil libras esterlinas anuales, o sea 25 000 pesetas oro, suma formidable entonces. Así se lo expliqué a Largo cuando salimos, y él se sonreía con amarga sonrisa: «¡Y a mí me chillan porque cobro 350 al mes!»

Algún esfuerzo nos cuesta ponernos en la piel de aquellos hombres bregando en un ambiente que obligaba a Pablo Iglesias a vacilar antes de comprarse una capa, y hasta a negarse a sustituirla por un gabán, por miedo a que lo llamasen capitalista. Descontemos lo que hay o pudo haber de envidia en ello: queda siempre una tendencia, muy española, al ascetismo, de que daré otro ejemplo en mi ensayo sobre Azaña. A Largo le reprocharon sus amigos y colegas del Ayuntamiento de Madrid que se estuviera haciendo una casa en la Dehesa de la Villa. Al rechazar el reproche con no poca indignación, Largo hizo valer que la estaba pagando a plazos y hasta haciéndola él mismo con sus manos y aun afirmaba que la actitud de sus críticos era «antisocialista». Yo la encontré antiliberal, porque lo que en el caso de Largo hay que admirar es el éxito impresionante de una iniciativa privada.

Retengamos de todo este aspecto de su vida la honradez diáfana de aquel hombre, que tanta autoridad le dio como concejal y como dirigente obrero. Pero esta reputación muy justificada que adquirió de administrador leal y capaz, le facilitó también su labor como creador de instituciones mutuas de socorro de enfermedad y paro; ejercicios de iniciativa privada colectiva en los que sobresalió con gran éxito y que hubieran podido dar base y diseño para todo un socialismo libre o liberal en el que (sigo pensando) quizá esté el verdadero porvenir del socialismo, de otro modo condenado a la esterilidad y a retener o ejercer la tiranía mientras se empeñe en ir por vía marxista a la encerrona del socialismo de Estado.

Esto no lo vio Largo porque era marxista a machamartillo; injerto en español mucho más católico de lo que parecía o podía darse cuenta él mismo. Claro que en la formación externa de su ser no es probable que la religión haya influido gran cosa. Al menos él no menciona ni mucho ni poco el papel de la religión en su niñez. Pero no cabe dudar de que Francisco Largo Caballero, nacido el 15 de octubre de 1869 en la Plaza Vieja de Chamberí (de Madrid por supuesto), era biológicamente católico. Como tal, tenía puesta toda su esperanza en el Santo Advenimiento. Que para unos españoles este Santo Advenimiento sea el de algún salvador de la Patria, con o sin fajín, y para otros sea la Revolución social, es ya cosa de segundo orden. De primer orden sólo conoce el español el Santo Advenimiento en sí y como tal. Marxista convencido, Francisco Largo Caballero, concebido bajo la Revolución del 68, vivió casi toda su vida en la esperanza de ver el Santo Advenimiento de la Revolución Marxista. Casi toda su vida, dije. Su tragedia personal fue, como veremos, que vivió más que su fe en el Santo Advenimiento. Lo pagó caro. Y España también.

Esta actitud expectativa, característica del español, reposa en dos creencias más o menos arraigadas en cada sujeto: que es posible cambiarlo todo de un golpe mágico; y que este golpe mágico *va a venir*. ¿De dónde? Es lo de menos. Va a venir, claro que de fuera. No necesariamente de lugares foráneos, pero de un mundo otro que éste y mejor que éste. Clara laicización del Paraíso —terrenal ¿eh?— prometido a los católicos, a su vez, cristianización de la Tierra Prometida a los hebreos. Donde se vislumbra cómo el marxismo, pese a su ateísmo consustancial, coincide con el catolicismo en este punto; y por qué suele haber más marxistas en los países católicos que en los protestantes.

Hay, pues, que imaginar a Largo como el genuino representante del marxismo español en su aspecto de fe más que en su figura de filosofía o convicción política. Y esta observación se impone cuando vamos a verlo recorrer su vía crucis de experiencia en compañía de Besteiro, Fernando de los Ríos e Indalecio Prieto; es decir, de un marxista intelectual, un liberal socializante y un oportunista empírico, escéptico y casi cínico, todos los tres franca y descaradamente burgueses.

Éste era el juego de fuerzas en presencia, del que no se podía esperar gran armonía. Largo era de los cuatro el más vigoroso en su fe y el más limitado en cuanto al área y a la hondura de su pensamiento; tenía, pues, que abrigar para con sus colegas inevitables sentimientos de menosprecio y desconfianza; y aun cuando, leyéndole, va el lector simpatizando con aquel quijote entre sanchos, *oyéndole*, es decir, escuchando el tono y la intención de sus frases, y aún más de sus vocablos, se va percibiendo

«...después de pocos años de trabajo como estuquista había llegado
a ser uno de los hombres de confianza de Pablo Iglesias...»

la animosidad que la situación iba creando en él, y que los llevó a los cuatro a una carencia frecuente y casi total de acuerdo de cabeza y de solidaridad de corazón.

Porque lo extraño de la relación entre aquellos cuatro dirigentes socialistas no fue que riñesen tanto —que mucho no riñeron—, sino que se entendiesen tanto cuando tan poco tenían en común, sobre todo Largo frente a los otros tres. Con la relatividad que estas cosas van tomando en la historia, cabe decir que Largo miraba a los otros tres con la altivez del aristócrata seguro de su abolengo proletario para con los proletarios advenedizos, tránsfugas de la burguesía. Y tan sutil y enrevesada es la naturaleza humana, que este menosprecio del proletario de pura sangre para con los vulgares burgueses, iba envuelto en la envidia secreta del proletario para todo lo burgués, que le hace gritar «abajo la burguesía»; y lo grita con animadversión y furia contra sí mismo por no haberlo pensado él antes de que viniera a enseñárselo aquel maestro de escuela que lo había leído en Marx; de modo que ahora se explica por qué tuvo siempre tan ferviente deseo de hacer vida burguesa, de ser burgués.

«Pero ¿qué es lo que el obrero quiere?», inquiría yo un día en Oxford de un dirigente militante anarcosindicalista español. Y él me contestó: «Lo que el obrero quiere es no ser obrero.» Admirable respuesta que, según creo, encierra un pensamiento y un sentimiento: la oposición de cabeza a un sistema que tiende a reducir al hombre al nivel de la máquina, cosa pensable y racional; y el anhelo de vivir vida burguesa, cosa sensible e irracional. Largo pensaba y sentía ambas actitudes en su relación con sus tres colegas burgueses en la dirección del partido socialista.

Había, pues, en él una urgencia revolucionaria de raíz que no podía darse en los otros tres, y una homogeneidad del ser nacido, criado, sufrido en su clase, que los otros tres no podían sentir, sino todo lo más pensar, adoptar quizá pero no iniciar. Ahora bien, Largo (aparte los conflictos episódicos) se enfrentó en actitud revolucionaria con el régimen burgués, en cuatro crisis que él mismo llama «Revoluciones»: las de 1917, 1930, 1934 y 1936; y en las cuatro observó cómo sus tres compañeros adoptaban posiciones a retaguardia de las suyas. Era, pues, natural que considerase como la verdadera causa de la divergencia la que le dictaba a él su propia experiencia de proletario.

Pero ¿quién osaría trazar el mapa de las divergencias entre españoles? Las que definieron las respectivas actitudes de Largo y de Besteiro en las crisis de la época, comenzando por la de 1917, son por demás matizadas y complejas; y más de una vez dan la impresión de celar, bajo razones plausibles y objetivas, motivos subjetivos y hasta personales. En lo que concierne a la huelga general de 1917, habrá que referirse al relato que de ella he procurado hacer en mi semblanza de Besteiro. Los hechos no favorecen la descripción que de aquel episodio hace Largo, y más bien se prestarían a una interpretación más impregnada de rivalidad personal entre los dos marxistas más eminentes que tuvo el socialismo español; oposición que más de una vez hizo al teórico insistir sobre la práctica y la táctica y el empírico hacer valer los principios.

Esta enseñanza que le ofrecía la realidad debió de reforzar en él la fe y el dogma marxistas, pese a que, al fin y al cabo, puesto que el mismo Marx nació burgués y lo fue toda su vida, más calcados sobre Marx eran sus tres compañeros que él. Pero en su experiencia personal se dieron tantos casos de aversión, oposición y aun odio que le profesaban también socialistas compañeros de clase, que habrá que tomar muy en cuenta este aprendizaje de la sociología política en hombre tan dado a meditar sobre los hechos del día.

Tan es así que en sus «recuerdos» Largo se abstiene de inscribir aquella famosa huida de Écija de la que Prieto escapó con vida de milagro, perseguido como iba por los amigos de Largo, que lo rociaban con ametralladoras. Si, pues, por un lado, su experiencia le confirmaba en su posición marxista, es decir, la guerra de clases, por otro su misma experiencia le enseñaba que, dentro del socialismo, se daba también una guerra de tendencias; es decir, que bastaba que existieran divergencias de opinión y de actitud ante tal o cual problema concreto para que se llegase a la guerra civil con bala *aun entre socialistas.*

¿Dogmatismo? Según y conforme. Largo en estas cosas se reveló marxista ejemplar. Era, en efecto, firme, dogmático, inflexible, en cuanto a su estrategia: llegar al régimen marxista por todos los medios, aun los violentos; pero era adaptable, maleable y flexible en cuanto a la táctica. Estúdiense sus propios escritos y sus propios actos en cuanto a los cuatro momentos militantes de su vida —1917, 30, 34 y 36— y se verá con qué claridad distingue el modo táctico del objetivo estratégico; pero el ejemplo más claro de esta su constante actitud fue su toma de posición frente a la dictadura de Primo de Rivera.

No me parece diáfano el relato que de este episodio hace Largo en sus «recuerdos». Por aquel entonces veía yo bastante en Ginebra a Fabra Ribas, que era el consejero áulico de Largo antes de que, por su desgracia y la nuestra, llegaran a serlo Araquistain y Vayo. Ahora bien, según la versión que da Largo en sus «recuerdos», la Ejecutiva del Partido (léase Largo) no pensaba ni pensó nunca en ir a la Asamblea; pero, cuando yo le hice la pregunta a Fabra, me contestó que sí. Tanto que al preguntarle yo: «Pero ¿sin libertad de prensa?» insistió en que sí. Esto pasaba en mi coche camino de mi oficina en la Sociedad de Naciones. Medio en broma, medio en serio, paré el coche y le dije: «Ande. Bájese usted.»

No fueron a la Asamblea. Votaron que no. Pero he aquí cómo lo cuenta Largo:

Indalecio Prieto —perito en crear conflictos al Partido— emprendió una campaña contra la Unión General diciendo que no debía formar parte de dicha Asamblea. Ignoro, aunque lo dudo, que Prieto estuviese afiliado a alguna de las Secciones de la Unión. El afán de notoriedad le impulsaba a combatir un propósito inventado por su imaginación, puesto que nadie había pensado en semejante cosa. La cuestión era hacer ruido y dirigir el organismo obrero desde fuera sin responsabilidad alguna.

En los medios republicanos y anarquistas tuvo repercusión, creyéndose que cuando Prieto hablaba de esa manera, era que se intentaba llevar a la Unión General a aquella Asamblea. Ni el Congreso, autoridad máxima, ni el Comité Nacional, que suple a aquél en ciertos casos, ni la Comisión Ejecutiva se habían ocupado todavía del asunto. La C. Ejecutiva callaba porque no habiéndose tomado ningún acuerdo no quería, con su opinión contraria o favorable, prejuzgar lo que quisieran resolver los organismos superiores. Esta disciplina y respeto a la opinión ajena no ha sido nunca del dominio de Indalecio Prieto. Afiliado al Partido Socialista, actuaba como un aerolito por todos los espacios políticos.

Con esa propaganda de Prieto, ayudada por el seráfico santo laico antimarxista don Fernando de los Ríos, se creó un ambiente contra las Ejecutivas de la Unión y del Partido que, para no dar un espectáculo nada edificante, no contestaban defendiéndose como era su derecho, esperando que se resolviera el asunto en los Congresos y sufriendo hasta las calumnias de la publicación Hojas Libres *editada en Francia por los señores Unamuno y Eduardo Ortega y Gasset, que estaban emigrados.*

En reunión ordinaria celebrada por el Comité Nacional de la Unión General de Trabajadores de España, se tuvo conocimiento de un escrito de Indalecio Prieto repartido entre sus amigos, en el cual, además de sostener que no debía irse a la Asamblea Corporativa Consultiva, calificaba de antemano de traición el acuerdo contrario. Al Comité le ocasionó gran disgusto este proceder de Prieto, y por unanimidad acordó ver con disgusto su conducta. Como Secretario así se lo comuniqué, y contestó calificando de antidemocrático el acuerdo que le censuraba, aunque flagelase sin fundamentos y fuera de las organizaciones a sus correligionarios que ostentaban la representación de los organismos.

Presenté la proposición de no ir a la Asamblea si éramos invitados, y así se acordó, con los votos en pro de la participación de Julián Besteiro y de Enrique Santiago.

Se observará la tendencia adversa a Prieto y Fernando en esta curiosa página; pero a renglón seguido, Largo, aunque a la defensiva y arguyendo mientras avanza, expone cómo y por qué se avino a firmar parte del Consejo de Estado. Ahora bien, el fondo de este debate era de lo más claro. Prieto y Fernando argüían y se situaban como políticos y parlamentarios, aconsejando intransigencia para con quien, como Primo, se proponía destruir la libertad y el parlamento; pero Largo actuaba (sin argüir si no le obligaba Prieto) de modo que no disminuyera sino que fuera en aumento el poder que la clase obrera, *encarnada en él*, tendría en la mano el día de la Revolución.

Esta oposición va a constituir resorte permanente en la cumbre del socialismo español hasta bien entrada la guerra civil. Se observará que Largo, casi siempre claro y transparente, se oscurece y opaquiza en cuanto se acercan a su postura íntima los problemas o actos que relata; y otro tanto ocurre cuando se pone a relatar los orígenes de la guerra civil. Para situar este problema informativo daré primero un detalle pintoresco. Ya he apuntado en algún que otro boceto de esta serie cómo Zugazagoitia y Araquistain chocaron como dos bólidos en los pasillos del Palacio de Cristal del Retiro el día en que se elegía a Manuel Azaña presidente de la República. He aquí cómo lo cuenta Gil Robles:

Hecho extraordinariamente revelador de la tensión que existía en el seno del partido socialista fue el violento incidente que tuvo lugar, en pleno hemiciclo, entre don Julián Zugazagoitia, amigo de Prieto, y don Luis Araquistain, que ocultaba sus verdaderos propósitos bajo una declarada hostilidad a la candidatura del señor Azaña. Al quedar prácticamente decidida ésta, después del acuerdo de la minoría socialista, Araquistain se había limitado a comentar: «Mejor. Así caerá desde más alto.» Aquella mañana, cuando se disponía a depositar su voto, fue abofeteado públicamente por Zugazagoitia (pp. 605-6).

He aquí ahora cómo lo cuenta Largo:

En espera de que se iniciara el acto, se produjo un incidente en los jardines como consecuencia de las polémicas entre El Socialista *y* Claridad. *Zugazagoitia, director del primero, dirigió unas palabras ofensivas al director de* Claridad, *Luis Araquistain, quien a su vez largó a Zugazagoitia un directo a la cara, haciéndole tambalear. No cayó al suelo porque le sostuvieron algunos amigos. El asunto no pasó a más, si bien los comentarios fueron abundantes.*

Habrá pues que tener presente en todo lo que concierne a nuestras fuentes escritas aquel sabio proverbio que dice: «Cada cual habla de la feria según le va en ella»; entendiéndose que callar es también una de las formas de «hablar». Ahora bien, Largo es en sus «recuerdos» de lo más olvidadizo sobre sus campañas entre las elecciones del 16 de febrero del 36 y el alzamiento del 18 de julio. El fondo del cuadro de aquel período era anarquía pura y creciente, pues se alimentaba y medraba de

Besteiro, Fernando de los Ríos, Indalecio Prieto: «...un marxista intelectual, un liberal socializante y un oportunista empírico, escéptico y casi cínico, todos los tres franca y descaradamente burgueses.»

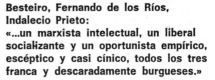

«Aquel hombre que había ganado —con Azaña— las elecciones del Frente Popular, que pudo haber hecho su revolución desde el gobierno mediante decretos y leyes, prefiere la calle al Parlamento.»

«Debemos evitar otra guerra civil... ello depende del falangismo. Si persiste en el error de considerarse el amo de España, obligará a apelar a todos los medios para salvarla» (Largo Caballero). (En la foto, de izquierda a derecha, Valentín Galarza, Ramón Serrano Suñer, el general Franco, José Antonio Girón y José Luis de Arrese en un acto celebrado en el Consejo Nacional de F.E.T. y de las J.O.N.S.)

Largo Caballero, a la izquierda, con Besteiro, presidente del Congreso, al salir de palacio tras una consulta con el presidente de la República acerca de la tramitación de una crisis, en 1931.

sí misma. El aspecto más temible de aquella anarquía era una como epidemia de asesinatos que afligía por igual a rojos y negros de tan enmarañada manera que todo intento de apuntar con el dedo al iniciador para darlo por «causante» era inútil.

Los que hemos vivido aquel período sabemos que una como vesania de guerra civil afligió a unos y a otros por igual. Sobre este fondo, ¿cuál fue la actitud de Largo Caballero? Ya no era su capellán cívico el buen catalán Fabra Ribas; sino Luis Araquistain y su concuñado Álvarez del Vayo. La música era otra. Había llegado la hora de la Revolución. De modo que nuestro dirigente obrero, otrora razonable, eficaz, sereno, se lanzó a una campaña revolucionaria con todas las dotes de energía, valor y sinceridad que lo habían llevado a la cumbre. Aquel hombre que había ganado —con Azaña— las elecciones del Frente Popular, que pudo haber hecho su revolución desde el gobierno mediante decretos y leyes, prefiere la calle al Parlamento. Dos días después de haber presentado Azaña el nuevo gobierno en las Cortes, el 5 de mayo, celebra Largo nada menos que en la Plaza de Toros de Madrid la unificación de las juventudes socialistas con las comunistas, en cuyo acto declara que

la clase obrera marcha a la dictadura del proletariado a pasos de gigante. Pacíficamente, pero si es preciso, saltaríamos por encima de los obstáculos... Cuando llegue el momento... si no se deja a la clase trabajadora conquistar el poder, como tienen derecho, por los medios más pacíficos que quieran, la clase trabajadora no renuncia a la conquista del poder... Si para ello es necesario saltar por encima de conveniencias y de circunstancias especiales, saltará, porque no ha nacido ningún régimen sin que haya habido derramamiento de sangre y violencia.

Éste era el tono, y no ciertamente el más revolucionario que cabría citar, de la elocuencia de Largo en aquellos días. Justifica ampliamente que se le atribuya por lo menos la mitad de la tremenda responsabilidad de la guerra civil. En aquellos meses pasó Largo por un período que cabe tildar de comunistoide, aunque no es probable que a la Unión Soviética le interesara *todavía* una revolución comunista en España. Ello no obstante, Móscova había elegido a Largo como el Lenin español. Besteiro, Prieto y Fernando hacían papel de meros burgueses y Negrín bullía, todavía nonato, en el seno materno de la Revolución.

De aquel período recuerdo una conversación que tuve con Largo en Madrid, en la que le hice valer el argumento, para mí evidente, de que si un partido cualquiera apela a la violencia, provoca inevitablemente la intervención de las especialistas de la violencia organizada, que son los militares; y entonces es inevitable que todo vaya hacia una dictadura militar. Quizá contara Largo con la indisciplina revolucionaria de obreros y campesinos, pero no me atrevería a asegurarlo.

Ahora bien. Largo cuenta cómo avisó a Azaña en abril y a Casares Quiroga en mayo de la inminencia de un alzamiento militar; pero no dice nada de los discursos vitriólicos con los que lo estaba haciendo inevitable. La misma pureza de su ardor revolucionario lo exponía más que ningún otro a la represalia natural de las fuerzas ciegas del destino. Así que él, que no había querido organizar la revolución desde la Presidencia del Consejo, tuvo que aceptar esta tremenda Presidencia en plena guerra civil para luchar con desesperación no sólo contra Franco, Alemania e Italia, sino también contra Rusia, contra Azaña, contra Prieto, contra Negrín, contra Aguirre y contra Companys.

Lea el detalle de aquellas luchas quien sienta curiosidad por la vida que hay que vivir en un manicomio. Basta decir que cuando al fin lo echan del poder los comunistas aliados con aquellos socialistas que en ellos se apoyaban, la conducta de Negrín y Zugazagoitia para con el veterano y respetado jefe del partido socialista durante toda una vida, y reciente presidente del Consejo de su país, fue imperdonable y vino a probar que no hay descortesía, abuso de poder, desconfianza, falta de respeto, hasta infamia que un socialista por eminente que fuera no podría temer de otro socialista en aquellos días crueles. Y hay que hacerlo constar porque estamos intentando pergeñar la trayectoria espiritual de aquel hijo del pueblo español. Bien. Soñaste en tu revolución. No te arredró la violencia. La hiciste. Y ahora te topas con el camino de Alicante cerrado para ti por orden de tu sucesor, cuando ya contabas 68 años, de ellos lo menos cincuenta de servicios pulcros y preclaros al socialismo. ¿Quién te cerraba el paso? ¿El capitalismo? ¿La burguesía? No. Los socialistas más amigos de los comunistas rusos que tú. Vételo pensando mientras vas a pie sudando por las carreteras de Valencia porque te han prohibido ir en coche los marxistas del gobierno, aliados de Móscova a quien no quisiste obedecer. Vételo pensando.

Vételo pensando por aquella carretera de Valencia. Los que te negaban los aviones que España había pagado, pero que mandaban y manejaban ellos, y exponían a los soldados de España, a los tuyos, a la muerte segura porque tú, jefe del gobierno, te negabas a obedecer a Móscova, ésos no sólo te echan del poder, sino que te cierran el paso de tu misma tierra a ti, que aún eres diputado español y aún eres Largo Caballero. Y estos que han echado la garra al cuello de tu libertad son tan marxistas que en su tierra ya no queda nada que hacer para el marxismo, porque la Revolución que tú querías hacer en España y no lograste, la lograron e hicieron ellos en su tierra; de modo que ¿para qué la Revolución?

Téngase por seguro que éstos eran los pensamientos que desvelaban a Largo Caballero. en aquellos días y que por esto fue y no por causa alguna menos noble, pues a nobleza no le ganó nunca ninguno; por esta causa Largo fue gradualmente acercándose al Pirineo con las mujeres de su familia, dejando con la natural ansiedad a sus hijos varones inmersos en aquella guerra en la que ya no creía. Su odisea en Francia fue lamentable, larga e inútil. En compañía de su hija soltera fue recorriendo un calvario en el que les tocó el papel de sayones a los infelices funcionarios de la Francia de Pétain-Laval, hasta que aquella triste Francia lo entregó a Hitler.

Aquí será forzoso, aunque ingrato y amargo, hacer constar que el régimen nazi dio a España una prueba evidente de antihispanismo insultante contra el cual hay que hacer constar fuerte protesta. Léon Blum, ex presidente marxista francés, y Francisco Largo Caballero, ex presidente marxista español, fueron encerrados respectivamente en Buchenwald y en Oranienburg; pero no se les dio igual trato. Blum vivió en una casa aparte, al margen del campo, como un ser normal civilizado, a quien se respeta y considera, con su mujer y una sirvienta; y cuando se le puso en libertad, todo pasó con decencia y corrección. Largo vivió la vida abominable de preso corriente, a veces algo atenuada por su estado de salud; y cuando llegó la libertad, se le hizo marchar en filas, estando en tan mal estado de arteriosclerosis de una pierna, que cayó al suelo en la carretera, donde un soldado lo apaleó y pateó a su placer. Conste, pues, que aun en el detestable nazismo se supo distinguir entre un francés y un español con iguales condiciones externas de rango y dignidad política, aparte de ser ambos hijos de Dios.

Volvió Largo a Francia y recayó en sus ilusiones, errores e ingenuidades. Su plan para resolver el problema de España es de una ingenuidad que asombra. Sus discusiones con Araquistain sobre si se puede o no colaborar con los comunistas hacen rebrotar todavía el contraste entre la idea anticomunista de Araquistain y la táctica cauta de Largo: «Sí, contra, pero sin cerrar el porvenir.» Pero cuando va más a fondo, el don Quijote de regreso de su más desastrosa salida habla en tono muy distinto:

Debemos evitar otra guerra civil en España... ello depende del falangismo. Si persiste en el error de considerarse el amo de España, obligará a apelar a todos los medios para salvarla... [326]. El socialismo integral no se puede organizar de manera súbita sino por grados, por etapas y sistemáticamente... [327]. Hay que tener paciencia, no pretender realizar obra tan colosal sin el natural concurso del tiempo... [327].

Y estas palabras, que son una confesión moral:

Debemos pensar que nuestra impaciencia, haciéndonos dar pasos en falso, puede retrasar muchísimos años lo que queremos lograr de inmediato.

O éstas, que son una confesión intelectual:

El sistema político para esa transformación gradual tiene que ser de un respeto absoluto a la libertad, basado no en imitación de instituciones artificiales o artificiosas, sino en las que tengan positivo arraigo en el pueblo por su naturaleza y por su historia y tradición, sanamente interpretada... [328].

No extrañará, pues, esta expansión del alma de nuestro don Quijote ya en cama, camino de su conversión:

Hace años, en un mitin celebrado en el Cine Pardiñas, en el que hablamos Saborit, Besteiro y yo y cuyos discursos se publicaron en un folleto, decía yo que si me preguntasen qué quería mi respuesta sería ésta: ¡República! ¡República! ¡República! Si hoy me hicieran la misma pregunta contestaría: ¡Libertad! ¡Libertad! ¡Libertad! Luego que le ponga cada cual el nombre que quiera.

Así hablaba Largo Caballero en 1946. Si hubiera hablado así en 1926, otra sería España, otros los españoles.

Julián Besteiro

(1870-1940)

PARECE EL MÁS CLARO y diáfano de los hombres que me cupo en suerte conocer; pero es quizá el más misterioso, enigmático, hasta paradójico. Popular, democrático, ídolo del pueblo de Madrid (que no suele errar en estas cosas), Besteiro fue sin embargo un hombre que emanaba distancia; transparente, recto, sorprendía a veces por lo inesperado de sus actos o actitudes; igualitario y sencillo, aun austero, irradiaba distinción y hasta cierta vislumbre de aristocracia, inevitable por salir de él sin que él lo deseara o procurase; y para colmo de paradojas, aquel profesor de Lógica, cuyos escritos y discursos se concadenaban al *modo aristotélico*, era marxista, es decir profesaba a pies juntillas un credo político que se revela al mero análisis como un nudo de contradicciones.

No tuteaba a nadie ni por nadie se dejaba tutear, tesón admirable en este siglo en el que el tuteo a voleo está disolviendo perfiles y matices en una babosería universal. Ni sombra de pedantería venía a sugerir en su trato conciencia alguna de superioridad. Cortés con todos, firme con todos, jamás dejaba que el filo de su pensamiento hiriese al más romo o lento de sus lectores o auditores; pero en todo momento parecía haber logrado hacer constar que tenía razón por medios de irreprochable esgrima intelectual, sin el menor asomo de intriga o sofisma. Parece como que sus dotes naturales más espontáneas, quizá más inconscientes, fueran una distinción moral y una elegancia física que al punto lo delataban como aristócrata por naturaleza. Aun vestido del modo más libre y veraniego, aun de presidiario, se distinguía en seguida y como que sobresalía del grupo más selecto, sin que en su atuendo pudiera observarse el más leve atildamiento: tan natural todo ello que sólo comenzó a tomar relieve cuando, preso en Cartagena por lo del 17, le raparon aquella barba institucionesca que le otorgaba un señorío convencional en pugna con su distinción señera.

Dentro del grupo de dirigentes del partido socialista, con Fernando de los Ríos, era Besteiro el de mayor autoridad intelectual; y a mi ver, superaba al otro hasta en este terreno. Como quiera que la naturaleza social no le cede a los demás aspectos de la naturaleza en esa sutileza maravillosa que observó el certero Francis Bacon, sospecho que una de las causas de este rasgo notable de nuestra constelación socialista haya sido que Besteiro, en el fondo tan didáctico como Fernando, ocultaba su magisterio con más maestría; y que lo hacía precisamente mediante el uso de un lenguaje de gran precisión y sencillez, ciñéndose lo más posible a la costa de los hechos del día, por procelosa que fuese.

Esta transparencia de su lenguaje le fue siempre de gran ayuda y refuerzo en los trances que ponían en peligro la unidad del partido, cuando se encrespaban las pasiones y volaban las verdades como proyectiles de comadres. La primera virtud que entonces resplandecía en él era la sangre fría. Tomaba parte en la discusión con el mismo vigor que cada hijo de vecino; pero procuraba objetivar el debate y separar las cosas de las personas; de modo que el coro de ciudadanos no dejaba de darse cuenta de que el «profesor» no hablaba en pro ni de Fulano ni de Mengano, sino de la verdad.

«El profesor» dije, y adrede. Porque aquí también hay que admirar la sutileza de la naturaleza social. El pueblo iba de suyo al socialismo por dos causas principales: por ver en ello su interés, de persona, de familia, de clase; y por vislumbrar, y no erraba, que aquellos hombres que procuraban organizarlos al modo de un ejército cívico, eran honrados. No soy ni he sido nunca de los que han intentado presentar a los políticos de la monarquía como gente poco estimable: creo, antes bien que en su conjunto, pecaron más por incompetentes e inconsecuentes que por poco pulcros; pero si cabe sostener esta tesis en el plano nacional, no es tan fácil hacerlo valer en el municipal; y estimo que una de las causas del alto prestigio de que gozaron los socialistas cerca del pueblo en la primera mitad del siglo xx, se debe a la potente corriente de aire puro que hicieron soplar sobre las cuadras de Augias de los grandes municipios, sobre todo el de Madrid.

Para el pueblo, todo esto era muy nuevo; y como en sus filas pocos eran los que se quemaban las cejas leyendo a Marx, veían resplandecer a sus hombres nuevos, a Besteiro, a Largo, a Saborit y otros que se adentraron por el bosque nada virgen de la vida municipal madrileña, y veían en aquella transparente honradez la prueba de la verdad intelectual del marxismo; para cuyo fin específico les era más útil el honrado profesor que el honrado estuquista.

Ésta es la línea, sinuosa pero clara, por donde iba el pueblo de Madrid construyendo la gran figura de Besteiro. Largo, el estuquista, les garantizaba que el marxismo era la «causa» de ellos y de sus familias; Besteiro, el profesor, que hablaba siempre en un lenguaje claro y nunca de arriba abajo sino a nivel con ellos, les garantizaba que aquello del marxismo sería difícil pero era verdad, no sólo para ellos y sus familias, sino para el país y para el bien de la humanidad, y si no, que se fueran los compañeros al Ayuntamiento, leyesen algunos legajos de ensanche o de gas o de agua, y verían lo que es bueno.

Con todo, faltaba lo mejor. En la imaginación popular fermentaban aquellas emociones, impresiones, vislumbres que un día cuajarían en grandes imágenes arquetípicas cuyo modelo era ya la de Pablo Iglesias, el abuelo legendario del socialismo español. Era menester el horno, la presión, el fuego, que fundiría aquellos materiales del alma popular para darles forma y vida. Ésta vino a ser en último término la función que desempeñó entonces la huelga general de 1917.

Este movimiento había sido para Besteiro como para Largo, que lo habían imaginado, como una batalla en la guerra de clases, para propagar el socialismo por la acción. Sabido es que no se produjo con la precisión relojera del profesor de Lógica que lo dirigía; sino que intervinieron factores de complicación más que de complicidad; entre ellos una huelga general de ferroviarios, provocada a destiempo por el sector de Valencia a causa de una poco pensada indiscreción de Marcelino Domingo, y fracasada por la pasividad de los compañeros de las líneas de Mediodía y Cáceres-Portugal, debida a la defección del secretario del Sindicato; de modo que al fin y a la postre hubo que ir a la huelga general política cuando ya nada lo aconsejaba.

A nuestra distancia, todos estos aspectos de barullo e indisciplina de aquel episodio se empequeñecen; y queda sólo que en agosto de 1917 Besteiro, Largo, Anguiano y Saborit estaban en prisiones militares, y que las intenciones de los que los tenían encerrados se expresaban en los martillazos, que toda la noche oyeron, con los que se estaba erigiendo la capilla ardiente. Por fortuna, se oyeron otras voces en las alturas, y los cuatro condenados salieron a cumplir una pena de cárcel en el penal de Cartagena.

Iban en un coche de mercancías, atados de dos en dos por el pie, como raterillos vulgares; y los insensatos que primero quisieron ejecutarlos y luego se encarnizaron en humillarlos, no se dieron cuenta de que su función histórica consistía en hacer de Largo y de Besteiro dos grandes figuras nacionales. El barbero de la cárcel puso el toque final a la de Besteiro rapándole la barba krausista; y así, con su gorro de presidiario, aquel profesor de Lógica llegó a ser el aristócrata más amado del pueblo de Madrid.

Nada de extraño. Por lo pronto, al pueblo de Madrid le gustan los aristócratas. Los de verdad. Para discernir lo cual, posee un instinto infalible. El que se imagina conquistar la simpatía de Madrid por la adulación y la populachería, está perdido. Para conquistar a Madrid hay que saber emanar distancia, arte en que fue supremo Besteiro, como lo fue también aquel otro aristócrata, también por Madrid adorado, que fue Manuel Azaña.

En ambos casos, esta distancia permitía percibir bien a las claras aquello que Madrid más estima: la honradez. Besteiro pudo siempre erguirse ante su pueblo —pues él era madrileño— como un hombre de vida tan irreprochable que no parece habérsele ocurrido nunca que fuera prudente ocultar haber nacido en el seno de una familia, si no pudiente, al menos acomodada. Vestía con sencillez, pero no tal que pareciera querer imitar la clase a la que no pertenecía; y eran sus gustos y estilos de vida más espartanos que atenienses, no por deseo de hacerse popular, sino porque tal era su natura.

La situación se prestaba a la demagogia: más instruido, mejor educado, más desarrollado en todos los aspectos del ser que su público y que casi todos sus compañeros, error casi natural hubiera sido en él haberse dejado llevar de tantas ventajas para explotarlas por lo menos en pro de su imagen pública y carrera política. En vano se buscará en sus papeles y actos huella de tamaño error. El pensamiento y la acción tuvieron en él siempre por guía una muy admirable objetividad. Así lo creo después de haber meditado sobre los dos testimonios que, en este aspecto de su vida, le suelen ser adversos: el de Largo y el de Azaña. Creo que, en punto a objetividad sincera (acertada o no, eso es ya otra cosa), Besteiro es muy superior a Azaña y a Largo; al uno, porque para ser objetivo del todo le faltaba modestia; y al otro porque, frente a Besteiro, no dejó de padecer envidia.

Al examinar su vida con una serenidad objetiva digna del que la vivió, lo que sorprende el ánimo, lo suspende, crea un problema, es el marxismo de Besteiro. Hoy casi todo el mundo es marxista; de modo que el hombre cualquiera halla muy difícil sustraerse a la presión social; pero en su tiempo, las normas eran inversas, es decir contrarias al marxismo: y el espectáculo de un hombre de indudable capacidad intelectual, especializado además en lógica, dejándose encerrar en ese edificio fantasmagórico de pasión irracional con fachada de lógica que es el marxismo, siendo como era burgués inteligente, claro y honrado, no sólo sorprende sino que pide análisis y explicación.

Tengo para mí como una de mis distracciones más lamentables el no

«...igualitario y sencillo, aun austero, irradiaba distinción y hasta cierta vislumbre de aristocracia, inevitable por salir de él sin que él lo deseara o procurase...» (En la foto, Besteiro, presidente de las Constituyentes, acompaña a Niceto Alcalá Zamora el día de su toma de posesión como primer magistrado de la República, en diciembre de 1931.)

«...preso en Cartagena por lo del 17, le raparon aquella barba institucionesca que le otorgaba un señorío convencional en pugna con su distinción señera.» (De izquierda a derecha, Largo Caballero, Anguiano, Besteiro y Saborit.)

«El pueblo iba de suyo al socialismo por dos causas principales: por ver en ello su interés, de persona, de familia, de clase; y por vislumbrar, y no erraba, que aquellos hombres que procuraban organizarlos al modo de un ejército cívico, eran honrados.» (Lucio Martínez, Francisco Largo Caballero, Manuel Vigil, Juan Meliá, Julián Besteiro y Andrés Saborit, en la presidencia del duelo del entierro de los restos mortales de Pablo Iglesias, el 13 de diciembre de 1925.)

haberme nunca parado a discutir con él tema de tanta fascinación. Bien que no me ayudaron las circunstancias. Nuestros primeros encuentros en Londres eran, para estos fines, prematuros; su período republicano oficial como presidente de las Cortes no daba lugar ni tiempo para una labor desinteresada; y cuando fue a Londres a la coronación de Jorge VI, momento que hubiera sido propicio, y al que luego me referiré, estaba yo en los Estados Unidos. No me queda más que conjeturar.

Al asomarse a la política, Besteiro comenzó como radical y aun se inscribió en el partido de Lerroux. Que luego lo dejara para entrar en el partido socialista no cabe atribuirlo a ambición política, porque Besteiro no era ese tipo de hombre y porque tanta salida daba entonces el lerrouxismo como el socialismo. Parece lógico considerar la segunda decisión como desarrollo y consecuencia de la primera. Ingresó en el partido radical por ser entonces el paso evidente que daría un hombre joven en oposición a la monarquía; pero pasaría al socialismo al darse cuenta de que el mero radicalismo no aportaba solución al fondo de los problemas políticos de España, fondo que no era político sino social.

Y aquí es donde entra Marx. Este profeta y fundador de la más vigorosa de las religiones modernas arriba a las playas de la historia cuando la fe en la ciencia está en su apogeo. La fe en la ciencia es la fuerza espiritual que rige y guía el siglo XIX. Desarrollando el pensamiento de Francis Bacon y las ideas físicas de Newton, la pléyade de hombres geniales que cae sobre la naturaleza como un vuelo de halcones, asombra a la humanidad con tantas maravillas y certidumbres, tantos éxitos y descubrimientos, que toda reserva o prudencia en cuanto a los límites del saber del hombre termina por ceder ante la pujanza de su intelecto.

En sociología, economía e historia, Marx encarna esta fe. La encarna porque niega toda fe. Y ésta es su primera paradoja. No viene a predicar una fe nueva, una nueva esperanza, menos aún, una nueva (ni vieja) caridad; no viene diciendo: «esto está mal y habría que cambiarlo en nombre de la humanidad», sino que afirma: «esto sucederá así porque así lo dice la ciencia». Y «esto» era la revolución social. Marx triunfa, pues, no por su ciencia, que el tiempo marchitó, sino por su fe en la ciencia.

Besteiro es uno de los adeptos de la nueva fe. Cree en la ciencia. Al abrirse el siglo que va a enseñarles la modestia a los sabios, Besteiro tiene treinta años. En aquel mismo 1900, Planck va a descubrir la mecánica cuántica que hará, sí, una revolución, pero no en la economía sino en la ciencia; y poco después, Einstein.

A mi ver, hay que comprender a Besteiro como un pensador del siglo XX rezagado en el siglo XIX como lo están quizá por lo menos la mitad de los hombres de ciencia de nuestro siglo; no por su ciencia sino por su cosmogonía. Ésta es la causa de la absoluta honradez y seguridad, de la fe en sí mismo que aporta a su enseñanza y práctica del marxismo; está quizá también la razón por la cual aquel convencido marxista no se dejó desviar por las poco limpias herejías del leninismo.

Y eso que el marxismo (aún puro de toda mezcla con las fantasías de Lenin) oponía y opone al maestro de filosofía no pocas faltas de lógica. En primer lugar Marx, que formula, establece y aún crea la guerra de clases, es burgués; de modo que el teórico y el apóstol de la guerra de clases, o sea, el enemigo número uno de la burguesía, era burgués. Como burgués entre burgueses vivió toda su vida y casi siempre gracias al apoyo material de otro burgués llamado Engels, que además era patrono y sostenía a Marx mediante los beneficios de su negocio como capitalista.

Ahora bien, en aquellos tiempos de mediados del siglo XIX, no se hilaba tan delgado en esto de cotejar las ideas de las gentes con las vidas que vivían; pero en el nuestro, tan ufano de eso que llama existencialismo, ya es otra cosa. Nos extrañamos, pues, de que el joven profesor de Lógica del Instituto de Toledo, y luego de la Universidad de Madrid, no observase tamaña falta de lógica en el filósofo que se había dado por maestro.

Y conste que sólo se trataba de una suerte de prólogo a lo que iba a venir. Marx no se contenta con dar como un hecho la guerra de clases, sino que establece como axiomático que la clase condiciona el pensamiento; de modo que cada cual piensa como se lo condiciona y define la clase a que pertenece. Al dar por sentado concepto tan atrevido, Marx destruye la objetividad o la declara imposible. Hasta ahora está en su derecho. Se limita a proclamar en la «ciencia» histórica y económica un principio de *relatividad*. Pero si cada cual piensa como lo determina su clase, ¿cómo es que Marx, que era burgués, piensa como un obrero antiburgués? Y ¿cómo es que Besteiro, que era burgués y como tal vivió toda su vida, creía pensar como un obrero? ¿Lo creía?

Estas preguntas carecen de respuesta dentro del sistema no sólo marxista sino intelectual, tanto de Marx como de Besteiro. Ambos sabían perfectamente que el marxismo era una filosofía netamente burguesa, como toda filosofía; y que el obrero se atiene a la experiencia y a la acción, más otra cosa que luego diré. Pero si Marx y Besteiro, cada uno por su sendero, llegaban a la convicción y a la seguridad, si ambos lograban saltar las barreras de la lógica, la fuerza no les venía del intelecto sino de la fe.

Ésta es la reina de las paradojas del marxismo. Marx era un hombre de su siglo en cuanto a la firmeza de su fe en la ciencia. No enseñó jamás que la revolución vendría como un ideal que encarna en la tierra, idea que incinera entre ardientes sarcasmos; sino como un fenómeno natural obligado a suceder por las leyes de la ciencia. Bien es verdad que predicó, deseó, profetizó la revolución y la lucha final; pero todo ello dentro del programa científico por él trazado. Marx fue un Mesías que se concibió a sí mismo como un Newton; y Besteiro fue un San Pablo que se veía a sí mismo como un Auguste Comte.

Así las cosas, ¿qué importa la lógica? Claro que en el siglo XIX o en el XX no va uno a hablar como el Evangelio. Procura hablar como un tratado de Economía; pero cuanto mayores sean las volteretas que la lógica padezca en Marx, más se exalta el ánimo valiente que luchará precisamente por lo que Marx negó: un ideal humano.

Así las cosas, llama la atención la constancia con que los censores de Besteiro le echan en cara su actitud para con los republicanos. Es contrario a entrar en el pacto de San Sebastián, pero acepta la presidencia de las Cortes; se niega a cooperar en el alzamiento de 1930; después de negarse a formar gobierno al fin de la guerra, cuando a ello le insta Azaña, da su valioso nombre a Casado. Típico de todos estos reproches es el paso que se hallará en las *Memorias* de Largo:

> *Besteiro, enemigo de que se formase parte del Comité revolucionario porque se trataba de proclamar una república burguesa; boicoteador de la huelga general de diciembre de 1930, que tenía por objeto ayudar a la revolución a fin de cambiar el régimen monárquico por el republicano, aceptó presidir las Cortes Constituyentes y por un azar del destino hace de poder moderador para nombrar el Jefe del Gobierno de la República. ¿Verdad que la inconsecuencia política de los hombres produce monstruosidades históricas?* (p. 123).

Fuerza es reconocer que el bueno de Largo no rivalizaba con la naturaleza social en sutileza. Pero el reproche surge y vuelve a surgir y parece que exige una explicación racional. Donde peca Largo es en atribuir motivos mezquinos de arribista a un hombre como Besteiro, que era incapaz de tal cosa. El tono de Azaña sugiere a veces el mismo mal pensamiento, al que Azaña, por su soberbia diabólica, era muy propenso. En mi opinión, la explicación de la conducta, al parecer sinuosa, de Besteiro en estas cosas de abstención o colaboración es tan clara como honorable.

Esta explicación debería habérsele revelado a Azaña si en su observación de Besteiro en estos casos no hubiera sido tan incapaz de objetividad; porque el caso del propio Azaña es quizá el más cercano al de Besteiro; tan cercano que se iluminan mutuamente. Ambos son aristócratas del cerebro y de la conducta, con todo lo que de bueno lleva la situación en sí, pero también con sus peligros y riesgos. Y aquí precisamente, en el modo de sortear estos riesgos y peligros, es donde más difieren estos dos españoles.

Besteiro es tan consciente como Azaña de su superioridad de formación; no como tal ser humano medido sobre un fondo de perfección, sino como tal hombre público español con relación a la España y a los españoles de su época. Ambos se dan cuenta de su superioridad, pero de un modo harto distinto.

Azaña reacciona con desconfianza y desprecio para casi todos sus contemporáneos. Besteiro, más humilde, no cae jamás en éste, que fue el pecado mortal de que murió Azaña. Por eso, puntualizo ahora, no vio ni pudo ver cómo era Besteiro por dentro. Hay que comprender a Besteiro como un español que se da cuenta de no hallarse todavía los españoles en plena posesión de su madurez política, y que concibe como su obligación colaborar a guiarlos hacia su madurez y libertad.

Esta actitud íntima le lleva a la acción política en el cuadro del partido socialista. Su primer principio, que deducimos de su vida y obra, consiste en guardar el secreto sobre su verdad esotérica. Jamás revelará a nadie la causa secreta de sus reservas, negativas, abstenciones; pero cuando se estudien sus palabras y sus silencios, sus retos y sus abstenciones, se echará de ver que todo encaja en su visión de conjunto. Esta afirmación quedaría vindicada mediante un estudio crítico de todos sus dichos y hechos.

Me limitaré a dos ejemplos: el párrafo antes citado de Largo Caballero puede ser uno: que Besteiro deseara educar a los socialistas, incluso al propio Largo, en un período de oposición era cosa conforme con su doctrina íntima; pero que se negase a presidir la Cámara, donde tantos servicios prestó, hubiera sido una insensatez.

El otro puede tomar por base su famosa respuesta al juez instructor de la intentona del 17. El gobierno no ignoraba que Besteiro, aunque coautor con Largo de aquel episodio de la lucha de clases, se había visto obligado por las circunstancias a retraerse un tanto y que sólo volvió al pleno ataque cuando el no hacerlo hubiera dejado indefensos y al descubierto a los ferroviarios. En el fondo, pues, la experiencia del episodio confirmaba su doctrina secreta. Pero el juez quería hacerle decir algo contrario a la huelga general revolucionaria; a lo que Besteiro opuso su famosa declaración: «Jamás me he opuesto yo a revolución alguna.» Ahora bien, querer confrontar esta magnífica actitud (que lo era, y no sólo en palabras, porque el juez era de los que querían tirar con bala), querer oponer estas palabras, que eran un acto, a sus matices y reservas en tal o cual ocasión donde se negaba a seguir a los exaltados, revela falta de caletre y falta de acogida al pensamiento e intención del que se pretende juzgar.

Se puede atacar a Besteiro negándose a admitir que fuese un espíritu

«...grandes imágenes
arquetípicas cuyo modelo
era ya la de Pablo Iglesias
el abuelo legendario
del socialismo español.»

«Al asomarse a la política,
Besteiro comenzó como radical
y aun se inscribió
en el partido de Lerroux.»

Don Julián Besteiro rodeado
de sacerdotes vascos presos, como él,
en la cárcel de Carmona, Sevilla, en 1940.

115

«Es contrario a entrar en el pacto de San Sebastián, pero acepta la presidencia de las Cortes...; después de negarse a formar gobierno al fin de la guerra, cuando a ello le insta Azaña, da su valioso nombre a Casado.»

DIARIO DE SESIONES

DE LAS

ortes CONSTITUYENTES

DE LA REPÚBLICA ESPAÑOLA.

dencia del EXCMO. SR. D. JULIAN BESTEIRO FERNANDEZ

SESION CELEBRADA EL DIA 2 DE SEPTIEMBRE DE 1931

Don Julián Besteiro visto por Manuel del Arco en una caricatura de 1936.

SUMARIO

a las cinco y treinta minutos, se lee y aprue-
acta de la anterior.

n preventiva de los generales que formaron
mero y segundo Directorio Militar y de los
ntegraron el denominado Gobierno civil de
ctadura; prisión preventiva del titulado ex
tro de Justicia y Culto D. Galo Ponte: co-
caciones.

contra el proyecto de Constitución, en lo
afecta a las relaciones del Estado con la
a: exposiciones, telegramas y telefonemas.
ripción electoral de Lugo: credenciales.
del puente del Ezar sobre el río Jallas: rue-
or escrito, de los Sres. Reino, Blanco-Rajoy
paña.

del trozo segundo de la carretera de Negrei-
Mugia: ruego, por escrito, del Sr. Reino.
o de Constitución: primera lectura de una
enda.

S Y PREGUNTAS.—Intervención en la venta
s trigos; aclaración respecto al número de
ejales necesario para establecer la décima
a contribución, destinada al paro forzoso:
os del Sr. Crespo.—Contestación del señor
tro de Trabajo.

s decretadas por la Generalidad de Catalu-
restricciones relativas al profesorado de los
ios particulares: pregunta y ruego del señor
Villanova.—Contestación del Sr. Ministro
a Gobernación.

Elevación en el precio de los superfosfatos: ruego
del Sr. Manteca.—Contestación del Sr. Ministro
de Economía.—Manifestación del Sr. Manteca.

Terminación del debate sobre la interpelación del
Sr. Gil Robles relativa a la suspensión de periódicos: proposición incidental.—La apoya el señor Baeza Medina.—Es aceptada en votación
nominal.—Incidente en que se pide la lectura
de algunos artículos del Reglamento e intervie-
nen los Sres. Gil Robles, Guerra del Río y Presidente.

ORDEN DEL DIA.—Plantillas, proporcionalidad y
destinos de las distintas categorías del Estado
Mayor General del Ejército y sus asimilados;
nueva modalidad de los servicios de Ingenieros
en relación con las construcciones militares:
dictámenes.—Quedan aprobados.

Separación de las categorías superiores de los Institutos de la Guardia civil y Carabineros del Es-
calafón del Estado Mayor General del Ejército:
manifestación del Sr. Puig de Asprer.—Queda
retirado el dictamen.

Proyecto de Constitución: continúa la discusión de
totalidad.—Rectificación del Sr. Alvarez (D. Basilio).—Discursos de los Sres. Novóa Santos, en
representación de la Federación Republicana
Gallega, y Blanco (D. Carlos), en nombre de la
minoría republicanoprogresista.—Se suspende la
discusión, quedando en el uso de la palabra el
Sr. Franchy.

Peticiones señaladas con los números 9, 10, 26, 33,

superior. Allá cada cual con su juicio. Puedo yo haber errado en ello. Lo dudo porque era humilde y se daba cuenta del privilegio de haber nacido capaz y en una casa apta para educarle; pero ésta es objeción que cabe admitir; lo que no cabe admitir es que su vida haya sido sinuosa y tortuosa por falta de desinterés. Besteiro fue un intelectual fiel a la verdad y a la honradez.

En opinión del que esto escribe, Besteiro fue el único español de aquella época que descuella por encima de Azaña; hombre que ni Azaña ni Largo llegaron a comprender y medir. Tan así me parece que, hoy, con lo que de unos y otros sabemos, estimo que si la República hubiera tenido el valor de descartar a don Niceto de primeras y elegir a Besteiro presidente de la República, seguiría rigiendo en España una república liberal con perspectivas socialistas.

Es muy de admirar que el pueblo de Madrid se haya dado cuenta tan pronto de la calidad de aquel hombre. Porque Besteiro no se entregaba, y aun en el máximo empeño de un mitin o de una reunión popular dominaba su elocuencia y nunca la dejaba que se desmandase. Acierto de Azaña fue mandarle con un mensaje de paz y acuerdo con Franco a la coronación de Jorge VI. Pero esta labor meritoria se reveló tardía. De vuelta a España, Besteiro, con la mayor mesura y sencillez volvió a compartir la vida precaria del pueblo de Madrid. En el episodio Casado tomó virilmente su parte de responsabilidad. Su muerte fue corona de sufrimiento innecesario e inmediato que le otorga un lugar muy alto en el recuerdo de todos los españoles.

Terminaré con unas palabras de Julián Besteiro que hallo citadas en un discurso pronunciado por Indalecio Prieto en París, el 6 de setiembre de 1947, y que, por lo tanto, definen no sólo a Besteiro sino al propio Prieto en sus sendas postrimerías:

La grande o pequeña cantidad de personas que hemos sufrido las consecuencias del contagio bolchevique de la República, no solamente tenemos un derecho, que no es cosa de reclamar, sino que poseemos un caudal de experiencia, triste, trágica, si se quiere, pero por eso mismo muy valiosa. Y esa experiencia no se puede despreciar sin grave daño para la construcción de la España del porvenir...

El drama del ciudadano de la República es éste: no quiere el fascismo y no lo quiere no por lo que tiene de reacción contra el bolchevismo, sino por el ambiente pasional y sectario que acompaña a esa justificada reacción (teorías raciales, mito del héroe, exaltación de un patriotismo morboso y de un espíritu de conquista, resurrección de formas históricas que hoy carecen de sentido en el orden social, antiliberalismo y antiinte-

116

lectualismo enragés, *etc.). No es, pues, fascista el ciudadano de la República con su rica experiencia trágica, pero tampoco es, en modo alguno,
bolchevique. Quizá es más antibolchevique que antifascista, porque el bolchevismo lo ha sufrido en sus entrañas y el fascismo no. ¿Cómo este
interesante estado de ánimo y esta rica experiencia pueden contribuir
a la edificación de la España del mañana? He aquí el gran problema.
Porque pensar que media España pueda destruir a la otra media sería
una nueva locura que acabaría con toda posibilidad de afirmación de
nuestra personalidad nacional o, mejor, con una destrucción completa
de la personalidad nacional, peligro que hemos corrido y del cual hemos
escapado, al parecer, poco menos que de milagro... ¿Cuál puede ser la
estructura de la nueva España? Probablemente la estructura de la nueva
España será la que imponga un régimen de trabajo fecundo, que respete
al trabajador, pero le exija el cumplimiento del deber. Ante la jerarquía
del trabajo productivo, todas las demás jerarquías, si no habrán necesariamente de desaparecer, tendrán por fuerza que resignarse a ocupar una
posición subalterna.*

Ignacio Zuloaga

(1870-1945)

ZULOAGA Y UNAMUNO son los dos vascos más importantes que ha dado de sí España en el siglo. No olvido a Baroja, pero sigo pensando que en él se daban ciertos aspectos lugareños que no le dejan pasar a más alto nivel. Zuloaga y Unamuno eran además físicamente monumentales. A Zuloaga y a su tío el genial alfarero, don Daniel, los conocí relativamente pronto, lo que entonces me abrió la perspectiva de la familia que brota ya como un conjunto artístico. Pero, con esa asombrosa riqueza de tipos humanos que da España, el tío era un caballero como para pintado por el Greco, mientras que Ignacio tenía pinta de aldeano. Misterios de la baraja de genes que el destino «da» a cada uno de los que llegan al mundo, de modo que, en la misma familia, se reparten unos los ases y los reyes y otros las cartas pobres. En los Zuloaga se habían mezclado genes caballerescos con genes campesinos, y éstos parece que se los había llevado todos Ignacio.

Era alto, robusto y fuerte, y el equilibrio que emanaba de todo su cuerpo parecía irradiar de su rostro como calma, aplomo, seguridad de opinión y confianza en sí mismo. La tensión nerviosa que suele darse en los grandes artistas, no asomaba en sus ojos serenos ni en sus rasgos fuertes y bien modelados, regulares sin llegar a bellos, dominados todos por su vasta calva.

Zuloaga no revelaba el menor asomo de inquietud intelectual. Su acceso al arte no pudo haberse realizado por vía de conceptos o de teorías estéticas. Clara era en él la vía de la acción. Ojos para ver las cosas, manos para agarrar el pincel, y a la obra. ¿Arte moderno? Pues qué, ¿no eran sus cuadros arte? ¿y no era él moderno? Su actitud para con los que descubrían modos nuevos de deformar las cosas en nombre de tal o cual «ismo» o teoría era más bien de indiferencia escéptica. No porque le arredrasen las deformaciones, como lo probó llegando a ser el pintor más aficionado al Greco, el que más contribuyó a propagar la gran obra del griego toledizado; sino porque sin duda consideraba todas aquellas campañas, modas, etiquetas, como intermediarios inútiles y aun nocivos entre el artista y el objeto.

No recuerdo cuándo lo conocí. Creo que sería pronto, aunque nos veíamos sólo de cuando en cuando por ser ambos viajeros; y mis recuerdos e impresiones de cómo era por dentro son probablemente fruto de la intuición más que de la conversación. Hablaba poco y miraba mucho. Recuerdo una vez que entré en una sala de escultura del Museo de Arte Moderno, y la hallé vacía salvo un hombre que, en el rincón más lejano de la puerta, estaba como absorto contemplando un busto de bronce. Me intrigó el visitante por su concentración. Hice todo el camino hacia él sin que se distrajera ni un segundo de su estudio de aquel bronce; y me di cuenta de que era Zuloaga estudiando el retrato que de mí había esculpido mi hermano Emilio.

Así era Zuloaga; quizá el artista más silencioso que he conocido; ojos siempre abiertos; meditación y sensibilidad; pero boca cerrada. ¿Para qué hablar si ya decía lo que tenía que decir con sus pinceles? Yo pensaba en aquel soberbio verso del *Mío Cid*: «Lengua sin manos ¿cómo osas hablar?» La lengua del pintor, ¿no son sus manos y pinceles?

Había en este silencio una dignidad de muy buena ley y un sentido de la jerarquía de las artes que coloca en la cumbre de cada arte el arte mismo «que habla» el artista. Querer explicar con palabras el arte de tal o cual pintor es aspirar a traducir la pintura en literatura. Una vez pintado el cuadro, ya no queda nada que oír. Sólo queda mirar.

Zuloaga miraba mucho y hondo. Como buen vasco, era un artista muy masculino, otro rasgo en el que recuerda a Unamuno y a Baroja. Quiero decir que en él predominaba la fuerza sobre la gracia y el fondo sobre la forma; y hasta cierta imperiosidad sobre el objeto del que el artista intenta y desea adueñarse, zuloaguizándolo. Todos los cuadros de Zuloaga llevan un no sé qué de su autor, al modo como todos los personajes de Unamuno hablan como Unamuno.

Esta imperiosidad debió de ser característica en Zuloaga aun en otras actividades que la artística. De él se contaban cosas muy al estilo del campesino. Se decía que una vez, en su país natal, como un aldeano vecino se negase a venderle una parcela que Zuloaga necesitaba para redondear su tierra, le elevó una pared que le robaba al terreno del vecino todo el sol todo el día. Quizá no sea cierto, pero ya es curioso que haya corrido esta historia o novela.

Si se piensa en la época en que pintó, Zuloaga revela una espléndida indiferencia para con los numerosos humores que la moda artística adoptó por entonces. Nada parece haberle impresionado. Ello se expresa precisamente por su fuerte masculinidad. Si alguien iba a influir en el modo como Zuloaga veía las cosas, ¿por qué no el propio Zuloaga?

«...el tío era un caballero
como para pintado por el Greco...»
(Retrato del ceramista Daniel Zuloaga
por su sobrino Ignacio.)

«...Ignacio tenía pinta de aldeano.»
(Autorretrato de Ignacio Zuloaga.)

«...los vascos se
enamoran de Castilla
si la saben mirar
como los grandes
entre ellos.»
(«Segovia», dibujo
de Ignacio Zuloaga.)

Los críticos se mueren por encontrar «influencias». Claro. Son espíritus horizontales, que van de libro a libro, de cuadro a cuadro, de fachada a fachada, en movimiento horizontal, buscando la imitación de una imitación por otra imitación. Los artistas son espíritus verticales que no van sino que ven el objeto y sienten como una onda de vida que en ellos se eleva y confiere al objeto la belleza: que es el esplendor de un objeto mirado con emoción. Para mí, esta impermeabilidad de Zuloaga para con los títeres geniales o meramente gimnásticos que en su época hacía Picasso, es uno de sus mayores méritos como pintor.

En Zuloaga se da algo muy español: concebir la belleza como carácter más que como mera armonía; y por lo tanto, pinta más lo fuerte que lo armonioso; y aun, por este camino, suele a veces caer en la caricatura. Es el más moderno de los pintores tradicionales que ha dado España. El diablo, que va siempre a lo suyo, como concepto que es, suele vengarse de estos tales artistas tentándolos con lo pintoresco. Zuloaga, que por natura pudo haberse dejado tentar tantas veces, no cedió casi nunca, y éste es otro de sus grandes méritos. Ni que decir tiene que jamás estuvo en peligro de empuñar la trompeta épica. Si alguna vez pareció que la soplaba y aun henchía velas con el viento, fue mero error del observador. A Zuloaga con trompetas...

Era —y en esto también recuerda a Unamuno— un vasco castellanizado, conquistado por el espíritu castellano; lo cual se explica en ambos y en todos los vascos por ser Castilla mera expansión geográfica ofrecida por la reconquista al país y pueblo vasco. Precisamente por ser Castilla país de espíritu tan fuerte, que a veces parece hasta agresivo, porque el paisaje no se contenta con estar ahí fuera para que lo miren, sino que asalta al ser que lo mira penetrando en él por todos sus sentidos, precisamente por esa masculinidad del ambiente castellano es por lo que los vascos se enamoran de Castilla si la saben mirar como los grandes entre ellos.

Por eso me pareció muy natural que Ignacio Zuloaga fuese a escoger como lugar de asueto y meditación el castillo de Pedraza, ese Gibraltar varado en el llano de Segovia que no tiene rival en su género. Para subir a la plaza única del pueblo, que sólo se compone de las casas que la forman rodeándola, sólo hay un camino que cuartea lo que puede para olvidar que sube; y para cerrar el pueblo, basta con cerrar una puerta.

Así lo hicieron poco antes de visitarlo nosotros, porque en la fiesta del pueblo le habían robado una capa a uno de fuera. Los del pueblo no dudaron ni medio minuto que el culpable era también «de fuera» de modo que con cerrar la puerta bastaba. Justicia sumaria y primitiva que encantaba al aldeano vasco que en el fondo era Zuloaga.

Había comprado el castillo que, desde luego, domina la llanura irguiéndose sobre el acantilado más empinado al otro extremo de la entrada,

«El diablo... suele vengarse de estos tales artistas tentándolos con lo pintoresco.» («Un torerillo» y «En el balcón», cuadros de Zuloaga.)

Retrato del escritor Rodríguez Larreta, por Ignacio Zuloaga.

y había construido dentro una morada moderna cómoda y hermosa con una vista que era un sueño.

Pero, como hombre inteligente y creador que era, Zuloaga soñó un poco con hacer de aquel roquedo una especie de colonia de escritores y artistas para pasar el rato bien y a un centenar de quilómetros de Madrid; y yo fui uno de los primeros que intentó reclutar. Como solía andar siempre fuera, se entendió con mi hermano César, a fin de que comprara para mí una de las casas de la famosa plaza. Tan de lejos llevé el asunto que, para formarme una idea de lo que había sucedido, tuve que recurrir al Registro.

Por lo visto, César adquirió la casa el 1.º de abril de 1930 y, aunque los papeles no lo dicen, estoy seguro de que me costó tres mil pesetas. Sólo la vista valía más. La casa era de piedra y muy antigua; con horno para cocer el pan, pero sin ningún «adelanto moderno» como dicen. Tanto entusiasmo ponía César en describírmela, que al fin fuimos a verla.

Visita memorable por varias razones de muy distinto orden, aunque todas situadas bajo el signo del descubrimiento de España que los españoles hacemos desde el nacer hasta el morir. El lugar me pareció tal que, una vez visto, no era ya fácil comprender por qué se iba la gente a instalar a otra parte. La gente me pareció de lo más simpático, franco, afable y tratable que cabe imaginar; y para colmo de bienes, la posada, de una pulcritud ejemplar, nos dio un almuerzo inmejorable.

Pero, con haber sido excelente, no fue el almuerzo en sí lo que más hondamente se grabó en mi ánimo. Lo servía una moza guapa, muy digna, nada lerda, más bien aguda, aunque natural y sin sombra de pretensiones, una mujer del pueblo. Entre tanto, se había instalado la República y llevaba lo menos tres o cuatro meses funcionando; y César, que era maestro en cara dura, le preguntó como si se tratase de algo normal y evidente: «Y cuando vino la República, ¿qué hicieron ustedes con el cura?» Ni una milésima de segundo tardó la respuesta: «¡Quia, señor, si eso de la República no ha llegado *toavía hasta aquí!*»

Al fin y al cabo, cien quilómetros son veinte leguas. Y yo recuerdo que me puse a pensar en aquella página de Théophile Gautier, donde describe la plaza del pueblo que visita y como el letrero PLAZA MAYOR ha desaparecido bajo un brochazo de cal, sobre el que han escrito PLAZA DE LA CONSTITUCIÓN. «Eso, eso —dice Gautier—; eso es la Constitución en España: yeso sobre granito.»

Pasaron el tiempo y muchas cosas y yo me olvidé de aquella casa que a nombre de mi hermano tenía en Pedraza. De cuando en cuando me decían que se iba cayendo por su peso (que no era poco); pero ¿qué le iba yo a hacer desde Oxford, y con tanto trabajo como tenía? Quiso algún tiempo ocuparse de ella el hijo y heredero de Ignacio Zuloaga y finalmente (según me lo declararon los papeles) el Ayuntamiento se la compró a César. Ni Zuloaga ni yo hubiéramos podido ir creando allí un centro de amigos de las artes cuando tanto laboraba en contra el *Zeitgeist*.

Pero en mis tiempos de embajador en París, volvió a entrar el gran pintor vasco en mi órbita. Fue a verme a la embajada, y convinimos, a petición suya, en que me haría un retrato, para lo cual sólo me pedía que fuera a posar de cuando en cuando a su estudio de la rue Caulaincourt, en Montmartre. Para mí fue de gran interés aquella prueba. Habíamos tenido, aquí, allá y acullá no pocas conversaciones; pero no tan seguidas como en París, lo que sin duda procuraba Zuloaga para familiarizarse con la persona que iba a trasladar al lienzo, y he de sentar aquí, porque no tengo más remedio que hacerlo, que por aquel entonces atravesaba yo una profunda crisis de melancolía que no tenía nada que ver con la cosa pública, y lo digo ahora por lo que luego se verá.

El caso es que hablamos bastante, a solas; y cruzamos impresiones sobre la República y su porvenir y sobre el carácter nacional. Zuloaga había leído mi libro sobre este tema y sabía que yo, en la sicología del español, concedía primordial importancia a la envidia. En esto se declaró muy de acuerdo, y aun aludió a casos que le habían ocurrido a él, ya que, como artista logrado no dejaba de haberla inspirado en artistas menos afortunados. Un día me dijo: «no le perdonarán a usted sus éxitos.» «No hace falta poner el verbo en el tiempo futuro», le contesté.

Parece que debió de dar por terminado su cursillo de preparación sicológica, porque un día me citó a su taller. Allí comenzó el silencio, al comenzar la acción. Hizo una tela tamaño natural, yo sentado; pero no al óleo, sino con técnica de lápices y tizas de colores; y en su modo de trabajar observé algún que otro rasgo muy personal y aun original.

Miraba mucho y meditaba mirando; hasta que las manos se le activaban como presas de comezón de actuar; echaba mano entonces del lápiz o tiza o pincel escogido y se inclinaba sobre la tela con un gesto decisivo en el que había algo de agresivo, casi de furioso, a la vez que medio rugía, medio gemía algo que sonaba a *ja-án*.

Terminado el cuadro, lo miré yo también mucho; y hallé que me dominaban tres impresiones: el parecido, excelente; de todos mis antepasados, Zuloaga había visto en mí el aldeano vasco, es decir, había penetrado hasta hacia 1670 o así, antes de que saliera de Vizcaya el campesino aquel que se fue a Galicia a casar con una vasco-gallega y fundar así, por la mezcla, el auge y fortuna de la familia; y finalmente, Zuloaga había captado mi melancolía (de la que no le había dicho nada en palabras, pero que sin duda vio con sólo mirar).

Me regaló su obra; y en mi casa del Viso en Madrid estaba cuando salí en agosto del 36 para mis treinta y tantos años de emigración. Hoy se ha perdido y ni los especialistas de Zuloaga saben darme razón.

Santiago Alba

(1872-1949)

La nota predominante en mis recuerdos de principios de siglo, cuando sale a la escena política Santiago Alba, es una curiosa sensación: ¡qué distinto era! Alba no era como los demás. En cuya distinción, por extraño que parezca a primera vista, no era único. Porque estaba Canalejas. Alba y Canalejas no eran como los demás. Esta observación, fruto de la meditación intuitiva, se imponía al instante, y ya vendrían después las razones que la explicaran. Antes de lograr esta etapa demostrativa, el ánimo ya se había decidido: eran diferentes. Pero ¿en qué?

Aquí también el impacto de la intuición precedía al análisis que luego penetraría hasta el conocimiento. Se daba uno cuenta de que estos dos hombres públicos no eran como los demás; pero todavía no de por qué y en qué diferían. El caso era que su voz, su lenguaje, su actitud, no era como la voz, el lenguaje, la actitud de los demás. «Pero ¿cómo va a ser eso —le argüían a uno—, si los demás también difieren unos de otros?» Y entonces comenzaba uno a vislumbrar la clave del misterio. «¿Los demás? ¡Qué van a diferir! Todos iguales. Los mismos perros con distintos collares.» En efecto, la causa de aquella curiosa impresión de diferencia que Canalejas y Alba dejaban en el ánimo era que diferían no de los hombres públicos de tal o cual partido, sino de todos los políticos activos hasta entonces observados en la plaza pública de la España moderna.

Aquella generación, todavía bajo el influjo de las dos cariátides de la Restauración, Cánovas y Sagasta, el escéptico pesimista y el escéptico optimista, aquella generación venía gobernando el timón del Estado como si el Estado fuera un barco fantasma. Situación que plasmó a maravilla aquella frase justamente célebre del gran discurso de Ortega: «La España oficial consiste, pues, en una especie de partidos fantasmas que defienden

127

los fantasmas de unas ideas y que, apoyados por las sombras de unos periódicos, hacen marchar unos Ministerios de alucinación.» Cuadro tan fantástico como exacto. Aquellos hombres públicos eran tan increíblemente huecos, que hasta la voz les sonaba hueca, como esas bocanadas de vibraciones metálicas que emiten paquetes de voz humana por los altavoces de los aeródromos.

Ahora nos damos cuenta de la famosa diferencia. Las voces de Canalejas y de Alba eran de verdad, como de verdad eran, los pulmones y los corazones que las impulsaban y los cerebros que las regían. La Restauración, mientras duró el siglo XIX hasta el aldabonazo del 98, fue una era falsa. Al pintarla como de alucinación, Ortega la ennoblecía. Fue una era de tramoya y bastidores, de máscaras y barbas postizas, de teatro en sí, además de ser teatral; una era que pretendía ser lo que no era y simulaba creer lo que decía, a sabiendas de que no era lo que aparentaba ser ni creía en lo que decía.

La novedad de José Canalejas y de Santiago Alba —así como la de Pablo Iglesias— consistió en que no eran ya hombres públicos de cartón, actores en disfraz, sino hombres de verdad, hombres de carne y hueso; y en lo primero en que se observó fue en su voz. Hablaban como todo el mundo; y si se ponían a explicar el presupuesto o la defensa nacional, no lo decían en tono de himno de Riego, de Tantum Ergo o de discurso de don Quijote a los cabreros, sino con voz de «Son las tres y media».

La intuición del pueblo no dejó de darse cuenta en seguida, gracias a un razonamiento soterrado e infalible que reposaba en un dato de profunda sicología. El actor sabe que lo que dice —por muy verdad que sea en el plano de la creación dramática— no es verdad vital para él. «Odio a mi padre y lo mataré», exclama en escena; pero a lo mejor, en la vida real, es un hijo ejemplar que adora a su padre. El pueblo, es decir, todos nosotros, sabemos pues, que lo que se dice en escena no es verdad. En saliendo del teatro, ya sin el traje ni la peluca, el actor habla como usted y como yo, sin el empaque escénico en el que los actores —malos— suelen envolver lo que dicen. La Restauración, insincera, acostumbró a los españoles al empaque escénico de los políticos. Llegan estos nuevos, de la generación de Alba, y hablan como el que pide un billete para Villalba. El oído atento de la gente se da cuenta, y el ánimo de la gente dice: «Con éste, que dice la verdad.»

En suma, la novedad de Alba consistió en que era un hombre para quien la realidad exterior existía. Parece modesto el mérito, ¿no? Quizá para Inglaterra o Suecia; pero para España, lejos de ser modesto, era un mérito, entonces muy singular. Ahí es nada insistir en que en España entonces los maestros cobraban 1 000 pesetas anuales y que era me-

Canalejas departiendo como jefe
del gobierno con don Alfonso XIII.

Santiago Alba con el financiero
bilbaíno Horacio Echevarrieta.

«La España oficial consiste, pues,
en una especie de partidos fantasmas
que defienden los fantasmas de unas
ideas y que, apoyados por las sombras
de unos periódicos, hacen marchar
unos Ministerios de alucinación.»
(Ortega y Gasset. Caricatura
de Manuel del Arco, 1936.)

nester darles 1 500 como mínimo. Dondequiera que hablara este ministro, joven de edad, maduro de pensamiento, parecía ir infaliblemente al grano del problema y proponer cómo hacerlo florecer.

Liberal tenía que ser. Pero aquí también había que distinguir. Es mucho más fácil llamarse y hasta creerse liberal que serlo. Liberal se creía Espartero y quiso imponer su liberalismo a sablazos y culatazos. Izquierda liberal se llamó el partido que Alba fundó, pero izquierdas hemos visto nosotros que imponen su izquierdismo a fuerza de tanques y policía secreta. Tuertos, los unos del ojo izquierdo, los otros del ojo derecho, no servirán para avanzar; que el hombre avanza —cuando lo hace— de frente y equidistante de la derecha y de la izquierda. No hay liberal que no lleve muy abiertos los dos ojos.

Observadle la mirada. Santiago Alba miraba siempre de frente y con ojos muy abiertos; ojos de liberal. Ojos de hombre completo; de intelecto vivaz, como hombre de pensamiento, sin ser dado a la abstracción; de voluntad firme, como hombre de acción, sin rendirse jamás a la mera conveniencia; de fe sincera, como hombre de pasión, sin ceder jamás al fanatismo. Hábil político, ducho en las artes de la maniobra, perspicaz en el manejo de la aguja de marear que exigía el ambiente, no creo, sin embargo, que se halle en su vida pública un solo movimiento hecho en pro de la mera ambición. Alba fue, en suma, un hombre público objetivo.

Me consta que su evolución hacia la República no fue ni rápida ni caprichosa. En su segundo destierro frecuentó mucho a Cambó, para lo cual ambos tuvieron que vencer las resistencias que a tal fin les oponían sus mutuas bregas de antaño sobre el centralismo y las autonomías. La misma Unión Nacional, con la que Alba ingresa en la vida pública apenas graduado de la Universidad, ¿qué era sino una unión de un leonés con dos aragoneses? Porque Alba, nacido en Zamora, criado en Valladolid, era un leonés que vivía una tradición de unidad española, hoy en crisis, pero a la que quizá deba España su existencia. Y los otros dos creadores de la Unión Nacional, Joaquín Costa y Basilio Paraíso, eran dos aragoneses, ambos de Huesca, hombres de la región fronteriza a la vez del país vasco y del país catalán. Añadiré como recuerdo de la época que yo, que andaba entonces en mis doce a dieciséis años, encontraba maravilloso que uno de los fundadores de la Unión Nacional fuera un fabricante de espejos. Yo veía al buen don Basilio poniendo ante España un inmenso espejo para que se viera la cara como de verdad era; y muchas veces recordé entonces —y aun después— aquello de

arrojar la cara importa,
que el espejo no hay por qué.

130

Año V   Madrid, 4 de febrero de 1930   Número 81

UNIÓN PATRIÓTICA

BOLETÍN ÓRGANO DEL COMITÉ EJECUTIVO NACIONAL

Apartado de Correos 715
Teléfonos 56010 y 56018   Fundador: D. Luis Benjumea Calderón   Se publica los días uno y quince de cada mes.

Un paréntesis que se cierra

El 28 de enero cesó en el Gobierno nuestro Caudillo

El día 28 último, a las seis de la tarde, quedó reunido en Consejo el Gobierno que presidía nuestro ilustre Jefe. A las ocho y media salió el Presidente anunciando que iba a Palacio, adonde, en efecto, llegó minutos después. Pasados veinte minutos salía del Alcázar el General, entregando su ayudante a los periodistas las dos notas siguientes:

Nota del Consejo de Ministros

"Las razones personales y de salud que el Presidente ha expuesto como motivo irrevocable para presentar su dimisión a S. M. el Rey, y comprendiendo diáfanamente que la dimisión del Presidente envuelve la de los Ministros, le han rogado presente la de todos a Su Majestad."

Nota del Presidente

"Su Majestad ha admitido mi dimisión y la de los Ministros, teniendo para todos frases de la mayor benevolencia y elogio, ordenándome que haga saber a todos su deseo, así como a los funcionarios y Corporaciones, que sigan desempeñando todos sus cargos y funciones hasta que se constituya nuevo Gobierno y éste dicte normas para el caso.

Hago mío este deseo de Su Majestad y espero que todos los que, ajenos a la política, han colaborado con la Dictadura, seguirán en sus puestos, mientras el nuevo Gobierno no disponga otra cosa.

Esta noche o mañana daré una nota, "mi última nota oficiosa", en que explique las razones de la crisis y me despida del país y del Ejército. Por lo demás, para dar el ejemplo, esperaré en mi puesto hasta que se presente el nuevo Presidente a substituirme."

* * *

Regresó el General Primo de Rivera a la Presidencia, donde le esperaban los Ministros, con los que permaneció hasta las nueve y media, que dieron por terminada su reunión. El Presidente dijo a los reporteros:

—Ya lo saben ustedes. Su Majestad el Rey ha encargado la formación de Gobierno al General Berenguer. Con Berenguer sostendré esta noche o mañana una entrevista, que servirá para ponernos de acuerdo en todos los asuntos pendientes, y cambiaremos impresiones. Me he despedido—añadió el General Primo de Rivera, con voz emocionada—de todo el personal de esta casa, que ha procedido con admirable diligencia y lealtad.

Desde la Presidencia se trasladó el General Primo de Rivera a su domicilio. Minutos antes de las once llegó al Ministerio del Ejército, donde permaneció reunido más de media hora con los Generales Berenguer y Martínez Anido. Después saludó a numerosos amigos y quedó trabajando en su despacho oficial hasta las dos de la madrugada.

En el Ministerio del Ejército cumplimentaron al día siguiente al Marqués de Estella varios Generales y amigos, y a mediodía se reunieron con él todos los Ministros dimisionarios; a las dos y media marchó a comer, regresando a las cuatro y media, despachando con el Jefe de su Secretaría, y dedicándose a recoger papeles. A las ocho abandonó su despacho oficial definitivamente.

Explicación de la crisis

La nota redactada por el General Primo de Rivera explicando la crisis dice así:

"La madrugada del sábado, en que, dando suelta al lápiz, escribí a toda prisa las cuartillas de la nota oficiosa publicada el domingo y sin consultarlas con nadie, ni siquiera conmigo mismo, sin releerlas, listo el ciclista que había de llevarlas a la Oficina de Información de Prensa para no perder minuto, como si de publicarlas en seguida dependiera la salvación del país, sufrí un pequeño mareo, que me ha alarmado, y me obliga a hacer todo lo posible por prevenir la repetición de caso parecido, sometiéndome a un tratamiento y plan que fortalezcan mis nervios y dé a mi naturaleza dominio absoluto sobre ellos.

Sin propósito de disculpa, he de declarar que no me pesa la esencia de mi acto, sino la forma verdaderamente extraña que di a su desarrollo, pues que yo, atacado insidiosamente todos los días desde el punto de vista de imputarme la usurpación de la voluntad y criterio de los cuadros de mando militares, de cuya general confianza en mí vengo alardeando desde el 13 de septiembre, lo quisiera comprobar, no creo que sea injustificado; pero tomar por conducto y medio de hacerlo la publicación de una nota oficiosa, con riesgo de alarmar al país y de descomponer, o, por lo menos, agitar al Ejército y Marina, hoy tan ponderados y tan firmes en la disciplina, infiriéndoles la ofensa de dudar de ellos por la acción de unos anónimos, unas hojas clandestinas y unos rumores, es inexplicable y me lo reprocho y sanciono.

Mucho he de agradecer, en primer término, a mis compañeros de Gobierno la delicadeza con que se han hecho solidarios de mi acto, que no

«Alba y Cambó... tenían la mira puesta en el fin —que veían venir— de la dictadura de Primo de Rivera; y el problema que ambos se planteaban era cómo salvar a la monarquía.» (Portada del boletín de la Unión Patriótica dando cuenta de la caída del dictador.)

Todo era parte del terremoto político causado por la liquidación del imperio colonial. Aquella voz de tan voluminoso empaque debía sus huecas sonoridades al vacío que había dejado al irse la España de ultramar. Los nuevos hablaban seco. No miraban a las nubes de antaño, sino a los pedregales de hogaño. Al objeto. Eran objetivos. Alba, iba yo diciendo, era objetivo. El objeto es la cosa. La cosa pública, claro está. Pero la cosa pública es la *res publica.* Alba era, pues, *republicano* nato. Su monarquismo, mientras fue monárquico, no era ni el del grande de España que declara sin ambages: «El rey es mi amo», ni el del hombre del pueblo que ve en el monarca la encarnación de Dios y la coronación de su padre. Era la conclusión razonada de un análisis de la realidad española, que otro análisis de la misma realidad podría modificar.

Alba y Cambó, a quien solía yo entonces frecuentar en París, ya juntos, ya separados, tenían la mira puesta en el fin —que veían venir— de la dictadura de Primo de Rivera; y el problema que ambos se planteaban era cómo salvar a la monarquía. Pero —no lo olvidemos— eran ambos hombres de nuestra era objetiva. En la era anterior se había procurado hacer que la monarquía «fuera tirando» a fuerza de fingir, callar, inventar y tergiversar. Para estos hombres nuevos, el problema de cómo salvar la monarquía no consistía en tenerla en la orilla del río de las cosas, sino en enseñarle a nadar en él.

Un día me pidieron que les hiciera un estudio sobre las relaciones entre el rey de Inglaterra y sus ministros. A lo que aspiraban era a ver de entenderse con el rey para que no politiquease o, como con frase pintoresca decía Primo, «borbonease». No me hacía falta hacer tal estudio. Demasiado sabía yo cómo pasaban las cosas en Londres; pero creí prudente nutrir mis intuiciones y observaciones con datos concretos. Ya entonces había dimitido de mi cargo en la Secretaría General de la Sociedad de Naciones para aceptar la cátedra de Literatura Española en Oxford. Tuve conversaciones sobre la materia con H. L. Fisher, entonces *guardian,* o sea rector del New College en Oxford, que había sido ministro de Educación con Lloyd George; y también hablé del asunto con mi mejor amigo, el galés Tom Jones, que llevaba ya años de secretario general adjunto del gabinete inglés.

Confirmando lo que ya sabía, escribí a mis dos amigos españoles que el ejemplo de Inglaterra no les serviría para nada, y que podría ser hasta peligroso. En efecto, los ingleses, con esa sabiduría política instintiva que poseen más y mejor que ningún otro pueblo, menos el romano —antiguo—, han sabido conservar las formas del absolutismo, pero privando al monarca de su derecho a ejercer su sustancia. Lo cual lleva a una inversión de los términos teóricos. En teoría, los ministros son los consejeros del rey; en la práctica, el rey es el consejero de sus ministros. Ve al primer ministro una vez por semana, y a los demás, casi nunca; y cuando los ve, negocian la entrevista los dos secretarios, el del ministro y el del rey; caen de acuerdo en un día y hora que convenga al ministro —que es el que tiene más que hacer—, y ya todo convenido, palacio manda al ministro una orden conminatoria que no hay más que hablar. Ya veía yo a mi Alba y a mi Cambó proponiendo a Alfonso XIII, como modelo, fondos tan sutiles y democráticos cubiertos con formas tan absolutas. Desastre seguro.

Saco a luz estos recuerdos para que se juzgue a lo vivo cómo se vino a hacer la evolución de Alba hacia la República. Fue una de tantas consecuencias inevitables de su objetividad. La antítesis monarquía-república es puramente verbal si no se nutre de sustancia viva. En el fondo, la monarquía no funciona más que en los pueblos que valoran la *res publica* por encima de la persona pública, o sea en los pueblos republicanos; dicho de otro modo, en los pueblos que estiman la justicia por encima del poder. En este sentido, Santiago Alba había sido siempre republicano de fondo. Cuando luego se declaró republicano de forma, la cosa no podía ser más natural. Lo esencial, para él, no era ni la monarquía ni la república, sino la libertad.

José Quiñones de León

(1873-1957)

Si don José Quiñones de León llegó a excelentísimo por la escala de seda de la diplomacia, la cuna le bastó para vivir como pez en el agua en las altas esferas del poder. Su mismo nombre manaba abolengo; aludía a heredades donadas por antiquísima corona real, daba esplendor. Parece que quien tanto nombre lucía habría de ser de suyo alto de cuerpo, fornido, ancho de espaldas, de rostro noble y mirada altanera como uno de aquellos Mendozas, Manriques, Osunas de que tantos dio España en su tiempo.

Todo lo cual desmentía el Quiñones efectivo y vivo con sólo su sonrisa. Había en su persona una como perenne contradicción y aun lucha entre el aristócrata de abolengo y el señor que va a la oficina, de abrigo negro y sombrero hongo, con la mayor sencillez y naturalidad. Apenas si este señor corriente y moliente dejaba asomar su señorío en la sonrisa afable y cortés que más que rendir al otro parecía indicar que se rendía él, y que más que mandar, servía.

Pero era pura comedia mundana. Bajo el terciopelo, seguía fuerte la armadura medieval, y si la ocasión le provocaba, las cañas se volvían lanzas, y el señor sonriente miraba centellas y soltaba tacos que no había más que ver, oír y callar. El guijarro bien rodado y pulido por la mundanidad disparaba chispas al frote de la yesca de la oposición, y el aristócrata bajaba al arroyo en busca de vocablos.

Comert, poco después de mi ingreso en aquella casa, precisamente en la sección de prensa que él dirigía, me echó un día toda una pastoral sobre el tema, como para curarme en salud. Creo que fue cosa pensada y aun formada por Quiñones mismo, deseoso de precaverse contra posibles conflictos inútiles. El «nuevo» llevaba toda la traza de subir pronto en la escala oficial; y el embajador de España, delegado jefe en Ginebra, muy razonablemente temía que un día me enredase yo, novato, en las redes que él con arte refinado y sutil tendía como araña previsora sobre las praderas del poder. «Si se cruza usted en su camino, lo quebrará como vidrio», me dijo Comert.

No había por qué preocuparse; y en los seis años que duró nuestra colaboración —el gran personaje en la Asamblea y el Consejo, y el funcionario internacional, en la Jefatura del Desarme—, no tuvimos más que un encuentro serio, debido a su propia sensitividad y a mi insuficiente experiencia. Pasaba yo por París y él me había invitado a almorzar en la embajada. Le indiqué que había en Ginebra quien deseaba que la reunión del próximo Consejo (que Quiñones quería en Madrid) fuese en otra capital, y se fue del seguro. Perdió serenidad, cortesía y estilo; pero yo, que en la conversación, inveteradamente, dejo pasar lo irracional sin darle carta de ciudadanía, le escuché en silencio, le dejé desfogarse y, en cuanto se calló, seguí hablando del asunto donde su exabrupto me había interrumpido. Fue nuestra primera y última escena.

A lo que ayudó no poco mi admiración por sus dotes como diplomático. Hay que rendirse ante la perfección de la frase francesa: *savoir faire*. Dos palabras le bastan para definir con exactitud esta virtud escurridiza y resbaladiza entre todas que hace el gran diplomático. Recuerda que ante todo se trata de cómo hacer las cosas, y de que el éxito ha de medirse con los resultados que se logran. Se trata, pues, de una virtud en la que el intelecto es mero servidor de otras facultades más sutiles y menos claras, donde entran acaso el instinto y la intuición, pero no tanto ni la lógica ni las ideas.

Daré un ejemplo de su *savoir faire* y de su tesón a la vez. En un teatrillo de París se puso una escena en una revista en la que salía un actor disfrazado de Alfonso XIII y haciendo y diciendo bastantes gansadas. Gran indignación en Madrid. Telegrama y llamadas telefónicas. Eso no se puede ni se debe tolerar. Quiñones responde que no conviene regalarle a aquella covacha seudoartística los honores de una publicidad oficial y gratuita. Insiste Madrid. Insiste Quiñones y hace avisar al propio rey. Claro que ganó Quiñones. Pero necesitó su tesón para hacer triunfar su *savoir faire*.

Quiñones distaba mucho de ser un intelectual; y aun diría que, en cosas de la mente abstracta, no era ni siquiera inteligente. Era listo, muy listo, en lo cual, tanto en la calidad como en la cantidad de su viveza, semejaba a Alfonso XIII. Pero me atrevería a decir que rebasaba con mucho al rey en cierta seguridad del gusto estético y aun en su don de gentes, pese a que el rey también sabía irradiar simpatía. Quiñones tenía los ojos vivaces, pero la boca tonta y mofletuda, y cuando la dejaba abierta, peor, porque enseñaba la lengua pasiva y dormida; la mandíbula

«...el rey también sabía irradiar simpatía.»

«Con el advenimiento de la República,
Quiñones dejó aquella embajada, que era su
obra física, política y social.»
(En las fotos, el diplomático español
recibe en París a doña Victoria Eugenia
y a don Alfonso XIII los días 16 y 17
de abril de 1931, respectivamente.)

era fuerte; la tez a veces encendida en manchas rojizas, recuerdos quizá de pasados humores. Una cortesía casi imperceptible a fuer de natural lubricaba su relación personal; y por debajo, la atención siempre alerta. Los ojos penetrantes, los oídos avizores al matiz más efímero, el sexto sentido, en fin, que registraba y asimilaba gesto, paso, ademán, silencio, buen o mal humor del otro. Era, pues, aquella cortesía un eficaz solvente de caracteres.

El hombre a quien servía parecía uno de esos cínicos que el mundo llama realistas, que no se dejan arrebatar por fuerza alguna ascendente que les despegue los pies del suelo que pisan con suela amorosa. Sin ser inexacta, esta visión de Quiñones pecaría de insuficiente. Charlando un día sobre lo que podría ser el tema de los frescos de Sert para la sala del Consejo, le sugería yo que quizá una serie de escenas del *Quijote* fuera oportuna; y él, con su sonrisa intencionada, y con una mano marcando un tamaño diminuto entre índice y pulgar, me declaró: «Sí. Pero yo pondría de cuando en cuando un Sancho Panza nada más que así.»

Éste era el hombre. Leal al rey como nadie, entregado al bien de España (como él lo veía) como nadie, era no obstante muy superior a los que (y no eran pocos) apenas si se veían como algo más que lacayos de Su Majestad. Quiñones lucía en la rabadilla de su frac azul la llave de oro de gentilhombre de Cámara, pero jamás se vio ni actuó como un mero criado regio. Sus opiniones políticas, que nunca exponía, pero sobre las cuales actuaba, fueron siempre de un sano liberalismo parlamentario, y aun cuando el rey se apartó de este camino, su embajador en París siguió fiel a su propia idea de lo que España debiera ser.

En un hombre como él, esta divergencia entre el monarca y su embajador era molesta y casi intolerable, y además comportaba por su parte cierta premura de convertirla en acción. En uno de los viajes del rey a París, se las arregló para que el rey y Briand (entonces presidente del Consejo) almorzaran juntos en la embajada; pero Quiñones había tomado la iniciativa de influir sobre Briand para que insistiera cerca del rey sobre la necesidad de volver al sistema parlamentario. De aquel almuerzo recuerdo que Quiñones contaba una deliciosa anécdota. El rey, que (por lo visto) era buen narrador, contó a Briand cómo había tenido que ir a inaugurar en Segovia una estatua a Juan Bravo, el comunero, «el rebelde contra mi antepasado Carlos V». Pronunciaba el discurso el gobernador civil, que ni era segoviano ni historiador, y se entusiasmaba cantando los loores de Maldonado, «otro rebelde», explicaba el rey, «pero de Salamanca». El alcalde de Segovia, sentado detrás, se indignaba, y cada vez que el orador cantaba «Maldonado», soplaba «Bravo», sin efecto alguno, pues seguían los Maldonados impertérritos y empedernidos en el discurso del Poncio; mientras los Bravos iban creciendo en vigor, furor y mal humor; hasta que al fin el gobernador orante se volvió hacia el alcalde que había vociferado un ¡Bravo! fenomenal, y sonriente y complacido, exclamó: «¡Gracias, señor alcalde!»

Briand, que era bretón y atisbaba lo irracional mucho mejor que el francés medio, gustaba de este tipo de cuentos donde lo humano irrumpe en las capas sedimentadas de las categorías como la lava de un volcán quiebra las cenizas y margas. Quiñones era maestro en este arte de confrontar caracteres y claro es que el rey aportaba al conjunto su buen humor y su don de gentes. Ignoro cuál fue el resultado de aquella intriga honorable para hacer volver a España a su cauce europeo; pero apenas cabe duda de que influiría no poco sobre el rey en cuanto era rey todavía.

Este tipo de hombre al que Quiñones pertenecía arraiga mucho más, es mucho más fruto del ambiente en que se mueve, que el intelectual evaporado en lo abstracto o el obrero congelado en lo concreto. La larga residencia de Quiñones en París había moldeado su ser hasta un punto pocas veces igualado. Su mismo acento era francés, tanto en inglés (que hablaba bien) como en español. No era hombre de palabra fácil, ni aun para la conversación, y como concebía (las cosas prácticas e inmediatas) con rapidez, le sucedía embrollarse en la expresión, y entonces se refugiaba en el gesto, la sonrisa y aquel como perfume de cortesía que de él emanaba.

Era yo todavía en la escala social, si bien ya un jefe o director, al fin y al cabo, un modesto funcionario muy inferior a todo un vocal del Consejo, cuando pude darme cuenta de su hondo sentido de lo que era ser cortés. Daba Quiñones un almuerzo en el Bergues para todo un centenar de personas, y estábamos invitados Constanza y yo. Quedamos en que yo iría directamente de la oficina y ella tomaría un coche. Llegó la hora de pasar al comedor y Constanza no daba señales de vida. El teléfono no contestaba. Pasados cinco minutos de la hora prescrita, fui al embajador y me excusé como pude. Quiñones, muy sonriente me dijo: «Yo estoy a sus órdenes y haré lo que usted quiera.» Yo le rogué que hiciera sentar a sus invitados. Aguardó diez minutos más y así lo hizo. Cuando Constanza, mal servida por un reloj romántico, llegó con media hora de retraso, Quiñones fue a buscarla a la puerta y la guió a su sitio.

Si insisto algo en su cortesía es porque creo que para Quiñones venía a ser una de las fuerzas que le daban cierta unidad y disciplina. Rebasadas su lealtad al rey y su sincero sentido del bien público y de la honradez personal, no creo que pudiera contar con idea alguna general, con principio alguno, con quizá ni siquiera un mandamiento que le marcase la ruta o la pauta.

Su política era la que, por entonces, las circunstancias imponían a España, o al menos así se lo creía el alto Estado Mayor Político de nuestro país, empezando por el propio rey: «Si están de acuerdo Francia

139

e Inglaterra, con ellas; y si no, abstenerse.» Pero no basta tener una política. Hay que saber hacerla. Y aquel hombre, que nunca habló en la Asamblea y casi nunca en el Consejo, era sin embargo uno de los hombres claves de Ginebra por el arte casi perfecto que ponía en resolver las crisis que más agudas o graves parecían; de modo que las grandes potencias recurrían a él si el cariz de las cosas se estropeaba.

Su sonriente buen humor no tenía esos accesos de triste pesimismo que afligen al intelectual enamorado de sus icosaedros morales y de sus dodecaedros lógicos. Que Inglaterra quisiera darle independencia a Irán para negociar con más libertad la explotación de su petróleo, le parecía tan natural que ni comentario merecía; que Francia aspirase a quedarse con el carbón del Saar era para él cosa de clavo pasado. Cuando lo del Irán, tuvo que habérselas con el sueco Undèn, terco como él solo y sincero y noble idealista. Los ingleses bramaban, pero Quiñones, que laboraba por ellos, pero con discreción y respeto para las formas, no perdía ni el buen humor ni el sueño.

Su faena cuando me declaré en rebeldía fue magistral. Ocurrió que casi al comienzo de mi servicio a la Casa, cumplidos los doce meses de ínterin que prescribía el reglamento, pasé no meramente a miembro sino a jefe de Sección, la del Desarme; pero si bien era un ascenso halagüeño, sólo se me dio a medias creando al efecto el rango de jefe de sección, inferior en galones y sueldo al de director, que era lo normal. Claro que acepté y aun agradecido y halagado.

Pero pasaban los años, mi gestión había recibido general aprecio, y yo seguía en aquella situación anómala. Decidí declararme en rebeldía y me hice plebiscitar por la Tercera Comisión de la Asamblea, cuyo secretario nato era, la cual adoptó una resolución proponiendo que, vista la importancia del Desarme, el jefe de la sección tenía que ser un director. Los delegados todos me apoyaron con un entusiasmo muy de agradecer. Quiñones no hizo nada ni en pro ni en contra.

Su actitud me pareció de perlas. Apoyarme hubiera sido cosa contraria a mi modo de pensar, ya que yo consideraba que los funcionarios de la Sociedad de Naciones no tenían nada que ver con sus respectivos gobiernos. Condenar mi rebeldía hubiera sido por su parte una agresión gratuita contra mí. Aquella actitud discreta de observador todo lo más simpatizante me pareció otra prueba de su extrema habilidad, esa adaptación a cada momento que es la característica del hombre de acción.

Con el advenimiento de la República, Quiñones dejó aquella embajada, que era su obra física, política y social. Había pertenecido a la Casa desde su juventud, cuando dueño de una fortuna muy suficiente, vino a París a gastársela, no en frivolidades sino dedicándose a algo serio. No perteneció al cuerpo diplomático, pero subió uno a uno todos los escalones de la carrera sin salir de París, aupado por el rey.

«Tan consustancial era para Quiñones el liberalismo anglofrancés que no se sintió a gusto ni con Primo ni con Franco.»

«...ya pasados sus 70 años, le dijo al conde de Barcelona que si decidía un día tomar un avión, plantarse en Barcelona y proclamarse rey, él, Quiñones, subiría a aquel avión sin vacilar.»

En París, su figura era de las indispensables en todo acto de sociedad que aspirase a alguna significancia. Tan conocido, estimado y respetado era que ni al abandonar la embajada con la caída de la monarquía, cesó de ser uno de los hombres de más viso en la capital. París le agradecía haber hecho con Sert un centro de indudable belleza española con aquel edificio de más empaque que hermosura intrínseca. Claro que la realización se debió al genio artístico de Sert, pero el gusto, la inspiración, el ambiente le debieron mucho a Quiñones.

Tan consustancial era para Quiñones el liberalismo anglofrancés que no se sintió a gusto ni con Primo ni con Franco. Poco a poco fue retrayéndose a su área personal, dejando la política a otros, desencantado y desengañado, recluido en su bella casa de la orilla del Sena, en las afueras, de que nos hizo los honores con tan noble sencillez a Mimi y a mí. Pero recuerdo una confidencia suya que hoy ve la luz: ya pasados sus 70 años, le dijo al conde de Barcelona que si decidía un día tomar un avión, plantarse en Barcelona y proclamarse rey, él, Quiñones, subiría a aquel avión sin vacilar.

Ramiro de Maeztu

(1874-1936)

Los Maeztu eran tres: Ramiro, Gustavo y María. En aquella casa se sabían escoger los nombres: la historia, la realeza y la religión. De los tres, tengo para mí que la cabeza mejor organizada era la de María. Una vez, de charla con Ramiro, creo que vislumbró esta opinión mía en un súbito viraje en la conversación; y, al instante, se puso a la defensiva. «Sí. Muy buena cabeza. Pero incapaz de estarse como yo así, dos o tres horas, concentrada en meditación.» Y aquel «así» lo representaba ante mí sentándose y poniendo cara de hondo pensamiento.

Muy ramiresco y muy «actitudinario», como lo solía ser el primogénito de aquella trinidad. Gustavo proyectaba sus actitudes sobre la tela que pintaba en aquellos cuadros pastosos, densos de sustancia y de alusiones, faltos de aire y de luz, y en su persona y atuendo derrochaba toda la fantasía que, invertida en sus cuadros, le habría quizá ganado mejores dividendos. Sus chalecos, y sobre todo sus corbatas, le colocaban al borde del circo. Pero Gustavo era un hombre sencillo que se expresaba pintando y no había menester *épater* a nadie.

María, sin ser una beldad, no dejaba de tener cierto atractivo femenino. Era muy inteligente; y en su trato y modo de expresarse se transparentaba una persona objetiva y normal que sólo busca entender y entenderse sin segundas ni rebotica.

No así Ramiro. Con ser quizá el más potente de los tres, derrochaba buena parte de su energía mental en el pueril y estéril pasatiempo de *épater le bourgeois*. Era muy aficionado a lo que los ingleses llaman *actitudinar*, colocar una idea, concepto, postura mental ante el espectador y esperar a que el otro le mirase, contemplase y admirase como el autor de tanta belleza. Los franceses lo dicen de otro modo, no menos feliz: *il s'écoutait parler*.

145

En mi experiencia, este curioso rasgo del carácter parece darse con frecuencia en los vascos. Lo encontré en Maeztu, en Unamuno y en Baroja, tres espíritus, no obstante, de lo más noble y desinteresado que he conocido. En los tres, daba lugar a cierto histrionismo, eso que suele ir a dar a que se diga: «cosas de Fulano».

Los tres tenían «cosas». Tanto Baroja como Unamuno como Maeztu han adolecido de este rasgo algo infantil, que no dejó de privar a los tres de alguna parte de la mucha autoridad moral que merecían no sólo por su arte sino por la excelencia de sus personas.

Bien es verdad que, en Maeztu al menos, se daban no pocas de las condiciones para incitarle a aquel juego. Era su rostro bien conformado y expresivo, de nariz aquilina, boca grande, mentón fuerte, ojos profundos y una frente de apóstol bien coronada de melena negra. La voz, maravillosa, viril, profunda y rica de sonoridades. La mente ágil y en perenne estado de fermentación, comparando, combinando, barajando, articulando ideas. Luego soltaba su conclusión como una bomba y se quedaba callado, mirando a los demás como diciéndoles: «Conque ¡ya ven ustedes lo que les espera!»

Cierta mezcla de penetración intelectual, de experiencia vivida y de pueril histrionismo caracterizaba al personaje. Así, en efecto, se veía él a sí mismo, como un personaje de la cinta sin fin de los sucesos. Lo que bien pudiera ser causa de su infidelidad intelectual. Lo digo como imagen o metáfora de la infidelidad conyugal. No creo que haya postura alguna del intelecto para con las cosas de la vida que Maeztu no haya adoptado sucesivamente en tal o cual momento de su vida.

Pero, cuidado. Pese a este través poco serio, se daban en Ramiro dos cualidades que, cada una a su modo, lo contradecían: era intelectualmente honrado a carta cabal y creía a fondo y para siempre en aquello que por el momento sustentaba. Que Maeztu pensara esto o lo otro por ver en ello su medro, utilidad o provecho era impensable. Maeztu fue pulcro como el que más en su vida literaria como tal testigo público, que es lo que todo escritor debe ser: lo que vio, pensó, observó, dedujo, así lo dijo y con la mayor claridad. Y cuando expuso esta o aquella doctrina como suya, la hizo suya antes de aspirar a propagarla ante los demás.

En un caso, quizá el más interesante y desde luego el más notorio, no sólo la hizo suya sino que la creó. A mi ver, en efecto, hay que considerar a Maeztu como uno de los creadores, y quizá como el fundador, de la ideología fascista. Cuando lo conocí, en Londres, sentía su ánimo rebosante de este tema que basta (piense cada cual como quiera de sus conclusiones) para medir la hondura y originalidad de su actitud para con la vida colectiva. El tema en sí queda bien definido en el título mismo del libro que publicó en inglés: *Authority, liberty and function in the light of the war.* De este período que fue quizá el más creador de su vida, guardo dos recuerdos notables.

Tanto Maeztu como yo éramos asiduos lectores de una revista admirable, *The New Age,* que por entonces hacía un muy gran escritor político inglés: A. R. Orage. Este hombre, a fuer de creador original, se evadía de toda clasificación. Para economista le sobraba imaginación; para poeta, le sobraba economía. Era la encarnación del sentido común, pero en sus formas menos comunes, de la intuición más sorprendente, de la objetividad más irreductible, la independencia de ánimo y espíritu más noble; todo ello servido por un modo de escribir el inglés que era oro puro sin ganga alguna.

Orage y *The New Age* abogaban por una forma original de socialismo (a la que yo, desde luego, sigo muy aficionado) que llamaba socialismo gremial *(guild socialism),* cuyo definidor y propagador más ferviente era un arquitecto llamado Penty. En todo este grupo, que nos parecía a ambos de lo mejor que daba entonces el genio político inglés, éramos Maeztu y yo casi como de la casa. Ellos, a su vez, profesaban gran simpatía a sus amigos españoles; y Orage, que con su nombre y con dos o tres más como seudónimos redactaba casi él solo su revista, firmaba uno de sus artículos semanales con el seudónimo español: S. Verdad (o sea, *es verdad*).

Recuerdo una noche en que, después de cenar en casa de Penty, nos enzarzamos Maeztu y yo en una discusión tenaz. Él, lleno de su tema: autoridad para salvar el mundo del desorden, era inagotable. Yo le oponía una sola palabra: libertad. Me parecía que, en su estructura, el individuo quedaba engarzado en un acantilado estatal como fósil en roca; y sobre este punto concreto llevábamos ya un buen rato debatiendo, sentados en el suelo, junto a un fuego de hulla. Deseoso de cambiar de conversación, apelé a Penty: ¿qué piensa usted de esta discusión? Y el arquitecto contestó con fidelidad perfecta al tipo inglés: «Al oírlos, pensaba yo: ¿cómo se aplicará todo esto a la arquitectura?»

Mi otro recuerdo de estas andanzas londinenses de Maeztu lo refiere a otro de esos tipos ingleses tan henchidos de carácter y de talento que uno se encuentra en las clases y profesiones liberales del país. R. H. Tawney ha dejado en Inglaterra buena fama de economista y escritor político, y ha ilustrado en particular el tema de las relaciones históricas entre la religión y la economía. De un desinterés absoluto, solía no firmar sus artículos y aun creo que fui yo quien le convencí de que lo hiciera.

Con esa facultad para juzgar el talento y el carácter que distingue a los ingleses, Tawney no tardó en darse cuenta de la valía de Maeztu; y un día, mejor diría una noche, vinieron ambos a mi casa de Highgate a hablar de lo que nos interesaba a los tres: política general. Tawney poseía un magnífico aparato dialéctico, digno del que Maeztu llevaba en el cerebro; así que yo hablé poco una vez que los hube enzarzado en una buena discusión, de la que ambos gozaron horas, hasta que Tawney, hambriento y sediento de tanto hablar, descubrió que tenía detrás, sobre una mesa, un jarro grande lleno de leche, y entre silogismo y dilema, lo asía con ambas manos y lo iba trasladando sorbo a sorbo a su estómago vacío.

De las luminarias que pertenecían a aquel grupo, una de las más brillantes era George Bernard Shaw; y recuerdo que Maeztu, con su insistente crítica de los que no veían los peligros que amenazaban a Europa, se atrajo una vez una ácida reprimenda del feroz irlandés en forma de réplica publicada en *The New Age*. Argüía Maeztu que la opinión intelectual inglesa no había hecho caso de las advertencias del *Daily Mail*; a lo que Shaw contestaba que si bien era verdad que el *Daily Mail* había augurado la guerra con Alemania, también la había augurado con media humanidad. Recuerdo el caso porque Shaw, que era más bien avaro de cortesía, estuvo no obstante de lo más cortés con Maeztu al condenar sus ideas y le hizo observar que la prueba de lo mucho que le estimaba como escritor estaba en el mero hecho de que le dedicaba aquella réplica.

Maeztu, en aquellos años postreros de la primera guerra mundial, había reingresado en la religión católica, apostólica, romana, y no le disgustaba que se supiese, ni aun hacer alarde de ello. Cuando le daba por esta tecla (de que hallará el lector sabroso ejemplo en una escena de mis *Memorias*), se le ponía la voz más de bajo profundo que su barítono habitual, y hasta sus palabras y estilo parecían tomar esos aspectos.casi convencionales que hace decir a la gente: «Habla como un libro.»

En suma, se pasaba de serio. La frente más apostólica, los ojos más serios, la voz más honda y sonora, el gesto más grave, todo encaminado a impresionar. Pero lo que decía no era ni trivial ni convencional; sino que casi siempre llevaba un elemento a la vez original y acertado que obligaba a escuchar y a respetar lo que iba diciendo. Quizá quepa distinguir aquí su crítica de la vida pública de entonces, que solía ser excelente, y sus ideas para atajar el mal, que, para mí al menos, resultaban a veces demasiado perentorias y aun pueriles.

Que la forma democrática, parlamentaria, liberal de gobierno prestase el flanco a severas críticas, era cosa que flotaba en el ambiente. Que tuviéramos que ir a salvarlas mediante métodos o actitudes fascistas era

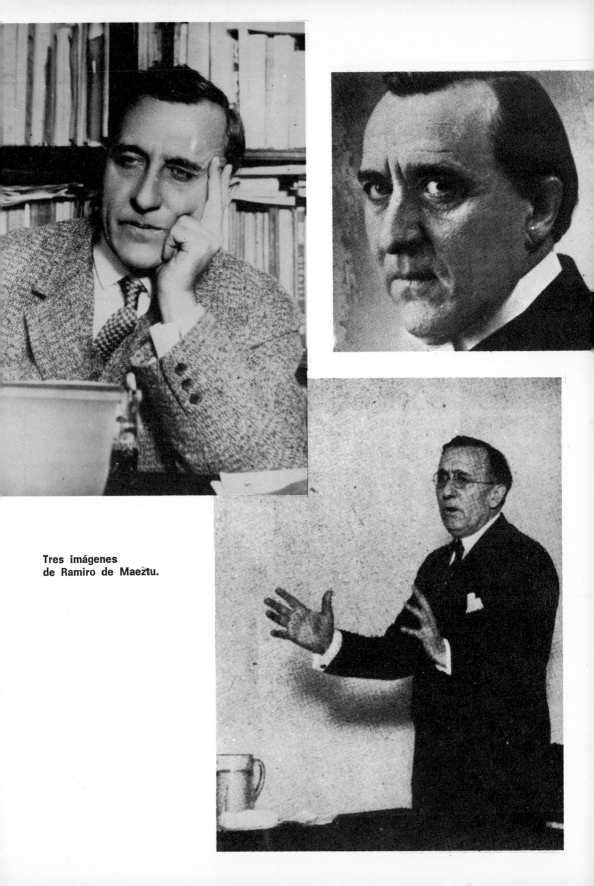

Tres imágenes
de Ramiro de Maeztu.

ya harina de otro costal. Pero no cabe dudar de que Maeztu estaba al día en cuanto al vivir fascista y aun que precedía y presagiaba el día como definidor del credo de la nueva escuela.

Cuando comencé a conocerle, Ramiro de Maeztu no tenía la menor idea de quién y cómo era yo. En nuestros primeros encuentros, ya solos, ya con otros españoles de Londres como Pla, Sancha y Araquistain, tuve la impresión de que me consideraba como un escritor novel necesitado de consejos sobre cómo escribir. Yo, que, en cuanto a mi oficio, soy intuitivo y autodidacto y jamás estudié nada de lo que a él concierne, le oía decirme estas cosas con no poca sorpresa, tanto más porque casi todo lo que me decía me parecía a mí algo menos que elemental. «Es muy sencillo. Una cosa después de otra.» Ésta era una de sus «ideas» favoritas, que a mí se me antojaban incrustadas en un ingenuo pragmatismo inglés. Creo que al leer mis artículos se quedó algo desconcertado, porque era agudo y se daba cuenta.

Creo también que de aquellos nuestros primeros frotes le debió de quedar una espina dentro. Maeztu no era un espíritu sencillo, espontáneo y natural. Era hombre serio, de vida interior activa y, por lo tanto, dado a disociarse en ser activo y ser pensante, o sea, reo y juez. Se observaba y se juzgaba; y cuando el yo se le iba de las manos, lo obligaba luego a retrotraerse a la autoridad y a someterse a juicio. Porque, con todo su histrionismo vasco, su pragmatismo inglés y su «adanismo» (no menor que el mío), Maeztu era un ser bien construido y firme en su estructura, todo menos un irresponsable.

Éste me parece haber sido el trasfondo, harto complejo, del incidente —casi diría accidente— que tuvo conmigo una tarde en la redacción de El Sol y que con más detalle he referido en mis Memorias. En plena paz, sin haber mediado disputa alguna que pudiera haberlo causado, Maeztu vino por detrás cuando estaba yo hojeando una revista inclinado sobre la mesa del director de El Sol, y me asestó un puñetazo en el carrillo derecho con la mano derecha. Me quedé sin lentes. Mientras uno los recogía del suelo y me los entregaba, otros, dando por sentado que nos íbamos a liar a brazo partido, nos separaron y llevaron a lugares distintos de la casa.

Pero ni Maeztu ni yo pensábamos en tal cosa. Vuelto en sí de su paroxismo, Maeztu —como lo revela lo ocurrido— no pensaba más que en pedirme excusas; y yo estaba dividido entre el temor al ridículo de un duelo, único peligro que veía cernerse sobre mí, y cierta sospecha con

visos de seguridad de que Maeztu miraba toda aquella comedia del sedicente honor con tanto escepticismo como yo.

En esto estaba cuando se abrió la puerta de la sala del Consejo
donde yo aguardaba, y entró Maeztu con una cara muy larga; abrió los
brazos, no en alto sino casi hacia abajo, como quien expresa sentimiento
ante lo que no tiene remedio, y exclamó: «Madariaga, perdón» o cosa
por el estilo. Nos abrazamos y todo terminó satisfactoriamente menos
para uno o dos que habían esperado y deseado hule.

Pasó el tiempo y un día, no recuerdo en qué contexto, escribiendo
sobre Maeztu lo hice con mi imparcialidad habitual, sin dejar que aquel
incidente-accidente torciera o alabeara en lo más mínimo mi modo de
pensar sobre él. Lo leyó y me escribió una carta de tanta nobleza como
de él era de esperar.

Nobleza es también el vocablo que viene a la pluma al evocar a su
mujer. Mabel era una inglesa alta, de garbo noble y gentil, que se movía
y andaba con suma dignidad natural: y eso que no daba la impresión
(por el acento, indicio tan seguro de clase, en su país) de ser de muy alta
alcurnia. Morena, fina, no era tampoco, como tipo, un ejemplar muy
convincente de la mujer de su país. Pero, aunque ni intelectual ni quizá
muy inteligente a lo culto, era admirable como esposa, ama de casa,
madre y todo lo que un hogar sano pide de una mujer. Maeztu, que daba
siempre la impresión de vivir al borde de lo extravagante, no reveló
jamás tan honda sabiduría como cuando la escogió por esposa. Creo que
en su vida fue Mabel áncora de fe y de salvación.

Sobre su importancia como definidor y propagador de la ideología
fascista, no creo que sea posible dudar. Sobre lo que como tal le corres-
ponda en cuanto a la Falange, habría que matizar más. No me considero
poseer información suficiente para dar una opinión firme. Creo que su
libro, que se publicó en traducción española y circuló bastante (dentro
de la modestia de nuestra escala en estas cosas) ha debido de influir
sobre los cabecillas del movimiento. No creo, sin embargo, que quepa
atribuir a Maeztu una influencia de primera categoría sobre los acontecimientos, porque los españoles no solemos movernos por las ideas y sí
tan sólo por las creencias. Añadiré que tampoco creo que Maeztu haya
expresado, ni siquiera en aquel libro, ideas muy hondamente arraigadas
en él, porque nunca las tuvo. Fue en cierto momento de la historia de
España un portavoz de cierto sector; pero nada indica que conservara
aquellas ideas con arraigo más tenaz que el que solía hallar en su ánimo,
siempre vivaz y sensible al cambio y evolución de su pensamiento.

Todas estas reflexiones hacen más trágica aún su trágica muerte. Los sucesos que ensombrecieron nuestra vida española en el período de gestación, lucha y liquidación de la guerra civil no añaden nada a nuestra gloria. Entre ellos, el asesinato de Maeztu por unos vesánicos inocentes probablemente teledirigidos por un vesánico culpable es uno de los más tristes. Que al menos aquél y tantos otros desastres personales y nacionales sirvan de freno a los que todavía aspiran a salvar a España con otro intento de suicidio.

Francisco Sancha

(1874-1938)

CUANDO LLEGUÉ A LONDRES EN 1916 para instalarme ya como hombre de letras, volviendo la espalda a mi carrera de ingeniero, me encontré con un grupo, reducido pero muy bueno, de españoles, entre los cuales descollaba Francisco Sancha. Era pintor, pero aquí·de esa fórmula que no por ser mía deja de ser buena. *El que no es más que, no es ni siquiera.* Para ser pintor hay que ser muchas otras cosas; y aun pudiera ser que esta manera de decirlo se me ocurriese con motivo de Sancha, porque era un ser humano lleno de vida, de gracia y de invención.

Era además malagueño, buen mozo y muy elegante. Como era rico de todo menos de dinero, y tenía mujer e hijos que sostener y era más bueno que el pan, cuidaba mucho de no gastar; pero su atuendo era siempre de la mejor calidad y hechura, misterio que solía aclarar con su buen humor de siempre: «Yo debo de ser un lord inglés que le ha salido mal al Creador, porque me visto con trajes que lores de verdad no han querido aceptar por haberles salido mal al sastre.»

Sea de ello lo que fuere, Sancha estaba siempre vestido con la mayor distinción, que no se debía sólo al traje sino a su elegancia natural y a su buen gusto. Quizá por esta prestancia suya proverbial en su barrio, los inspectores de contribuciones debieron de preguntarse por qué tan distinguido lord no pagaba impuesto, y le escribieron esas misivas a la vez corteses y perentorias en que la burocracia expresa su omnipotencia. Sancha no se dignó contestar ni a una. Un día, llamaron a la puerta del estudio-comedor-alcoba-cocina-cuarto de baño-salón entre cuyas cuatro paredes y ni una más vivía la familia Sancha. Tras las preguntas y respuestas de rigor, el inspector vino al grano: «Pero ¿usted de qué vive?» Y Sancha, con su sonrisa de verdad, llena de vida, contestó: «Vivo de

155

«Inglaterra es un paraíso para todo paisajista con sensibilidad...»
(Óleo de John Constable.)

«Un volquete» (1905).

«Cabeza de mujer» (Colección de la familia).

Con don Alfonso XIII
en el Club Español
de Londres, hacia 1918.

milagro.» El inspector echó una ojeada a aquella habitación que Matilde —de milagro, en efecto— tenía siempre limpia y ordenada, y se fue llevándose contaminados los labios de una sonrisa de Sancha.

Ya en el mero hecho de ser y existir era Matilde un milagro. Era una catalana muy hermosa y muy inteligente, y muy enamorada de su marido. Esos catalanes... ¡Qué fácil es darlos por los viajantes de España, siempre atentos a su interés material, cuando tantos casos han dado de quijotismo y de esa abnegación de oro puro que sólo inspira amor y sólo en los corazones de oro! Matilde era uno de estos corazones de oro y su amor por Paco Sancha era de esas pasiones puras que nada tienen que ver con la mecánica sicológica a la moda hoy. Como catalana, burguesa, es seguro que suspiraba por un hogar modoso, donde todo pasa sin nudos ni trabas bajo la batuta de un buen reloj. Pero que le fueran con relojes al marido, bohemio empedernido, nocherniego y mujeriego también. Bien lo sabía ella y se lo tragaba. No diré que Sancha fue un atleta sensual, pero tenía a su mujer feliz y a otra por lo menos que, como los trajes de su amante, era una condesa o marquesa que le había salido mal al sastre o al marido, y vivía en un palacio italiano en la maravillosa campiña inglesa. Lo cual no le impedía a él correr aventuras a salto de mata como la que un día me contó: noche de verano, calor, Hyde Park, yerba olorosa, una desconocida que se le entrega suspirando y desgarrando ella misma sus propias finísimas vestiduras, y no en señal de duelo precisamente.

«Pero ¿qué pasa? Matilde. Acabas de salir y ya de vuelta.» «Es que se me olvidó el dinero.» «Pero ¿tenías dinero?» «Del que me quedó de ayer.» «Mira, te voy a dar un consejo. Hoy el dinero. Ayer el paraguas. Anteayer, un pañuelo. ¿Por qué cierras la puerta la primera vez que sales?» Ella sonreía al marido-niño-bohemio loco, malagueño al fin. ¡Era tan guapo! Y al fin se iba, esta vez de veras y cerrando la puerta, a darle otro día de su vida deshilachada en tiendas, tranvías, calles y plazas.

Tenía Sancha un natural andaluz, descuidado en la forma, muy civilizado en el fondo. El lado cómico de la vida, que veía y gustaba con fruición genuina, no era para él (como lo suele ser para tantos) mero modo de pasar el rato con chistes, sino gusto y regusto del ser. A los diecinueve años de su edad, todos en Málaga, tuvo que ir a pasar en Madrid unos meses durante los cuales perdió una pequeña proporción de su acento natal. Al volver a Málaga, sus amigos le decían: «¡Pero, Paco, habla naturá!»

Este modo de ser genuino y sincero se veía en su pintura. Inglaterra es un paraíso para todo paisajista con sensibilidad, y Paco Sancha logró pintar al óleo y en acuarelas escenas de la vida rural inglesa de gran mérito y belleza. En su favor movilicé a Molly, que le organizó una exposición de mucho éxito. Molly o Mary Bernard Smith, íntima amiga nuestra desde mis días de estudiante en París, llevaba una galería de arte muy bien considerada en todo Londres, y era además uno de esos seres tan rebosantes de carácter que podrían dar sal y vida a toda una familia. Le gustó mucho lo que le llevé de Sancha —condición previa para que le hiciera una exposición—, pues, por mucho dinero que le fuera en ello, Molly era incapaz de exponer cuadros que no le gustaran.

Algo ayudó a Sancha aquella exposición, sin por eso ponerle en condiciones de cambiar de modo dramático su modo de vida, de modo que no hubo peligro de que se tornara burgués y menos aún lord logrado. Pero su buen humor era invencible, tanto como su andalucismo, que aun después de años, y no pocos, de vida inglesa le hacía decir *Jamermí* por *Hammersmith* y *Cheperbú* por *Shepherd's Bush*. Y si no llegó a decir *escramelé* por *scrambled eggs* es porque prefería el *rosbí* a los huevos. Muy inteligente, no era nada intelectual y leía poco, porque su libro era el mundo y sus páginas los hombres y las mujeres. Por eso, quizá era un maravilloso cuentero, casi tan bueno como Andrés Segovia, y su relato favorito era el de un almuerzo en la Huerta, que en honor de Romero de Torres habían organizado unos pintores y escultores; pues parece que coincidió con otro que se daban a sí mismos los concejales del Ayuntamiento de Madrid (y esto sería allá por 1910, o antes, pues era cosa de su juventud madrileña); y los concejales se enteraron y les mandaron una invitación que pasaran a tomar café con ellos. Así, pues, llegado el momento, emigraron los artistas a donde les aguardaban los concejales, y el que presidía la mesa, dirigiéndose a los invitados, peroró: «Señores Artistas, nos vemos muy honrados...» donde interrumpió un artista: «No. Aquí los honrados somos nosotros.»

José María Sert

(1874-1945)

EN ESE DRAMÁTICO DESFILE por el campo de la memoria que es la Historia de un país, los catalanes han hecho siempre un espléndido papel. Son altos, corpulentos, forzudos y fuertes (que no es lo mismo). Magníficas tropas, se dice satisfecho el lector-espectador. En ellos, lo militar no aparece superpuesto al ánimo como la instrucción al cuerpo del recluta, sino que florece en lozanía de salud, músculo y sangre. A Cataluña no le faltarán nunca hombres.

José María Sert, pintor, hombre de salón, cortés, culto, refinado, hasta esnob, era todo esto, sí, pero más bien como tránsfugo de uno de aquellos desfiles de soldados catalanes que ilustran las añejas crónicas de Cataluña. Era formidable.

Además, lo parecía. Quiero decir que era grande, fuerte, formidable, de verdad; pero que, además, sospecho que lo cultivaba. Tenía ojos grandes, casi feroces de tanto vigor como emanaban; pero los aureolaba además con unas antiparras de concha que parecían troneras de barco. La boca hirsuta de barba roja, corta y erizada, evocaba al pirata; los brazos, al gladiador; todo en él encarnaba vigor y fuerza. Y como flor del conjunto, la boca de pirata y el ojo astronómico conseguían ofrecer al interlocutor una sonrisa tan natural, afectuosa e inteligente que era un encanto.

Lo conocí aun antes de encargarme de la embajada de París, de la que era agregado para las artes. Había sido además el creador de su edificio; porque, cuando el gobierno hubo adquirido el suntuoso palacio de la calle de Jorge V, Quiñones tuvo la feliz idea de tomar a Sert como consejero y no que le faltasen ideas a él, que Quiñones sabía mucho de arte de vivir, del que el arte de la morada es parte tan esencial, sino que para una embajada como la de España, se daban en un caso así dos preceptos más fáciles de formular que de seguir: evitar errores y hallar aciertos.

¿Quién mejor que Sert? A él se debió sobre todo la asombrosa síntesis de la sencillez casi franciscana, salmantina, del gran siglo, con las escenas campestres de Goya, que hacen el salón grande inolvidable por lo esencialmente español en aquel París donde tan casi imposible es destacarse por el gusto; y tantos otros aciertos y ninguna falla, que es la característica de aquella casa.

Cuando se decidió hacer un palacio para la Sociedad de Naciones en Ginebra, cada nación se ofreció a encargarse de algún don para la nueva casa; nosotros, los españoles de la Secretaría, propusimos al gobierno, que lo aceptó, que España se encargase de decorar la sala del Consejo; y con el valioso apoyo de Quiñones, se hizo así y aun se consiguió que los frescos los pintara Sert.

Ya entonces había logrado Sert un estilo muy suyo, quizá demasiado suyo, pues a veces daba la impresión de *déjà vu*. Sucedió que por entonces habían invitado a Diego Rivera a pintar el gran zaguán de la gigantesca Casa Rockefeller, en Nueva York; y que, con su tacto usual, Rivera había pintado algo franca y descaradamente marxista-leninista-stalinista, y no añado maoísta, porque esto pasaba antes del triunfo de Mao. Los Rockefeller no entraron en el juego, y pidieron a Sert que pintara lo que Rivera había querido emborronar y ellos dejado en blanco; y Sert pintó unos cuadros donde se erguían, amenazadores, los cañones de la guerra, que tenían a raya los trabajadores de la paz.

Todo ello pintado sobre fondo abstracto, cuyo carácter ideológico e intelectual se expresaba con una tonalidad de oro. Sert vino a repetir este diseño general en la sala del Consejo de la Sociedad de Naciones, donde va todavía mejor que en el zaguán neoyorquino; y aun tuvo la bondad de regalarme sus bocetos, que luego perdí en nuestro naufragio nacional. De todo este período guardo una como vislumbre secreta de que Sert, en aquel momento, pasaba por una obsesión sexual que expresa en aquellos cañones.

Un día de fiesta, era ya embajador en París, debió de ser durante las vacaciones de enero, fui a dar una vuelta de golf. Cielo azul y sol de oro, me dije, y fui a cuerpo. Me acompañaban mis dos hijas, en vacaciones escolares. Durante el juego, observé cómo se iba levantando un viento frío que, luego leí, había soplado a 15° bajo cero. Lo leí en cama, aguantando un tremendo ataque de cistitis. Pocos días después estuvo a verme Sert. Ya estaba yo mejor, porque recuerdo que hablamos en mi despacho oficial.

Se trataba de ir juntos a algún sitio con carácter semioficial y público y Sert propuso el viernes de la semana siguiente. «No puede ser, porque me operan ese día.» Me miró asombrado. Le conté lo de la cistitis y añadí que me había visto el famoso cirujano doctor M. y habíamos quedado en que me quitaría la próstata el viernes.

Nunca tal dijera. Sert se puso a rugir como un león. No estamparé aquí las llamaradas de indignación que le brotaban de la boca, las erupciones de improperios contra aquel tal-y-cual que le proponía la ablación de la próstata a un hombre de cuarenta y seis años sólo para darse pisto y publicidad. Tuve que calmarle y, sin tardanza, telefoneé al galeno que aplazaba *sine die* la operación. A los quince días, como lo había vaticinado Sert, un paisano y casi homónimo suyo me había curado la cistitis.

Típico Sert. Como buen catalán, se enardecía por la justicia. Lo que le había hecho saltar de la silla al enterarse de la conspiración de aquel doctor, tan eminente como filibustero, era la explotación de una técnica médica en violación del juramento hipocrático. Todo eso que cuentan los catalanes de su sentido práctico, de su *seny* y de su modo tierra a tierra de ver las cosas... bueno, sonríanse ustedes con la debida cortesía, pero no hagan caso. Los catalanes son, ante todo, enamorados de la causa —la que sea—, amadores de una Dulcinea a la que rendirse y servir. Y esto vale desde los anarquistas hasta la Lliga, pasando por los pistoleros. Sert era uno de esos catalanes románticos. Típico. Práctico sí que lo parecía. Decían sus amigos más íntimos y dañinos que era agregado de la embajada de España para no pagar impuesto, porque, sabe usted, los catalanes... Pues nada. Todo fantasías de envidiosos. Seguro estoy de que la embajada le costaba dinero y que él ni se ocupaba de este aspecto mínimo de las cosas. Por lo pronto, puso a mi disposición para mi convalecencia su hermosa casa y playa de la Costa Brava, donde su servicio, con órdenes estrictas de cuidarme, pegaron fuego a mi cama con un calentador eléctrico.

Le gustaba el lujo, como a tantos artistas, por lo que permite de fantasía para lo bello; y en el piso en que vivía, justo al nacer la calle de Rivoli, casi en la esquina de la Plaza de la Concordia, cada habitación era un museo. Su misma mujer, una Midvani, de la famosa casa del Cáucaso, se me antojaba objeto de museo. Era alta. A Sert no le gustaban las mujeres de poca talla y se quejaba de que muchas españolas parecían como si les hubieran cortado las piernas por la pantorrilla.

Era muy linda, pero, pensaba yo, más de mera juventud que de armazón y proporción en sus lozanas facciones. Más fantasiosa que fantástica, no tenía ni perro ni gato, pero sí un mono ineducable y anticivilizado, que defecaba sobre el jabón de Sert cuando le venía en gana; y Sert, que, si se dejaba ir, era hasta violento, todo lo toleraba porque estaba muy enamorado de ella. La cual, un día se me presentó, en una recepción de la embajada, con el moño ladeado como sombrero de chulo.

Dejé la embajada. Comenzó la guerra civil. Anduve un par de años de la Ceca a la Meca por Europa y América; y un día, sería hacia fines del 36, me encontré a Sert en Nueva York. Almorzamos juntos con amigos en un restaurante. Se hablaba francés. A la vuelta de no sé qué

«...el piso en que vivía, justo al nacer la calle de Rivoli, casi en la esquina de la Plaza de la Concordia...»

«Su misma mujer, una Midvani, de la famosa casa del Cáucaso, se me antojaba objeto de museo.» (La princesa Midvani en 1936.)

«...el gran zaguán de la gigantesca
casa Rockefeller, en Nueva York...
Sert pintó unos cuadros donde
se erguían, amenazadores, los cañones
de la guerra, que tenían a raya
los trabajadores de la paz.»

«El triste desfile de la Victoria».
Sala de Sesiones del Consejo de la
Sociedad de Naciones, Ginebra, 1936.

esquina de la conversación, se me ocurrió hablar del mapamundi y al pronunciar la palabra *mappemonde*, aunque seguí hablando, me di cuenta de que llevaba paralelos dos cauces de pensamiento: uno para servir a lo que venía diciendo a mis comensales, otro para explorar la avenida abierta por un retruécano que afloró en mi fantasía. *La mappemonde et le papemonde.*

Miré a Sert y me dije: ¡cómo nos divertiríamos cultivando aquel juego verbal y poblándolo de pensamiento! El resto del almuerzo se me hizo fantasmático. Era ya para mí irreal, mientras lo real me parecía ser *Le mystère de la mappemonde et du papemonde,* que me iba brotando en verso francés a toda velocidad. Me despedí, me fui al hotel y me puse a escribir. En el hotel, en el barco, regresando a casa, en París, y ya lo tenía terminado (salvo el prólogo, que escribí en Ginebra más tarde), cuando Sert fue a verme al Hotel Lincoln, donde yo estaba en cama indispuesto.

Venía con todo el rostro endomingado con una sonrisa de honda satisfacción, tal que pensé prudente dejarle a él la ocasión de que contase y me ofreciera aquella rosa de ocultas espinas antes de contarle mi propia, reciente aventura de creación. Se sentó junto a mi cama, sacó del bolsillo un papel que desdobló, y se puso a leerme la carta que había escrito a Henry Bernstein, entonces en su apogeo como el dramaturgo de más éxito de París.

Era una carta, terminante, despectiva y como para dirigida a un enemigo, siendo así que se tuteaban. En ella, Sert le prohibía a Bernstein jamás volver a verle, hablarle, saludarle o escribirle. Leyó todo con firmeza segura pero serena, y me miró sin decir nada con la lengua, pero ¡qué sonrisa! Era una sonrisa de satisfacción objetiva y como diciendo: «¡Hay que ver qué bien me ha salido!»

No tengo aún hoy la menor idea de la raíz del conflicto entre aquellos dos hombres, y Sert no hizo la menor alusión. Para él se trataba ante todo de hacerme contemplar una obra de arte en el de decir, pero también en el de hacer; porque su carta era un acto. Lo gocé como una manifestación artística pura, como era muy de esperar de Sert.

Pasado el novenario de minutos que la fiesta merecía, le conté el nacimiento del *Mystère*, y cómo había brotado todo casi hecho de una conversación a su mesa. Le leí algunos trozos y le dije que quizá pudiera ofrecérselo a Stravinski para darlo con comentarios musicales del compositor de moda entonces. Sert echó mano al teléfono que aguardaba sobre la mesa de noche.

Por lo visto, también tuteaba al gran Igor. El cual le contestó que aquella semana se mudaba, pero que le gustaría oír o leer la obra pasados quince o veinte días. De haber sido ambos otros, quizá habría hoy una

166

obra más en el catálogo de Stravinski. Pero ambos éramos nosotros. Sert se empeñó en que acudiera a un Igor naciente, el astro del mañana, que era Markevitch. Y como el segundo Igor vivía entonces en Montreux y yo tenía entonces mi base en Ginebra, a Markevitch me fui no con sino por la música.

Manuel de Falla

(1876-1946)

Mi PRIMER ENCUENTRO con Manuel de Falla fue, claro está, con su música. Sería entre 1912 y 1916, y en el Ateneo; asistía a un concierto en la que una excelente cantatriz interpretaba las *Siete Canciones Españolas*. ¡Qué revelación! ¡Qué fuerza en la austeridad! Qué... pero ¿cómo voy yo, ahora, a los sesenta años pasados desde aquel día, ni siquiera a esbozar lo que para nosotros «traía» Falla si ni aun entonces pasaba de ser una revelación?

Éramos unos cuantos, quizá cientos, quizá miles, que sentíamos una inquietud no expresada, quizá no concebida, una como vergüenza de cierto agarbanzamiento de la grande y verdadera España que sólo por los libros conocíamos, amén de lo que de ella llevábamos dentro, y que en la música se expresaba mediante el género chico. Muchos —no yo— condenaban el género chico como vulgar por ignorar que la música *extra muros* de lo clásico, era fuera de España mucho más vulgar aún; y que sólo quizá en España era posible toparse con lo popular digno y hermoso. Pero, aun estimando y admirando ciertas zarzuelas —pocas— como verdaderas obras de arte, nos parecía que faltaba España en el maravilloso conjunto de los grandes creadores desde Bach hasta Debussy.

Al fin, al fin, Falla, la voz de España en Europa. Y recuerdo cómo seguíamos aquellas canciones de España, tan europeas de espíritu, de sobriedad, de austeridad, de fuego, sin agua ni ringorrangos. Pero también recuerdo el lapso personal que hizo para mí imborrable aquella tarde. Estábamos al final, la séptima canción, la jota, la magnífica jota; donde los ritmos populares brotaban con asombrosa espontaneidad y sin embargo limpios y claros sin un adarme de exceso; y ya escuchábamos la segunda y última copla

Ya me despido de ti
de tu casa y tu ventana.
Aunque no quiera tu madre,
Adiós, niña, hasta mañana

y ya cantaba aquella hermosa voz el primer verso que como siempre en la jota se repite al final.

¡Ya me despido de ti!... Era el ápice de una serie tan intensa de goce que mis veintisiete años no lo pudieron resistir y mi entusiasmo estalló en aplausos. Me quedé solo aplaudiendo. Me hundí en el asiento. Falla seguía tocando y la cantatriz cantó aquel maravilloso *pianissimo*:

aunque no quiera tu madre...

¡Qué lección!, pensaba yo. Cuando me disponía a admirar todo lo que Falla aportaba a España de nuevo estilo, toda su maestría de compositor europeo de lo español, la pasión contenida por el arte, demuestra a aquel público selecto y, lo que era peor, a mí mismo, que no he asimilado todavía lo que ya aspiro a admirar. Aquella escena fue pues para mí fuente de no pocas enseñanzas y meditaciones.

No recuerdo haberlo conocido personalmente entonces; pero sí cuando vino a Londres a seguir los ensayos de *El sombrero de tres picos* en 1919. Solía ir por allá en compañía de Jean Aubry, aquel musicólogo, ardiente debussysta que se había batido como un héroe en la pelea que levantó el estreno de *Pelléas*, de Debussy. Y ¿qué iba a levantar Pelléas sino peleas?, le decía a Aubry. El cual se había insinuado en la amistad de Falla y obtenido que le escribiera la música para una *Psyché*, asunto poco fallesco si los hay. Por Aubry conocí a la bellísima Madame Alvar, mujer (sueca) de un excelente hombre de negocios inglés que con generosidad inusitada hacía frente al lujo más costoso de aquella gentil señora, que era dar conciertos como cantatriz en toda Europa.

En casa de madame Alvar, en el barrio de Holland Park, históricamente ligado a la mejor cultura inglesa (y aun española por Lord y Lady Holland a principios del siglo XIX) se daban saraos a los que asistía lo más granado de la gran música europea, desde Stravinski hasta Rubinstein y desde Arbós hasta Ansermet. Este matemático ginebrino sublimado en maestro de orquesta, excelente intérprete de Mozart como de los modernos, dirigía la orquesta inglesa que tocaba *El sombrero de tres picos*. Alto, elegante, con barba de rey asirio. En aquel grupo ultramoderno, Falla, menuda figura todavía más achicada por su traje negro, parecía un frailecico místico. Jamás genio más excelso trató de casi-ocultarse en hombre más modesto, que parecía pedir perdón de sus dones escondiéndolos bajo la humildad más severa.

Esto ocurría en 1919. Medio siglo después, iba yo a descubrir un lazo profundo que (quizá sin ellos saberlo) unía a aquellos dos grandes artistas: ambos eran hondamente religiosos, el calvinista Ansermet no menos que el católico Falla. En conversación con él en su casa de Ginebra, me contaba Ansermet su empeñosa insistencia en tocar la partitura siempre con la más escrupulosa exactitud; y al replicarle uno de la orquesta que hay errores que pasan porque nadie los oye, contestó él: «¡Los oye Dios!» ¡Qué parecido insospechado entre aquellos dos hombres tan distintos! Aquella insistente labor secreta de Falla para desnudar, purificar sus composiciones, dejándolas como transparentes expresiones de la emoción, se reflejaba en la respuesta de Ansermet a su músico: «¡Lo oye Dios!»

Después de tanto trajín preparatorio para afinar el instrumento, Falla tuvo que ausentarse el día del estreno, que fue el de su triunfo, porque se murió su madre y allá se marchó a Madrid. Pero ¡qué triunfo! Sentidor más, mucho más, que conocedor de la música, no seré yo quien aspire a precisar cómo y por qué acogió el mundo con tanto entusiasmo el tema que Alarcón concibió y que Martínez Sierra adaptó a la escena: para mí se trataba de dar al mundo una imagen limpia y clara de lo que es España, con ésa maravillosa inmediatez que sólo logra la música, y por la que todas las demás artes la envidian, sobre todo la literatura.

Pero el conocimiento personal de Falla me planteaba un problema sobre el que con frecuencia medité a través de los años: ¿por qué, me preguntaba, han de ser sólo los compositores españoles los que se hayan de atener a las formas populares más o menos estilizadas, mientras que Beethoven o Debussy se expresan en un idioma universal? Claro que el acento varía del uno al otro; pero es que en los españoles no era sólo cosa de acento sino de la contextura misma del idioma musical.

Encantado, entusiasmado por la música del *Tricornio,* me disgustaba, sin embargo, que fuera tan «local», que no lograra la universalidad de *Figaro* o *Don Giovanni* con la misma naturalidad. Mi admiración por Falla y mi respeto a él, diez años mayor que yo, amén de la poca seguridad que sentía yo mismo al formularme el problema, me impidieron exponérselo a él. Pero ¿qué importaba? Era para mí evidente que Falla tenía que pensar en términos idénticos; y que todo su ser de artista aspiraba a libertar en su música lo esencial español de lo convencional español; como lo sugería ya su misma libertad y originalidad al tratar los temas tradicionales.

Así era, en efecto. Y quiso la suerte y el destino siempre paradójico

Figurines de Picasso para «El sombrero de tres picos».

«Encantado, entusiasmado por la música
del «Tricornio», me disgustaba, sin embargo,
que fuera tan "local"...» (Decorado
de Picasso para «El sombrero de tres picos».)

«..."El retablo de Maese Pedro" no es sólo la obra maestra de Falla, sino la obra maestra de toda la música española, al menos de la moderna.» (Manuscrito de Falla con unos compases de «El retablo de Maese Pedro».)

«...Falla, menuda figura todavía más achicada por su traje negro, parecía un frailecico místico.»

«...el concierto es música más para musicólogos que para el común de los mortales...»

CONCIERTO DE CLAVECIN Falla
Robert VEYRON-LACROIX
ORQUESTA NACIONAL DE ESPAÑA
Ataúlfo ARGENTA

Columbia
SCGE 80277

MINIATURAS CLASICAS

de España, la de veras, que esta revelación de la vera esencia de España se hiciera en el mundo de los muñecos, y que al trasladar a los muñecos la figura archiespañola de don Quijote, lograra Falla expresar al mundo el espíritu de nuestro pueblo sin recurrir a las formas populares tradicionales.

En mi opinión de aficionado a la música, *El retablo de Maese Pedro* no es sólo la obra maestra de Falla sino la obra maestra de toda la música española, al menos de la moderna. Había sido necesaria la conjunción de un símbolo ya impregnado de la esencia española, como don Quijote, y de un artista creador a la vez vibrante de pasión y casto y austero como un San Juan de la Cruz, que es lo que Falla era, para dar una obra tan intensa, tan honda y tan limpia.

La vi y oí dos veces, una en Inglaterra, otra en Zurich, y en ambos casos, más todavía quizá en Zurich, sentí que se lograba plenamente el cometido de la obra de arte: hacer pasar un estado de alma del artista al espectador. El *Retablo* no es sólo una obra maestra de música; es una obra de arte plenamente lograda. Al contemplar al Caballero de la Triste Figura bregando lanza en mano con meros muñecos de feria, parece como que la música de Falla abriera las claraboyas del alma humana poniendo al desnudo los fantasmas irracionales en que se transfiguran nuestros racionales pensamientos al pasar los umbrales hacia las cámaras en penumbra del ser.

Hacia 1926 hice un viaje por Andalucía, pasé por Granada y fui a ver a Falla. Cuando entré en su casa, me lo encontré sentado al piano ante una partitura de *Cosi fan tutte,* rebosando admiración. ¡Falla y Mozart! ¿Qué más desear? Siguió tocando, escogiendo sus lugares favoritos, comentándolos. Y yo, tan aficionado a Mozart, hubiera deseado que aquello continuase indefinidamente.

Algo, no obstante, me tiraba dentro. El caso es que yo había ido a ver a Falla para pedirle su colaboración, y había que plantearle el tema. «Ahora», me dije, cuando paró de tocar, giró sobre el asiento y se volvió hacia mí. Pero cuando iba a hablar, habló él. «¿Por qué no me hace usted un poema sobre el descubrimiento de América?» Ya le ocupaba el ánimo *La Atlántida*. Y me chocó tanto más que pensara en mí para aquella obra porque otro tanto había hecho Menéndez Pidal, cada uno en su esfera: Falla para su *Atlántida,* me pedía un poema sobre Colón; Menéndez Pidal, para su *Historia de España,* me pedía un capítulo sobre los Reyes Católicos.

¿Será que a veces los amigos ven en uno cosas que uno no ha visto? Porque el hecho es que con el tiempo, escribí un romance sobre el Descubrimiento y una biografía de Colón; y no creo que ni en lo uno ni en

Tres imágenes de Falla:

Fotografía de 1910.

Cuadro de Zuloaga (1921).

Falla con Honegger.

lo otro hayan influido las intuiciones de Falla y de don Ramón sobre lo que yo era capaz de hacer.

Recuerdo que, aquella tarde, mis sentimientos fluían por otro cauce. La proposición que me hizo Falla me sorprendió y aun extrañó, porque yo no había visto todavía en mí mismo lo que llevaba dentro; y esta diferencia de criterio nos entretuvo un rato en conversación; mientras, por debajo de lo hablado, yo iba absorbiendo dosis cada vez más fuertes del espíritu de pureza, de abnegación, que emanaba de aquel hombre al parecer tan débil, en el fondo tan fuerte; y me decía yo que el proyecto que yo le traía, volteriano, satírico, burlón, se daba de cachetes con aquel espíritu franciscano que saturaba el carmen donde vivía Falla.

Mi obra se llamaba *El Toisón de Oro,* y representaba una especie de Jauja donde nadie tenía memoria para más de cinco minutos, y el Tesoro se sostenía porque un ciudadano llamado Juan Lanas se dejaba esquilar cada año de su cosecha de lana, que era de oro puro. Le gustó mucho la idea y aún más algunas de las escenas que le leí; pero, como ya entonces daba yo en mis adentros por seguro, no le pareció apta la obra para lo que él quería hacer.[1] Poco después publiqué mi *Guía del lector del Quijote,* que dediqué a Falla con estas palabras:

A
Manuel de Falla
con cuyo Retablo de Maese Pedro
cobra el inmortal Don Quijote
segunda inmortalidad
dedica
con afectuosa admiración este ensayo
El Autor

Mientras poblaban mi ánimo estas imaginaciones, Falla se vuelve hacia mí y me dispara: «Y usted, ¿por qué no se llama Ramón?» Era la forma que en aquel santo (como santo, perspicaz) tomaba el juego intelectual. «Ya ve usted, ¡Ramón Pérez de Ayala, Ramón Menéndez Pidal, Ramón del Valle-Inclán, Ramón Gómez de la Serna y hasta Ramón y Cajal! Tiene usted que cambiar de nombre. ¡Ah si yo me hubiera llamado Ramón!» Importa dar este matiz para no olvidar que el humorismo es compatible con la pureza.

Es muy posible que una posteridad asesorada por musicólogos competentes considere al *Concierto de clavicémbalo y orquesta* y la *Atlántida* como obras de más alcance y fondo que el *Retablo.* Si tal hiciesen, no

---

1. Fui luego a Torroba y a algún compositor más, y al fin la confié a Alexandre Tansman, que ha puesto música a varias obras mías.

sería yo (aficionado analfabeto en música) quien se atreviera a discutir el caso. Creo, sin embargo, que para el consumidor, la cumbre del arte de Falla la da el *Retablo*, porque el concierto es música más para musicólogos que para el común de los mortales; y en cuanto a la *Atlántida,* no dejó Falla una partitura completa, sino un esbozo casi terminado en su primera parte, apenas diseñado en la segunda y no más que notas muy cuidadosas, pero no construidas, en su tercera.

Después de peripecias largas, sin duda debidas a la influencia de algún eclesiástico sobre la devota hermana y heredera del compositor, hubo que confiar a Ernesto Halffter la labor de apurar y afinar aquel esbozo; lo que, a su vez, dio lugar a más retrasos; de modo que hubo que esperar hasta 1962, año en el cual se dio en Berlín durante el festival de música en el nuevo teatro de la Ópera.

No pienso extenderme en el análisis de esta obra, que no cabe considerar como genuina encarnación de la idea y del sentir de su autor; pero sí diré que aquel realismo exagerado hasta las puertas del circo, sin hablar de la mujer desnuda que a la derecha del proscenio exhibía sus atractivos sin hacer ni decir ni tener que ver nada con la obra, hubieran precipitado la muerte de Falla si ya no hubiera estado en posesión de la paz eterna desde hacía muchos años.

No creo que, aun purgada de aquellos deplorables lapsos de gusto, hubiese llegado, ni llegue jamás la *Atlántida* a llenar un teatro. Al fin y al cabo, para Falla, oratorio era que no ópera. Pero también hay que preguntarse si no erró Falla al escoger para su obra el poema de Verdaguer. Mirada en sí, la *Atlántida* es un oratorio. Pero ¿a quién se ora en aquel oratorio? No lo sabemos. Aquella *Atlántida* no tiene unidad esencial. Y esto es responsabilidad conjunta del poeta, Mosén Jacinto Verdaguer, por haberlo creado así, y de Falla por haberlo escogido. Ni el uno ni el otro lograron la síntesis histórica que elevara su *Atlántida* al nivel humano, a una conciliación del paganismo pirenaico con el cristianismo católico de los dos autores, de modo que el fuego de Pirene no logra hermanar con el agua de Cristóbal Colón (ni la marina ni la bendita) y la obra no se tiene en pie por falta de un espinazo.

Falla pasó los últimos diez años de su vida en la Argentina. ¿Por qué se desterró? Para dar a esta pregunta adecuada respuesta, hay primero que hacer constar que nuestro gran compositor moderno no gozó jamás de buena salud. Vivía de su asombroso espíritu, cuyo valor moral estuvo siempre mal servido por un cuerpo frágil y desmedrado. Desde muy pronto, comenzó a adquirir una fe material que contrastaba y a veces reñía con su honda fe religiosa: creía en las medicinas.

Plural importante; porque creer en la Medicina no es ni bueno ni malo; depende de quién y en qué cree. Pero creer en las medicinas es otra cosa. Cuentan de un labriego de Galicia a quien se le murió la mujer después de larga enfermedad. De vuelta del cementerio, miró con melancolía la multitud de frascos, cajas y paquetes de medicina que la difunta había dejado sobre la mesa de noche; se sentó, se los echó al coleto todos uno a uno; y exclamó: «Para algo servirán.»

Más de una vez, sentado a la mesa frente a mi amigo Falla atrincherado detrás de dos o tres batallones de frascos y estuches, pensé en mi cauto paisano. Para algo servirán. Pero el caso de Falla no era para reír sino para llorar. La última vez que lo vi, en Alta Gracia, cerca de la Córdoba de Argentina, tuve que rendirme a la evidencia: Falla se estaba envenenando con sus menjurjes médicos. Creo, en particular, que tomaba más fosfatos de los que era su cuerpo capaz de asimilar; y sospecho que la fosfaturización que se infligió por su desdichada fe en las medicinas, terminó por alabear y torcer su buen sentido.

Éste es el fondo sobre el cual había que interpretar su decisión de irse a la Argentina. Llevaba algún tiempo con un brazo enfermo, Dios sabe de qué, quizá mero esfuerzo natural del cuerpo para eliminar su plétora de fosfatos; y que llegó hasta a hablarse de amputárselo. A Falla se le metió en la cabeza la idea absurda de que pudiera ser todo debido a una conspiración política. Recuérdese que Federico García Lorca, amigo de su intimidad, había perecido de este modo tan deplorable pero, por desgracia, nada inaudito entre nosotros. A este género de emociones se debió su emigración; que, en lo político, Falla carecía de signo y de pasión. Lo evidente es que, en su etapa argentina, Falla no era ya un hombre normal. Vivía una enfermedad real; pero, más aun, una enfermedad imaginaria. Si se hubiera topado con un médico capaz, de imaginación suficiente para hacerle tirar toda aquella farmacia que lo iba envenenando, es posible que se hubiera curado de las dos. Ésta fue la impresión dominante que me llevé de mi visita a su retiro cordobés.

No terminaré estas reminiscencias de aquel hombre singular sin plantear un problema delicado, pero esencial si hemos de comprender la vida y el ser de nuestro mayor músico moderno. ¿Cómo hermanar el Falla de *El amor brujo,* de la *Danza del Fuego,* y de tantas otras obras grandes y chicas donde vive y vibra el fuego de la pasión humana con la vida franciscana, pura e inmaculada de su autor? Falla no fue sólo un hombre desinteresado, incapaz de mezclar en su ansia creadora otras ansias más burdas como las del medro, sino que no parece haberse acercado nunca a las pasiones humanas de hombre a mujer que con tan maravillosa fuerza expresa.

Maravilloso y puro es el ardor religioso de Juan Sebastián Bach;

«La última vez que lo vi, en Alta Gracia, cerca de la Córdoba de Argentina...»

pero, al fin y al cabo, Bach tuvo docena y media de hijos. ¿Qué pensar de este frailecico modesto y desmedrado que a la menor provocación suelta la *Danza del Fuego* o el tumultuoso final del *Tricornio*? De oculta e hipócrita satisfacción, ni pensarlo. De falta de experiencia, ni hablar, pues ahí están los ritmos y los tonos que al más frío encandilarían. Sólo queda la explicación más natural y más noble, que es sin duda la verdadera. Falla es un ejemplo envidiable y admirable de pasión sublimada por el arte. Como tal quedará en nuestra historia, santo y sacerdote a la vez de lo casto y de lo bello.

Pablo Casals

(1876-1973)

NACIDO EL 1876, en el mismo año que Falla, Pablo Casals era diez años mayor que yo. Era además catalán, y a causa de sus geniales dotes para la música, se movió muy pronto en España y en el extranjero; de modo que cuando me fue dado conocerlo, ya pertenecía él al mundo entero, que lo admiraba como se merecía.

Claro que lo conocí como oyente de sus maravillosos conciertos, y no hablo de él como director de orquesta, pues no tuve nunca la suerte de oírlo en esa dimensión (que a él tanto le interesaba) sino como violoncelista. Ni aun el violoncelo, estoy seguro de haberle oído como solista; sino siempre en los conciertos que daba en todo el mundo aquel asombroso trío que formaban Casals, Cortot y Thibaud.

Eran aquellos tres artistas todos tres personalidades fuertes y por lo tanto muy diferentes. El más sensible y vibrante de los tres era Alfred Cortot. Para el espectador que solía ir a saludarlos al final del concierto, era evidente que el que más entregaba su alma al espíritu devorador de la música era el pianista francés. Salía de la sala literalmente verde la tez, los ojos grandes y relucientes, la respiración cortada. En él, la música que acababa de interpretar había pasado como un torrente que le había dejado el alma con los huesos al descubierto. Cosa tanto más de admirar por tratarse de un pianista matemáticamente exacto, de quien se podía esperar siempre una ejecución fiel y puntual. Pero lo que en Cortot dominaba era la poesía; y aquellos poemas sonoros que solían interpretar le soliviantaban las pasiones del ánimo y casi le hacían enfermar.

Quizá le haga una injusticia, pero Jacques Thibaud me daba la impresión de ser un músico para quien lo que más importaba era la danza. Todos sus movimientos mientras tocaba evocaban al danzarín, y hasta su modo de andar, ya él hombre maduro, me hacía pensar en esos chicos que, por mero exceso de vitalidad, andan a saltos o corren sin que el tiempo los apremie, tan sólo por el placer de saltar o corretear. Cuando regresaba de la sala y venía hacia los amigos que lo esperábamos, parecía todavía poseso de los ritmos que había expresado, y como animado por ellos de modo que apenas si su cuerpo pesaba sobre el piso.

Contraste total de ambos con Pablo Casals. Ya en la testa, cabelluda y despeinada por la emoción en Cortot, cabelluda pero peinada en Thibaud, calva en Casals. Este mero detalle en sí le privaba de toda aspiración a todo efectismo de virtuoso. La melena leonina de Beethoven ha sido el modelo que ha dominado las tablas desde que cesó la moda de la peluca, cuyas cascadas, aun gobernadas y regidas por la coletilla de los tiempos de Mozart, parecían hermanarse con las frases musicales del músico empelucado.

A este diseño consagrado se ajustaban Thibaud y Cortot, cada uno en su estilo; pero a Casals se lo había negado la naturaleza; y otro tanto cabe decir de las facciones. Aquellas oquedades donde en la sombra ardían los ojos de Cortot, aquella nariz aguda, aquella boca como sajada a bisturí, aquel rostro todo él cortado como para el buril de un grabador, expresaba ya en Cortot el artista animado, pero también consumido por su arte; mientras que en el rostro algo juvenil, casi infantil de Thibaud, el arte se expresaba también a su modo en cierto aire de placidez y de juego, de movimiento y de ritmo. Pero Casals salía a escena o volvía de ella a los amigos con el aire reposado de un buen barceloní que se va al campo a olvidar su Libro Mayor como diciendo «qué buena tarde hace».

¿Qué estaría diciendo, de veras, al terminar su maravilloso Schubert o Beethoven? Vaya usted a saber. Porque aquel rostro de comerciante y aquella calva de contador servían de máscara al europeo que en toda la historia de la música más cerca e íntimamente ha vivido esa quintaesencia del espíritu de Europa que es la música de Juan Sebastián Bach. Aquel hombre rechoncho y pequeño, horro de toda distinción física, con el violoncelo entre las rodillas, se transformaba; y en cuanto el arco rozaba la cuerda con un arranque de garra de león, las mil personas que habían estado aguardando aquel momento sentían sus mil almas vibrar de emoción divina. Este don supremo fue la gracia que el Creador había dejado caer sobre la cuna de Pablo Casals. Cuando tocaba Casals, el violoncelo sonaba a otra cosa y su arco arrancaba belleza sonora no sólo de sus cuerdas sino de las de todos los corazones que lo escuchaban.

¿Por qué? Los técnicos se lo dirán a quien lo pregunte, y con razones deducidas del instrumento y de la música. Claro es que tendrán razón; pero no olvidarán la más importante, que es tan sencilla que rebasa

Casals en su juventud.

«...Aquel asombroso trío que formaban
Casals, Cortot y Thibaud.»

«...aquel rostro de comerciante y aquella calva
de contador servían de máscara al europeo
que en toda la historia de la música más cerca
e íntimamente ha vivido esa quintaesencia
del espíritu de Europa que es la música
de Juan Sebastián Bach.»

toda compresión. ¿Que por qué arrancaba al violoncelo sonidos, rugidos, gemidos, alaridos y sencillamente tonos de belleza sin igual? Pues porque sí. Y ésta es la razón más fuerte del mundo. Porque sí. Porque había nacido con ese don. Que trabajó mucho, que hacía ejercicios treinta o cuarenta horas diarias, sin duda. Pero prueben ustedes. Agárrense a un violoncelo cuarenta horas diarias y todo lo que saldrá será la muerte del violoncelo o la del aspirante a Casals; pero aquella garra tremenda no saldrá. Porque parecía salir del violoncelo, pero salía de Casals.

Lo cual ya en sí es indicio de que Casals llevaba dentro un espíritu genial, es decir, hecho a concebir, soñar y ejecutar grandes cosas; y de que, además, lo sabía. Que éste es otro de los grandes misterios humanos: entre los seres que llevan dentro el ámbito de las cosas grandes, los hay que lo saben, y los hay que no, hasta que lo descubren tarde. Casals lo descubrió pronto; y con el saberlo le vino la conciencia de ser alguien y el sentido del respeto que le era debido.

Aquí se congregan todos los elementos para un don Quijote, y claro es que Casals, que como catalán que era, era un español de cuerpo entero, dio a su vida fuerte estilo quijotesco, ya desde que aún joven, en Bruselas, se negó a aceptar una beca que le dieron por unanimidad después de oírle porque no lo habían tomado en serio antes de oírle. Si se quiere algo más quijotesco...

Rasgo también muy español me parece su admiración a Bach y el modo de interpretarlo. A primera vista, puede parecer paradójico porque, en mucha gente nuestra, Bach evoca todavía algo de protestante. Así, Unamuno. Pero nuestro don Miguel no era precisamente un amante de la música, y aun en su mejor poesía, no es la musicalidad lo que más encanta el ánimo del lector. Sí, es verdad que Bach, cierto Bach, el de las cantatas sobre todo, se presenta a nosotros los herederos de Roma como encuadrado en un marco, para nosotros algo seco y rígido, de protestantismo. Pero casi todo Bach, hasta las misma cantatas, viene a batir el alma de todos los occidentales, incluso los españoles, con una emoción intelectual en la que sentimos vibrar la quintaesencia de lo europeo.

Y ésta fue la intuición que hizo de Casals no sólo el intérprete ideal sino el descubridor de muchas obras de Bach que parecían olvidadas. Lo que Bach trae, no sólo a la música sino al espíritu de Europa, es una unión perfecta de pasión y de serenidad: y esta manera de sentir a Bach equivale hasta cierto punto a acercarlo a España, en quien vibra siempre la pasión, pero, al menos en los grandes, revestida e investida de serenidad.

Todo ello parecía ya como predestinado por el mero hecho de que Casals —que ya de niño se había familiarizado con casi todos los ins-

«Cuando solía ver a Arbós... me contó
una vez que Casals y Albéniz, con
quienes solía él formar trío antes
de la época con Cortot-Thibaud,
le hacían a veces bastantes jugarretas
y novatadas, abusando de la
extremada miopía de Arbós...»

Enrique Fernández Arbós.

Isaac Albéniz.

trumentos— fuera a concentrar su labor en el violoncelo, el más cercano a la voz varonil; y también por el cuidado que puso en sacar a luz e interpretar las obras que Bach había escrito para violoncelo sin acompañamiento, obras de las que casi nadie había hecho caso hasta que él las sacó de su relativa oscuridad.

Lástima grande que (quizá por razones técnicas) no le haya sido posible a tan prodigioso artista sacar también de su relativa oscuridad la obra de Antonio Cabezón, que los entendidos en la materia consideran como pareja a la del mismo Bach.[1]

De haberlo hecho, quizá quedara de manifiesto el hecho esencial que se desprende de su ferviente admiración de Bach: que, en su esencia, es aquel gran compositor alemán un hombre al estilo de España, lo que no son ni Mozart ni Händel, ni Schubert, aunque sí, a veces, Beethoven.

Pero se argüirá que para encarnar a lo español le falta a Pablo Casals la espontaneidad y esas libertades que el anárquico español se toma con la libertad. Aunque he tratado a Casals, y hemos pasado ambos fuera de España de 1936 acá, no lo conocí bastante para poder contestar a este argumento con seguridad suficiente. En mis conversaciones con él más me impresionó por lo serio y sólido de su pensamiento y carácter que por otros rasgos más ligeros y cordiales. Pero hace muchos años, cuando solía ver a Arbós (casi siempre en Londres, donde venía a dirigir la orquesta todos los inviernos), me contó una vez que Casals y Albéniz, con quienes solía él formar trío antes de la época con Cortot-Thibaud, le hacían a veces bastantes jugarretas y novatadas, abusando de la extremada miopía de Arbós; y aun recordó que en un caso, después de salir a escena los tres varias veces para los aplausos, Casals y Albéniz se las arreglaron para cerrar con llave la puerta de salida dejando a Arbós solo con los espectadores.

De este Casals bromista y juguetón, directamente yo no observé nada. Pero recuerdo su estado de ánimo cuando tomó la decisión de no aceptar conciertos en los países (como Inglaterra y los Estados Unidos) que habían aceptado reconocer a Franco y comerciar con él. De esto hablamos en Londres la última vez que pasó por allí; porque yo no estaba en esto de acuerdo con Casals. A mi ver, en estas cosas, el escritor está mucho más obligado que el músico. La literatura tiene con la política una frontera abierta; la música, ninguna. Ya que nosotros, los que manejamos la palabra, escrita o hablada, nos debemos ajustar a unos actos que armonicen con nuestras ideas —opinaba y opino yo—, el músico al menos

1. Véase por ejemplo lo que sobre ello dice Kurt Pahlen en su excelente biografía de Falla.

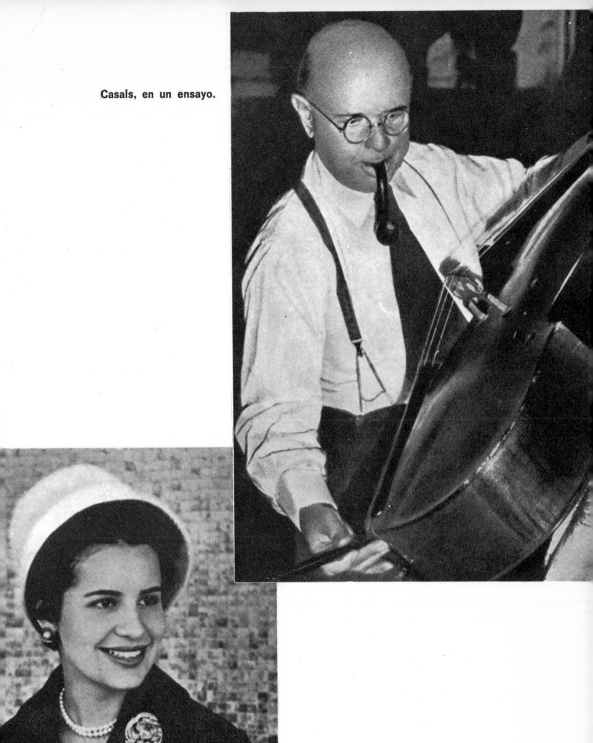

Casals, en un ensayo.

Martita, esposa de Casals.

queda en libertad de llevar doquiera que sea el arte que más unión propaga con sólo darse. También recuerdo que no insistí en el tema, en parte porque me resistía a discutir la postura honrada y aun quijotesca de nuestro gran catalán, y en parte porque en estas cosas es muy fácil a terceros confundir magnesia con gimnasia.

Siempre fuimos muy amigos sin llegar a la intimidad, quizá sobre todo a causa de la distancia entre nuestras bases; y cuando cumplió los 90 años me tocó hacer su elogio tomando parte en una serie de emisiones de televisión que en su honor se dieron en Berlín. La benemérita asociación Spanish Refugee Aid, que lleva años aliviando la existencia de los emigrados políticos españoles, sobre todo en Francia, nos nombró a los dos presidentes de honor.

No quiero terminar sin poner de relieve el hermoso papel de dos mujeres catalanas en la vida de Casals y en la de Falla. Sin sus respectivas madres, ambas catalanas, ni Casals ni Falla hubieran sido lo que fueron. La inteligencia y el carácter de estas dos mujeres constituye una honra singular para Cataluña, que redundó en gloria para España. En el caso de Falla, vino más tarde a feminizar su vida la abnegada compañía de su hermana; en el de Casals, su mujer, aunque de Puerto Rico, de origen catalán. La distancia y mi edad me han privado del honor de conocerla, pero no del de admirarla.

Francisco Cambó

(1876-1947)

CONOCÍ A CAMBÓ DE DOS MANERAS, distintas por su distancia y perspectiva: primero como uno de tantos españoles que, desde el patio, siguen lo que pasa en el escenario; y luego, a partir del ostracismo que a Cambó impuso la etapa Primo de Rivera, como persona con quien se ha trabado relación frecuente y cordial. Siempre, en la una como en la otra relación, sentí por él gran respeto y admiración; aunque creo que en la primera etapa no estuve a veces de acuerdo con su modo de pensar y aun más todavía, de hacer las cosas.

Vaya por delante que, aun cuando no me sentí a una con él en tal o cual caso concreto, creo haberme dado plena cuenta de lo difícil que debió de ser para un catalán de buena voluntad hacer política en la España de entonces. Y al escribir estos renglones, parece que, sin querer, he dado con la mejor definición que cabe de don Francisco Cambó: era *un catalán de buena voluntad*.

Habrá quien diga «todos lo son». Pues no. Éste es uno de los aspectos ásperos del problema. En mi carril oficial me he topado con catalanes que no aportaban a nuestro problema común toda la buena voluntad que era de desear; y a veces, no por catalanismo (lo que al fin y al cabo, habría sido perdonable) sino por defectos personales que lo mismo estragaban nuestro problema que cualquier otro, público o particular, al alcance del así afectado, porque actuaban con mala voluntad.

Por *nuestro problema* entiendo aquí el problema catalán (puesto que de Cambó se trata). Quizá la propensión natural del ánimo se ladee a considerar este problema como especial a los catalanes; pero me parece evidente que el problema catalán es ante todo un problema español, so pena de que el que lo niegue se eche al cuello la medalla separatista.

193

Pues bien, aun en la primera etapa de mi afición a Cambó, creí observar en él una singular capacidad para darse cuenta de esta españolidad esencial del problema catalán, cosa señera, limpia, y apartada de tal o cual manera que cada cual tuviere de resolverlo. Y estimo que éste fue precisamente el secreto del pronto éxito que el joven abogado de Besalú logró en la escena nacional.

Parece perogrullesco, pero no lo es. Muchos catalanes, menos clarividentes, se instalaban en el problema catalán en calidad de vejados, explotados, olvidados, desdeñados; y se manifestaban «lógicamente» malhumorados y protestatarios. No lograban gran cosa, porque «los de Madrid» no estaban en onda con ellos, y no veían en qué y por qué aquellos catalanes soliviantados estaban tan enfadados. Cambó (según creo) fue el primero que logró renovar el estilo y la postura, con sólo plantear el caso de Cataluña como un problema español.

Este cambio de postura implicaba también un cambio de ámbito. Bien que, como todos sus paisanos, Cambó dedicase su actividad política dentro de Cataluña a la política catalana; pero en su actitud iba implícita una ambición nacional. Hasta cierto punto, cabe considerar a Cambó, si no como un discípulo, como un heredero de Prim. Cambó, aún más que Prim, fue el hombre público español de estirpe catalana que con más eficacia y dotes naturales pudo haber gobernado a España.

Esta excelsitud se debía a su intuición política, casi siempre confundida con otros aspectos que esta virtud toma en la práctica, como el sentido empírico o pragmático. Pero no es lo mismo. Hay que partir de la raíz del tipo humano que se considera. Estudioso y enterado, tan hecho a manejar libros como hombres, Cambó fue mucho menos intelectual que hombre de acción; lo que quiere decir que en él lo que exigía satisfacción primordial no era la idea sino el acto. Su facultad maestra era la voluntad.

En uno de sus escritos, no recuerdo cuál, da él mismo un paralelo entre el intelectual y el político, del cual dice que su rasgo típico es la ambición. No estoy seguro de que sea exacta su diagnosis. La ambición es una pasión funcional específica del hombre de acción que tiene por objeto hacerle desear y si es posible llenar el ámbito o espacio social para el que nació. En su caso, su padre lo veía boticario o notario en Besalú; pero él sabía que era ciudadano-rey de España.

Cuando a los veinticinco años, en un mitin para protestar contra el presupuesto de Villaverde, les dice a los catalanes que le escuchan (cuya pasión dominante en aquella hora era no pagar) que hay que pagar porque se hizo y perdió la guerra *que a ellos les gustaba*; pero que hay que exigir garantías de buen gasto sobre todo en lo catalán, aquel jovenzuelo revela que llevaba dentro un rey de España.

En este sentido que aquí le doy a la frase, fue el segundo (Prim, el primero) de los dos ciudadanos-reyes de España en cierne que Cataluña ha dado a España, el más grande, tanto por la inteligencia como por el carácter. Político de nacimiento, tenía que ser pragmático. En el libro excelente (pese a sus limitaciones funcionales) de José Pla, vemos la actitud que tomó ante el caso Dreyfus, en particular cuando aprobó el proceso de Rennes que condenaba a un hombre inocente, si bien acolchonando la injusticia con circunstancias atenuantes. Cambó justifica este sacrificio de un hombre y de su dignidad y alma por la imposibilidad de hacer justicia a Dreyfus sin provocar males mayores; caso típico de aplicación del principio clásico: *política, arte de lo posible.*

Pero ¡cuidado!: a todas sus admirables campañas en pro de Cataluña, pudo siempre haberle contestado el Silvela de turno en Madrid: *política, arte de lo posible*; punto flaco, pues, del pragmático que fracasa ante otro principio, esta vez cristiano, que dice: *no hagas a otro lo que no querrías que te hicieran a ti.* El pragmático es siempre utilitario y positivo; actitud que, aun presente en todos los pueblos, han encarnado bien y mucho los judíos, de donde la fama de judío que Cambó llegó a lograr.

No acierto a ponerme en ritmo con José Pla en cuanto al fervor que malgasta en rebatir esta idea: que Cambó fuera de estirpe hebrea. Buen historiador catalán es quien me decía un día en Oxford que el catalán es judeo-godo mientras que el valenciano es ibero-morisco. Para negar que un catalán cualquiera no exclusivamente payés tenga sangre judía, hace falta la fe del carbonero; y pese a su distinguido biógrafo, los rasgos faciales de Cambó son judaicos.

Su misma elegancia y distinción eran muy sefarditas; y además latía en él un rasgo que he dado (por la experiencia) en considerar como indicio de judaísmo: cierta preocupación con el aspecto físico, sobre todo el del rostro. A mí, en nuestra etapa de más trato y confianza, me solía aconsejar que me dejase la barba «para equilibrar mejor el rostro».

Dos errores cometían los que le endilgaban aquel sambenito: uno, considerar que el pragmatismo, es decir, el someter el pensamiento abstracto a la acción concreta, sea indicio determinante judaico, siendo así que es rasgo universal, si bien frecuente entre judíos; y otro, el partir subconscientemente del prejuicio peyorativo para con el judío, siendo así que en la historia de España de cada dos españoles grandes, y de genio universal, lo menos uno ha sido judío.

Digo, pues, no que Cambó era judío, cosa que no sé bastante sobre él ni para afirmar ni para negar; pero que lo parecía en lo físico y en ciertos aspectos éticos y estéticos de su persona, y que en Cataluña, al menos en la clase media y alta, lo normal es que haya sangre judía en quienquiera que sea. Añadiré que, como lo ha puesto en claro Américo Castro (otro que tal), los grandes judíos españoles han sentido siempre de un modo real y vital la grandeza de España, que es cosa que Cambó sintió más y mejor que ningún otro catalán de acción (digo «de acción» por respeto a Maragall); actitud, además, que sólo se concibe en personas ya situadas en lo universal. Entre los catalanistas de su generación, fue, con mucho, el más universal y, por eso, el más español.

Porque, al fin y al cabo, el catalanismo se fundaba inevitablemente en lo que en Barcelona se ha dado en llamar *particularismo*, una de cuyas raíces lleva la fatídica etiqueta *nosaltres sols*; a la cual sólo se puede contestar volviendo la espalda. Por eso destaca entre aquellos hombres, de buena voluntad pero provincianos y de poco horizonte, el joven concejal de 25 años que es capaz de ver Cataluña-España-Europa-el mundo en una perspectiva armónica y orgánica; y esta propensión y tendencia es ya en sí indicio (aunque no más) de judaísmo.

No es que la cosa revista una importancia especial. Si mañana se demostrase que los Cambó eran hebreos o que eran cristianos viejos, no haría falta cambiar nada en la biografía moral de don Francisco Cambó. Lo más probable es que algo haya en ello; y como es más que probable que otro tanto quepa decir de don Antonio Maura, no deja de sugerir cierto ambiente muy español aquella llegada del joven rey Alfonso XIII a Barcelona en visita oficial acompañado por Maura y recibido por Cambó. Al fin y al cabo, don Alfonso estaba allí como heredero de Fernando el Católico, bisnieto de la Paloma, la querida hebrea de Alfonso Enríquez, almirante de Castilla y padre del suegro de Juan II de Aragón.

A nadie se le hubiera ocurrido entrar, o salir, en este orden de cosas si Cambó, nacido para *hereu* de una familia modestamente acomodada, no se hubiera revelado ya a los 25 años como un gobernante nato, y a los 45 como un financiero de categoría mundial. Sólo el pueblo de Moisés nos tiene acostumbrados a tales proezas. Entre los catalanes mismos, parece que se da cierta propensión a abjurar de la proeza como cosa buena todo lo más para los «castellanos». (El problema catalán es un semillero de errores, el primero de los cuales es quizá este de que los catalanes escojan como su polo opuesto a «los castellanos» en vez de los aragoneses.) Al servicio de esta antítesis dislocada, algunos catalanes (y no de los insignificantes) han reclutado el *seny* que afirman ser la cualidad o facultad característica de su pueblo; y la cual contrastan con esa admiración al Cid como héroe nacional de Castilla que ven o imaginan ver en los «castellanos».

Ahora bien, el *seny* es una cosa excelente y muy de admirar; y muy en armonía con ciertos aspectos del espíritu catalán; pero yendo a los hechos se descubre que hay más *seny* en la vida del Cid que en la de todos los catalanes juntos; paradoja que se resuelve de un modo tan sencillo como elegante: los catalanes, poseedores de tanto *seny,* no lo

«Cambó, aún más que Prim, fue el hombre
público español de estirpe catalana
que con más eficacia y dotes naturales
pudo haber gobernado a España.»

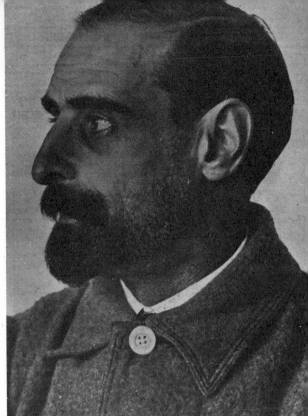

«Su misma elegancia y distinción
eran muy sefarditas...»
(Óleo de Ignacio Zuloaga.)

suelen gastar, sino que lo ahorran con un segundo *seny* muy de admirar; mientras que el Cid fue en la historia europea el héroe que mejor y más sensatamente administró su heroísmo.

Recordaré, pues, para volver al Cid catalán, que don Francisco Cambó, lejos de ser un catalán envuelto en *seny*, que no quitaba ojo del cajón del pan, enamorado a los 18 años de una modistilla barceloní, y conminado por su papá a dejarla o renunciar a la mensualidad que le pasaba para sus estudios, mandó al papá a paseo y siguió disfrutando de su modistilla, lo cual, con ser una decisión de loco (*enamorado, loco* dice el refrán español) resultó ser un acto de *seny*, pero de *seny* de altura, que le hizo aprender más economía que el pelmazo de profesor que cobraba del Estado por enseñársela.

Ahora bien, no se alegue que, en este episodio, Cambó no se portó como catalán típico. Hizo lo que la inmensa mayoría de los catalanes hubieran hecho en su lugar. El catalán, en contra de lo que de él se dice y piensa, y aun escribe, es el más romántico, yoísta, anarquista, independiente y quijotesco de todos los españoles, quizá de todos nosotros el menos dotado o tarado de sanchopancismo. Y que el *seny* se las arregle como pueda en la trasera de esta tartana. En la historia de Cataluña, tanto la de los grandes grupos, clases o partidos, como la de los individuos singulares, abundan las quijotadas, los absurdos, las quimeras y hasta los crímenes mucho más que el *seny*; pues aquel Morral, que no era castellano ni le importaba el Cid, tiró una bomba a los recién casados regios en Madrid, no por enamorado heroico de la libertad sino porque bebía los vientos por Soledad Villafranca, quijotada elevada al cubo que sólo un catalán hubiera sido capaz de concebir.

Cuando la Lliga, inspirada por el *seny* de Prat de la Riba, decidió recibir a Alfonso XIII (en su primera visita a Cataluña como rey de España) con un manifiesto gélido, el pueblo de Barcelona se echó a la calle y se desgañitó gritando ¡Viva el Rey!, dándosele una higa la Lliga. La cual, al enchufar la nevera, se había olvidado del pueblo que pretendía representar y de sus sentimientos, los cuales estaban a tal punto impregnados de *seny*, que, después de enronquecer vitoreando al rey, votaron una candidatura republicana; y aquello hubiera sido la peor muerte para la Lliga, que hubiera perecido ahogada en un mar de ridículo, si el joven Cambó no hubiera ideado el salvamento: comparecer ante el rey en el Ayuntamiento y él, el benjamín de los concejales, cantarle las cuarenta al monarca en nombre del catalanismo. ¿Por dónde andaba el *seny* aquel día? A la quijotada disparatada de la Lliga, se opuso la quijotada entusiasta del pueblo de Barcelona y a ésta hizo frente la quijotada meditada de Francisco Cambó.

La cual consistió en poner ante el rey un cuadro exacto de las realidades del problema catalán tal y como entonces lo estaban viviendo todos;

para lo cual tuvo primero que tragarse y hacer tragar a sus colliguenses el helado de agraz que habían preparado para que lo tragase el rey, y después hacer tragar al rey un trozo de la amarga realidad tal y como era entonces, cosa tan quijotesca que ya más no la puede haber, puesto que la esencia de don Quijote consiste precisamente en negar la realidad.

Pronto se lo hicieron pagar los mismos catalanes, porque aquel discurso que salvó a la Lliga de perecer en un mar de ridiculez, la partió en dos, de cuya escisión nació la Esquerra. Estas cosas suenan así... muy como música olvidada a fuer de sabida. Prat de la Riba procuró explicarla en un famoso discurso como un contraste entre catalanes y castellanos, aquéllos indisciplinados e ineptos para la vida colectiva, los de Castilla disciplinados y solidarizables. Prat erró de medio a medio y sólo dio prueba del aspecto irremediablemente superficial que solía aportar a las cosas de allende Cataluña, que conocía mal.

Las dos causas de la escisión fueron catalanísimas, es decir españolísimas: la envidia que los catalanes le tenían al joven Cambó, único catalán que aquel día estuvo a la altura nacional; combinada con otro través tan típicamente español como la envidia, y ya es decir: la tragicómica manía de conceder importancia substancial a la forma de gobierno. Los republicanos de la Lliga no perdonaban a Cambó su discurso ante el rey, y quizá menos todavía aquella voluntad de hierro que no sólo concibió el acto sino que lo logró realizar en el escaso tiempo disponible. Por aquel entonces, Lerroux había hecho tal propaganda republicana en Barcelona, que a él le llamaban el emperador del Paralelo, otra prueba elocuente de *seny.*

Pero hay que hacer constar que el «hecho diferencial» que Prat intentó establecer en su discurso (al que antes me refiero) por no ser hecho no puede ser diferencial; y que lo que demuestra la escisión que desgarró la Esquerra de la Lliga es que sus causas sicológicas se aplicaron por igual a catalanes y «castellanos»; de modo que cuando el joven Cambó sufrió por primera vez las cornadas del toro de la envidia, ya se podía dar cuenta de que aquella su primera derrota en la lucha por su bello ideal no se debía precisamente a esa entelequia de fabricación catalana que llaman en Barcelona «los castellanos».

Uno de estos «castellanos» era andaluz. Se llamaba Nicolás Salmerón y era republicano. Como tal, había sido elegido diputado por Barcelona, porque una cosa es aclamar al rey y otra cosa es votar por los candidatos monárquicos. Este «castellano», pues, fue el inventor de la solidaridad catalana, cuyo creador fue Cambó. Pero aún queda su sembrador. Para provocar solidaridad en los díscolos, nada como un ataque de fuera. Un semanario satírico, el *Cu-Cut,* publicó una caricatura que los militares consideraron denigrante para ellos. Hubo represalias al *Cu-Cut* y a *La Veu.* Los militares exigieron del Parlamento la ley que se llamó «de Jurisdicciones», que sometía a tribunales de guerra todos los actos delictuosos contra la Patria y su milicia; y en el curso del debate parlamentario, Salmerón invitó a todos a solidarizarse con Cataluña. La idea quedó en el aire, donde Cambó la asió al vuelo y la hizo acto. Ésta fue la función maestra de Cambó en la política tanto catalana como nacional: asir ideas al vuelo y encarnarlas en actos. Con él iban Salmerón y su hijo y otros más a un mitin de solidaridad catalana, cuando al pasar ante los balcones de un centro lerrouxista sonaron disparos y de todo aquel grupo sólo cayó Cambó con un pulmón atravesado.

¿Fue catalán el revólver y el dedo sobre el gatillo? Poco le hace. Lo que no fue es «solidario»; y ¿quién reprocharía aun a los catalanes de mejor voluntad que considerasen la bala como el tipo de argumento que entonces se disparaba desde Madrid —por Lerroux— contra Cataluña? Claro que el herido subió de categoría, y de ser el mejor concejal y el catalanista más activo, ascendió a héroe de su país. Poco después entraba en el Parlamento con aquella corona, que por cierto supo llevar con tanta modestia como distinción.

Veintinueve años contaba cuando, diputado por Barcelona, pronunciaba su primer discurso en el Congreso. *Et pour ses coups d'essai il veut des coups de maître.* Aquel discurso dominó el debate por su sencillez de forma, su transparencia de intención, el nervio y músculo de su estructura. Lo que se discutía era una obra maestra de Maura. El mallorquí (chueta) no podía oponer al catalán un mero *non possumus* estilo Moret o una jugarreta romanonesca. Presentó a los catalanistas el proyecto de ley de Administración Local, donde se prefiguraba la autonomía de las regiones. La Solidaridad decidió rechazarlo en principio. Cambó optó por una vía inteligente: la reforma sistemática del proyecto. Para compensar su indisciplina táctica, hizo el discurso más radicalmente catalanista que jamás pronunció.

Táctica doble. Primero frente a los suyos; luego frente a Maura. Los suyos lo motejaban de traidor, con esa moderación característica de los catalanes. A Maura le iba a imponer enmiendas a 260 artículos de los cuatrocientos del proyecto. Jamás se había visto tamaña labor parlamentaria, de oscura, abnegada construcción. Por eso había empezado con un discurso de catalanismo máximo. De nada sirvió ni su astucia ni su clarividencia ni su abnegación. La Solidaridad, roída por el republicanismo vacuo de la Esquerra, se desintegraba y los ladrillos que iban cayéndosele a derecha e izquierda, preferían darle en la cabeza a Cambó para no desperdiciar la acción de la gravedad. Murió la solidaridad catalana formal por falta de solidaridad catalana moral. Salmerón se murió físicamente en Pau; Cambó, derrotado en las elecciones por Lerroux, se encerró en su bufete. Maura enfundó su proyecto de Administración Local. Barcelona estaba ya madura para la Semana Trágica.

Más trágicas las había conocido Barcelona y mucho más trágicas las iba a conocer. Pero no cabe aceptar como válido lo que se tiende a escribir hoy en día sobre aquellos sucesos, en los cuales los hombres y grupos apoyados por los catalanistas no estuvieron a la altura de los liberales, a quienes no basta denostar como aliados o amigos de los enemigos de España en el exterior. No es cosa de meterse a analizar a fondo el proceso Ferrer y la actitud que cada cual tomó entonces. La mía fue de actuar (gratis) como traductor del abogado francés de Soledad Villafranca (que era amigo mío). Para mi propósito aquí bastará hacer constar que no fue uno de los casos en los que Cambó fue clarividente.

Hay que divisar bien las grandes líneas para no perderse en los detalles. En España entera se está produciendo entonces —digamos de 1907 a 1930— una rápida evolución consistente en una toma de conciencia de la opinión pública, que va haciendo real y efectivo lo que Cánovas y Sagasta habían sublimado en fantasmagórico, y poco a poco transformando en reales los problemas otrora verbales. En Cataluña, esta evolución de toda España vivifica el problema catalán. A la generación de antaño, retórica y verbalista, sucede otra realista y sobria cuyos protagonistas van a ser José Canalejas, Santiago Alba y Francisco Cambó.

Pero la raya entre lo antiguo y lo moderno no coincide con la raya entre catalanismo y centralismo, ni tampoco con la raya entre reacción y progreso o entre «derecha» e «izquierda». La Lliga, muy progresista en regionalismo, es ultraconservadora en lo demás. Los liberales le hacen contrapunto en lo uno y en lo otro. Pero hay que aceptar lo que hay como es. Antes de seguir por este camino, recordaré lo ocurrido en 1918, cuando se fue a la formación del gobierno nacional. El rey, lápiz en mano, volante de la casa real sobre la mesa, iba atribuyendo carteras. Llegó a Fomento, Alba; Instrucción Pública, Cambó; y Alba pidió venia para decir que el señor Cambó no podría, en Instrucción, pasar por alto su reivindicación de organizar las escuelas a base de las lenguas vernáculas, lo que le crearía dificultades; propuso pues que pasase Cambó a Fomento y él (Alba) tomaría Instrucción. Así se hizo; y sin embargo se produjeron dos choques.

En Fomento, Cambó aspiró a que, en el plan de Ferrocarriles, la Mancomunidad rigiese los situados en territorio catalán. Ahora bien, si se hubiera limitado a los ferrocarriles locales, su proposición habría sido razonable; pero no si aquella «particularización» iba a mutilar la red general. Luego, en Instrucción Pública, Alba insistió en pagar a los maestros 1 500 pesetas anuales en vez de las mil que estaban cobrando; y Cambó se opuso porque costaría 35 millones y el Estado no podía gastar más que 19.

No entro en adjudicar la dosis de razón que a cada cual asistía; me limito a subrayar la tensión, que, aun matizada por «el problema catalán», no era un mero duelo entre centralistas y catalanistas, ni entre reacción y progreso, sino una realidad mucho más compleja y sutil.

Esta realidad tomaba el aspecto de una cinta continua que iba del separatismo total al centralismo total por una irisación también continua de un color al otro mediante matices de casi imperceptible variación. El separatismo veía a Cataluña, al País Vasco y a Galicia como tres naciones tan distintas del resto de España como Francia lo es de Polonia o de Suecia. «Para mí —me escribía un vasco aprendiz de franciscano hace unos años— tan extranjero es un español como un francés o un congolés.» Éste es un extremo.

El color siguiente, camino del lejano centralismo, podría ser el de los particularistas que ven a sus países como naciones distintas de «España» o «Castilla», pero unidas todas en un Estado español, especie de mecanismo político que da unidad y fuerza al conjunto. Síguele un matiz más español, que considera las naciones regionales como miembros vivos de una sobrenación o nación española, que otorga al «Estado» del matiz anterior cierta carne y sangre común, la que constituye a España.

El camino pasa luego por el centralismo regionalista, que reconoce en las regiones subdivisiones de una España una pero varia, que sólo puede beneficiarse reconociendo cierta autonomía local a las regiones para que florezcan en plena libertad, si bien cuajada en un conjunto vivo. Claro que este modo de ver es en sí tan elástico y flexible que dentro de él caben muchos matices, irisándose de lo centrífugo a lo centrípeto. Al otro extremo, el centralismo puro no admite más que un Estado unitario a la francesa para una nación una e indivisible.

Fácil es de imaginar la inextricable complejidad de este debate en el que cada cual puede situarse, y lo hace, en el grado y matiz que le plazca; pero, aun entonces, no habremos logrado explorar toda la sutileza del problema, que procede de su aspecto más diabólico y complejo: *todos los que entran en este debate abrigan todos los matices según el día, el ambiente, la coyuntura, el humor, la táctica o la conveniencia sugieran.*

Por eso los catalanistas —más dúctiles y pragmáticos que los vascos— suelen decir que el separatismo lo provoca y fomenta Madrid; porque por propia experiencia saben que cuando el catalán se topa con un unitario tenaz, de regionalista se hace separatista (aunque no sea más que para fastidiar al otro). Quizá no se den cuenta de que al otro le ha sucedido algo parejo. Y éste es un primer punto importante que hay que tener en cuenta para no condenar a rajatabla ni el separatismo ni el centralismo total.

Pero si volvemos a Cambó, hombre muy capaz de sentir a España como una nación viva hecha de naciones vivas, recordaremos que tam-

«La Lliga, muy progresista en regionalismo, es ultraconservadora en lo demás.» (En la foto, de izquierda a derecha, Roca i Roca, Cambó y Miquel Junyent, comisión organizadora de las fiestas de la Solidaridad Catalana, en mayo de 1906.)

Don Antonio Maura.

Prat de la Riba. (Busto de Ismael Smith.)

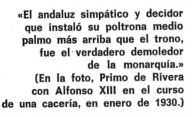

«El andaluz simpático y decidor que instaló su poltrona medio palmo más arriba que el trono, fue el verdadero demoledor de la monarquía.» (En la foto, Primo de Rivera con Alfonso XIII en el curso de una cacería, en enero de 1930.)

bién se vio a veces obligado por pura técnica a matizarse en intransigente, peligrosamente cerca del separatismo, por presión de sus propios paisanos, siempre prontos a motejarlo de traidor. De modo que habrá que reconocer entre las fuerzas sutiles entretejidas en la carne del problema, la más temible de todas, *la desconfianza*.

La historia del catalanismo en el siglo XX se resuelve, pues, en una historia de las formas y de los colores que toma la desconfianza en unos y otros; y es más que probable que el historiador que lo desee pueda escribirla como una lamentable cadena de «estridencias» catalanas o como una deplorable cadena de cerrazones «castellanas» o como un casi sinfín de interpretaciones intermedias.

Sobre este fondo, hay que ver la vida de Cambó como la de un catalán de buena voluntad que se fue agriando con los desengaños, los sufridos en Madrid pero también los sufridos en Barcelona; y aun creo que el estudio detenido de su evolución iría a colocarlo en un matiz aún más españolista que aquel del que había arrancado en sus fecundas juventudes.

Este matiz se expresa en numerosas ocasiones durante la etapa que Cambó vivió como ministro de la Corona en el famoso gabinete nacional y que tuvo su culminación en el discurso de Covadonga, en presencia de los reyes. Ya en su respuesta a Alba en las Cortes había dicho: «En todos mis ensueños, en todos mis deseos, nunca he querido yo, ni quiero, que España, que el Estado español, sea un ente de razón, sea una cosa fría, sea meramente un poder federal: no; yo he declarado, y repito aquí, que España es algo más que eso; que España es una cosa viva; que siglos de convivencia, de disfrutar y de sufrir las mismas bienandanzas y los mismos desastres... que la situación geográfica que nos manda a todos; que la trabazón de los intereses económicos, que todo hace que España sea una cosa viva, que no sea únicamente un poder, sino que sea una sustancia que pueda tener una fórmula de patriotismo substantivo.»

Éste era el matiz exacto en el que Cambó, libre de presiones y dueño de sus palabras, se situó y expresó su pensamiento: punto irreprochable del que nunca, en el fondo, se apartó, y que sostuvo contra vientos personales y mareas políticas. Que le llevó a cierta amargura de desengaño, es indudable. Pero ¿por qué?

Observemos primero que todo esto no quiere decir que sus actos públicos fueran siempre acertados, ni mucho menos. Sólo quiero, como ejemplo, su apoyo al pronunciamiento de Primo de Rivera, que asombra por su indiferencia para con la libertad de España y aún más por su ingenuidad. Que Primo se olvidase de la Lliga como don Juan tira con el pie la escalera que le ha permitido franquear el muro, o que fuera el coronel Nouvilas, manipulador de las Juntas de Defensa, el que le bloquease el camino para cumplir sus promesas a los catalanes, allá los técnicos de la historia. Lo único claro de este episodio es que la Lliga quedó por los suelos y Cambó con ella.

No se trata, pues, de elaborar una cuenta del debe y haber de Cambó en el Banco de la Historia; sino de dejar bien sentados tres aspectos importantes que presenta o ilustra su vida: el fuerte carácter irracional de Cambó como catalanista, cosa que se desprende por igual de toda la «cinta» antes descrita, y que, pese a sus matices e irisaciones, es una y sólo una del separatismo al unitarismo; la identidad de sicología en lo esencial entre todas las regiones, pese a las diferencias de sabor y matiz; y la labilidad de todas las posturas provocadas por la tensión particularista en todo el país.

Esta labilidad se expresa del modo más elocuente en la manera de sentir, pensar y actuar de Cambó (y de Alba) en el destierro que a ambos inflige el régimen de Primo de Rivera.

El régimen de Primo de Rivera fue mucho más antimonárquico que el de la República. La monarquía vive de esplendor y dignidad. El andaluz simpático y decidor que instaló su poltrona medio palmo más arriba que el trono, fue el verdadero demoledor de la monarquía. Los pueblos, todos muy afectos a la monarquía, aun los que más republicanos se creen, ven en el monarca un prototipo del padre, para el que exigen respeto. Cuado falla este respeto, el pueblo se desorienta y suele tomar como prototipo suplente aquel que violó el respeto debido al prototipo original. La base más sólida del poder de Franco se debe al juego de estas pasiones, imaginaciones y tradiciones en el pueblo español.

En cuanto Primo se sintió firme en la silla del potro nacional que se proponía domar y que terminó por matarlo a él, se le olvidaron las promesas hechas a los catalanes, y Cambó se desterró. No era hombre para perder el tiempo en lamentaciones; y ya venía ocupándose de otras cosas de gran fuste. La liquidación de la guerra de 1914-18 se iba haciendo con lentitud laboriosa. El hombre de Estado cesante se consagró a un aspecto muy concreto de aquella liquidación.

La *Allgemeine Elektrizitäts Gesellschaft* había extendido su imperio técnico-financiero a toda la costa atlántica de Sudamérica. Las condiciones impuestas por el tratado de Versalles parecían asegurar que tarde o temprano aquel vasto imperio financiero pasaría de las manos alemanas a las de sus ex adversarios. Aquí de Cambó.

El director general de la A.E.G. era Rathenau, que poco después, en 1921, iba a tomar a su cargo el Ministerio de Negocios Extranjeros de Alemania. Cambó presentó a Rathenau un plan de salvamento de los intereses de la A.E.G. en Sudamérica, que Rathenau halló admirable pero irrealizable. «Loucheur lo rechazará.»

¿Quién era Loucheur? Nombre, a decir verdad, que parecía un mote. Un periódico satírico de París decía del entonces ministro de las Regiones Devastadas: *Monsieur Loucheur s'occupe des affaires des régions dévastées. Cela ne veut pas dire qu'il néglige les siennes.*

Cambó explicó a Rathenau que Loucheur, a quien había visitado antes, estaba de acuerdo. Esta operación, llevada a buen fin con un talento financiero y diplomático incomparable, fue la base de la fortuna de Cambó. Desde entonces tuvo en la Rive Gauche una suntuosa morada donde dio libre juego a su sentido estético de príncipe-mercader del Renacimiento; y de esta misma época data su estrecha amistad personal y política con Santiago Alba. Juntos y separados los vi varias veces, como en otros lugares he referido ya; y en aquel período, en que tanto trabajaron los dos por rehacer la monarquía con un equipo realista Alba-Cambó, recuerdo del equipo Cánovas-Sagasta del siglo anterior, no cabe duda que ambos se sentían de pleno acuerdo en todo, incluso en el problema catalán.

Por desgracia para todos, era ya tarde para salvar la monarquía; y España tuvo que vivir todavía muchos años de vía crucis.

Julio Mangada

(1877-1946)

AL REGRESO DE MIS ESTUDIOS EN PARÍS, me encontré en Madrid de mediados de 1911 a la primavera de 1916, recién casado, ingeniero de Minas (de título francés) ayudando a hacer funcionar un ferrocarril español. Sin apenas darme cuenta, fui adoptando un modo de vida muy parecido al que había llevado en París en mis tiempos de estudiante: técnico en mis estudios, artista en todo lo demás. El puente para mí en Madrid vino a ser el Ateneo; pero también me había traído a Madrid no pocos hilos que me tenían en contacto con artistas y escritores.

No sé cuál de esos hilos fue el que trajo a mi casa al doctor Broda. Era un hebreo vienés, cuerpo más bien rechoncho, enfundado en una levita, el rostro apenas alargado por una barba oscura, los ojos agudos, la lengua espesa y ceceante, el talante serio con vistas a pedante. Pese a su oriundez vienesa, el doctor Broda hablaba francés, y no mal, como también, Marguerite, su esposa, menuda, fina, graciosa y nada pedante. En aquel matrimonio él daba la harina y ella la levadura.

La harina era espesa, como la lengua del doctor Broda. Se trataba de salvar el mundo, la civilización, el orden y la cultura, disco que ya había oído varias veces en París y que yo mismo estaba predestinado a tocar tantas veces en las cinco partes de este mundo, tan necesitado siempre de salvación a pesar de su abundancia de salvadores.

Lamento tener que confesar que he olvidado la forma, el estilo, el ideal y hasta el nombre del plan de salvamento del mundo que el doctor Broda nos venía a brindar a los españoles. El caso es que, por venir provisto de buenas cartas de presentación, le abrí mi estudio de la calle de Moreto, frente a los Jerónimos, para que allí expusiera su idea, lo cual empezaba con vastos rasgos a escala de la vida humana en el planeta, cómo era y cómo debiera ser, de cuyas alturas aterrizaba en la necesidad imprescindible e improrrogable de suscribirse a su plan, abonando un duro al mes.

Solíamos reunirnos hasta docena y media de oyentes y discutientes, desde los entusiastas, pasando por los convencidos, hasta los escépticos e indiferentes; y si, ya por sed de solaz ya por algún golpe de ingenio, se desdibujaba la lógica de la labor maestra (en lo cual de seguro participaba su mujer) el doctor Broda no dejaba de amonestar: *Marguerite, voyons, revenons auz chzoszes zérieuzes.*

De todos nosotros el más *zerieux* era el capitán Mangada. No me acuerdo de quién lo había traído; pero nada más verlo, lo reputé buena caza para el doctor Broda como hombre de entusiasmo seguro y de apetito alerta para las grandes ideas humanas. Iba siempre de paisano, correcta pero muy sencillamente vestido; y su indumentaria europea no dejaba de causar cierta sorpresa porque el rostro sugería fuerte dosis de sangre amarilla, sin duda, filipina; por lo cual, le solíamos apodar *el Chino*. Hablaba con gran energía, en frases cortas y cortantes, dichas con la intención evidente de estimular al oyente a la acción si no ya al asalto; pero daba la impresión de que sentía más que pensaba, y de que estaba mucho más dispuesto al asalto que seguro del lugar exacto que había que asaltar.

Muy simpático. A mí me conquistó cuando, sin precipitarse, antes bien, dejando que casi todo el mundo hablara primero, pidió la palabra y comenzó diciendo: «Señoras y señores, yo soy como los chinos.» ¡Qué clarividencia!, pensaba yo, que lo veía chino desde el primer día en que le abrí la puerta; y quizá por el halago a mi vanidad que su exordio implicaba, le escuché desde entonces con suma atención.

Creo que no perdí el tiempo, porque Mangada decía casi siempre cosas sensatas y hasta evidentes, aunque deformadas a veces por su pasión política. Tan convencido estaba como Broda de que era menester cambiar el mundo de las gentes, pero lo que en el rabino vienés no pasaba de ser una crítica aguda pero serena de nuestras injusticias sociales y nuestros peligros internacionales, ardía en indignación y caridad humana en los labios del capitán Mangada.

Poco a poco se iba creando en aquel estudio soleado un foco de acción idealista de cuya sinceridad no cabía dudar, y que debía buena parte de su fuego al ardoroso verbo del capitán Mangada. La conjunción del pensamiento judeo-austriaco con la pasión española de aquel militar pudo haber logrado obra perenne; pero, a mi ver, le hizo fracasar la falta de tacto y la prisa administrativa del doctor Broda; porque, en un país de pocos duros, insistía demasiado en la necesidad de recibir doce al año por cada socio. En cuanto se llegaba al duro, cosa que además solía suceder cuando ya los aspectos menos sonantes del gran problema se

«...llegamos a aquellos días de julio del 36 que tan hondamente
tajaron y cortaron en lo vivo del alma española.»

habían (o nos habían) agotado, la asamblea se enfriaba y aun *endurecía*. Poco a poco, fue enrareciéndose el *quorum*; y cuando Broda se tuvo que volver a Viena con su Marguerite, no le fue necesario comprarse una maleta para llevarse los duros cosechados.

Fue pasando el tiempo, y llegamos a aquellos días de julio del 36 que tan hondamente tajaron y cortaron en lo vivo del alma española. En los quince días que pasé en Toledo y luego en Madrid, antes de volverme a Ginebra (donde tenía mi despacho de la World Foundation, especie de salvamundo a lo Broda que entonces me ocupaba el ánimo y la actividad), vi subir hasta el ápice de su popularidad al ya entonces teniente coronel Mangada.

No me extrañó, pues la abnegación, la pasión por el pueblo, el valor cívico y militar eran, a mi entender, dotes personales muy verídicas y reales en aquel fogoso español. Pero confieso que la impresión que se desprendía de la lectura de la prensa, sin desmentir nada de lo que va dicho en pro, proyectaba el episodio de un modo no poco extravagante y, con estilo muy mangadiano, más pintoresco, romántico y simpático, que positivo y eficaz.

Lo que la prensa contaba era que Mangada salía por las mañanas de su casa de Madrid, y después de desayunarse, subía a la sierra en coche, se ponía a la cabeza de sus milicianos, daba batalla a los fascistas y ya al anochecer se volvía a su casa de Madrid, ovacionado con entusiasmo por sus milicianos. No tengo razones para dudar de que así fuera. Pero, como decía el general Bosquet de la carga de caballería en la batalla de Bala-clava: *C'est magnifique, mais ce n'est pas la guerre.*

Según. Según. La guerra en Francia no es la guerra en España. Allí es un arte, una técnica, un talento. Aquí es una vivencia, un surtidor, un talante. Allí se conoce la guerra *finie*, *achevée*, como una obra de arte; aquí, la guerra naciente, cálida, hirviendo todavía, desbordante, del cora-zón que la concibe y hace brotar. Más fanática, más compatible con la vida cotidiana. Ese coronel que se va a guerrear todo el día y vuelve a cenar y dormir a casa, me parece de lo más español que cabe imaginar. A pesar de su tez china.

Mangada no comenzó su guerra el 18 de julio. Ya hacía tiempo que la venía haciendo a su manera, siempre hostil a la mayoría de sus compa-ñeros. Bien que entre ellos, Mangada ha debido de resaltar como tomate entre pepinos. Era lo que se dice raro. Su segundo apellido, Rosenhorn, sugiere ascendencia holandesa o, quizá más probable, de alguno de los países polinesios que Holanda tomó, ya medio hispanizados, a España o a Portugal.

Siempre ha debido de ser hombre aparte, en tensión con los demás.

Goded.

Dos imágenes del coronel Mangada en el frente: en una alocución tras serle impuesto el fajín de general y leyendo la prensa con algunos de sus oficiales.

En el desfile militar que realzó la jura de don Niceto, donde se oyeron gritos de ¡Viva la República! voceados por militares, el de Mangada fue estentóreo. En junio del 32, generales y jefes desafectos al régimen celebraron en el Campamento de Carabanchel un ágape de las Academias con la oficialidad de tres regimientos de la guarnición de Madrid, entre ellos el número 1, al que pertenecía Mangada. El cual causó un incidente sensacional que obligó a Azaña a barajar varios mandos. Hubo discursos de poca o ninguna adhesión a la República; y un brindis de Goded, a la sazón jefe del Estado Mayor Central que terminó con «Viva a España y nada más».

Mangada, que estaba a la mesa y no lejos, ni se levantó ni respondió al viva. Goded se lo echó en cara de modo insultante, a lo que Mangada contestó con violencia. Eran compañeros de promoción y se tuteaban. Como Goded era general de división, no era precisamente persona grata entre los tenientes coroneles. Hablando con Azaña, lo explicó como envidia. Puede ser que alguna hubiera; pero no cabe dudar de que para un idealista republicano como Mangada, Goded era un adversario, con o sin envidia de por medio. Intervino el general Villegas, jefe de la división, y mandó prender a Mangada, el cual montó en cólera y, quitándose la guerrera, la tiró al suelo y la pisoteó.

Todo lo cuenta Azaña en junio del 32. Y también que cuando habló del tema con Goded, éste le aseguró que Mangada era un cobarde que había estado comprometido en la revolución de Jaca y vino a verle (a Goded) el mismo día, a su despacho de subsecretario, para probar la coartada.

No parece, sin embargo, que el mismo incidente que vengo relatando sostuviera la presunción o sospecha de cobardía en Mangada. Simple teniente coronel no le aguanta ancas al jefe del Estado Mayor; y rodeado de militares, pisotea su guerrera.

Quizá se explique la acusación de Goded por lo que de Mangada dice el propio Azaña en setiembre (29) del año anterior (31): que era esperantista y vegetariano, condiciones ambas que iban muy bien con sus intentos de salvar al mundo con el doctor Broda en mi estudio de la calle de Moreto; aparte de lo que pudiera haber de confusión en la opinión que de Mangada se tenía entre ser vegetariano y ser cobarde; confusión muy natural, pero aun así, deplorable; y esto lo descubrí leyendo a Bernard Shaw, donde dice que un toro, molesto por las atenciones de un quídam, que a lo mejor ni cuernos tenía, lo acometió «con toda la ferocidad de un vegetariano». Quede, pues, constancia de que a Mangada no se le podía demostrar cobardía alegando su vegetarismo ya que hay vegetarianos valientes, como el toro.

Pero es que, además, consta la conducta bravía de Mangada en las batallas del Alto de León y el entusiasmo que causó en sus tropas. Tanto que ascendió a coronel y luchando en aquellos combates se ganó el fajín de general, y fue recibido con delirio en Madrid y llevado a hombros de la multitud. Todo lo cual pasó a la prensa nacional y de sus columnas a las de la extranjera.

Sucedió entonces que, después de pasar por Ginebra para ocuparme de mi Fundación Mundial, me trasladé a Londres; y un buen día, Tom Jones, mi amigo galés, me dijo que tenía que ir con él a almorzar con Lloyd George, porque éste deseaba noticias fidedignas de cómo iba la guerra civil. Estábamos todavía en la primera etapa, que la opinión mundial seguía con entusiasmo: la marcha sobre Madrid; el episodio del Alcázar; el inesperado atasco del avance de Franco sobre la capital; los ataques continuos en el Guadarrama; y las dos epopeyas, la de los milicianos republicanos y la de los soldados franquistas, todavía no embrolladas y emborronadas por las brigadas internacionales, los voluntarios forzosos de Mussolini y los aviones de maniobras de Hitler. El siempre joven aunque veterano galés sentía revivir en él las emociones de la guerra de 1914-18. Volcado sin reservas en favor de la República, me aguardaba con impaciencia para oír mi opinión y profecías. Para él, tenía que ganar el pueblo, y el pueblo quería decir los milicianos formados en ejército por la República.

Con esta perspectiva, el adalid del pueblo ¿quién podía ser? «Eso es lo esencial», me decía entre bocado y bocado de cordero asado: «Un adalid del pueblo.» Me miró, dudándolo un poco, y al fin, preguntó: «¿Qué piensa usted del coronel Mangada? Ése me parece a mí que lo podría ser.» Yo pensé en la salvación del mundo, por el doctor Broda, vi y oí al capitán Mangada, afirmando con singular energía: «Yo soy como los chinos» y lo imaginé luego vitoreando a la República en estentórea voz, pisoteando la guerrera... y me preguntaba para mis adentros: «¿Y yo qué le digo ahora a este señor?»

Niceto Alcalá Zamora

(1877-1949)

España ha sido siempre tierra de paradojas, madre de sorpresas. Entre estas paradojas y sorpresas, pocas habrán brotado más fuertes y enrevesadas en su historia que la de haberse dado como primer presidente de su segunda República a don Niceto Alcalá Zamora.

Aquel régimen nefando que impuso a España la anti-España de rojos y francmasones, ateos y comunistas y republicanos de toda la vida, se dio por presidente a un monárquico recién convertido al gorro frigio, y tal que al ponérselo le resultó mismito como una corona borbónica; aquella república de ateos quiso ser presidida por un católico devoto; aquella barredura de rojos y comunistas eligió como jefe de su Estado un terrateniente andaluz que a fuer de español hablaba el francés con acento de Jaén.

Y ya todo esto dicho, quedan todavía por desdoblar los pliegues más prometedores de sorpresas y de paradojas que la elección de don Niceto celaba. Porque parece que en su estructura como en su sicología, la República es un régimen que va a sacudirle al país las molduras de su antigüedad, la hojarasca de sus privilegios, las virivueltas de sus protocolos, los acentos y laureles de su tradición, y hacerlo entrar en una era palmaria del pan-pan, vino-vino... Sí, ¿eh? Pues váyanle ustedes con eso al señor presidente. Si había algo en su estilo que dominaba todo lo demás, ese algo era su aversión a la línea recta. En esto ya se manifestaba su andalucismo radical. Dicen que un maestro de baile a quien preguntaban cómo iba progresando una inglesita a quien le estaba enseñando las sevillanas, contestó: «*Mu* bien. Pero ella como buena angleja va al mínimo de gasto de *fuersa*. Yo le digo, "de aquí hay que subir hasta aquí" y ella *pos* va derecho y claro, es *contraprodusente*.»

Don Niceto no iba nunca derecho ni en sus discursos ni en sus sentimientos ni en sus actos. Se tomaba su tiempo y su espacio; y cuando usted creía que le estaba hablando del problema catalán, él estaba pensando en echar al gobernador de Murcia. Elogiaba en forma de crítica y criticaba con elogios. Si dimitía —lo que solía hacer con relativa frecuencia—, lo presentaba como un verdadero sacrificio, siendo así que con su dimisión no se proponía dejar el poder sino echar de él a Azaña o a quien fuera. Todo era una circunvolución de su tortuosa inteligencia, una estrategia sinuosa que le dictaba su miopía, aquel crepúsculo de cegato en que tenía que moverse. En esto le ayudaban los ojos precisamente por ser miopes, casi hasta la ceguera, y por eso tanto más opacos a la mirada del otro.

Es cosa de preguntarse si no habría que considerar una miopía fuerte como un defecto incapacitante para la política; porque de ella se deriva una desconfianza universal, y en esta atmósfera no es posible hacer obra política sana. Sobre esto habrá que volver porque lo que le sobraban a don Niceto eran defectos «incapacitantes» para la alta función que le confiamos todos con harta ligereza; pero aún quedan cosas que decir sobre la sorpresa y paradoja de haberlo escogido como presidente.

Presidente de la República española. Ahora bien, todo el mundo sabe hoy que España es plural. Quizá por eso sea España (después de Francia) el país más obseso con su propia unidad. Sólo que Francia está abierta en cuatro de sus fronteras, las cuatro terrestres, cuatro brechas, pues, para la desunión, mientras que España nació en una caja cuadrada que no había más que ver, país ya hecho uno por Mamá Natura, y que, sin embargo, los portugueses lograron quebrar en dos: tal es la fuerza del separatismo en todos los naturales de España.

Y esta España pudo haber elegido como su primer presidente entre doce o catorce tipos distintos de persona, desde un gallego hasta un extremeño, pasando por todo el círculo o espiral que va por Asturias al País Vasco, Aragón y Cataluña hasta Badajoz, por las Andalucías, también plurales. Pudo incluso haber escogido a un andaluz, como la primera República, harta de catalanes efímeros, escogió a Castelar. Pues no. Se fue a nombrar presidente a don Niceto Alcalá Zamora.

Ah, pero ¿no era de Jaén o de Córdoba? Pues ahí está el busilis. Que era español y que estaba arraigado, recriado, soleado y solerado en tierras del Ándalus, no cabe duda. Pero (sin por ello disminuir o mermar en nada la cepa hispánica de don Niceto) el caso es que no era un andaluz como los demás. Para explicar aquel originalísimo ejemplar de andaluz hay que apelar a las cuatro sangres que han hecho a Andalucía: don Niceto era un bético-hebreo-árabe-gitano.

Quítese una, y falla la imagen. Ya en otro lugar he observado que el ambiente de España obra como caja de resonancia para realzar el espíritu de los pueblos orientales. Creo que este don especial de nuestro país ha sido la causa de aquella sensación de tensión agudizada que las cuatro estirpes andaluzas acusaban en el rostro, los humores, los modos de ser, el lenguaje y los gestos de nuestro primer presidente.

Los cuatro tipos humanos estaban presentes en aquel rostro de una asombrosa vivacidad y fuerza de presencia. En un grupo de hombres, don Niceto parecía estar más presente que los demás, aunque entre éstos figurasen hombres de la talla y fuerza de ser de Azaña, Largo, Besteiro y tantos otros. Los ojos miopes —que tan judío le hacían el aspecto—, pese a su indigencia óptica, emanaban el magnetismo de un ser de gran tensión. La boca, siempre entreabierta, era gitana, así como la color que le daba una tez no ya egipcia sino netamente indio-oriental. Lo árabe en su sangre le dictaba el ritmo y las ondas. Don Niceto era esencialmente ondulado, en todo, y más que en todo, en sus discursos que nada debían a Cicerón, pero mucho a los poetas árabes del Ándalus, claro que por vía de sangre y no de tinta. Todo ello, pese a su exuberancia, envuelto y como bien trabado en una reserva sin duda romana.

El producto final a la vista está. El presidente de una república de hombres racionalistas, tecnólogos, funcionales, es un modelo del estilo ultrabarroco. Era como erigir en una plaza de edificios cubistas y funcionales una catedral locamente barroca... No creo que se hubiera podido hallar un ejemplar más idóneo del barroquismo español vivo y coleando que don Niceto Alcalá Zamora.

Su módulo gráfico, el motivo general de su vida y obras es la curva, la voluta. Sólo Benavente pudo a veces codearse con él en cuanto a volutas porque don Jacinto (ya en sí el nombre es característico) parecía una larga voluta de su tabaco súbitamente congelada en forma de caballo de mar o de ajedrez; pero don Niceto le vence por la fuerza de una imaginación constante de palabras, cosas, gestos, manías, ademanes, todos insinuantes, enrevesados y como rodados y redondeados en estudiadas simetrías.

Empezando por el físico. Aquellos cabellos ensortijados de un gris de acero que como que simbolizaban el tesón en el rodeo, eran claro indicio de su carácter barroco pero tieso aun en sus curvas. Cuenta Azaña cómo, todavía en la fase primerísima del nuevo régimen, cuando aún no había constitución ni presidente, de modo que don Niceto presidía un mero gobierno provisional, se empeñó el bético-hebreo-árabe-gitano en dimitir por un motivo sutil de sentimiento, tenue de susceptibilidad y oscuro de intención. Se le obligó a renunciar a su renuncia, pero él se empeñaba no sólo en dimitir sino, aún más que en dimitir, en recitar la lista de los que podían sucederle. Con una intuición infalible y un tesón ejemplar, Azaña opuso a aquella maniobra sinuosa un no rectilíneo: ni dimisión ni

«Aquel régimen nefando que impuso a España la anti-España de rojos y francmasones, ateos y comunistas y republicanos de toda la vida, se dio por presidente a un monárquico recién convertido al gorro frigio...»

«No creo que se hubiera podido hallar un ejemplar más idóneo del barroquismo español vivo y coleando que don Niceto Alcalá Zamora.» (En la foto, el jefe del Estado con el general Franco durante su visita a las Baleares.)

«Con la anuencia y aun complicidad del rey, Primo redujo el trono al rango de una poltrona de subsecretariado. El monarca de veras fue el dictador.»

«...desde el brutal Mussolini o el odioso Hitler hasta el barbudo Fidel y el hirsuto Jruschof...»

lista de sucesores; y tras horas de palabreo, la recta se impuso a la curva, y don Niceto se quedó en su puesto y sitial.

Pero ya libres de la armadura oficial, en conversación, el sempiterno presidente consiguió soltar su lista: Largo, Azaña, Lerroux. Ahora bien, esta lista era evidente. Cualquier periodista de los que seguían las cosas políticas, la pudo haber dado por segura sin que don Niceto actuase de sibila. ¿Por qué, pues, tanto tesón? Porque lo que don Niceto se proponía era precisamente lo contrario de lo que expresaba: que ninguno de aquellos tres le sucediese.

Apunta Azaña un detalle gracioso. A la salida, le dijo a Miguel Maura, con un gesto hacia don Niceto: «Es una petenera.» Maura por poco se cae de risa. Pero Azaña se había quedado corto. Era también un salmo de David y un poema hispanoárabe, el único que se le haya escapado a Emilio García Gómez; porque aquella su boca siempre abierta, exhalaba la queja muda perpetua de una estirpe de cuatro sangres todas muy viejas.

«Es una petenera.» Lo que a Azaña le molestaba en don Niceto era precisamente esa queja perpetuamente exhalada, claro está, en tono menor. ¡Váyale usted con el tono menor a un alcalaíno y con arabescos a un castellano! En aquella rivalidad, lo más hondo y fundamental era la raíz, la incompatibilidad de las raíces, la enemistad radical entre la recta y la curva.

No tardó en darse cuenta la gente de esta situación de fondo, mucho más significante que una mera animadversión entre rivales. Al saltar a la calle, saltó a la leyenda. Se contaba que en un Consejo de Ministros, siendo ya Azaña presidente del gobierno, comenzó Alcalá Zamora a recitar su nota de recomendaciones. «Señor ministro de Instrucción Pública, la maestra de Vitigudino, se me asegura que... señor ministro de Hacienda, parece que el inspector de Aduanas de Valencia de Alcántara...» Lo conozco bien porque lo padecí siendo ministro, y lo toleraba Lerroux porque se sabía ministro desde arriba y no desde abajo. Pero el cuento propalado era que, nada más empezar, Azaña echó la garra al papel, lo estrujó y se puso a exponer la situación general. *Si non è vero è ben trovato*. Aun así la leyenda pedía más, y sostenía que en una sesión en la que don Niceto se había sentido más lírico que de costumbre—y ya es decir—, Azaña, cada vez más repleto de indignación, llamó al timbre, y al presentarse el ujier, le encargó: «A ver, que traigan una guitarra para el señor presidente.» Ésta es la cepa que da los buenos caldos de leyenda, que nunca mueren porque nunca nacieron; pero que encarnan lo que es.

Con no menos penetración, se ideó Dios sabe dónde un billete que se suponía firmado por don Niceto negándose a citar a Gil Robles para llegar a un acuerdo con la C.E.D.A. ¿A quién dirigido? Nadie lo sabía ni importaba. Lo esencial era expresar, simbolizar la constante negativa del sempiterno presidente. Y decía: «Ni cito ni cedo ni ceda. — Niceto.» Graciosísima explotación del nombre negativo que alguna madrina intuitiva le impusiera en el bautismo. A lo que a mí siempre se me antojó añadir en mi imaginación una enérgica barra de negación que iba de la A a la Z, porque también es casualidad que ese *Ni* inicial vaya seguido de una ciudad en A y otra en Z, es decir, la negación de todo el abecedario nacional.

Claro que todo esto se expresaba en forma de rivalidad por el poder. Pero estamos en plena política, ¿no? y si la política no es poder, ¿qué es? Ahora bien, téngase en cuenta que aun en el terreno político subsiste el duelo entre lo recto y lo curvo, o, si se me permite retruécano tan tentador, el duelo entre lo rectilíneo y lo *reptilíneo*. Para el castellano castizo, lo sinuoso siempre recuerda algo la *bicha*, animal que los gitanos prefieren no nombrar quizá por un instinto de parentesco, o hasta de tabú del prototipo. Azaña no ocultó nunca su ambición de mando y aun la da en su *Diario* como un rasgo natural de su ser. Don Niceto era aún más ansioso de mando que su rival; pero, cuidado, todo por sacrificio a la Patria.

Hora es de recoger aquellos defectos «incapacitantes» con los que nos topamos desde que nos pusimos a mirar a don Niceto. Su miopía, decíamos, lo encierra en un paisaje de perpetua neblina donde hasta los árboles se tornan bandidos y los dedos, huéspedes. Fuerte contraindicación que dio no pocos disgustos a todos los que tuvieron que hacer —mucho o poco— con el presidente barroco. Claro que su mismo barroquismo multiplicaba la desconfianza que emanaba de él, al modo como dos espejos paralelos se reproducen mutuamente la imagen y hacen un ejército de un solo soldado.

Pero don Niceto presentaba lo menos otros dos defectos incapacitantes para su función. Era ambicioso y era orador. Defectos —habrá que concederlo— inevitables en el político, y a tal punto que más habría que darlos como cualidades. Pues, según y conforme.

En cuanto a la ambición, lleva consigo cierta codicia, y aun concupiscencia, de poder, que casi podría darse como su misma definición. Ahora bien, si es así, ello acarrea consecuencias concretas, pero distintas, según el sistema político en que se aplique. En la España anterior al 18 de julio —república o monarquía—, estábamos en régimen constitucional, liberal, parlamentario. En este régimen, el jefe del Estado reina, pero no gobierna. Esto, a su vez, en lo que a la ambición se refiere, separa la monarquía de la república.

En la monarquía, el político sabe que no le es accesible el trono.

Todo, sí, pero no el trono. Ahora que, precisamente, el trono es el sitial desde el que no se puede hacer política, es decir, el lugar público que carece de atractivo para la ambición. Por eso, la monarquía constitucional parlamentaria es el régimen más estable *allí donde se respeta.*

La ambición ha dado lugar en España a dos modos de falsear el régimen así definido, dos modos, pues, de robarle estabilidad. El primero lo ilustró Alfonso XIII. El segundo lo encarnó Primo de Rivera. La ambición desenfrenada de los prohombres de la monarquía alfonsina, una vez eliminados Cánovas y Sagasta, fue erigiendo al rey en árbitro de la politiquería mediante el uso y abuso del Decreto de Disolución. Alfonso XIII parecía haber crecido en poder, ya que había logrado asumir a la vez la función del rey y la de la opinión pública. No se hacía presidente del gobierno al designado por la opinión sino al preferido por el rey, el cual, ya en el poder, lograba casi siempre «hacer opinión».

Pero este poder ilegítimo de Alfonso XIII era como la llama de un cirio. Alumbraba, pero consumía el cirio. Con el progreso natural de la opinión pública, Alfonso comenzó a chisporrotear amenazando apagarse. La pintoresca personalidad de Primo de Rivera vino a acelerar esta evolución fatal para el trono. Con la anuencia y aun complicidad del rey, Primo redujo el trono al rango de una poltrona de subsecretario. El monarca de veras fue el dictador.

Así pasaban las cosas bajo la monarquía. ¿Cómo fue bajo la República? La barrera infranqueable que en la monarquía coloca el trono allende los límites de la ambición, se borra en la República, y la jefatura del Estado se abre como meta posible a toda ambición. Por otra parte, si la República es de veras constitucional, los poderes ejecutivos del presidente son relativamente modestos. Clemenceau, que era médico, viejo y enemigo de Poincaré, solía decir que había en la naturaleza dos cosas inútiles: la próstata y la presidencia de la República. Por haberle querido dar importancia, perdió el cargo Millerand y cambió De Gaulle la Constitución.

La segunda República se estrelló contra la ambición compleja y tortuosa de Alcalá Zamora. Esta ambición no era precisamente contenible dentro de las lindes de la Constitución, ni siquiera de la República, porque celaba entre sus pliegues un elemento monárquico.

Que don Niceto deseara ser presidente de la República, nada más natural y legítimo. Allá él, si al sentarse en el trono descoronado perdía toda el área reservada por la Constitución a los ministros y a su presidente. Pero la ambición de don Niceto no se avenía con las barreras constitucionales. Lo que quería era lo que los ingleses llaman pintorescamente: guardar el pastel, pero también comérselo. Quería ser presidente de la República a fin de actuar como rey, y no como un rey cualquiera, sino como el rey Alfonso XIII.

Esta ambición se manifestó de mil modos diversos que la gente no tardó en diagnosticar con instinto certero apodando a don Niceto *Don Alfonso en rústica.* Sobre eso de la rústica habrá que volver. Pero de don Alfonso copió dos rasgos a cual más peligroso para las instituciones: su afición al decreto de disolución y su preferencia por ministros y presidentes sin relieve ni carácter, o por lo menos su aversión a dar el poder a gente de primera si le era posible nombrar a uno de segunda o de tercera. «Yo siempre encontraré un hombre modesto...», dicen que solía decir; y de este modo fue cayendo de Samper en Samper hasta ir a dar en Portela.

Por esta causa, sostuvo siempre que el presidente del Consejo gobernaba por la confianza de las Cortes y la del presidente de la República, doctrina contraria al espíritu de toda constitución parlamentaria, para la cual, el presidente tiene que aceptar, lo quiera o no, a todo gobierno que las Cortes sostengan con sus votos. Recuerdo que en lo crítico de esta discusión, ya que por su afición a llevar botas de elástico, apodaban a don Niceto *el Botas,* hubo quien propagó por Madrid un bien formado acertijo: «Si votos, ¿para qué Botas?»

Claro que don Niceto era un político de añeja cepa monárquica, ducho en el navegar de los estrechos entre la voluntad regia y las intrigas de partido a partido y, peor aún, de dentro de cada partido; y que en aquellos bajos y estrechos había aprendido las artimañas que los llevaron al destierro, primero a don Alfonso y luego a él. Pero claro es que la aplicación, la asiduidad que puso en su manejo del decreto de disolución y en su samperización del poder político no le venían de aquella escuela de intrigas, sino de su propia natura, a la vez ambiciosa y *reptilínea.*

Sin contar otro elemento, no menos potente, de inquietud. Presidente de la República, don Niceto era un ambicioso —luego un jugador— en un papel de árbitro; y también un ambicioso —luego un hombre activo— en un papel pasivo. Los que presidieron entonces a los destinos de España y decidieron nombrarle pecaron de incautos si creyeron que lo recluían en una cárcel dorada, y de inocentes si se imaginaron que, al hacerlo, habían neutralizado aquel ruidoso moscardón.

Y éste era el tercer defecto incapacitante de nuestro presidente. Era ruidoso. Con qué regocijo oí por primera vez —ya hará su medio siglo— esa deliciosa expresión yanqui: *I am a great noise in Illinois* (Soy un gran ruido en mi provincia). Don Niceto estaba resuelto a ser un gran ruido en España. Tocamos aquí uno de los aspectos más notables de su contraste con Azaña. Consciente de lo esencial que es para el político su reverberación en la gente, Azaña, no obstante, se atuvo siempre a la mayor y más elegante reserva en cosas de publicidad. Don Niceto llevaba siempre el oído avizor a los más finos matices del eco público.

Nada sino natural, hasta aquí. Pero el caso es que aquel hombre de ojos cegatos y oídos ultradespiertos poseía una de las lenguas más ágiles de España. Era un estupendo orador. Me asocio a todo lo que Azaña dice en sus *Memorias* contra el estilo de la oratoria alcalazamorana; pero en cuanto a su capacidad de expresión instantánea de lo que se le está ocurriendo el momento en que habla, no cabe duda que don Niceto era un maestro. ¿Maestro? Quizá no. Porque su oratoria era más naturaleza que arte en cuanto que procedía de dones hallados en la cuna y no aprendidos; aunque fuera mucho más arte que naturaleza en cuanto a su modo de vivirla y explotarla.

En aquel hombre, todo él barroco, lo más barroco era la oratoria. Los párrafos, casi siempre largos, estaban construidos a lo arquitecto, claro que barroco, y sus planos, siempre alabeados y contorneados, se ligaban unos con otros mediante increíbles volutas de asombrosa simetría. Era de admirar cómo brotaban en toda libertad aparente aquellas estructuras prefabricadas que sonaban a espontáneas de un cerebro que las domeñaba con presencia de acero. De modo que hombre que de tan fabuloso don disponía para la vida pública, no era humanamente posible que se aviniera a la reserva y aun al silencio que su función requería.

Sí, pese a tantos defectos incapacitantes, don Niceto logró fácilmente ser elegido presidente por unanimidad, ello se debía a una conjunción de circunstancias, personales unas, públicas otras. En primer lugar era muy simpático, como persona y como hombre público, y no precisamente porque se lo propusiera. Hasta los que más se irritaban por sus mañas, su yoísmo incorregible, su susceptibilidad enfermiza, hasta el mismo Azaña, a quien a veces desesperaba por su conducta de viejo pueril, le tenían ley. Inspiraba respeto aun en pleno disparate, y afecto aun en pleno capricho. Y en la opinión general, se le tenía en cuenta que él, terrateniente, creyente, conservador, se hubiera declarado por la República abandonando la monarquía.

La voz pública le acreditaba haberse gastado un millón de pesetas (que entonces era mucho dinero, más de veinte veces más que hoy) en hacer que triunfara la República; y esta fama, probablemente justificada, otorgaba forma tangible y concreta a su desinterés. Don Niceto fue, como republicano, un hombre puro y limpio, y también creo que lo fue como monárquico.

226

«La República murió descuartizada en un paroxismo de fiebre barroca; la guerra civil, barroquismo "in excelsis".»

Puro y también fuerte lo supo ser en un momento crítico de 1934. La derecha del gobierno Lerroux en el poder durante el ensayo de guerra civil de aquel año, insistía en fusilar a todos los condenados a muerte. Don Niceto, con admirable entereza y apoyado por sus ministros radicales, se negó y salvó aquellas vidas —gesto que hay que ensalzar en él tanto más porque quizá no halló eco en los que, impulsados por la vesania partidista, lo olvidaron en 1936.

Por superabundancia de carácter, aquel hombre puro quiso además hacer figura de puritano. No era sólo sobrio y modesto, sino que ostentaba serlo. Vestía con sencillez, pero no parecía necesario para su gloria ni para la de la República que recibiese en palacio de camisa azul y cuello pegadizo rosa. Era ostentoso en su modestia y orgulloso de su humildad. Su goce supremo era devolver al Tesoro cada mes las 50 000 pesetas que le habían sobrado de gastos de representación, a cuyo fin, daba banquetes oficiales en pleno invierno madrileño sin encender la calefacción central de aquel palacio pétreo, de modo que durante la cena había un trasiego constante de abrigos y pellizas para proteger a las damas de la pulmonía con que las amenazaba el orgullo puritano del presidente barroco.

Mi trato con don Niceto no fue ni muy continuo ni muy asiduo. Pronto me di cuenta de que me cerraba el paso a la cartera de Estado con no menos empeño que Azaña. Los motivos, claro está, no eran los mismos. En Azaña había error subjetivo de aplicación de un principio objetivo y justo. Para don Niceto lo más importante en este aspecto de la política era poder mangonear, para lo cual necesitaba un ministro de Estado poco enterado. Sus intervenciones en política extranjera fueron poco afortunadas. Cuando andábamos buscando una adaptación del artículo 16 del Pacto de la Sociedad de Naciones, cosa que a mi ver había que resolver sin cambiar el texto, recibí un día en Ginebra un golpe de teléfono de Madrid. El subsecretario me trasladaba un texto nuevo del artículo 16 que proponía el mismo presidente de la República. Típico estilo de aquellos tiempos (al menos en las etapas Lerroux): el ministro se hacía el chivo loco y dejaba que el subsecretario me comunicara una intromisión presidencial que pudo y debió haber o rechazado o aceptado bajo su propia responsabilidad ministerial.

Por respeto a la presidencia, no declaré, ni menos expliqué en seguida al subsecretario, que la propuesta que se me hacía era un disparate doble: cambiar el texto del Pacto implicaba un procedimiento interminable, que en la práctica equivalía a renunciar a la reforma; y cambiarlo en el sentido que definía y fijaba el texto del presidente barroco equivalía a entregar a la Sociedad de Naciones decisiones de paz y guerra que el Pacto reservaba muy sabiamente a cada país.

Dije, pues, que lo estudiaría; y envié a Madrid mi opinión contraria al texto y al cambio. No volví a oír o leer nada sobre el asunto.

Esos defectos incapacitantes... Todavía queda el rabo por desollar. Aquí de aquel apodo *Don Alfonso en rústica*. La verdad es que don Niceto era, en efecto, asaz rústico. Ni su hablar, ni su vestir, ni sus modos de habérselas con la gente, ni su estilo, ni sus gustos respondían a lo que, entonces al menos, se tenía por indispensable en un lugar tan alto. De entonces acá, hemos visto tantas cosas, desde el brutal Mussolini o el odioso Hitler hasta el barbudo Fidel y el hirsuto Jruschov, que nada nos escandaliza. Pero parece que aun para una República de sedicentes trabajadores, no habría sido imposible aunar la elegancia con la sencillez. La imaginación evoca personas que habrían salido airosas del compromiso.

Pero es tema difícil y no poco embrollado por la confusión reinante. Nuestro siglo es simplificador. Hombres y mujeres ansían lo sencillo y lo natural. Los chambergos y lazos y botas altas del siglo XVI-XVII nos parecen ridículos; y los cascos, placas y bandas del XIX nos parecen bárbaros. Queremos otra cosa. Pero ¿cuál? Al definir el qué, lo positivo, surge la divergencia. Los hay que creen que lo popular es la anarquía total en el modo de vestir y proceder, el tuteo universal, la palmada en el hombro, todos iguales, todos enanos y todos inanes. Los hay que prefieren, dentro de la máxima sencillez, un mínimo de dignidad. Ahora bien, en este orden de cosas, don Niceto no era de fácil definición. Creo que estaba con los que desean orden, dignidad y hasta protocolo; pero que no le salía. Vestía mal y con descuido, y si intentaba la cortesía versallesca, le salía la cursilería. No era, en suma, el tipo idóneo para presidir una nación del abolengo de la nuestra.

En los Consejos de Ministros, el ambiente era el de una tertulia de café. Su memoria era prodigiosa. Recuerdo un debate sobre un proyecto de ley de transportes que presentó Guerra del Río, en el cual el presidente al oírlo leer, se plantó sobre un artículo, asegurando que era contrario al artículo tal, párrafo cual, apartado tal, de la ley de tal año, y todo sin una nota. Guerra parecía asombrado (¿y qué remedio le quedaba?), pero don Niceto, tomando su asombro por duda, llamó a grandes voces:

—¡Rafaeeeé!

Llegó Sánchez Guerra, le pidió el tomo tal de tal obra, halló el lugar, leyó el texto. Tenía razón.

Pero así era el estilo de aquella casa.

Bueno. Pues aun así. Aun así, no se debió haber expulsado del poder a don Niceto Alcalá Zamora. El día 7 de abril de 1936, la República comete un doble error: de fondo y de forma. Echa a Alcalá Zamora, que era su primer presidente, con lo cual se da a la República el sello de la inestabilidad; y lo echa por aplicación del artículo 81 de la Constitución, que, además de ser un disparate en sí, no se podía aplicar al caso de don Niceto.

Un país que se da una forma de gobierno en la que se erige como árbitro supremo sobre los partidos a un primer magistrado elegido libremente por el pueblo el 10 de diciembre de 1931, no puede tomar la iniciativa de desdecirse ante el mundo el 7 de abril del 36, declarando que al elegirlo se había equivocado.

Los que dirigieron aquella operación faltaron a su deber. El promotor responsable ha tenido que ser Azaña. Por ser el más preclaro, clarividente y capaz de todos los republicanos de aquel momento, su responsabilidad es más grave.

Este grave error se agranda todavía más si se considera que el artículo 81 estipula ser deber de la Cámara elegida después de una segunda disolución, debatir si esta disolución estaba justificada, y si estimare no estarlo, cesaba el presidente. Había dos maneras de afirmarla como justificada. Una, que la disolución de las Cortes Constituyentes no podía contar como disolución en el sentido del artículo 81, puesto que las Constituyentes no habían existido como consecuencia sino como causa de la Constitución.

Pero había otro modo aún más contundente para que una República de hombres sensatos hubiera evitado el desprenderse de su presidente sin dejarle terminar su mandato, y era precisamente aplicar de verdad el artículo 81. La Cámara debate si la disolución de su predecesora había estado justificada o no: observa que aquella Cámara disuelta estaba regida por fuerte mayoría de derecha y que la nueva está, por el contrario, en manos de una fuerte mayoría de izquierda; *ergo* la disolución había sido necesaria. Felicita al presidente, y a casa.

Pero no. La Cámara fue más barroca que su presidente; de las premisas sacó una conclusión diametralmente opuesta al sentido común, y echó al presidente. Ya es paradoja, ya es viruta de hechos ardiendo en el fuego de la pasión.

Puesto que a la pregunta *cui prodest?* hay que contestar: Azaña, el mayor responsable de aquel desafuero fue él, el rectilíneo de Alcalá. Llegó a presidente. ¿Ambición? Pasaba del poder a la jaula dorada de la presidencia; del ejercicio del mando, que sentía como un apetito natural, a un verdadero calvario a manos de su sayón Negrín. Fue aquél uno de sus más graves errores, quizá el más grave.

El presidente barroco, expulsado por los cubistas funcionales, había contaminado a toda la República con su barroquismo. Y la República murió descuartizada en un paroxismo de fiebre barroca; la guerra civil barroquismo *in excelsis*.

En el destierro, don Niceto supo recuperar la dignidad de sus estoicos antecesores béticos.

José Castillejo

(1877-1945)

No sé si era de Castilla. Más creo que fuera manchego, si no de nacimiento, por derecho propio natural. Si no era manchego, merecía
serlo. Hasta ese apellido que llevaba tan bien, quiero decir que tan bien
le iba o le sentaba; porque la Mancha se me antoja como una especie de
Castilleja, una variación sabrosa y popular sobre el tema de Castilla,
como Castillejo era una variación sabrosa y popular del tema del castellano.

Castilla, cerrada sobre sí, reservada y seca de ánimo, se derrama
en la Mancha. Castillejo, que en lo que tenía de castellano, era muy
reservado, dueño de sí y discreto, era derramado de palabra, gesto y
expresión. Palabra más manante y espumante, gesto más gráfico y evo-
cador, rostro más expresivo, más capaz de representar una comedia en
la que cada facción, ojos, nariz, labios, frente y hasta la vasta calva tomaban parte en la acción, no los he conocido en parte alguna.

Y ésta era una de las sorpresas que sabía y podía dar: que de aquel
rostro reservado y aun reservón, de aquellos ojos desconfiados de campesino, de aquellos labios avaros y no sólo de palabras, pudieran de
súbito brotar palabras en torrente, chisporreantes de cuentos, calidoscó-
picas de ideas, henchidas de rápida sabiduría, mientras las facciones
desempeñaban su inagotable comedia.

Y todo porque sí. Ésta era la mayor maravilla. Aquella fiesta sin
igual que el amigo o compañero disfrutaba sin haberla buscado, Castillejo la regalaba sin habérselo propuesto, sin objeto, designio, alcance
alguno. Era a modo de un Lope de Vega repleto de comedias por hacer,
pero ya en cierne, que en segundos veinticuatro pasaban de sus sueños
al teatro; dando al único espectador, o al par de ellos que por azar

233

pasaban, el espectáculo más gracioso al estado naciente con el aroma inimitable de lo espontáneo y libre.

Porque Castillejo, que tan hombre de acción parecía, tan encarrilado como estaba en el camino del bien público, era ante todo un artista dotado de un asombroso sentido de lo cómico alimentado por un no menos asombroso sentido de observación. Y aun creo que este aspecto de su riquísima personalidad fue el estímulo que le dio alientos para llevar a cabo su obra ingente de educador de España. Lo que él gozaba «representando» el pueblo que tanto hizo por educar, debió de ayudarle a trabajar lo que él trabajó en hacerlo.

Hasta los menores detalles de su conversación los transformaba en brevísimas comedias por obra y gracia de una imaginación siempre abierta. Contaba una vez cómo un ministro lo mandó llamar y cuando él todo temeroso de estar en falta (y luego diré por qué, pues también era comedia) compareció ante el Poncio, le oyó con no poca sorpresa declarar: «Usted y yo vamos a hacer cosas grandes en Marruecos.» Todo un poema era ver, no sólo oír, sino ver cómo Castillejo le contestaba: «Yo, señor ministro...» y terminaba con un gesto como diciendo: «A mí que me registren.» Pero el Poncio no se había apeado de su Sinaí. «Vamos a crear mil escuelas en la zona.» (No sé si dijo mil, o quinientas o diez mil.) El caso es que al oírlo, y viendo por dónde iba, Castillejo fríamente contestó: «Señor ministro, eso es imposible.» Pero el Poncio se erguía y crecía ante el obstáculo. «Todo está ya previsto. Los lugares, los edificios y el dinero.» Castillejo (contándonoslo) puso ojos de conmiseración. «Señor ministro, tenemos por lo visto un concepto distinto de lo que es una escuela. Para usted es un edificio con un maestro dentro. Para mí es un maestro rodeado de un edificio. *No tengo maestros.*» Y bajaba el telón.

Si alguien jamás supo mezclar la pureza de la paloma con la astucia de la serpiente, ese fue Castillejo. La paloma, en él, era inmaculada. Vivía en goce y armonía en el ambiente de abnegación al servicio público que había sembrado don Francisco Giner. Era irreprochable e inatacable; y en los Ministerios (donde pululaban sus adversarios) sabían que era inútil atacarle por tal o cual lado usualmente flaco entre las gentes, porque carecía de lados flacos. Todos sus lados eran fuertes. En realidad de verdad, para él, Castillejo no era nadie, y su pueblo y país lo eran todo. Rectitud igual a la suya la he conocido; mayor que la suya, no, porque no cabe.

Pero, ¡ojo! Aquella paloma vivía en íntima alianza con una serpiente, en combinación maravillosa, porque la paloma daba la estrategia, el propósito y la intención, pero la serpiente se encargaba de la táctica, los medios y el camino. Ahora bien, Castillejo era muy versado en los modos y maneras de la burocracia española y de esa sublimación de la burocracia que era la política y aun la politiquería; y como el personaje de Racine podía haber dicho con verdad y con seguridad:

Nacido en el Serrallo, conozco sus rodeos.

En este arte le prestaban admirable apoyo aquellas facciones de su rostro tan hechas y derechas para la comedia. Arte de tan sutil complejidad que no se presta al análisis y se expresa mejor con una parábola. Tuvo una vez una idea (las tenía cada lunes y cada martes); ya había logrado que arraigara y diera fruto y flor su gran idea inicial: constituir un fondo administrado por hombres de prestigio incomparable para enviar jóvenes universitarios al extranjero no sólo en viaje sino en residencia de estudio. Pronto se fueron creando así verdaderas colonias de futuros profesionales en media docena de capitales europeas. Pero en el decreto inicial que constituía esta obra faltaba algo: el sacerdote. Había médicos, economistas, juristas, matemáticos... pero no había curas. Si acaso podía ir el que por ser otra cosa *también,* médico, abogado, latinista, iba como tal; pero la «Junta» no podía mandar a Roma o a París un cura como tal cura para hacer de él un cura más docto.

Había que hacer un decreto aclaratorio. Se lo llevó al ministro (Romanones), pero el gran liberal torció el gesto. «¡No me meta usted en líos! Con Roma, nones», parece que dijo. (No lo garantizo.) El caso es que para aquel liberal era peligroso intentar airear el clero. Castillejo salió del despacho ministerial muy cariacontecido: la paloma iba rascándose la cabeza; pero la serpiente se sonreía. Preparó el decreto aclaratorio o Real Orden, o lo que fuera, con tan serpenteante redacción que tal y como lo había pensado, lo mandó a la firma y pasó.

Claro que tenía prisa; porque ya llevaba algún tiempo esperando el cura que quería ir a París. El cual, no más ver el documento en la *Gaceta,* no perdió ni un día en tomar el expreso de Hendaya. Pero aquí viene lo bueno. Al primer tapón, zurrapa. A los pocos meses, el cura candidato a la perfección teológica, comienza a descarrilar y bizquea hacia el modernismo y aun hacia el matrimonio, fuente y origen de tantas conversiones, modernizaciones e iluminaciones de clérigos. Héteme aquí a Castillejo padeciendo insomnio (y pesadillas en las que un Romanones fulgurante lo arroja al infierno reservado a la burocracia), transfigurado en un consejero en pro de la rigurosa ortodoxia y del celibato, de la fe y de la vocación pastoral. Castillejo salva aquella alma en peligro. Y pocas pruebas habrá más elocuentes de la fuerza persuasiva de aquel gran manchego, que el éxito que obtuvo reteniendo en el redil la oveja que iba a escapársele y que, al hacerlo, quizá hubiera puesto punto final a toda la obra que la paloma-serpiente venía haciendo en bien de España.

Aquí podría poner yo fin a esta comedia de Lope de Castillejo si no quedara un epílogo muy digno de contar. Volvió, pues, a España el curita parisianizado, se encargó de una cátedra en un seminario de una gran ciudad arzobispal y, en el curso de sus estudios y clases, propuso a los alumnos que se cotizasen para suscribirse a dos revistas que publicaba el arzobispo de París, una sobre exégesis y otra sobre historia de la Iglesia. Pronto recibió orden de comparecer ante el arzobispo.

El cual le reprochó con la mayor severidad que malgastase el dinero de los educandos en «periódicos franceses». El cura pasado por París explicó que eran dos revistas científicas que se publicaban con la garantía del propio arzobispo de París; a lo cual Su Eminencia contestó: «Aquí no hay más arzobispo que yo.» Así dio fin la europeización de un cura allá por los años 10 a 20. De aquellos polvos quizá vengan algunos de nuestros lodos.

Claro es que un hombre de la tesitura de Castillejo no podía aceptar esa ridícula dicotomía entre derecha e izquierda que aflige a la política europea, y de modo más especial, a los mediterráneos. La primera vez que los socialistas ingleses salieron de su isla para celebrar un mitin en común con los socialistas franceses, el inglés que iba en cabeza de los suyos, el varias veces ministro Arthur Henderson, apenas puesto el pie en suelo francés, preguntó dónde estaba la iglesia anglicana de Calais y allí se llevó a toda su delegación (era domingo) dejando de una pieza a sus colegas franceses, a quienes apenas si podía llamar *correligionarios,* ya que, en Francia, «socialista» implica «ateo».

Las derechas españolas (que en España todo es plural, hasta las izquierdas y las derechas), digo, pues, que las derechas españolas le profesaban a Castillejo una aversión más tenaz y enconada que profunda. Le reprochaban ser antirreligioso, ateo, francmasón, y no añadían «comunista» porque esto era todavía antes de 1917. Castillejo se limitaba a pedir a sus adversarios que le hicieran reproches concretos para ver de contestarlos, cosa harto difícil para ellos y muy fácil para él; ya que, por ejemplo, cuando se le quiso echar en cara que todas las instituciones por él creadas eran contrarias a la enseñanza religiosa, les pudo demostrar que se daban más horas de historia sagrada en el Instituto Escuela que en los institutos nacionales.

Así que, cuando vino la República, Castillejo tenía fama bien fundada de hombre equilibrado, abierto al respeto a lo católico, pero, en el fondo, de «izquierda». Estas etiquetas son tan vagas que apenas si cabe negar que lo era; pero todo según y conforme la boca que habla y el oído que escucha. El caso es que, como persona objetiva que era, a Castillejo le importaban más las cosas que las personas y la lógica más que la pasión. Las ideas «religiosas» que imperaban en las Cortes Cons-

«Vivía en goce y armonía en el ambiente
de abnegación al servicio público
que había sembrado don Francisco Giner.»
(En la foto, en el centro, el fundador
de la Institución Libre de Enseñanza.)

tituyentes y aun en las constituidas, eran a veces anticuadas, tan anticuadas que el Robespierre de aquella nuestra República, que era Álvaro de Albornoz, en su discurso sobre el tema ante las Constituyentes, dijo 1812 por 1912 con un error de cien años que habría encantado a Freud.

Un buen día, Castillejo fue a ver al ministro de Instrucción Pública (como se decía antes de que el castellanqui echase de España al castellano) y le dijo: «Ustedes han prohibido en la Constitución que las órdenes religiosas se dediquen a la enseñanza.» El ministro lo confirmó. «Bien. Pero eso quiere decir que los jesuitas no podrán enseñar en España.» «Claro. Es lo que nos proponíamos.» «Pero es que ahora han disuelto ustedes en España la Compañía de Jesús, o sea los jesuitas. Y como los jesuitas ya no lo son, podrán enseñar.» Lo más gracioso es que Castillejo no le daba especial importancia a que los jesuitas enseñaran o dejasen de enseñar. Lo importante era que hubiera maestros y que fueran buenos.

En lugar de polemizar sobre estos temas literarios o teóricos en torno a la enseñanza, se puso a hacer escuelas. No al modo de aquel ministro de su comedia sobre Marruecos: sino guiado por una idea fértil: deseaba probar con la experiencia que la enseñanza elemental hecha a la vez en cuatro lenguas, en vez de perjudicar, favorecía el desarrollo mental del niño. Organizó, pues, su escuela polilingüe, donde las clases y toda la vida escolar se hacían en inglés media mañana, en español la otra media, en francés media tarde y en alemán la otra media; y el éxito fue fabuloso.

Tan fabuloso que pronto se creaba por lo menos una escuela rival: y aquí habré de decir que Castillejo era en cosas de gastos de una austeridad rayana en la tacañería. Para él, equivalía a darle vigencia efectiva al sentido del sacrificio individual por el bien público que era la base de la salud colectiva. Los pensionados que iban a París o a Viena pensando en divertirse, pronto se daban cuenta de que la pensión no daba para *cabarets*; y los profesores y maestros que con Castillejo colaboraban sabían que, para él, el sueldo más que modesto era fuente de autoridad moral.

Era, en una palabra, un español objetivo. *Rara avis*. Jamás le preocupó que tal o cual joven de los universitarios que mandaba al extranjero, fuera de tal o cual partido, opinión, religión o sociedad, pública o secreta. Lo esencial era que todos aquellos subjetivistas, tan empapados en sí mismos que ni se daban cuenta de lo subjetivos que eran, vivieran el choque cotidiano de las cosas, y el ambiente de realidad y de objetividad a donde los enviaba. Entre tanto, la República, olvidadiza del sentido más directo, liberal y hondo de su mismo nombre, se entregaba a una orgía de fulanismos y fulanistas que iban poco a poco resecándola y marchitándola. Castillejo fue de los que terminó por irse precisamente por no amoldarse ni resignarse a un duelo trágico y sangriento entre dos fulanismos y dos dogmas.

Y todavía nos preguntamos en estas postrimerías del siglo XX, por qué lleva España medio siglo de retraso con respecto a Europa, como si no hubiéramos vivido en nuestra sangre y en nuestro espíritu la sangría de una —y la peor— de las seis u ocho guerras civiles que ha padecido España desde 1800. La primera mitad de este desastroso siglo XX ha amputado de España dos generaciones de hombres y mujeres tan bien preparados para servirla como el que más. Y todavía hay locos que no vacilarían en infligirle otra sangría igual.

Castillejo y sus hijos se han perdido para España. Como tantos otros miles de españoles bien preparados, que han ido a verter su actividad en tantos otros países, a arraigar en ellos y a privar así a España de dos inmensas cosechas humanas. El que nació, por sus dones predestinado a educar a España créandole una clase directora eficaz y europea, vivió y murió contribuyendo a educar una clase directora inglesa, ya en la Universidad de Liverpool, ya ante los micrófonos y cámaras televisoras de la BBC.

Y gracias. La Universidad y la BBC se aprovecharon de una inteligencia y una experiencia de primer orden, y él pudo vivir sin mendigar, y dar a sus hijos un lugar y una instrucción como se la merecían en el hospitalario país de su mujer.

Ni que decir tiene que, en Inglaterra, al abrigo de la necesidad material y en equilibrio de necesidad moral gracias a que sus muchos dones le permitían dar a su ambiente tanto al menos como lo que de él recibía, volvió a florecer su incomparable espíritu de creación; de modo que, aun a través de la bruma de humor que le causaba su mismo destierro y la disipación total en la bruma histórica del sueño que todos habíamos concebido, se transparentaba, como un sol que vence las brumas matutinas, el siempre regocijado humorismo de aquel manchego (lo fuera de nacimiento o no) que con sólo hablar parecía hacer revivir las páginas de Cervantes.

De esa época recuerdo como si las estuviera viendo, dos comedias a lo cervantino que solía contar con primor. Una, dedicada a sus propios esfuerzos para introducir en su pueblo la fabricación de queso por medio de fermentos ya preparados. «Conque ya me habéis comprendido. La leche, en el caldero. Fuego debajo. Vosotros, con los ojos en este termómetro, viendo cómo sube esto que parece plata. Esperáis hasta que marque 67 grados, aquí mismo ¿veis? dice 67. Y entonces echáis estos polvos y no hay más que hacer que esperar.» Los del pueblo que le llevaban la granja de sus mayores, no se dejaban convencer. «Mire usted, don José. Eso será por ahí fuera. Pero esas cosas aquí...», y meneaban la cabeza.

Pasaron los días y Castillejo volvió al pueblo. «¿Qué? ¿Lo del queso salió bien?» «Mire, don José, ya se lo habíamos avisao. Éste aquí trajo la leche en el caldero. Yo puse un fuego que ya ya, le digo a usted que era un fuego como para asar un toro. De modo que por fuego no quedaría. Así que vería usted subir la leche que era una gloria. Y eso de plata en el tubo, subía, subía al galope, pero a mí no me engañaba. En cuanto pasó por 67, zas, le eché los polvos. Pues como si nada. Siguió subiendo, subiendo, que lo tuvimos que quitar para que no se derramara. Pero de queso, nada, vamos, que nada.»

Todo ello representado y dicho con tal perfección que terminaba uno por creer que lo había visto. Tan cervantino además. Pero el otro cuento o la otra comedia que de él recuerdo era aun más cervantina y parece mentira que no esté en el *Quijote,* junto al cuento aquel en que no rebuznaron en balde el uno y el otro alcalde.

Sucedió, en efecto, que había dos pueblos con el mismo nombre, el de Arriba y el de Abajo, que andaban a la greña sobre cuál de los dos disponía de la mejor banda municipal, hasta que un día, el de Abajo le dijo al alcalde: «Tú te vas a Madrid, y te traes lo mejor que encuentres, pero que, cueste lo que cueste, que no lo puedan los de Arriba ni soñar.» Llegó la fiesta del pueblo de Abajo, y todos los de Arriba bajaron para ver aquello. Salió la banda hinchada de arrogancia. Entre sus músicos ya conocidos, iba uno que soplaba a plenos carrillos en un trombón-monstruo de esos que se arrollan como una serpiente boa en torno al torso del ejecutante y se elevan sobre su cabeza para soltar el zumbido, como un altavoz, por un embudo de cobre que parece el sol. El triunfo de Abajo era completo. ¿Completo? Esto es lo que se preguntaba el trombonista de Arriba, que iba llevándole el paso, escuchando oído atento al trombonista de Abajo, que iba metido en la serpiente de cobre, soplando a más no poder. Hasta que al fin, el de Arriba observó algo amoscado: «Pero oye, tú, ¡eso no suena!» A lo que el otro, soltando el soplo, se vuelve hacia el interpelante y exclama: «¡Toma, es que si esto sonara!...»

Cuántas veces he recordado este maravilloso cuento leyendo en la prensa los incidentes de la política internacional. Recuerdo un caso en el que se acusaba a un país de ser un peligro para la paz del mundo a causa de su organización militar, y el tal país se defendió arguyendo, y bastante bien, que su ejército era, en efecto, numeroso, pero que no constituía peligro alguno para la paz del mundo. ¡Toma, es que si esto sonara!

Esto era Castillejo, el hombre más serio y seguro y de fiar en toda labor eficaz y generosa, y, sin embargo, mejor dotado para sentir e interpretar lo absurdo de la vida en lo que tiene de cómico, que es lo menos irritante y lo más ameno. No era, pues, de extrañar que no le faltase dónde verter espíritu tan vivaz y creador.

No era viejo todavía cuando se le adelantó la muerte. Aunque ya lo había hecho sufrir atrozmente, tan escondida llegó que amenazaba interrumpirle una cadena de trabajos comprometidos. Los fue haciendo todos con la mayor serenidad; y una tarde, en que fue a verle su yerno para pedirle el texto de una colaboración para la BBC, charlaron un rato y poco después, dijo Castillejo al yerno: «Ahora márchate, que no me queda ya ni media hora.»

En efecto, antes de la media hora, murió en la mayor serenidad.

Luis de Zulueta

(1878-1964)

Luis de Zulueta era «de la Institución». Convengamos en que aquella institución que, por obra y gracia de don Francisco Giner llegó a ser la institución por antonomasia, fue madre de hombres puros. Lo mejor de la República de allí vino. Y entre lo mejor de aquellos mejores, Zulueta figuraba sin duda como de los buenos.

Tentado estaría el que de aquellos tiempos escribe de considerar que, en cierto modo, Luis de Zulueta exageraba ya la pureza. Cuando llegó a ministro de Estado, los de la casa me confiaron que de gastos secretos ni a querer hablar se atrevía. Tales cosas no existían para él. Sabido es que el español está siempre dispuesto a negar lo que hay ahí fuera a la menor provocación de su ser de dentro. Eso es precisamente lo que significa Don Quijote. Pero si Don Quijote negaba molinos para afirmar gigantes, era a fin de satisfacer su ansia de combatir. El combate no solía ser cosa que atrajese a Zulueta. Antes bien, tímido en demasía, se apresuraba a negar todo lo que, afirmado, le hubiera expuesto a combatir.

Era limpio de alma como de atuendo; leal, recto, buen amigo, buena persona y de muy aguda inteligencia. La agudeza se le manifestaba en las facciones —nariz, ojos, aunque miopes penetrantes, labios muy finos y nada sensuales—; en suma, rostro sacerdotal, que acusaba aún más su tendencia a vestir de negro o de oscuro. Recuerdo una mañana en París, siendo él ministro. Lucía el sol y Zulueta y yo, con Oliván, que habíamos estado trabajando juntos arriba, bajamos a dar unos pasos por el jardín. Íbamos los tres en fila, mirando al suelo, algo preocupados, y silenciosos; de pronto me eché a reír y Zulueta preguntó por qué. «Pues me vino a la imaginación la idea de que parecíamos tres jesuitas expulsados.»

Éramos, en efecto, los tres flacos y narigudos, casi de negro vestidos, y yo nos veía como tres pajarracos. Zulueta daba siempre la impresión clerical; y como no pocos hombres de su época (Unamuno el más ilustre), vivía en constante lucha consigo mismo al borde del creer y no creer. Era uno de los hombres en quienes menos cabía sospechar, menos aún observar, deseo de medro propio, aunque jamás ostentaba, pero siempre ejercía la imparcialidad y objetividad que suele ir con el que antepone el bien social al suyo.

Otra de las virtudes de aquel hombre excelente era su total carencia de envidia, virtud notable y aún más en un español, por ser la envidia (a mi ver) el vicio nacional. Zulueta no conocía la envidia. Y aun diré en mayor elogio suyo que pudo haber sido envidioso, porque con todas sus cualidades y formación intelectual no llegó en las letras más que a un buen pasar de autor discreto, de buen estilo llano y claro, pero nunca brillante ni original como sin duda aspiraba a serlo. Se daban, pues, en su caso todas las circunstancias exteriores que suelen fomentar la envidia; de modo que el hecho de no haberla sentido ha de atribuirse a una luz espiritual propia que le iluminaba, como todos los dones, porque sí.

Era, pues, para su época, un buen posible ministro de Estado; y digo «para su época» (aparte lo que luego contaré) porque no hablaba inglés pero sí buen francés, lo que entonces era todavía suficiente. Creo que, con una sola excepción, fue el mejor ministro de Estado que tuvo la República. Casi todos fueron no sólo del montón sino incompetentes, y algunos desdichados. El mejor de todos, a mi ver, fue Fernando de los Ríos, y Zulueta después.

Dos defectos limitaban su competencia: era demasiado pusilánime y un poco provincial, como ciudadano de la Puerta'l Sol que era. Sobre el primer defecto, algo y aun algos tendré que contar. Sobre el segundo, recuerdo su llegada a Ginebra como ministro, y cómo ocupó, silencioso y pasivo, el sitio que la gente estaba acostumbrada a ver ocupado por otra persona más activa. Para el *puerta'lsoleño* Zulueta, mi fuerza allí procedía de ser yo uno de «los caciques de Ginebra». Pronto se dio cuenta de su error, pues era (como dije) agudísimo; y vio que mi posición allí era sólida y basada en la opinión pública universal. Sucedió que, estando él en Ginebra, y yo sentado a su espalda, ambos en silencio, me mandaron a mí, no a él, ni a nadie del Consejo, un recado urgente del *Journal de Genève*. Había fallecido Briand, y el periódico me pedía con prisa una impresión o retrato de aquel gran francés que yo había conocido bien. Me eché el papel al bolsillo y Zulueta me preguntó con los ojos qué pasaba. Le murmuré la información al oído, y fue de las cosas que le hicieron darse cuenta de lo paleto que había estado al atribuir mi fuerza en Ginebra a lo que él llamaba «caciquismo».

244

Lo cuento porque es un caso típico de la causa más honda de nuestra debilidad nacional. Nos alabea el ánimo una inveterada tendencia a lo subjetivo con desdén y olvido de la objetividad; y prescindimos de que lo subjetivo, en los Pirineos... bueno, yo no diré que termina, pero sí que pasa a lugar subordinado y trabado por la ley de lo que hay. Ni tampoco desearía dar la impresión de que el brote de aldeanismo subjetivo que padeció entonces Zulueta fuera en él cosa arraigada o de frecuente actuación. Al contrario, si fue el mejor ministro de Estado que la República tuvo, con la única excepción de Fernando, ello se debió en gran parte a su capacidad para objetivar las cosas; y en nuestra correspondencia figura una carta suya —única en mi experiencia— en la que se me pide opinión e información sobre la política extranjera de España, lo que es y lo que debe ser.

Pero Luis de Zulueta carecía de valor moral. Se dejaba imponer cosas y actitudes que no eran las suyas y evitaba en lo posible cualquier esfuerzo de voluntad. De este su defecto capital parece que se dio cuenta pronto el mismo Azaña, que lo nombró ministro de Estado. El 2 de mayo, apenas unos meses después, escribe de él: «Estos hombres mustios y tímidos no sirven para nada.» ¡Y a este hombre «mustio» y «tímido» lo hace nada menos que ministro de Estado!

Ahora bien, este defecto no dejaba de socavar su carácter y relieve, lo que a su vez daba lugar también a funestos efectos sobre su agudeza, que así es la naturaleza humana, donde todo se hace con todo y no hay frontera ni separación posible entre inteligencia y voluntad. Así se explica que Zulueta cayera víctima del fuerte prejuicio de Azaña contra mi supuesto quijotismo en Ginebra. Azaña creía por lo visto necesario hacer ostentación de hombre fuerte, escéptico y creyente en la fuerza en la política internacional. Zulueta, que en liberalismo humano rebasaba a Azaña, parece haberse dejado influir por su jefe, al menos en cuanto a mí concernía; y así vamos a ver a estos dos liberales ejemplares, resueltos a eliminar la fuerza militar de la vida pública española, hacer figura de reaccionarios militaristas en política internacional.

En 22 de febrero del 32, Azaña y Zulueta van juntos a ver al presidente:

Hemos convenido que Zulueta se vuelva a Ginebra para asistir a la Asamblea de la Sociedad de Naciones. Madariaga, según Zulueta, que está enteradísimo de los asuntos de Ginebra, ve demasiado a España como una pieza de la Sociedad, y hay que frenarlo, mirando al interés de España, para no lanzarse a quijotadas. Esto es a propósito del Japón, con el que no nos conviene ponernos mal.

«...en suma, rostro sacerdotal, que acusaba aún más su tendenci a vestir de negro o de oscuro.» (Caricatura original de Manuel del Arco fechada en 1936.)

Bases.

1ª Se crea en Madrid una Institución libre, consagrada al cultivo y propagación de la Ciencia en sus diversos órdenes principales, especialmente por medio de la Enseñanza.

También podrán establecerse en ella estudios profesionales, con los efectos académicos que les concedan las leyes generales del Estado.

2ª Esta Institución es completamente ajena á todo espíritu é interés de comunión religiosa, escuela filosófica ó partido político: proclamando únicamente el principio de la libertad é inviolabilidad de la Ciencia y de la consiguiente independencia de su indagación y exposición respecto de cualquiera otra autoridad que no sea la de la conciencia.

3ª Los Profesores de esta Institución serán libremente nombrados y removidos por una Diputación de patronos, elegida por los socios fundadores, la primera vez y que completarán en adelante por sí mismos las vacantes que vayan ocurriendo en su seno.

Los Ayudantes necesarios para auxiliar la enseñanza y demás trabajos científicos serán también nombrados y removidos en igual forma; pero siempre á propuesta de los Profesores, á cuyas cátedras correspondieren.

Para el nombramiento de unos y otros se atenderá ante todo, á su creación, á la severidad y probidad de su conducta y á sus dotes como investigadores, que á la suficiencia actual.

Si en algún caso, y para mejor proveer, acordase la Diputación de patronos someter á verificar ejercicios de oposición ó de examen á los candidatos á una cátedra ó Ayudantía, no por esto adquirirá el nombrado derecho á su inamovilidad.

Facsímil de las bases estatutarias de la Institución Libre de Enseñanza, autógrafas de don Francisco Giner de los Ríos: «Lo mejor de la República de allí vino.»

Don Luis de Zulueta, al que
el Vaticano había negado el plácet
como embajador, dirigiéndose
a presentar sus cartas
credenciales en Berlín
en setiembre de 1933.

«Creo que, con una sola excepción,
fue el mejor ministro de Estado
que tuvo la República.»
(En la foto, don Luis de Zulueta
con un grupo de miembros del
Comité Permanente de Letras
y Artes de la Sociedad de Naciones,
reunidos en Madrid en mayo de 1933.
A la derecha del ministro, madame Curie.)

me cuenta su viaje. Viene relativamente contento. De Madariaga se queja un poco. Madariaga no quiere estar en París, sino en Ginebra. Zulueta`cree que Madariaga se olvida a veces, en la Sociedad de Naciones, de que representa a nuestro país, y procede como un «intelectual». Tardieu le ha dicho que a Madariaga se le habla del desarme y contesta Japón (19-III-32).

Estas dos notas vivas del admirable diario de Azaña dan fiel traslado de la situación. Un ministro novato (aunque empollón) y un presidente escéptico se quejan de quien, en Ginebra, en plena armonía con los tres países escandinavos, Holanda, Bélgica, Checoslovaquia y Suiza, quiere hacer en política internacional lo que ellos dos aspiran a conseguir en política nacional; proponen una postura aún más reaccionaria que la de las grandes potencias; y se apoyan en una frivolidad de Tardieu, el que con su actitud despectiva para con Brüning iba a hacer inevitable el acceso de Hitler al poder; y todo ¿para qué? para no ofender al agresor, no de China, sino del Pacto. Así aquellos dos hombres llenos de buen deseo y bastante competentes, pero anticuados, preparaban, sin saberlo, el fracaso de la República.

Ni en el caso de Azaña ni en el de Zulueta pudo haber deficiencia de la función intelectual. Lo que hubo fue adhesión rutinaria a un estado de ánimo viejo como el mundo, escepticismo, creencia sólo en la «estaca»; en suma, reacción. Pero en el caso de Zulueta se dio además aquel carácter tan timorato y como recomido de escrúpulos que le llevó a adoptar sin resistencia los prejuicios personales de Azaña. El cual, a su vez, cediendo a su desprecio por todos los seres humanos menos él, desprecia y rechaza la aquiescencia de Zulueta como lisonjas. «Por último —escribe el 30 de junio de 1932—, Zulueta ha estado media hora, azarándome con sus lisonjas y sus perplejidades.»

Hasta qué punto, y cómo, el lector que quiera verlo de cerca podría leer la nota del *Diario* fecha 19 de mayo de 1933, diálogo en el banco azul, diáfano sobre ambos dialogantes, en el que el carácter puntilloso y ultraescrupuloso de Zulueta sólo logra erizar en Azaña las púas de puerco espín, y la sonrisa reprimida del orgullo satánico de aquel hombre doble y misterioso, aunque no tanto.

La timidez de Zulueta me valió por lo menos dos episodios espinosos, cuyo detalle omito por haberlos contado en otro lugar.[1] La fuente y el origen de ambos fue la masonería, organismo sobre el cual yo definí mi actitud al iniciar este libro. No sé si Zulueta lo era; me inclino

1. *Memorias*, Espasa Calpe, Madrid, 1974.

a creer que no. Pero entraba en su modo de ser el prestarse a complacer a sus amigos, ya fueran o no masones; y opino que la recomendación de J. L. L. que me endilgó a la embajada, procedía de Augusto Barcia, grado treinta y tres por antonomasia.

Este J. L. L. no servía para nada, ni siquiera para fines decorativos, porque era un rubito ridículo. En la embajada, el personal diplomático lo sorprendió husmeando cajones y papeles, y Cruz Marín, mi consejero, de cuya lealtad para la República no cabía dudar, me declaró que todos a una lo consideraban insoportable. Lo mandé a Madrid con dos meses de sueldo pagado y desde entonces se dedicó a calumniarme en la prensa, con la anuencia y aun apoyo de quienes sabían muy bien a quién apoyaban.

Coincidió este ataque con otro que lanzaron en el Parlamento un cónsul-diputado por no sé dónde y el hermano mayor en edad y menor en dignidad y gobierno de nuestro filósofo nacional. Este pobre hombre se había arrimado a Unamuno para hacer oposición militante a Primo; y como Hendaya está en Francia, creyó así haber ganado títulos para ejercer la embajada en París. Aunque yo no tuve ni arte ni parte en que me nombrasen, pues todo lo urdió Oliván con Lerroux y por razones muy sólidas, aunque nada supe hasta estar el hecho consumado, Eduardo Ortega descargó sobre mí el resentimiento que le amargaba el alma; y cuando yo suponía que mi ministro me defendería, Zulueta, arguyendo que yo era diputado, me indicó que era mejor que me defendiera yo.

Quizá porque me gustan las cosas claras y no me disgusta la polémica a cara descubierta, acepté, lo que hoy me parece haber sido un error grave, porque era indispensable que fuera Zulueta, o quizá Azaña, quien me defendiera. Pero lo hice yo. Y creo que también pequé de inexperto al permitir que ni Zulueta ni Azaña hicieran lo suficiente en mi favor.

Estos desengaños que me venía llevando con tanta frecuencia en mis relaciones con lo mejorcito de la República hicieron más mella en mí de lo que entonces quizá me di cuenta. Así, por ejemplo, al encontrarme en mi casa, mero Juan Particular, después de la caída del gobierno Lerroux, para el que me había traído él de París y de Ginebra, ni por un minuto pensé presentarme diputado. Sin darme ni siquiera cuenta, había renunciado a toda idea de carrera política.

Mi último recuerdo de Zulueta data del día en que, soliviantado por la oposición desaforada a Azaña que hacían los radicales, publiqué en *Ahora* un artículo titulado precisamente *Manuel Azaña,* para afear aquella conducta, a mi ver, de meras tribus y no de partidos civilizados. Hacía valer la importancia para la República de contar con figuras de gran talla intelectual y moral que la dirigiesen, y cómo era locura el destruir lo bueno que la nación tenía, cualquiera que fuese la etiqueta con que circulase en la política nacional. Me encontré con Zulueta en la calle y se me acercó entusiasmado: «Le ha salido a usted redondo», me dijo, agrandando los ojos tras los cristales de miope. De su largo atardecer en Nueva York, supe a veces por ambas familias. ¡Qué España, que echa lo bueno que tiene, como si le sobrara!

El duque de Alba

(1878-1953)

Rara vez habrá tenido a bien la naturaleza avenirse a los requisitos de la sociedad con tanto esmero como al crear el tipo físico-moral del XVII duque de Alba. Los numerosos anglejos que por mero esnobismo afectaban llamarlo *Jimmy* ni se daban cuenta de la ridiculez que matizaba de vulgaridad su inocente pretensión. El duque, a fuerza de natural sinceridad, con sólo dejar que el alma se le asomara al rostro, lograba sin proponérselo una síntesis, mejor, una simbiosis de nobleza y de sencillez que sin esfuerzo alguno lo colocaba en el primer lugar de cual quier conjunto que con su presencia honrara.

No dejaba de haber abolengo en ello; y de lo más curioso; porque aquel rostro (cuya austeridad y aun severidad ocultaban la timidez nativa de que tanto se queja el propio duque en sus memorias de juventud) no dejaba de aludir de misteriosa manera al férreo y nada bondadoso del más ilustre y temido de sus predecesores. Cierta estrechez de semblante, ciertas proporciones de nariz y boca, los ojos rectos, la mirada sostenida, recordaban al tremendo duque instrumento del absolutismo filipino; pero más misteriosa todavía era en nuestro coetáneo aquella maestría natural y gentil de mantener una como casi majestad en la confianza y llaneza más generosa, aquella diferencia en la igualdad, aquella distancia en la acogida, y, sobre todo, aquella humildad de fondo en la casi altanería de su actitud formal.

Ésta era la fuente de su verdadera originalidad, otro misterio, otra paradoja de su carácter. En nuestro duque, el hombre social modelo, del que sólo se esperaban actos, palabras y modales de la cortesía más normal y convencional, se destacaba de toda convención corriente crean do una relación inimitable en la que se armonizaban a la perfección su rango de primer duque del reino y su humildad de sincero cristiano que de veras se siente hermano del primero que le habla, y todo no sólo sin ostentación sino sin ni siquiera parecer proponérselo.

Aristócratas he conocido en mi país y en otros; con o sin título... Ninguno tan perfecto como él. Éste tenía tantos, que sobre ello se montaron pintorescas leyendas. Una le atribuía haber entrado en una oficina de telégrafos yanqui para enviar un telegrama a España y como se le exigiera firmarlo con nombre completo asegurándole que sólo contaría como una palabra, soltó su media docena de ducados, su trecena de grandezas de España, sus veinte y pico de marquesados y así río abajo de los títulos, dejando atónito al telegrafista.

Ben trovato ma non vero. El duque español no era así ni los telégrafos yanquis tampoco. Recorriendo con él un día el palacio de Liria, y como me enseñara un retrato del famoso conde-duque de Olivares, le pregunté: «¿Quién es hoy el conde-duque?» «Yo», me contestó. Era como un lago de nobleza donde se habían ido vertiendo y aunando numerosos ríos de toda la de España. Pero claro que la aristocracia es otra cosa que la mera nobleza.

Por eso decía antes que he conocido a no pocos aristócratas en mi país y en otros; y que en todos los buenos, quiero decir, los de veras, he sentido latir aquello que es el resorte secreto de toda aristocracia. *El aristócrata es aquel que de suyo y sin presión de nadie toma sobre sí más deberes que los demás.* Así definido, el duque de Alba fue entre nosotros el prototipo del aristócrata. Sus tres o cuatro docenas de títulos no son más que las campanillas de aquella carroza moral.

Su perspectiva ciudadana no conocía más punto de mira que la monarquía. Era un monárquico no «de razón» como se definía a sí mismo Santiago Alba, sino de corazón, de tradición, casi de sangre. Actitud tan análoga a la fe religiosa, que como fe puede definirse. No voy aquí a dilucidar este tema, monarquía frente a república, que tan complejo y sutil se va revelando a medida que se estudia con más atención: y que, a veces (no digo siempre), tienta al que lo medita a aplicar a los reyes lo que Francis Bacon dijo de los dioses: «poco saber echa a los dioses; más saber los vuelve a llamar». Para el duque, esta sabiduría experimental y *a posteriori* era inútil. Él era monárquico porque sí.

Esta actitud no dejaba de restarle cierta objetividad en sus decires, pensares y aun haceres. Pero la observación encaja bien en el modo de ser general del duque. De viva inteligencia, era, sin embargo, ante todo no precisamente hombre de acción, para lo cual le sobraba distancia de las cosas y de muchas gentes, sino hombre total, *all-round* dirían los ingleses: es decir, persona que ni por asomo es capaz de separar el pensar, el sentir y el hacer: hombre que entraba todo entero donde entraba, y que era tan incapaz del pensar abstracto como del mero sentir como de todo acto no meditado bajo las tres luces del espíritu.

«Los numerosos anglejos que por mero
esnobismo aceptaban llamarlo
"Jimmy" ni se daban cuenta
de la ridiculez que matizaba
de vulgaridad su inocente pretensión.»

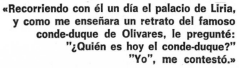

«Recorriendo con él un día el palacio de Liria,
y como me enseñara un retrato del famoso
conde-duque de Olivares, le pregunté:
"¿Quién es hoy el conde-duque?"
"Yo", me contestó.»

Este don natural ha debido de contar no poco en su tendencia a la moderación y al equilibrio. No por mera ideología, sino por temperamento, convicción y experiencia, el duque se manifestaba siempre de un modo total, no para discutido sino para aceptado o rechazado en todo su fondo y forma. Y aun cabe dudar de que, para él, fondo y forma fueran cosas distintas y separadas o separables. Ambas eran, en el fondo, ideas abstractas. ¿Hubo jamás fondo sin forma o forma sin fondo? Así que la idea de discutir el monarquismo o la monarquía le parecía un juego sin interés ni sustancia.

Pero era liberal. Y aquí se echan de ver lo menos dos raíces. Una, la moderación y el equilibrio que habían sido en él siempre don natural de su carácter; otra, la influencia del ambiente inglés que comenzó a absorber muy temprano en el colegio inglés de Beaumont, dirigido por jesuitas ingleses. El liberalismo, que no es una mera ideología, sino el ambiente indispensable para que todas ellas respiren, el liberalismo es don natural del inglés. Puede a veces verse reprimido, vencido y aun suplantado por el nacionalismo o insularismo, cuando de cosas de imperio se trate; pero salvo en este sector, la actitud liberal es innata en el inglés, y pasó al jovencito, futuro duque, por armonizar perfectamente con su propensión natural.

Así como lo había hecho la abundancia de sus títulos, la pluralidad de sus casas y castillos había dado también de sí su cosecha de leyendas, y se solía pintar con todo detalle cómo un día el duque, con un buen golpe de amigos, había ido a refugiarse contra el mal tiempo en un castillo, donde todos fueron admirablemente hospedados por el administrador; y al despedirse el duque y agradecer la acogida, el administrador le reveló que aquel castillo pertenecía al duque de Alba.

También lo creo más *ben trovato* que *vero*, pero no dejan estos cuentos de tener cierta raíz de observación real. Lejos estoy de pensar que convenga a una sociedad ir destruyendo estos islotes de historia y bienestar, biológicamente creados en otra edad e ideario, y sin embargo más útiles al conjunto que se lo imaginan los sociólogos *qui n'ont que raison*. Pero a lo que apuntan estas leyendas ingenuas es a otra cosa: si es razonable y posible aspirar a seguir hoy *rigiendo de un modo absoluto* una heredad tan compleja y dispersa.

La respuesta me la vino a dar inesperadamente no una leyenda, sino una emocionante y triste historia que debo a un ilustre cirujano español. En las últimas jornadas de la guerra civil lo llamaron al lecho donde se moría un oficial del ejército republicano; pero cuando acudió al hospital, el moribundo le declaró que lo llamaba para confesarse, por no haber sido posible hallar a tiempo un sacerdote. Había sido sargento de la guardia civil y antes cabo; y en esta función y autoridad había procurado cumplir con su deber como lo entendía entonces. Encargado del orden en tierras del duque de Alba, prohibía severamente que de los bosques se llevara nadie las ramas muertas, y en su persecución de las viejas que solían hacerlo para calentarse en los duros inviernos de Castilla, el moribundo se acusaba de haber sido cruel, y sufría horriblemente. Consolado por el cirujano en funciones de sacerdote, expiró el oficial.

Me acuso de no haber tenido nunca el valor de contar este episodio al duque; pero tengo la convicción y absoluta seguridad de que, de haberlo hecho, él habría reaccionado con dolor y vergüenza de que en su casa pudieran ocurrir tales cosas. Con todo, y poniendo a salvo el espíritu caritativo y generoso tantas veces demostrado por el duque, este emocionante episodio prueba que, aun para los que por otras razones nos dolería y mucho, la evolución de la propiedad hacia formas modernas y responsables es un requerimiento ineludible de nuestra era.

No recuerdo cómo ni cuándo lo conocí, pero entramos en cierta relación cuando mi actividad periodística en Londres me llevó inevitablemente a criticar a la monarquía y aun al monarca. Desde los primeros días, consideré un error fatal para la Corona haberse prestado al golpe de Primo. Cuando dejé la Sociedad de Naciones para tomar la cátedra de Oxford, recobré mi libertad de decirlo.

El duque me lo reprochó. No recuerdo que hayamos tenido nunca ocasión de discutirlo, al menos de palabra; pero nos habíamos visto varias veces antes de que tomase él la cartera de Estado en el gobierno Aznar, y me mandó varios recados amistosos «llamándome al orden». Me llevaba ocho años de edad y no pocos en «dignidad y gobierno», de modo que, aun firme en mis trece, siempre guardé para él una actitud de cordialidad.

Por aquel entonces, hacia 1934 o 35, tuve ocasión de observar la seriedad y pulcritud con que el duque observaba los deberes que libremente se había impuesto, como verdadero aristócrata que era. Bastó que le expusiera el caso de un artista que no acertaba a concentrar su atención en la labor por preocuparle su situación precaria para que el duque le pasase una mensualidad: la que el artista pidió; y así siguieron las cosas hasta que yo me convencí de que el mecenazgo había cesado de ser necesario; se lo dije al duque, y sin pedirme datos, aceptó mi juicio y dio por terminado el mecenazgo. Había durado, si mal no recuerdo, algunos años. Jamás me hizo después la menor alusión a episodio tan honroso para él.

Durante la segunda guerra mundial, tuvimos un período notable de frecuentación, para mí, gratísima, cuyos detalles y circunstancias merecen recordarse. Como es sabido, desde 1937, el duque había sido designado como agente oficioso del gobierno de Burgos en Inglaterra. Yo, a mi vez, fui en 1938 a instalarme en Londres, y más tarde, en el mismo año, en Oxford, donde teníamos una casa. En 1939, el gobierno «de Burgos» se torna «el gobierno español» por obra y gracia del reconocimiento oficial que se le da como vencedor. Y poco después recibo un recado del duque, por conducto de un colaborador suyo, invitándome a ir a almorzar o cenar con él a la embajada.

Desde un principio, yo había tomado con nuestra guerra civil una actitud que quizá convenga precisar. Parecía neutral, pero era algo más militante y menos placentero para mí. *Me declaré en contra de ambos bandos;* y los bandos lo comprendieron tan bien que hubo un período, bastante largo, durante el cual estaban prohibidos mis escritos en ambas partes de España.

Ahora bien, el duque de Alba no era sólo amigo mío, sino que yo me honraba con su amistad y le profesaba y profesé siempre admiración y afecto.

Éste era el fondo del cuadro. Al amable mensajero que me transmitía el mensaje de mi amigo, mi contestación tendría que ser negativa como lo había sido antes en Washington a Fernando de los Ríos, a quien me negué a ir a ver a la embajada e hice venir a la casa particular donde me hospedaba. Pero lo formulé así: «Dígale al duque que yo iré a comer o cenar con él donde él guste, pero que la embajada de España... no sé dónde está.»

Y aquí viene lo bueno. No recuerdo cómo (si por el duque o por mí) se enteró de todo Miguel Ángel Cárcano, que era a la sazón embajador argentino en Londres. El caso es que cada dos miércoles (yo iba a Londres todos los miércoles a impresionar mi plática a Sudamérica para la BBC), Cárcano nos convidó regularmente a comer durante años a Alba y a mí solos. Y ése fue el período en que vi al duque con más constancia y regularidad.

Aquellas horas pasadas en la discreta compañía de Cárcano nos permitían a los tres ir siguiendo los graves sucesos del día en aquella época aciaga en la que casi no había acontecimiento que no pusiera en vilo el destino de la humanidad. Lo que nos unía a los tres era un común deseo y una fe común en que la gran guerra la ganarían los occidentales, aun con la peligrosa ayuda de los rusos, en lo que el duque se encontraba en franca oposición a la actitud oficial de su gobierno.

La situación requería cierta buena disposición por parte de los compatriotas huéspedes, y en todo el período de ágapes quincenales no recuerdo ni un solo paso que ni de lejos tomara figura de incidente. Mérito mayor en el duque que en mí, pues cuando lo creía necesario, yo me despachaba a mi gusto ya en la prensa ya en la radio de Inglaterra, en términos que no correspondían a los que el duque de Alba, como

«...el duque de Alba fue entre nosotros
el prototipo del aristócrata.
Sus tres o cuatro docenas de títulos
no son más que las campanillas
de aquella carroza moral.»
(En la foto, el duque y su esposa en 1930.)

«...un común deseo y una fe común en que
la gran guerra la ganarían los occidentales,
aun con la peligrosa ayuda de los rusos,
en lo que el duque se encontraba en franca
oposición a la actitud oficial de su gobierno.»
(En la foto, Alba, embajador
del gobierno de Franco en Londres.)

«...Alba ignoraba
o rechazaba la orientación
tesoneramente mantenida
por Franco, que no apuntaba
a la restauración de la monarquía
tradicional, sino a la instauración
de otro tipo de monarquía.»

embajador, hubiera deseado. Nada de esto se traslucía en nuestras conversaciones de mesa y sobremesa; pero, por lo visto, mis heréticas opiniones debieron de producir no poca agitación en mi gran amigo, ya que un estudioso de los papeles oficiales halló en los despachos del duque hacia 1943-45, «algún que otro ataque indignado hacia don Salvador de Madariaga».[1]

No parece necesario analizar más a fondo en qué coincidíamos y en qué diferíamos: sólo sí recordar que poco después llegó un punto en el que el duque dijo o al duque le dijeron aquello de

Votre route est par là, la mienne est par ici.

El hecho es que desde 1937 el duque trabajaba en Londres por una causa que él entonces creía idéntica a la de la restauración de la monarquía. Aún en 1943 escribe a Franco comunicándole que el 9 de abril había asistido a una recepción en Palacio y conversado con el rey Jorge VI, el cual le preguntó cuándo se iba a restaurar la monarquía, a lo que Alba contestó que muchos españoles lo anhelaban con entusiasmo y que el mismo Caudillo había dicho en más de una ocasión que aquella solución constituiría la cumbre de su obra.[2]

Era, pues, evidente que Alba ignoraba o rechazaba la orientación tesoneramente mantenida por Franco, que no apuntaba a la restauración de la monarquía tradicional, sino a la instauración de otro tipo de monarquía. Ya en el mismo año 43, el duque figura entre los veinticinco que piden a Franco la restauración de la monarquía tradicional; y al fin, cuando don Juan de Borbón, conde de Barcelona, proclama en un famoso manifiesto su disconformidad con la política que en estas cosas venía haciendo el jefe del Estado, el duque se puso del lado del «rey» y dimitió. Su oposición se fue acusando cada vez más hasta llegar a verse un día sancionado con la retirada de su pasaporte diplomático.

Sólo una vez aludí, y aun entonces sólo de refilón, a aquel período en el que no se reveló su sagacidad al nivel acostumbrado: un día, en el Claridge de Londres, en el que le reproché francamente que hubiera influido sobre Churchill con todo su prestigio y aun parentesco para inducirle a pronunciar aquel discurso de 1944 en el que poco menos que se exaltaba a Franco por el mérito que *para Inglaterra* significaba que hubiese dejado en la estacada a sus dos amigos totalitarios: Hitler y Mussolini. Recuerdo —y se lo recordé al duque— que yo entonces en una de mis pláticas a Sudamérica, comenté: «En suma, el primer ministro inglés viene a decir: en vista de que traicionó a sus

1. *La misión diplomática del XVII duque de Alba, en la embajada de España en Londres (1937-1945)*, por Rafael Rodríguez Moñino Soriano, Madrid, 1971, p. 48.
2. Op. cit., p. 129.

aliados en esta guerra, bueno será que lo tomemos por aliado para la próxima.»

Alba me escuchó con su serena cortesía acostumbrada; meditó un rato en silencio y me dijo: «Puede ser que tenga usted razón; que yo entonces me equivocara.» Fue una escena ejemplar. La sencilla humildad de aquel gran señor me causó profunda y viva admiración.

Vislumbro retrospectivamente que esta zona común de nuestros respectivas frustraciones contribuyó no poco a estrechar nuestra amistad. A partir de aquella época, en otro período que nos halló a los dos libres de compromiso oficial, pero muy activos ambos, nos encontrábamos con más frecuencia. Por entonces también se solía unir a nosotros Julio López Oliván, gran amigo del duque, al que tuteaba; y así llegamos a un inolvidable jueves 21 de setiembre de 1953. Recién operado, convalecía yo en un hotel tres veces monárquico de Vevey, en compañía de mi compañera de trabajo y futura esposa Mimi Székely de Rauman, cuando nos enteramos por un golpe de teléfono de Oliván de que el duque y él se hallaban en Lausanne. Vinieron a almorzar; y el duque, reciente un viaje al Festival del Misterio de Elche, se puso a explicarlo todo a Mimi con gran elocuencia y entusiasmo, incitándola a que fuese a verlo, para lo cual le facilitaría él gustoso los enlaces y recomendaciones necesarios. Estuvo vivaz, gracioso, cortés, lleno de la más encantadora atención para mi colaboradora; pero de cuando en cuando nos mirábamos Oliván y yo al oír el siniestro ruido de forja que emitía el pulmón aquel, tan trabajado. Cuando se iban, le dijo Oliván: «Hoy has hablado demasiado», y él replicó: «Pues ¡hala! Silencio hasta el domingo.»

El domingo falleció.

El general Herrera

(1879-1967)

DURANTE MI SERVICIO A LA REPÚBLICA como embajador en París tuve
de agregado aéreo a un aviador vasco llamado Legórburu que, entre otras
distinciones, ostentaba la de pertenecer a un club más o menos secreto, cuyo nombre he olvidado y cuyo requisito ineludible para merecer
la elección de socio era demostrar que el candidato carecía de sentido
común. «Bueno —le pregunté—, pero ¿usted cómo lo demostró?» «Pues
presentando mi traducción en verso de la *Mecánica celeste* de La-
place.»

Este club tenía, claro está, su presidente, que era un tal Soltura,
solterón impertérrito, sin cuya presencia era inconcebible la tertulia
del Ateneo, hombre tranquilo y de buen humor, al que sostenían sus
pingües rentas —o él a ellas, que todo esto es muy complejo—. El cual
Soltura se había ganado la presidencia, por unanimidad, presentándose
un día ante el club y declarando que acababa de contraer matrimonio
con su cocinera. Cuando yo le argüí a Legórburu que aquello era absurdo
porque un hombre que se casa con una cocinera bien probada no demuestra sino tener mucho sentido común, se quedó perplejo, como
hombre que no había pensado en ello, se dio luego una palmada en la
frente, y exclamó: «¡Ah, claro! ¡Es que, por definición, ninguno de nosotros lo teníamos!»

Este Legórburu, no obstante, distaba mucho de carecer de sentido
común; muy por el contrario, tenía bastante para saber a veces ocultarlo.
Le pregunté si conocía otros casos, y me dio alguno que otro, muy
sabroso, amén del que ahora trae su recuerdo a estas páginas: el del
general Herrera. Esto ya eran para mí palabras mayores; pues el gene-

ral Herrera era una persona por quien, ya entonces, sentía gran admiración. Creo que era, hacía tiempo, director de la Escuela de Aviación, y sabía por referencia de amigos franceses que estaba considerado en toda Europa como un matemático original y profundo.

Su ingreso en el famoso club fue inmediato y unánime en cuanto refirió el episodio de su vida, que ahora resumiré, según la versión de Legórburu. Como director de la Escuela de Aviación, Herrera había adquirido en Alemania unos aviones de doble mando para la instrucción de los pilotos. Era ya otoño cuando, terminados trámites y pruebas, se firmó el contrato. Por haberse dado un obstáculo en la fabricación, la casa alemana vendedora rogó a la Escuela retrasase la recepción del 15 de diciembre al 15 de enero del año siguiente y Herrera llamó al representante alemán y le explicó que si no concluía el trato antes del 31 de diciembre caducaba el presupuesto y fracasaba la compra por falta de dinero.

Al fin se convino que Herrera firmaría la entrega como efectuada el 15 de diciembre, pagaría los aparatos antes del 31 y los recibiría el 15 de enero. Todo lo cual se cumplió escrupulosamente por ambas partes. Pero quiso la suerte que se hiciera una inspección a la Escuela, y se descubriera aquella inocente conspiración y, procesado, Herrera fue condenado a cinco años de cárcel, quedando entendido que quedaría en pleno uso de su libertad y en el goce del respeto y afecto que siempre le había rodeado. En cuanto hubo contado el episodio, el club lo recibió por aclamación.

Todo esto y mucho más se le veía en los ojos, que eran negros, pero luminosos y muy sutiles, radiantes de una inocencia que recordaba a la de Einstein. El rostro de Herrera no impresionaba como el de Einstein, por aquella irradiación de inteligencia que hacía a Einstein inolvidable. Era más bien moreno de cutis y de facciones no muy definidas, pero los ojos medían su profundidad intelectual y, de haber sido menos modesto, Herrera estaría hoy, según creo, reconocido como uno de los grandes matemáticos del siglo.

No era sólo yo el que así pensaba. Estábamos en el decenio 30-40; llevaba yo lo menos 15 o 20 años sin estudiar ni desempolvar mis cuadernos de matemáticas superiores, y no podía arriesgarme a formar una opinión en tan arduas materias sin otro apoyo que el mío; pero cuando, en las circunstancias que luego diré, estudié una memoria que Herrera había preparado como alternativa a las ideas de Einstein, me pareció que estábamos frente a un cerebro matemático de primer orden, y me confirmó en mi opinión el ver que como yo opinaba Juan de la Cierva, a quien también por entonces conocí.

«Vino nuestra trágica cita con el Destino, y tuvimos que enfrentarnos con la guerra civil. Unos a un lado, otros a otro, dilema en no poca parte decidido por circunstancias quizá contingentes y hasta caprichosas.»

En aquella fisonomía abierta, bondadosa, inteligente y modesta, se daba también un rasgo muy notable por la atención que exigía: una como firmeza de voluntad que parecía morder y no soltar: «el militar», pensaba yo, al observarlo. No tardamos todos en ver actuar este rasgo, quizá dominante, del carácter del general Herrera. Vino nuestra trágica cita con el Destino, y tuvimos que enfrentarnos con la guerra civil. Unos a un lado, otros a otro, dilema en no poca parte decidido por circunstancias quizá contingentes y hasta caprichosas. Herrera se encontraba en situación física y profesional que lo mismo pudo haberle permitido pronunciarse por un lado o por el otro. Pero no vaciló. Para él lo determinante fue su juramento. Había jurado defender las instituciones republicanas y, él, monárquico, acató su juramento y eventualmente se encontró en París, emigrado.

Estos trances son más fáciles de comentar que de vivir. La contextura de una vida humana es tan densa que, cuando se presenta la necesidad de pronunciarse es casi imposible, para la inmensa mayoría al menos, dar el golpe de voluntad final e irrevocable sin dejarse trozos del alma del otro lado. Habrá que insistir en que Herrera era monárquico, actitud de ánimo puramente determinada por la convicción y la reflexión; que era militar y de los más estudiosos; y que no es posible que no vislumbrase el porvenir que le esperaba, si no siempre, en los momentos de más concentrada meditación. No puedo sustraerme a la impresión que ve en aquel militar, honrado y altamente inteligente, una víctima de su propio sentido del valor de un juramento. A esta fidelidad religiosa a su palabra se debió la vida que le cupo llevar en la emigración.

Unos salimos mejor que otros de aquellas pruebas, a merced de la adaptabilidad a lo de fuera, de la experiencia, especialidad, dotes de cada cual. Las cosas no iban muy bien para aquellos dos seres unidos por el matrimonio más ejemplar, más a la antigua usanza, que cabe imaginar; pero pronto se resolvió lo más urgente gracias al talento matemático, tan por encima de lo común, de don Emilio Herrera. El Ministerio del Aire del gobierno francés le ofreció un sueldo honorable por tenerlo a disposición para cálculos de cierta dificultad.

Herrera no era hombre para estarse mano sobre mano a la espera de las «pegas» que le vinieran del Ministerio. Por aquel entonces, meditó y preparó unas memorias sobre cómo explicar las anomalías observadas en la luz del planeta Mercurio cuando pasa cerca del Sol y otras de las que sirvieron a Einstein para formular su teoría de la relatividad. En el fondo se trataba de prescindir de la teoría de Einstein, satisfaciendo sin ella a lo observado. No se cometa el error de tomar esta actitud por extravagante. Hoy sigue vigorosa la corriente que pone en duda

«Hoy sigue vigorosa la corriente
que pone en duda ciertas
extravagancias del propio Einstein.»

ciertas extravagancias del propio Einstein. Pero la ciencia tiene también sus beatos.

Herrera nos había mandado sendas copias de su obra a Juan de la Cierva y a mí, y recuerdo muy bien el asombro y la satisfacción con que ambos leímos y comentamos aquella obra que él tan modestamente nos había comunicado.

Pasó el tiempo, y yo veía poco al general porque yo vivía en Oxford y él en París y ya íbamos ambos viajando cada vez menos. Pero sucedió que por terceras personas me enteré de que, ya pasados los 80 años, marido y mujer, estaban viviendo sin sueldo alguno en un séptimo piso sin ascensor y sin servicio, de modo que aquella noble octogenaria hacía el servicio y la cocina, y aquel noble octogenario tenía que bajar y subir como mínimo una vez al día sus siete pisos para ir a la compra.

No quiero decir por qué vino a faltar el auxilio tan bien ganado que solía ofrecerle el Ministerio del Aire. Me limitaré a apuntar que fue debido a la oficiosidad ociosa de un sedicente intelectual francés. Pero yo sabía que aquello no iba con el estilo de Francia, y ya entonces era yo miembro del Instituto de Francia por pertenecer a su Academia de Ciencias Morales y Políticas —la de Francia, quiero decir, que la de España... eso es harina de otro costal—. En aquella Academia tenía yo más de un colega que pertenecía también a la Academia de Ciencias a secas, y entre ellos, Louis Armand, el ingeniero que después de Raoul Dautry había sido el reconstructor de los ferrocarriles franceses, destrozados por la guerra.

Hablé a Louis Armand y le escribí una nota. El caso es que la misma modestia, reserva y dignidad de Herrera eran tales que sus amigos y compañeros de la Academia de Ciencias ignoraban el estado a que estaban reducidos él y su señora. Fue cosa de días, todo lo más de un par de semanas, y la Academia le otorgó una pensión muy decorosa. Por desgracia, el desgaste de los años negros había sido duro y el alivio resultó tardío. Todo lo más disfrutó él un año de su honrosa pensión hasta que se lo llevara la muerte. La Academia tuvo la elegancia de continuarle a la viuda la pensión íntegra.

Como de la experiencia de nuestros emigrados en Francia se suelen contar las sombras y olvidar las luces, doy aquí este relato en honor al espíritu humanitario y al compañerismo entre hombres de ciencia de que dio prueba entonces la Academia de Ciencias de París para que sea conocido en España como se merece; y porque también constituye un reconocimiento positivo y concreto del alto valer del general Emilio Herrera como hombre de ciencia.

Yo había convenido con Louis Armand que no se le diría a Herrera nada de mi intervención en el asunto. Era mi objeto que le sirviera de satisfacción como un reconocimiento de sus méritos científicos. No sé cómo lo supo. Al fin y al cabo, hay varias decenas de académicos de Ciencias en Francia y todos tuvieron que votar la pensión para nuestro compatriota. El caso es que se enteró el general y me escribió una carta conmovedora.

¿Cómo pensar en él sin meditar amargamente en lo que España pierde con sus luchas internas? Parece como si un destino cruel la descuartizase dos o tres veces cada siglo, con harto destrozo de su pasado, retraso de su porvenir y desgarro de su presente. Este hombre ejemplar, dechado de bondad, lumbrera de inteligencia, espejo de honra, malvivió en París una vida que pudo haber vivido en feliz equilibrio entre los dones que recibió de la naturaleza y los que pudo haber otorgado a su país.

Fernando de los Ríos

(1879-1949)

No ES POSIBLE ACERCARSE a comprender la segunda República, hacerse
de aquel episodio de nuestra historia ni siquiera una estimación apro-
ximada, sin recordar aquello que más se suele olvidar en la aventura:
que la República era y fue para el pueblo español la *niña bonita*. Dudo
de que jamás en ningún otro país se haya expresado con más gracia y
ternura la esperanza de un pueblo en la realización de sus más hondos
deseos. Si bien ya en otro lugar de este libro he apuntado las raíces
católicas de esta actitud: el mito y aun el rito del Santo Advenimiento
(que a fuer de católico penetra en nuestro pasado hasta lo hebreo), me
toca aquí apuntar otro aspecto y matiz del hispanismo de esta actitud:
ese donjuanismo que es tan inseparable de todo lo español, y que con
tanto afecto se expresa en «la niña bonita». Y para que nada falte al
cuadro, ¿cómo olvidar que «tengo una niña bonitá» (así con ese acento
al final de bonitá), fue en todo el fin del siglo XIX y principio del XX la
letra de un toque de corneta? Con lo cual se abre a la niña bonita del
republicanismo la vasta perspectiva cuartelera que tuvo y sigue teniendo
desde los tiempos de Riego.

Ahora bien, estas formas originales y vividas que adopta el ser colectivo suelen armonizar más o menos con tal o cual persona de las que
las vivieron. Así, por ejemplo, la niña bonita no le iba ni de lejos a
Azaña; pero le iba muy requetebién a Fernando. En Fernando por antonomasia hay que entender a Fernando de los Ríos; el cual fue en la
República el pensador-poeta o el poeta-pensador, el imaginador, sentidor
romántico y romantizador de todo lo que el pueblo español soñó vivir
al derribar la monarquía, es decir, todo lo que precisamente significaba
la niña bonita.

Tema sobre el cual ha debido de existir un fondo popular bastante vasto a juzgar por lo no poco que yo alcancé de él pese a haber nacido y crecido en un ambiente militar, si bien algo amargo de cáscara, a lo que ahora vislumbro en retrospección. Cuando éramos chicos y los mayores nos instaban a que cantásemos algo en coro, lo cantado, por extraño que parezca, solía ser esto:

Republicana,
del alma mía,
tú que a las flores
envidia das,
derribaremos
la tiranía;
del alma mía
del alma mía
reina serás.

Este retorno de la monarquía en el último verso en alas del amor no parecía enfriar ni una décima el entusiasmo republicano de los que la identificaban con la tiranía en los versos anteriores. Todo respiraba ensueño político, repulsa de una tiranía coronada más quizá por coronada que por tiranía, y una niña bonita que estrujar después de terminada la revolución y ya cada cual instalado en la parcela de paraíso terrenal que por derecho le correspondía.

Todo esto, en su encantadora sencillez, no podía ser, desde luego, lo que Fernando de los Ríos aportaba a la República, siendo como era aquel ilustre socialista quizá el más leído y escribido de los republicanos españoles, el que con más derecho, dignidad y ciencia podía hacer valer aquello de «profesor doctor» que por entonces se importó de Alemania. Digamos, pues, que lo de la niña bonita parecería frívolo y de poco peso para el profesor-doctor y su bien poblada barba krausista; pero le iba a maravilla al corazón andaluz, al brazo robusto pero suelto asaz para abrazar una guitarra y hacerla suspirar, y a la chalina catalana que revoloteaba bajo la barba del poeta como jilguero en jaula. Para aquel otro Fernando, la niña bonita era un temblor de las entretelas del corazón.

Jilguero romántico en jaula de ciencia, llega Fernando a la política impulsado más por el corazón sensible que por el cerebro abrumado por el saber. Ha visto la pasión y muerte del campesino de su vega granadina, y la indignación le empuja a la brega por la justicia; pero ha estudiado historia, filosofía, economía, y ve los obstáculos y se retrae ante las soluciones fáciles a los problemas más difíciles. El poeta tira del pensador. El pensador se resiste. Hasta 1920 no ingresa Fernando en el partido socialista.

¿Fue jamás socialista? Largo declara que no. Pero para el terco estuquista, no había más socialismo que el de Marx; y Fernando había meditado y estudiado demasiado para ser marxista. En el partido, reforzó el ala crítica. Al fin y al cabo éste fue sin disputa el gran servicio que los socialistas de todos colores rindieron al país en el siglo XX: sacar a luz las lacras vergonzosas que imponían pobreza física y humillación a la inmensa mayoría de los obreros españoles. A esta labor primordial, Fernando colaboró como el que más. Si en cuanto a hacer dar al país un cambiazo dramático, se reveló más reservado, habría que hacerle mérito más que reproche de lo que virtud era más que defecto. Y a esto creo que se reducen los ataques que de cuando en cuando se leen en los escritos de sus correligionarios.

Esta delineación de su órbita dentro del socialismo español coloca a Fernando cerca de Besteiro. Si Besteiro se revela a veces más decidido que Fernando, ello se debe a que, en lo irracional, le mueve una fe marxista que Fernando no siente; si le es a veces más conservador, ello se debe a que Besteiro era menos asequible a la emoción poética que Fernando por madrileño escéptico y aun burlón, en vez de granadino sentimental y místico. Pero aun en su conjunto constituyen (por naturaleza y sin proponérselo) el ala burguesa del partido socialista español.

Esto lo vio muy bien otro poeta, discípulo y amigo de Fernando, cuyo nombre es hoy universal. Lorca es en efecto, según parece (y confirma el estilo), el autor de aquella primorosa copla que dice:

> *Viva Fernando, viva Fernando...*
> *de los Ríos Lampérez, barba de santo...*
> *padre del socialismo de guante blanco...*
> *Besteiro es elegante, pero no tanto...*

Sobre este último verso cabría discutir. Fernando vestía con más atención que Besteiro, con lo cual su elegancia era más convencional y social, menos personal e individual que la de Besteiro, porque Fernando vestía su elegancia mientras que a Besteiro le salía; pero además Fernando adolecía de una tendencia al peso y al volumen corporal que le iban haciendo cada vez más profesor y menos poeta. Sabía tanto alemán que parecía hacerle engordar, porque el alemán es una lengua adiposa; y cuando el azar y el destino le obligaron a expresarse en inglés, se le escapaban palabras alemanas por todos los costillares de su nueva encarnación anglosajona.

Esta tendencia a la adiposidad no es para tomarla a la ligera. Símbolo y síntoma viene a ser de algo más sustancial y que separa a Fernando de Besteiro; una necesidad de rodearse de autoridades académicas tras las cuales atrincherar su autoridad personal. «¡Pero usted se saca sus libros de la cabeza!», me decía una vez. «Y ¿de dónde quiere usted que me los saque?» A lo que él se callaba sabiendo muy bien que él se los sacaba de otros libros.

Léase todo esto de modo relativo; ya que todos habemos menester del pensar ajeno como del propio, y de todo hay en todos; pero en Fernando era la cultura heredada y aprendida el elemento esencial de su saber, más que la cultura personal e intuitiva que, sin embargo, su incomparable don natural de granadino (¿qué mayor privilegio?) le había otorgado. Esta preponderancia de lo colectivo heredado sobre lo manantial intuitivo se manifestaba en él de un modo por demás curioso y revelador: cuando se ponía a leer cosas suyas a un amigo, lo hacía siempre (claro que sin darse cuenta) con voz artificial, en clave más alta y femenina que su voz natural, que era viril y profunda, revelando así lo poco genuino e individual de aquel fluir de saberes ajenos a los que daba su noble estilo y elocuencia.

Tengo para mí que esta condición íntima de su ser intelectual ejerció profunda influencia en el carácter de Fernando; profunda y no buena. De suyo, y por don natural, era recto y puro, y buen amigo hasta el fin del mundo. Buen marido y buen padre, formaba con Gloria Giner y con Laurita una familia regida por el amor como pocas las habrá habido más felices. Todavía recuerdo un eclipse de luna que le incitó a despertar a Laurita, que dormía con la convicción con que duermen los niños, para que no se perdiera su hijita tan sensacional encuentro celeste. ¡Qué padre amoroso!, nos decíamos los que lo veíamos con menos entusiasmo para con las órbitas celestes y más respeto para el sueño infantil. Pero el episodio era simbólico y característico de la limpieza, hondura, riqueza de emociones que bañaban en felicidad sencilla y natural aquella familia ejemplar; y Gloria, la admirable Gloria, hubiera sido la primera en darle el mérito único a su generoso marido.

Dotados, claro está, ambos, luego los tres, para la amistad más cordial. Y es de subrayar este don natural primigenio, para la forma más compleja y matizada de todas las relaciones humanas, porque ésta fue la base de su existencia, sobre la cual se vinieron a injertar, con las rosas y claveles que da de suyo la Andalucía, malezas y cizañas de experiencia de simiente muy otra y harto sutil. Estas hojarascas tardías se nutrían, a mi ver, de dos terrenos harto quebradizos y resbaladizos: el socialista y otro más vasto y complejo que llamaré el literario-internacional.

A medida que pasaban los años, cuando me daba a meditar sobre Fernando, observaba cada vez más que se me ponía delante un enigma cerrado. Era un buen amigo. Uno de mis mejores amigos, y los he tenido y tengo admirables. Recordaba mis visitas a Granada, donde con esa mezcla tan suya de sencillez y de saber, de familiaridad y cortesía, me hacía los honores de su Granada. Por él conocí una mañana soleada de 1926 a «nuestro poeta local, mi joven amigo Federico García Lorca». De sus conversaciones y actitudes conmigo, sólo pruebas de aquella amistad tan fina y civilizada había recibido. Y sin embargo, cada vez más me inquietaba un hecho concreto que no acertaba a explicarme: Fernando tenía unos ojos francos y grandes, como de andaluz abierto y leal; pero me daba la impresión de que era bizco, y no lo era. Esto es lo que para mí constituía un enigma insoluble.

Aún ahora, cuando veo su rostro en fotografías, sobre todo donde figura con otras personas, observo esa diferencia entre su rostro y el de los demás. Hay una donde están de pie juntos Fernando, Pablo Iglesias y Besteiro. La diferencia es notable. Iglesias sonríe lo menos posible, pero algo, y muy claro. Besteiro, con todo su ser. Pero Fernando mira y no logra que su sonrisa pase la censura del ceño preocupado. Fernando no se da. Otra le queda dentro.

Aquella persona generosa, deseosa de darse, no se daba. Entre su ser y el del amigo —o el del público— Fernando, sin darse cuenta y hasta contra su voluntad, interponía un muro, un tabique, un velo, un biombo, espeso o delgado, opaco o translúcido, pero algo que obraba como lindero. ¿Cómo en Besteiro? Pues no. Siendo como eran tan similares sus respectivas actitudes, no se parecían en nada más que en cierta distancia que en ambos irradiaba su presencia. Sólo que en Besteiro, esta distancia la creaba él de su voluntad, de modo que, aun distanciando, no separaba; mientras que en Fernando se establecía la distancia sin y aun contra su deseo, y lo separaba por erigirse entre él y el otro un tabique separador.

En Gil Robles he leído algo que podría tentar al poco observador a explicarlo todo a torcidas. Dice que Fernando era cobarde. Y como también se ha dicho de Azaña, quizá sea oportuno, por lo menos, opinar sobre este extremo. Creo que en el español se suele dar con excesiva frecuencia una confusión sobre lo que es la hombría y, por lo tanto, la cobardía. Ya Ortega, con su agudeza usual, había apuntado que por algo pondría la naturaleza a la máxima distancia posible en el tronco humano el lugar del pensamiento y la residencia de la virilidad. Añadiré yo aquí que en el ser humano, además, esta distancia es la máxima *vertical,* cosa cuya importancia he querido definir y perfilar en uno de mis libros.[1]

1. *Retrato de un hombre de pie,* Barcelona, 1965.

«...fue en la República el pensador-poeta o el poeta-pensador, el imaginador, sentidor romántico y romantizador de todo lo que el pueblo español soñó vivir al derribar la monarquía...» (En la foto, Fernando de los Ríos, con barba, en uno de los primeros Consejos celebrados en abril de 1931.)

«...en el fondo, no creía en el socialismo que predicaba.» (Fernando de los Ríos, ministro de Estado en el segundo de los gobiernos constitucionales presididos por don Manuel Azaña.)

«Me he reconquistado, me veo liberal y humanista como siempre, enardecido íntimamente cada vez en mayor medida por una emoción religiosa y lleno de dolor del alma como español.» (De una carta de Fernando de los Ríos a Salvador de Madariaga en el exilio. Caricatura de Del Arco fechada en 1936.)

«...éste fue sin disputa el gran servicio que los socialistas de todos colores rindieron al país en el siglo XX: sacar a luz las lacras vergonzosas que imponían pobreza física y humillación a la inmensa mayoría de los obreros españoles.» («La carga», óleo de Ramón Casas.)

Creo, pues, que estas acusaciones que se han hecho contra Fernando y contra Azaña más bien proceden de las partes medias o bajas que de las más altas de la conciencia; y que (con todo mi respeto para el talento y el valor de Gil Robles) no es de hombres de pro el medir la virilidad con criterio de sementales o garañones. Más me inclinaría a pensar que no sea, en último término, gran prueba de virilidad el recurso demasiado fácil y frecuente a resolver las cosas a bofetadas o a tiros.

Vistas así las cosas, no creo que Fernando padeciera ansias de cobarde, como tampoco creo que las padeciera Azaña. De modo que me vuelvo a encontrar con mi enigma todavía cerrado. ¿Por qué bizqueaba Fernando, que no era bizco?

Y, como antes dije, creo ver en ello dos causas quizá arraigadas en una sola. La primera fue su relativo fracaso como dirigente socialista, que así se le presentaba a él como síntoma en el vaivén de la acción; pero claro es que en los entre-bastidores de su teatro interior, al meditar sobre su propia vida y obras, él vería no el hecho en sí sino cómo y por qué se iba produciendo y revelándosele; y ésta me parece haber sido la causa —al menos la primera— de su opacidad y reserva.

Fernando era ante todo un maestro, un profesor, de lo cual se daba cuenta y no sin pena, como veremos. Pero se encontraba preso en un nudo de contradicciones que torturaban un ser recto, deseoso de claridad y de armonía entre lo pensado y lo vivido. Besteiro zanjaba este asunto mediante una actitud, por decirlo así, esotérica. Para Fernando, sospecho que fue siempre un quebradero de cabeza y de corazón. Tengo hasta vislumbres de que en el fondo le atormentaba la contradicción entre su convicción íntima y su etiqueta política, o dicho de otro modo, que era socialista de profesión, pero no de convicción.

Esto creaba en él un estado permanente de disgusto consigo mismo, un mal humor que le agriaba la sonrisa, aquella sonrisa encantadora que Azaña describe a su vez con encanto digno de ella; apunta que le dijo Fernando un día: «Nosotros, los profesores, propendemos sin querer a la pedantería, y esto es muy ridículo, y yo lo deploro —añade riéndose con una risa angelical que se le desparrama por las barbas, cubriéndolas de miel.»

Trozo notable por el talento narrador y por el retrato del narrado, en que ya asoma esa íntima preocupación por la ciencia, que pronto revela la fe del siglo, tan firme también en Besteiro. Y así apunta Azaña que siguió Fernando diciendo: «Estoy seguro de que, situando las cuestiones en un terreno objetivo y científico, nos entenderemos en seguida».

Esta tensión entre el profesor objetivo y el poeta sensible a los tormentos del pueblo era la causa profunda de la infelicidad de aquel hombre que, por don natural, debió haber sido dichoso; la que tendía a desarmonizar aquel rostro nacido para la armonía. A mi ver explica ya en sí el hecho central de su historia pública: su relativo fracaso como dirigente socialista al lado de hombres como Largo, Besteiro y Prieto cuyo igual por lo menos era sin duda en dones de inteligencia como de sensibilidad.

En efecto, el pueblo al que él, como socialista, tenía que dirigirse, se daba cuenta del biombo que lo separaba de aquel profesor, cosa que no ocurría con el profesor Besteiro, de modo que la profesión que en Besteiro actuaba como fuerza positiva, aumentando la autoridad, cambiaba de signo en Fernando, creando lejanía y desconfianza. A mi ver, este juego, quizá inevitable, de vectores sicológicos debió de producir en Fernando efectos de profunda amargura.

Creo también que, al lado de este motivo de inquietud interior se daba otro más personal e íntimo. El primero, al fin y al cabo, afectaba sólo al hombre público. Su cultura, su prestancia, su saber, su distinción, lo elevaban encima de la multitud como le pasaba también a Besteiro; sólo que Besteiro había dado con el secreto de cómo construir un puente entre él y sus auditorios, algo sencillo y mágico, que distanciando acercaba y enseñando aprendía. Esta magia no la logró Fernando; y mi vislumbre o sospecha es que no la logró porque, en el fondo, no creía en el socialismo que predicaba.

Esta circunstancia le incitaba a buscar la popularidad por todos los medios posibles. Una de sus ideas, excelente en principio, fue la de las misiones culturales que dirigía como ministro de Educación. Organizaba grupos de jóvenes universitarios que iban por las aldeas llevando piezas clásicas, discos de música de buena categoría, conferencias; forma original de acercar la cultura al pueblo por influencia directa que pudo haber sido objeto de desarrollo ulterior (yo lo intenté en mis cinco semanas de ministro). En sí, pues, la idea era excelente y digna de éxito. Pero Fernando buscaba también el contacto político con el pueblo, y no va dicho como reproche, pues mal no hacía en ello, sino como indicio de su estado de ánimo. «Se queja Fernando —le decía yo un día a Besteiro— de que no le dejan tiempo ni lugar para su solaz. En cuanto sale de Madrid, se enteran y le aguan la fiesta con jolgorios del partido.» Me mira Besteiro y dice: «Es que Fernando viaja siempre con cascabeles en los codos. Yo me voy, nadie se entera y descanso a mi placer.» Claro. Besteiro no buscaba el jolgorio político porque no lo necesitaba. Iba siempre en cabeza de los votos. Pero Fernando llevaba envuelto en ello un hondo problema de sinceridad ideológica que (como luego diré) no resolvió hasta hallarse en plena emigración.

Un día, en un jardín público de Santander, le expresaba mis temores de guerra civil a causa de ciertas intransigencias e intemperancias de ciertos sectores de la clase obrera. Era para mí una obsesión que los acontecimientos iban a confirmar y que yo había expuesto a Prieto, el cual me había escuchado sin inmutarse. En Fernando, la reacción fue violenta, mucho más de lo que esperaba; y ello me dio que pensar, porque argüía que yo, sin querer, había hurgado un punto sensible, una como cicatriz mal cerrada, y que quizá hubiera en todo ello alguna herida oculta de origen personal. Este pequeño incidente me puso sobre la pista de otro origen posible del estrabismo moral de mi amigo, insospechado, oculto aquel día, pero por desgracia más que confirmado con el andar del tiempo.

Hay que tener en cuenta que Fernando y yo éramos, por decirlo así, vecinos de profesión, él político escritor y yo escritor político, aunque en aquellos días de nuestra común colaboración a la obra de la República se esfumase no poco la diferencia entre una y otra actividad. Añádase que, entre los hombres públicos de entonces, era, en mi opinión, Fernando el más capacitado para la política exterior y que lo tengo por el mejor ministro de Estado de la República.

En estas circunstancias, mi experiencia, no sólo de España sino de Ginebra y su gente, me hacía siempre temer la irritación y el mal humor que solía producir la mera rapidez de mi ascensión en los ambientes literario e internacional. Bien es verdad que no se me ocurrió pensar que podría toparme con este molesto resultado en mi relación con Fernando; pero cuando se produjo el episodio que luego contaré, me di cuenta tardía de todo.

Los hombres que ven el orto rápido que la suerte (buena o mala, ¿quién lo sabe?) impone a una persona, reaccionan o alegrándose o sin frío ni calor o entristeciéndose e irritándose, como si el hombre de éxito fuera responsable o culpable de sus dones o de las circunstancias que le incitan a ejercerlos. Gran disgusto fue para mí descubrir que Fernando se me había amargado cuando las cosas de Ginebra me elevaron sobre una plataforma universal.

Había tenido un aviso, pero no le había dado la importancia que luego descubrí tenía. Siendo ministro de Educación y luego interino de Justicia, tuve con Zugazagoitia el incidente que en otro lugar he relatado; al negarse Zugazagoitia a hacerme justicia, escribí a Fernando un relato completo del caso para él y para que lo comunicase a Prieto y a Besteiro. Con disgusto me di cuenta, muy tarde, de que Fernando no había trasladado a sus dos compañeros el descargo que para los tres había escrito; pero acepté el contratiempo sin darle especial significación. Esto ocurría en abril de 1934. Por lo visto después, tan sólo había sido un ensayo general.

En 1936, se produjo un caso más grave: la campaña socialista contra mí como representante de España en Ginebra, acusándome de haber tomado una iniciativa tan irresponsable como perniciosa para reformar el Pacto.[2] Esta campaña convenía a la extrema izquierda socialista, para cuyos planes ulteriores era un obstáculo mi presencia en Ginebra; pero, precisamente por esa causa, no convenía a Fernando como política objetiva. Ello no obstante se puso a la cabeza de la campaña contra mí; y aun después de que Constanza en Madrid, por estar yo en Londres, advirtiese a Fernando que toda la campaña se fundaba sobre una falsedad evidente, Fernando persistió en su error.

Preparé y publiqué una nota en la que declaraba que cesaba de estar a la disposición del gobierno de la República, sin dimitir porque no tenía de qué dimitir, y llevé la nota al Congreso para entregársela a Barcia. Esto era ya en julio. El 24 de junio había escrito a Fernando una carta dirigida a él y a Besteiro y Prieto, explicándolo todo. La carta mía a Constanza, que aquí traduzco del inglés, se refiere a estos documentos:

He quemado mis naves sin perder tiempo. Fui a ver a Barcia al Congreso y se lo dije. Parecía deprimido y preocupado y me pidió que le dejara llamar a Casares, que vino muy agotado y fatigado. Me dieron lástima los dos. Se impresionaron mucho. Pero me planté en la necesidad de irme aun dándome cuenta de que era inoportuno de muchas maneras. Les leí la nota que había preparado (y que te mando) y la aceptaron. De modo que ya está.

Entretanto, me enteré de que: 1) Fernando se había marchado la misma tarde de mi llegada; 2) Besteiro no sabía nada de mi carta; 3) Como Gloria me lo había dicho por teléfono, Fernando había recibido mi carta; 4) Prieto tampoco sabía nada. Considerando que la carta lleva fecha de 24 de junio, es por lo menos muy raro. He escrito a Fernando que me lo explique.

Mañana me voy a Toledo a pasar quince días. He visto a Besteiro esta tarde y le leí la carta. Se quedó de una pieza ante la actitud de Fernando.

Este curioso episodio no se aclaró jamás. Entra aquí mi casi total inhibición contra toda situación que humilla o avergüenza no ya a un amigo, como lo era Fernando, sino hasta a un extraño. La próxima vez que lo vi era yo emigrado y, de paso, me hallaba en Washington, donde él era embajador. Vino a verme con Gloria, y ni por asomo se habló de

2.   Más detalles en mis esbozos de Barcia y Araquistain.

aquello, reciente como estaba el asesinato de Federico García Lorca. Les leí mi elegía y se emocionaron. «Es el mejor poema de usted», me dijo Fernando. El pasado quedó envuelto en aquella bruma que solía oscurecer aun las sonrisas más honradas de Fernando. Y yo le tuve siempre ley.

Pasaron más años y, con motivo de la publicación en Nueva York de la edición en inglés de mi *Cristóbal Colón*, me escribió Fernando una carta generosa y entusiasta como solían ser las suyas, al ver dos artículos «en los números del *New York Times* y *New Herald* (sic), en primera plana, con sendos retratos ¡ay! de un Salvador algo papudo y no tan estilizado como el de antaño»... Me da su programa de clases sobre el siglo XVI español y luego prosigue:

¡Qué decirle, querido Salvador, de la tremenda crisis moral sufrida en este año y del examen de conciencia en que perpetuamente he vivido! Me he reconquistado, me veo liberal y humanista como siempre, enardecido íntimamente cada vez en mayor medida por una emoción religiosa y lleno de dolor del alma como español. [...] ¿Habremos nacido para hacer fructífera la libertad en un orden no democrático sino de disciplina orgánica, pero no ahogadiza y tiránica? ¿No será en esta dirección donde tendremos que buscar la nueva instrumentación jurídica de lo que usted se planteaba en Anarquía o Jerarquía?

Así respiraba Fernando por la herida. Le dolían los años de socialismo oficial en que había vivido. Estaba triste, pero quizá ya no bizqueara.

José Pla

(1879-1956)

UN DÍA EN QUE EL SOL BRILLABA en Londres estimulando el *far niente* natural aun de los ingleses (el cual no es poco), dos españoles paseaban su vagar a lo largo de lo que llaman allá «las terrazas», calles enteras de casas construidas iguales y en series, bordeadas todas sobre la acera por un murete bajo, continuo. De pronto, Pla se paró y en un susurro señaló a Sancha algo que Sancha no veía. «Ahí. ¿No lo ve? Sentado sobre el muro.» Sancha miró a su recién llegado amigo: «Bueno, pero ¿y qué? Ni siquiera es negro.» Más desconcertado aún, Pla arguyó: «Pero fíjese. Si no se mueve...» Sancha seguía sin comprender. Al fin se asestó en la frente una palmada sonora, que elevó al colmo la estupefacción de Pla, porque el gato ni se movió. «Pero si estamos a un metro...» Por toda respuesta, Sancha avanzó de una zancada, y posó la mano sobre la cabeza del estoico felino.

Y es que Sancha, pese a su insobornable andalucidez, se había acostumbrado ya a que entre los hombres y los animales reinase paz (apenas interrumpida por el carnicero), mientras que Pla no había visto nunca todavía acercarse un hombre a un gato sin que el gato saliera disparado para ponerse a salvo.

Pla era capitán de infantería de marina, pero lo menos posible, porque en el fondo era un liberal pacífico y más amigo de la conversación que de los tiros. Había llegado a Londres como vocal de una Comisión de Marina enviada a Inglaterra a comprar material. Le gustó Londres, se hizo colocar de excedente o supernumerario, o lo que fuese, y en Londres se quedó. Cuando le faltó el dinero, se puso a dar lecciones de español, y tanta maña se dio que, cuando yo llegué a conocerle muy pocos años después, era el maestro oficial de más categoría en la enseñanza municipal de nuestra lengua en Londres.

Pla era murciano, de Cartagena, y, sin duda para hacer rabiar a los antropólogos, era rubio de ojos azules, mientras, si mal no recuerdo, su homónimo el escritor catalán es moreno de ojos oscuros. Estas jugarretas de la naturaleza suelen ser muy útiles para desazonar y aun desarzonar a los espíritus simplistas que creen en arios y bestias rubias y otros endriagos. El hada, o quien fuera, que imaginó este anti-José-Pla era pertinaz y persistente. El José Pla catalán, nórdico para el murciano, es y fue siempre expresivo, mercurial, ágil; el murciano, meridional para el catalán, era pausado y hasta, a veces, pesado, cuidadoso, amigo de andar paso a paso por el camino dialéctico. Parece como si, para completar el contraste el Pla catalán sabe a maravilla ocultar lo serio bajo la sonrisa, mientras que a los ojos azules del Pla murciano asomaba a veces una chispa de broma o intención.

«Cuando yo estudiaba en la Academia de Infantería de Marina, eso de aprender francés sólo lo hacían los alumnos muy aventajados; inglés, sólo algún que otro chiflado. Pero cuando yo dije que aprendería alemán, se quedaron todos con la boca abierta. "Oye, pero eso debe de ser muy difícil." Y yo solía contestar: "Mira si lo es, que cuando los alemanes están solos y nadie los oye, hablan siempre en español."»

Quizá le ayudase este humorismo de fondo a nutrir y mantener su más bella cualidad, que era un hondo sentido de equilibrio moral e intelectual. En nuestras discusiones se las arreglaba siempre para dar un golpe de timón en cuanto observaba que nos desviábamos del eje de lo que estábamos intentando dilucidar; y como era no sólo cortés sino buena persona, lo hacía siempre en las formas más amenas, que no excluían firmeza. Pla me dio siempre la impresión de encarnar esta *rara avis* de la fauna internacional: un español objetivo.

Los acontecimientos de la política internacional nos separaron hacia 1920. Yo, que había tirado por la ventana mi carrera técnica, me puse a buscar trabajo y lo hallé, tal y como lo buscaba, casi a medida, en la Secretaría General de la Sociedad de Naciones, donde ingresé en agosto de 1921. Pla comenzó a verse presionado por sus compañeros de armas cuando los sucesos de Marruecos nos llevaron a una guerra colonial. Le escribían que era poco agradable para ellos que, en plena guerra, todo un capitán de Infantería de Marina siguiera excedente. Pla, que era ya auxiliar de la Universidad de Londres, tiró toda su carrera académica y se fue a Marruecos.

En la oficina de Información que yo llevaba en Victoria Street, tenía por ayudante a Luis Bolin. Alto, guapo, elegante, de grandes ojos negros, boca no muy amable aun cuando sonriera, y sonreía mucho porque era listo y de mucho ingenio, Bolin era también malagueño. Su francés y su inglés eran impecables. Su educación formal, excelente. Su elegancia sartorial no debía nada a los lores descontentos de su sastre. Era una verdadero figurín.

Un día, estando yo ausente, sonó el teléfono. Preguntó una voz masculina si era yo y contestó: «No. Soy Bolin.» Esto pasaba en inglés, y el otro (que resultó ser John Blackie, mi concuñado, escocés, dueño de una gran casa editorial científica de Glasgow) entendió que yo estaba de broma y había contestado: «No. Soy Berlin.» Bolin, pues, oyó una gran carcajada y se incomodó. En pocos segundos, ambos estaban de humor como para tirarse el teléfono a la cabeza, furiosos, más todavía por no poderlo hacer. Cuando, al final de la guerra, intenté entrar en la Secretaría de Ginebra (todavía en Londres), me opuso el veto Merry del Val; pero Bolin entró, y en la sección de prensa.

Cuando llegué a Ginebra (elegido para la misma sección por los franceses en las circunstancias que he relatado en mis memorias), Bolin, de regreso de Sudamérica, decidió marcharse. Él tenía sus razones para pensar que yo no podía tener confianza en él, de hombre a hombre, pero creo que no hubieran salido las cosas como se temía. Nadie sabía entonces, y menos yo, que los franceses me habían colocado en la sección de prensa como en una especie de antesala para darme la dirección del Desarme. (Cuando digo «los franceses» no digo Francia, sino los franceses de Ginebra y sobre todo Jean Monnet.)

Pero el caso es que se fue y yo me encargué de España en la sección. Y cuando al año siguiente tomé la sección del Desarme, Comert, que dirigía la sección de prensa, me pidió que le encontrase un sucesor. En seguida pensé en Pla y, no sin alguna resistencia del Ministerio de Marina, haciendo valer que Pla no tenía arte ni parte en aquella selección, conseguí que sus compañeros lo dejasen ir.

En Ginebra pronto logró no sólo adaptarse sino llegar a ocupar una especie de situación de confianza general como hombre objetivo e imparcial, tanto que llegó a ser a modo de delegado de Comert para resolver los pequeños conflictos internos, de que luego referiré un caso notable. Pero si la adaptación a la Secretaría le fue fácil, algo menos le resultó hacerse a los beneficios de la paz. En Ginebra le faltaban la inseguridad y la suciedad. «Eso de no oír pacos parece que me irrita; y las calles, tan limpias… me dan vértigo, ¿sabes? y voy tirando papeles a derecha e izquierda para no caerme yo.»

Un buen día, Pla se presentó en el despacho de Comert, el director de la sección de prensa, en compañía de sus colegas chino y rumano. Estos dos funcionarios aspiraban cada cual a disponer de un despacho a solas, en vez de compartir el que ambos ocupaban, y Pla, nombrado árbitro por Comert, venía a apoyar la petición de sus dos compañeros. Pla rogó al chino que expusiera el caso. «Muy sencillo. Cuando yo escribo un artículo para la prensa china, tengo que recitármelo en alta voz, porque las palabras chinas cambian de sentido según la clave en que se pronuncian o cantan, y hay nada menos que cuatro claves.» Cortó el rumano: «Ya verá usted lo que es eso para mí cuando trato de afilar mi estilo y tengo que aguantar un artículo entero en chino y en cuatro claves.» Comert se volvió a Pla. «¿Y usted qué dice?» «Que tienen razón. Yo mismo, si tengo que hacer un artículo para Sevilla, pues me resulta mejor si lo canto con unas castañuelas.»

Otro recuerdo de él tengo de una discusión, de pie, tomando café, después de un almuerzo en casa de Pablo de Azcárate, a quien había yo traído de León para la sección de las Minorías. Frescas todavía, nos embriagaban las noticias de la caída de la monarquía y el advenimiento de la niña bonita. Oliván estaba grave; Pla, sereno y judicial; Azcárate, asustado y Álvarez del Vayo ebrio de entusiasmo y hecho un jacobino. Llevaba ya un buen rato sosteniendo que, como lo habían probado Inglaterra en el siglo XVII y Francia en el XVIII, las únicas revoluciones que cuajaban eran las que decapitaban al rey. Las actitudes eran típicas de cada cual. Pablo de Azcárate y Oliván eran los más conservadores; Oliván como monárquico, Azcárate como profesor de Derecho y burgués conservador. A mí me preocupaba el efecto, que auguraba desastroso, que la ejecución del monarca produciría sobre la sicología nacional, ya propensa a la violencia y a la sangre; el más arbitral, sereno y judicial era Pla, que intentaba valorar el caso, admitiendo como meras hipótesis todas las que la situación permitía imaginar. Dicho se está que en su sentencia se pronunciaba en contra de toda sangre, real o no.

Análoga serenidad de juicio aportaba Pla a mi actuación luego como embajador y delegado en Ginebra al servicio de la República. Desde el primer momento se dio cuenta de la importancia primordial que para el país y para su régimen podría tener una gestión como la mía, apoyada en la opinión liberal del mundo entero, y en particular en la de los dos países anglosajones y en el norte europeo.

Pla fue uno de los españoles que en mi experiencia he hallado exento de envidia y capaz de alegrarse —en vez de entristecerse— por el éxito ajeno. Esto era en él muy de admirar, porque al fin y al cabo, aunque de profesión militar era, por elección propia, hombre de letras; en cuya vocación no pasaba de lo correcto y aceptable; de modo que pudo haber sido víctima de la pasión más triste de las que afligen al escritor: hacerse envidioso. Si se salvó de tan triste destino fue por su maravillosa objetividad.

En esto coincidía con otro escritor, Agustín Calvet, que hizo ilustre en castellano como en catalán el seudónimo de Gaziel. Pero Gaziel podía siempre sentirse a nivel de cualquier escritor y eludir así la envidia. Estos dos hombres contaron entre los que me dieron ánimos para conllevar

«El José Pla catalán, nórdico para el murciano, es y fue siempre expresivo, mercurial, ágil...»

Luis Bolín.

«...comenzó a verse presionado por sus compañeros de armas cuando los sucesos de Marruecos nos llevaron a una guerra colonial.» (Óleo de Bertuchi, detalle.)

el ambiente bilioso con que se veía en España mi actividad ginebrina.

La otra fuente de purificación en Pla era el humorismo. Para él era Ginebra un verdadero paraíso. Bastaba con observar, oír y ver a muchos hispanos de ambas orillas del charco tratando de hablar francés o inglés para pasar ratos inolvidables. Pla, que sin ser gran lingüista, hablaba bien las dos lenguas y las escribía correctamente, solía referir no pocas historietas debidas a aquello que formuló no sé quién de modo tan feliz: «En Ginebra se habla francés en todas las lenguas del mundo.»

A fuerza de oír pintorescas transposiciones del español al francés *(que te crois tu cela)* fui enseñando a Pla la jerga o franquiparla que había ido construyendo yo en mis tiempos de ferroviario, cuando conviví con un ingeniero vasco y otro belga, y hablando del segundo, le decía al primero: *Il a une rôtissure qu'il se la marche dessus.* Otro ejemplo clásico de la misma parla era el famoso *Regrandfromage de Regarde-les-fleurs de la Scie,* cosa muy estimada en Castilla y que ha inmortalizado Cervantes en una famosa escena. Pero estas invenciones se quedaban tamañitas al lado de lo que en Ginebra se oía a veces.

A veces, el chamuscado por el humor era él, y lo solía contar con el mismo gusto. En una barbería de la calle del Arenal, se topó con un barbero andaluz, parlanchín y dicharachero, que en el curso de la conversación o soliloquio lo tomó por mucho más viejo de lo que era. Al protestar Pla, el locuaz Fígaro se excusó: «Perdone, señor, pero como le vi así carvo, mellao y too joío...»

Otro caso más delicado tuvimos siendo niñas mis hijas. Fuimos a dar un paseo en coche con los Plas, o sea Pepe, María y el perro; y cuando le preguntaron a una de ellas si le gustaba el perro, contestó con la mayor sinceridad y sencillez que sí, porque se parecía mucho a María. Situación vidriosa y resbaladiza si las hay. Pero el caso es que la niña tenía razón, y aun pudo haber dicho que se parecía a Pla también, porque los tres formaban una familia bien avenida en la que se parecían mucho sus tres componentes.

Por eso aquel día no perdió nada de su amenidad y buen humor general por la inesperada observación infantil, porque la observación era exacta y el caso es que el primero en hacerlo constar fue el propio Pla.

En contra de lo que pudiera desprenderse de esta anécdota, María era mujer agraciada, de ojos negros y facciones regulares, y poseía hasta cierta belleza debida (según barrunto) a una paz moral bien asentada. Era buenísima, excelente esposa, y habría sido, sin duda, excelente madre, pero no tuvo hijos, así que adoptaron una sobrina que con ellos creció y se hizo mujer. Cuando Pla llegó a la edad de la jubilación, se quedó en Ginebra. El fracaso de la República fue el primero de los golpes del destino que lo llevaron al sepulcro. El segundo fue la larga enfermedad de su mujer, una fiebre reumática que la tuvo jadeando, martirizada un año entero por una enfermedad cruel que la estrangulaba sin matarla. En cuidarla día y noche, Pla agotó su modesta pensión; y las vecinas, que todo lo veían, vinieron en su auxilio con verdadera caridad cordial, velando a la enferma de noche y de día por turno, hasta que la pobre María falleció.

Entonces, aquel hombre de tan buen humor, que había visto a su bonísima María injustamente torturada por la muerte un año entero, moribundo él de un cáncer en la ingle, exhaló unas palabras inolvidables: «¿Ves tú? Los hombres se han portado bien, pero Dios muy mal.»

José Pla —en el centro— con su hija y Bertholin.

El Ejército es nacional, así como la Nación no es patrimonio de una familia. La República es la Nación que se gobierna a sí misma. El Ejército es la Nación organizada para su propia defensa. Tan solo en República pueden [...] el Estado y [...] a la identidad [...] propósito, de estímulos y de disciplina que se sustenta [...] paz interior y, en [...] de opresión, la [...] suelo. La República gobernará el [...] con normas de [...] responsable [...] y recompensa [...] entender [...].

J. Azaña

Manuel Azaña

(1880-1940)

EL ESPAÑOL DE MÁS TALLA que reveló la breve etapa republicana era de Alcalá de Henares. Mucho se ha escrito sobre Alcalá; no bastante sobre su clima. Alcalá es un horno en verano y una nevera en invierno; de modo que los alcalaínos están cocidos por el calor y recocidos por el frío, y así criados por ambas influencias contrarias logran una singular impasibilidad. Las cosas no les dan ni frío ni calor, no al menos comparables con los excesos de lo uno y de lo otro a que los somete su tierra.

Tal era, en efecto, la primera impresión que causaba Manuel Azaña. Era inmutable. Lo bueno, lo malo, lo alegre, lo triste, todo parecía dejarle indiferente. «Parecía» digo, porque no se podía uno persuadir de que, en el fondo, así fuese. Bien que la boca emanase displicencia, superioridad, casi desprecio; pero los ojos eran blandos y muy sensibles, casi siempre tristes y a veces como al borde del llanto. Si no indiferencia, por lo menos distancia. En Azaña lo que dominaba era un anhelo de distancia, una decisión íntima de tener a la gente lejos, lo más lejos posible que permitiera la conversación.

La segunda impresión que dejaba en el espectador era de nobleza. No que aspirase a pasar por mejor nacido que otro. Nadie menos afligido de nada que se pareciera a esnobismo; pero tampoco de ese esnobismo a la inversa que hoy hace a tantos burgueses disfrazarse de proletarios para estar a la moda. (Caso típico el de Neruda.) La nobleza que emanaba de Azaña era flor natural de su elegancia interna. Su alma vivía en un piso muy alto. Había niveles que ignoraba o prefería ignorar. Se adivinaba, al verle y hablarle, que la conducta para él era cosa ante todo de buen gusto.

Sencillo y austero. Recuerdo un día de esos soleados de Madrid que invitan al paseo, en que íbamos hablando de su jefe, Melquiades Álvarez, cuando a fuerza de discursos se disponía este gran orador a llevarse el partido reformista de la república a la monarquía. Azaña estaba en contra y criticaba a Melquiades en términos que hacían pensar en Séneca. «Yo no sé si es por la vejez, pero parece que ansía el lujo y la comodidad.» Lo decía con inefable desprecio para aquel hombre que, al fin y al cabo, vivía vida bien modesta. Pero todo ello me inspiraba admiración: el despreciado como el despreciante.

Esta pureza estoica, este casi pudor que expresaban las palabras, el gesto, la actitud para con el despreciado, la misma serenidad y moderación, casi la misma aceptación del error como flaqueza inevitablemente humana, me impresionaban como cosa típicamente española. Azaña la encarnaba para mí de modo especialmente feliz, desde luego en total ignorancia de lo que hacía. Para él era como la respiración: una función natural.

Con todo, aquella serenidad, nobleza, lejanía de su actitud le daba cierta autoridad. Nada de galones. Era un funcionario todavía modesto del Ministerio de Gracia y Justicia (el cual de entonces acá, como tantas otras cosas, ha perdido la gracia); y fuera de su profesión, en las letras, contaba poco. Había quien sabía que Azaña había escrito algo, pero nadie parecía seguro; y en cuanto a lo que del ingenio y del caletre puede dar la conversación, tampoco daba mucho de sí porque hablaba poco. En aquellos tiempos, sonreía todavía, y era su sonrisa quizá el rasgo más revelador de sus dotes intelectuales, las cuales ocultaba menos por modestia que por orgullo.

¿De dónde su autoridad? Vaya usted a saber. Quizá de que era hombre de pocas palabras, de humor seco al borde de lo rebarbativo, a la barandilla del desdén, a la orilla del olvido. No se adentraba en las discusiones donde, so capa de temas o sistemas, se corrían personas; y en los más de los asuntos de conversación parecía tener ya hecha una opinión tan firme, que ningún argumento improvisado, fácil frase feliz o teoría recién importada de Alemania podría ni rozar. Por eso quizá frecuentaba poco los salones del Ateneo a la hora de las tertulias.

Era fríamente amable y eficazmente servicial. Cuando aún en los albores de nuestra relación le rogué me indicase qué había que hacer para validar en España mi matrimonio civil, celebrado en Glasgow, me pidió los papeles y todo lo hizo él. Pero, con todo lo que vengo recordando, no extrañará que añada que Azaña, buena persona, afable, cortés y servicial, no sentía la amistad. Puede ser que yerre, pero no creo que haya tenido más amigo de veras que Cipriano Rivas.

En aquellos tiempos, de 1920 a 1930, le florecía a veces en el rostro cierta jovialidad. Nada estable, desde luego; pero algo así como esas ráfagas de luz que todo lo realzan durante un rato en una oscura tarde

«La nobleza que emanaba de Azaña era flor
natural de su elegancia interna. Su alma
vivía en un piso muy alto.» (Tres imágenes
poco conocidas de don Manuel; en una de ellas,
con su esposa doña Dolores Rivas Cherif.)

de invierno, que luego sigue oscura. A ello ayudaban las facciones todavía jóvenes, la tez tersa y los ojos siempre profundos y casi siempre tristes; pero sobre todo el bigote, rasgo esencial del paisaje de aquel rostro que tan dramático papel iba a representar en su vida.

De este primer período de mi relación con él me habían quedado dos impresiones maestras: un ser más hondo de lo que dejaba ver, envuelto en un manto de amabilidad y cortesía, nada dispuesto a dejarse ni entrever, y quizá tenso por dentro de alguna contradicción o contrariedad soportada sólo a costa de una severa disciplina. En total, y con la única excepción de José Ortega, el hombre más magnético y atrayente de aquellos días.

Vino la República y Azaña fue por derecho natural el hombre de más valer en el nuevo régimen, sencillamente por su superioridad intelectual y moral. Físicamente lo encontré muy deteriorado. Hacía años que no lo veía. Gris, lo que le quedaba del pelo no bastaba para dar espíritu y luz a un rostro vencido por el peso de las facciones. Había cometido el error de rasurarse el bigote; y los rasgos de su fisonomía eran gruesos y fofos, de modo que el rostro no lograba fundirse en una unidad de imagen humana; y por faltarle algo, no sabía yo qué (no todavía), algo que lo ordenase e iluminase, aquel rostro, otrora tan magnético y simpático, tomaba aspecto de objeto, sin expresión humana alguna en su talante normal, a no ser que el momento (sobre todo el discurso parlamentario) le elevase el ánimo hasta la belleza.

Hay que resignarse a partir de la realidad de verdad por poco que guste. Azaña había logrado, no sé cómo, una fealdad tan intensa que a veces era muy difícil dejar de mirarle, de fascinante que era. Además, se había vuelto aún más rebarbativo, desdeñoso, despectivo, displicente; y daba la impresión de estar siempre a la defensiva. Lampiño, el labio superior abría un desierto entre la nariz y la boca; y toda aquella región desolada venía a aumentar el efecto trágico de sus ojos de viuda inconsolable.

Digo viuda ex profeso. Aquel estoico de antaño parecía ahora expresar algo de epiceno y ambiguo que desbordaba en una inflación carnal, no sólo en el rostro, que tanto afeaba, sino hasta en los dedos, que amenazaban con sumir las sortijas en rollos de gordura, de modo que se sorprendía uno pensando: pero ¡qué grueso se ha puesto! Y como compensación, la crisis de España, aquella solución dramática, su acceso súbito a la responsabilidad que era para su nobleza nativa la esencia de su encumbramiento, la soberana inteligencia de sus análisis y sobre todo su palabra, triunfaban de aquella miseria física y realzaban su personalidad.

Azaña ha sido el orador parlamentario más insigne que ha conocido España. Más de una vez me ha ocurrido quedarme asombrado oyéndole hablar, constándome por las circunstancias que se trataba de un discurso improvisado, y escuchando aquel razonamiento riguroso expresado con aquella perfección verbal. «Pero ¡si podría ir a la imprenta tal y como lo dice!», exclamaba yo para mis adentros. (Y a mí se me alcanza no poco de este arte.) Entonces, el mismo rostro fofo y feo se le transfiguraba y parecía hasta hermoso, animoso, verbo vivo de la nueva fe. Nada de aquella oratoria palabrera a que suelen tender los políticos de nuestro país, sino una sencillez formal que permitía ver al desnudo una inteligencia clara y una voluntad firme. Los discursos de Azaña deberían haber bastado para asegurar su permanencia a la cabeza de la República, si es verdad que el gran orador es el gran gobernante. Pero ¿es verdad?

Si no lo es, el error se explica. Porque el orador político no pierde su materia prima, que es el tiempo, en ejercicios meramente literarios, y si el que habla vale, su discurso debe ser una acción. Se enfrenta con el suceso, lo expresa y define en términos políticos de aquella hora viva, y marca la acción que aquella hora viva exige. Hay, pues, base para que se cree y tome cuerpo el error que iguala el gran orador parlamentario al gran gobernante.

En Azaña, no obstante, se daban aspectos del carácter que restaban eficacia a sus grandes virtudes de hombre de gobierno. La más grave de sus deficiencias políticas fue su profundo aislamiento. Aquella reserva, aquella distancia, aquel desdén, aquella defensiva oponían inexorable obstáculo a su oficio porque lo aislaban del «otro». Por eso fue uno de sus peores defectos escoger mal los hombres en quienes depositaba su confianza. Lo puedo afirmar sin temor a equivocarme, no sólo porque hizo nombramientos escandalosos por lo ineptos, sino porque quiso que yo fuera su ministro de Hacienda, que es el colmo de la ineptitud.[1]

Habrá, pues, que distinguir en la excelencia de Azaña como gobernante entre por un lado su visión de lo que había que hacer y la limpieza y nobleza con que se propuso hacerlo, y por otro la confusión en que se hundió más de una vez por sus pocas dotes como selector de hombres y aun, a veces, como juzgador de situaciones. Y para sopesarlo como se debe, habrá que mirar bien a qué se debe ese fracaso de su vida política, que probablemente repercutiría también en su vida interior.

Como primera aproximación diría que Azaña vivía preso de sí mismo: «Estoy demasiado hecho a encontrar en mi interior los motivos de elevación y de placer; me he educado, en 25 años de apartamiento volun-

---

1. Parece ser que se lo aconsejó Leopoldo Palacios, por el mero hecho de ser yo amigo de Thomas Lamont, que era el hombre fuerte de la casa Morgan de Nueva York. Si llego a ser amigo de Stokowski, me ofrecen la dirección de la Orquesta Sinfónica.

tario, en la contemplación y el desdén. Y no tengo remedio.»² Se tenía a sí mismo en la cárcel. ¿Por qué? ¿Temía a los demás o se temía a sí mismo? A mi ver lo uno y lo otro, mas no en el sentido en que alguno de sus adversarios lo ha querido ver. Es vulgar e irresponsable la idea de que el hombre no agresivo es cobarde. Azaña no era agresivo, pero no era cobarde. Lo prueba el mero hecho de que sin haber manejado en su vida arma alguna ofensiva, escogiera libremente y se preparase para la cartera de Guerra. Extraña idea se hace de los oficiales del Ejército español quien se imagina que puede dirigirlos y mandarlos un hombre cobarde. No. Si Azaña se tenía a sí mismo en prisiones, la razón es muy otra.

O las razones. Porque una de ellas ya la conocemos. Hombre de mucha vida interior, no esperaba del «otro» nada que no supiera ya. Esta arrogancia intelectual era como un muro de cárcel que lo encerraba en un aislamiento casi hermético. Puro y sin mezcla él, no creía que los demás tuviesen tal virtud en tal medida. Quizá, pues, entre los motivos de su aislamiento se diera cierto temor a tener que avenirse a tratar a nivel más bajo del suyo; quizá temor a equivocarse. Pero lo que sin duda más temía era *recibir impactos del «otro» que hiciesen daño a su sensibilidad.*

Así nos vamos acercando al gran secreto de Azaña. Tenía miedo por su alma; porque era una alma de poeta. De la finura, la delicadeza, la sensibilidad del poeta Manuel Azaña no cabe dudar. Basta con hojear sus *Memorias* para toparse a cada paso con trozos de su prosa que semejan telas velazqueñas. La seguridad de su pluma es, en efecto, digna de recordar la del pincel de Velázquez; y la belleza misteriosa del paisaje de la región de Madrid se expresa en las páginas de Azaña con emoción no menos contenida, pero no menos segura que en los cuadros del gran pintor de Felipe IV.

Sea de ello lo que fuere, y ya veremos lo que fue, pronto echó de ver la gente enterada y observadora que si la República tenía en Azaña su *spiritus rector*, aquel hombre fuerte revelaba evidentes flaquezas; y que estas flaquezas se debían a una falla, una como ruptura en aquel ser, sin embargo, tan íntegro. Las formas que solía tomar esta falla eran la brusquedad, la reserva, la desconfianza, la poca información. En una de nuestras primeras conversaciones, le hablé de cómo se podría reorganizar el Ejército para hacerlo más técnico y menos aparatoso; y cómo convendría ir reduciendo y simplificando las capitanías generales, moderando su tendencia a inflarse en virreinatos. Su reacción, pues el gesto y el tono le

2. *Memorias*, tomo IV, p. 424.

EL JARDÍN DE LOS FRAILES

POR

MANUEL AZAÑA

5 PESETAS EN LIBRERÍA Y EN LA ADMINISTRACIÓN DE

"LA LECTURA"

PASEO DE RECOLETOS, 25.-MADRID

Algunas opiniones de la crítica sobre EL JARDÍN DE LOS FRAILES:

«*El jardín de los frailes*, con su grave lirismo, su delicada introspección, su emoción del paisaje, y, en general, del ambiente, y, sobre todo, su dramatismo interior, acusa la personalidad del literato. Es un libro ni brillante ni fácil, que hace pensar en un Amiel joven y que atraerá a los que entienden de estilos y sienten una curiosidad simpática hacia las crisis del pensamiento y de la sensibilidad.» ANDRENIO.—(*La Voz*).

«El admirable libro de Azaña exhala melancolía. Tiene todo él un tono de hojas doradas por el otoño, como las de los grandes castaños de Indias. Son las memorias íntimas, ricas en delicados conflictos, de un niño; pero examinadas y complicadas por el hombre que en su madurez busca el origen de sus pesares, de su desilusión en los primeros tanteos de su espíritu para hallar un camino de luz. Si hubiera sido mi propósito hacer crítica literaria, señalaría a los lectores las descripciones que hace de sus tierras de Alcalá, del ambiente de esos claros pueblos castellanos. Hay en ellas amor y dolor; pero, sobre todo, hay esa exactitud idealizada, que es el secreto misterio—que ni él mismo conoce—de la pincelada del artista.» EDUARDO ORTEGA Y GASSET.—(*La Libertad*.)

«Había quien sabía que Azaña había escrito algo, pero nadie parecía seguro...» (Folleto de propaganda de «El Jardín de los frailes» y portada de «La novela de Pepita Jiménez».)

MANUEL AZAÑA

LA NOVELA DE PEPITA JIMÉNEZ

CUADERNOS LITERARIOS

«...no creo que haya tenido más amigo de veras que Cipriano Rivas.» (En la foto, en Méjico, en 1967, con Juan Fernández Figueroa.)

daban más empuje que el de una mera contestación, fue: «Ya se lo encontrarán un día en la *Gaceta*.»

«Malo», pensé. No me parecía a mí procedente el sistema de hacer las cosas por sorpresa. Pero Azaña era así. No le gustaba preparar, negociar, ir paso a paso: sino meditar *a solas*, construir su edificio *solo y a oscuras*. Y ya terminado, dar el golpe. El lector de sus *Memorias* se encontrará a cada paso con esta actitud cerrada y secreta para con todos. «No le dije nada.» «Claro que no le dije que...» Y así constantemente. En otro menos hermético, el decir algo, si no todo a todos, algo quizá no del todo exacto, podría servir para sacar verdad; pero en Azaña, ni eso. Al «otro», aunque fuera «amigo», lo trataba como al buscabolsillos: se abotonaba la chaqueta, y chitón.

No cabe dudar de que este rasgo tan fuerte en él le llevó al fracaso —al suyo y al de la República— por dos caminos: se ganó la enemistad de los militares y ni intentó siquiera crear lo que más necesitaba la República: un centro izquierda.

No es cosa de esbozar aquí un cuadro de las relaciones entre Azaña y los militares; menos todavía de adoptar los cuadros que de ella se pintan por un lado y por otro. Hable cada cual según su leal saber y entender; en estas páginas daré por base de mi opinión que, frente a los militares, Azaña tuvo casi siempre razón en cuanto al fondo, y rara vez en cuanto a la forma. Por mi función en Ginebra, y aunque ni conmigo se franqueaba (como luego diré), sé con qué angustia se convenció de que, pese a sus altos presupuestos y numeroso personal, España no estaba defendida ni para la menos peligrosa de las guerras que podrían estallar en torno a su territorio. Ni de su capacidad técnica, ni de su seriedad como ministro del ramo, ni del buen sentido que inspiraban sus planes cabe dudar. Del modo como intentó llevarlos a la práctica, sí. De sus relaciones personales con la mayoría de los generales más influyentes, también. Pero de que, en lo militar, lo que Azaña aspiraba a hacer era lo más clarividente, no me cabe la menor duda. Y que si los militares hubieran respondido en el terreno técnico, sin pararse a juzgar y condenar formas quizá defectuosas del ministro, no sólo habría estado España mejor armada con menos gasto, sino que quizá se hubiera evitado la guerra civil.

Algo por el estilo cabe decir de la estrategia política de Azaña. Nuestra mala suerte quiso que, en este terreno, la perspectiva real y la personal se daban de cachetes. Lo que la República necesitaba era un centro fuerte que la asegurase contra los peligros de uno y otro extremismo, o sea una república burguesa. Excelente estrategia en sí, era además buena ortodoxia marxista, que veía en la república burguesa el prólogo o la etapa indispensable para una república marxista después.

No sé si de veras Azaña intentó adentrarse por este camino, aunque en su *Diario* se refleja con frecuencia la necesidad de guardar la relación política con Lerroux para impedirle que se deslizase a la derecha. El obstáculo a aquella limpia perspectiva real era la perspectiva personal, que llevaba encima un rótulo imposible: Lerroux. La oposición entre Azaña y Lerroux era absoluta, y se manifestaba en el terreno más irreductible de todos, el del gusto.

Tendré que desviarme, porque el tema lo merece. Azaña, precisamente por su limpieza, adustez, sencillez y austeridad natural, se encontraba en incompatibilidad de gusto con Lerroux, pero también con don Niceto Alcalá Zamora; y por fuerza tenía que sentir los mismos ascos con Indalecio Prieto. Sin embargo, los dos primeros dieron lugar a una enemistad política irreconciliable, y en cambio Azaña y Prieto llegaron a unirse en estrecha comprensión mutua, centrada en bien del país.

La situación sicológica era de lo más sutil. En los tres casos, se daba en Azaña una repulsa neta e instintiva; pero de índole muy distinta. Para con Prieto, procedía de que Prieto era un diamante en bruto, pero muy bruto. Le gustaba, por ejemplo, revolcarse en la obscenidad, y más aún si estaba presente gente de modales finos y de gustos delicados, alguno «de la Institución» sobre todo. Su víctima favorita era Fernando de los Ríos. Azaña no era menos delicado que Fernando, pero ocultaba mejor su disgusto, con lo cual Prieto perdía interés en el juego.

Pero Prieto tenía para Azaña otros rasgos del carácter que lo salvaban, mientras que don Niceto era todo lo que Azaña no podía ni quería ser. Se enfrentaban como la sencillez y aun la austeridad castellana con la sobreabundancia andaluza. Y además, se daba en don Niceto una incurable tendencia al caciquismo de pueblo que irritaba profundamente a Azaña, siempre celoso de que se perdiera en caciquerías un tiempo que pertenecía a la nación.

Pero el caso de Lerroux era el más grave de los tres. La idea que Lerroux se hacía del poder era más pintoresca que conforme al criterio moderno; y Prieto, que la detestaba, sin detestarlo a él, lo explicó claramente en una conversación con Azaña y Fernando de los Ríos ya a principios de agosto del 31.

Están considerando lo que sería el gobierno formado en cuanto se aprobara la Constitución. Dice Azaña: «Apartados los socialistas del poder es inevitable un gobierno Lerroux. Fernando —sigue escribiendo Azaña— insiste en que Prieto ha hecho mal poniéndole un veto. "En eso he de insistir con todas las fuerzas de mi alma", replica Prieto. "Lerroux no es hombre para dejarse asustar, le digo."»

Conste, pues, que Azaña ve entonces con claridad que hay que colaborar con Lerroux, y en varios y repetidos lugares de su *Diario* dice que el deber de su partido es mantener la Alianza Republicana con él y no dejarle que se corra a la derecha. Esto es lo que era de esperar de su clarividencia. Pero el origen de su cambio de orientación lo da Prieto en seguida en esta misma escena que Azaña relata en su *Diario*: «Prieto presenta el panorama de las inmoralidades que acompañarían a un gobierno Lerroux. Asegura que Lerroux le es simpático en el fondo porque es un tipo de aventurero muy español; pero que no es dueño de la gente que le rodea. Y calentándose un poco, agrega: y para qué disimular, él mismo no se pararía en barras. Hace una vida fastuosa, necesita dinero, y lo sacará de donde pueda. Los chanchullos de la monarquía serían, por comparación, cosa de querubines.»

En cuanto a Maura y el propio Azaña, he aquí lo que se lee en el *Diario* (1-VI-32): «Maura tiene de Lerroux una opinión muy negra. Lo considera como un estorbo en la República, y de su moralidad dice pestes. Maura fue quien excluyó a Lerroux del Comité revolucionario, porque no se fiaba de su fidelidad, y quien se empeñó en recluirlo en el Ministerio de Estado cuando se formó el gobierno provisional con tanta anticipación, porque no se fiaba de la honorabilidad de Lerroux. Ortega piensa de Lerroux aún peor que Maura, si es posible.»

Éste era el secreto a voces, la causa de que el comité aquel de San Sebastián, que prefiguró el gobierno de la República, confinase a Lerroux al Ministerio de Estado, ¡que ya es confinar! «Recluir» dice Azaña, y el verbo mismo es una revelación. Para aquellos españoles, el ancho espacio era la política interior, y la exterior era un anejo en el que encerraban a Lerroux.

Ni en lo de los militares ni en lo de Lerroux cabe condenar a Azaña de un modo absoluto; porque en ambos casos, tenía que habérselas con caracteres refractarios a toda relación razonable; pero basta la lectura de su admirable diario, que precisamente por lo admirable es tan revelador, para percatarse de que la gran barrera que se opuso al éxito que como estadista merecía más que nadie, fue el aislamiento a que se condenó por su carácter.

Su tercer gran fracaso fue el concerniente a la política exterior, que trataré de dilucidar como pueda, pese a que está inextricablemente entrelazado con su total incomprensión de quien yo era y lo que pude haber sido para él y, por él, para España.

Con el advenimiento de la República se le abre a España una era de expansión en el mundo de las naciones. En Europa, donde era mero satélite del «Sirio» político que constituían Francia e Inglaterra, se abre la posibilidad de seguir su política propia, contando con la simpatía de las naciones ni grandes ni pequeñas: las cuatro nórdicas, los tres Benelux y ciertos países nuevos y liberales como Checoslovaquia. En América, Es-

«Azaña ha sido el orador
parlamentario más insigne
que ha conocido España.»

«La oposición entre Azaña y Lerroux era
absoluta y se manifestaba en el terreno más
irreductible de todos, el del gusto.»

«Azaña había logrado, no sé cómo,
una fealdad tan intensa
que a veces era muy difícil dejar
de mirarle, de fascinante que era.»
(Caricatura publicada en «Crisol»
el 14 de octubre de 1931.)

paña logra con la República su máxima popularidad. En la Sociedad de Naciones ha reparado el disparate cometido por Primo de Rivera retirándose de ella, y restaurado en condiciones honorables su derecho a reelección indefinida al Consejo. Su interés primordial es la paz, a fin de reducir al mínimo razonable sus fuerzas armadas y poder consagrar sus dineros a los ministerios más necesitados: enseñanza; asistencia social; agricultura; obras públicas. La aplicación de los principios del Pacto le viene como un guante.

Para este programa, la República tiene su hombre. No ha servido nunca a la monarquía;[3] habla y escribe en inglés, francés y español, lenguas en las que es conocido ya en las tres literaturas; goza ya de una experiencia de seis años como alto funcionario de la Sociedad de Naciones, cuyo ejercicio le ha conferido una autoridad internacional comprobada y hecha constar por toda la prensa europea; y ha dimitido sin vacilar de una cátedra vitalicia de tanto prestigio como la de Estudios Españoles de la Universidad de Oxford para servir a la República cuando ésta no había cumplido un mes de edad.

Aquel hombre tenía derecho a considerarse, al menos en potencia, como el igual de Azaña en todo menos en política extranjera, en que le era muy superior. Si él, con razón, se gloriaba de ser el único español que había atraído a un auditorio de medio millón de españoles, yo, desde Australia hasta Chile, hablaba a auditorios de 1 500 personas que pagaban todas su billete. Tenía derecho a ofrecer a Azaña una colaboración íntima y leal, a ser su hombre de confianza para levantar a España en Europa hasta un grado tal de autoridad que fuera muy difícil, si no imposible, a los enemigos de la República emprender nada contra ella, porque cuando se proclamó, era yo el único español de autoridad política universal.

Todo se malogró porque Azaña, preso en su propia cárcel, no vio, no pudo o no quiso ver en mí más que un miserable arribista que quería ser ministro. Quien dude de este aserto, lea los textos que a mí se refieren en su *Diario*. No me propongo comentarlos aquí por dos razones: la primera es que siento una aversión tan honda como la que él sentía a discutir cosas por bajo de cierto nivel; y la segunda porque no está aquí para hacer frente a lo que yo diría.

Sólo añadiré dos cosas concretas sobre este enojoso y triste asunto: la primera es que puse muy especial empeño en que Azaña, entonces jefe del gobierno, se nombrase a sí mismo primer delegado a la Conferencia del Desarme, que comenzó en febrero de 1932; y cuando al fin lo conseguí, sentí como una desgracia que no viniese a Ginebra aunque no fuese más que un par de días. Creo que su elocuencia clara, sencilla y fuerte hubiera logrado en Ginebra un éxito clamoroso, y que no había

3. Salvo en los meses que duró la Conferencia de Barcelona (1921).

entonces en la política interior peligro tan inminente que no pudiera arriesgar el viaje. A mi ver le faltó confianza en sí mismo y conocimiento bastante del tema y de su ambiente. Fue gran lástima para él y para la República.

El segundo reproche que hay que hacerle es que se portó con una escurridez de anguila durante la visita de Herriot. Ni en su preparación ni en su ejecución me prestó el menor apoyo para que fuéramos de acuerdo. No supe jamás qué pensaba o quería; y mientras para mí se trataba de iniciar un proceso de incorporación de España al sistema europeo para fomentar en Europa intereses creados que no tolerasen agresión alguna contra la República, para él había que recibir a un huésped ilustre, pero no entrelazar en nada con él. A pesar de lo cual, estoy convencido de que pensábamos tan cerca el uno del otro que nos hubiéramos entendido. Pero él no se abrió a mí jamás. Fue otra ocasión perdida.

Su prejuicio —o lo que fuese— era tan fuerte que aun en cosas terceras, donde nuestro común interés por el país tenía que ir puro y sin mezcla, estaba siempre «en contra». Cuando se fundó la Orden de la República, título que hallé ramplón y de rebotica, propuse *Villalar* para echarle alas de victoria a aquella triste derrota, o la *Orden de la granada*, porque yo veía en la toma de Granada y el simultáneo descubrimiento un doble acontecimiento que simbolizaría una granada lanzando sus granos al mundo. En ambos casos, Azaña exclamó: ¡Jamás!

Siempre buscando terrenos y ambientes de unión, propuse y se fundó la Comisión Permanente de Estado, formada de los presidentes y ex presidentes del Consejo de Ministros, del ministro y ex ministros de Estado, del presidente y ex presidente de la República y de los de las Cortes. Jamás se prestó a que funcionase. Creé el Ciudadano de Honor, dando el título el primer año a Unamuno, y el segundo a Cossío, institución por encima de los partidos, premio al español de la calle, pues era el plan, al cabo de unos años, dárselo a un desconocido de limpio aunque modesto historial. En cuanto llegó al poder, lo tiró al cesto.

¿A qué se debían estas tremendas fallas? En primer lugar, a una ignorancia total de Azaña no sólo sobre lo que yo era sino sobre lo que yo hacía. De mi obra en Ginebra, que todo el mundo fuera de España y los pocos españoles enterados veían con evidente simpatía, no tenía ni idea, pese a lo bien documentado que yo cuidaba de tener al Ministerio. Me acusaba de hacer «quijotadas»; lo que ya está mal, porque no las hacía; pero, aún peor, jamás me hizo la menor observación sobre este tema ni sobre ningún otro, salvo el del artículo 16 del Pacto, cosa en que estábamos de pleno acuerdo.

El hueso de la diferencia es quizá algo paradójico. A Azaña la política extranjera sólo le interesaba intelectualmente, pero no le apasionaba, como la política interior, y esto es importante. Él vivía de la lucha misma que a cada página de su *Diario* profesa (y cree) detestar. Su vida es aquello. Ha menester sentirse rodeado de lo que él llamaba «hombres pequeños», porque así se justificaba su desdén y porque los vencía con su superioridad natural. En política extranjera, había que partir de la unión de todos los españoles. Él (sin darse cuenta) vivía de la desunión, del loco de Maura, del caciquil don Niceto, del ligero don Inda, etc. En la política exterior, no había hombres pequeños. El pequeño era él. Quien siga su *Diario* con atención, pronto hallará el contraste entre las largas páginas sobre las pequeñas fuerzas rivales parlamentarias y politiqueras, y la brevedad de sus notas sobre política extranjera: «Vino Fernando. Hablamos de política extranjera.» ¿Hablamos qué? No lo dice. La cosa no le interesa en el fondo. No vive en él.

Como el Madariaga de que se trata en su *Diario* no soy yo sino un ente de su imaginación, me inhibo de esta querella, en la que no me siento parte; pero sigo, claro, interesado en ella como español. Como tal, no dejé nunca de insistir en la eminencia de Azaña entre los prohombres de la República, de admirar su política y sus discursos y de atacar, cuando fue necesario, a los que lo atacaban. Su reacción fue siempre o brusca o nula; cosa que no me desviaba ni un segundo de arco de la dirección que yo consideraba ser la exacta. Jamás recibí de él el menor obsequio, invitación, confianza. Ni sabía, ni aun hoy sé, dónde vivía. Mi azañismo fue siempre químicamente puro. Lo merecía y no había más que hablar.

Cuando en 1936, justo antes del golpe militar, se montó una campaña socialista contra mí a propósito del artículo 16 del Pacto, campaña dirigida por los socialistas y fundada en falsedades, Azaña, que era el inspirador de mi deseo de reformar o interpretar el artículo 16, y con quien estaba de completo acuerdo, no dijo esta boca es mía; siendo así que tres palabras suyas poniendo en claro que yo actuaba de acuerdo con él, habrían bastado para que se hundiese la campaña.

Su silencio en aquella ocasión y el hecho (que sólo hoy retrospectivamente observo) de que jamás me diera ni una taza de té mientras fui su embajador, o cuando, él perseguido y los lerrouxistas en el poder, volví por él en un artículo famoso, me hace pensar que no le era simpático ni me veía ni oía con gusto. Casos así he conocido bastantes en mi vida. Casi siempre se debían a la envidia.

Esta explicación no sirve para Azaña. Era hombre que tenía demasiada conciencia de su valer para sentirse envidioso del más pintado, sobre todo si actuaba fuera. He aquí cosas suyas: «Tengo una seguridad que, probablemente, carece de fundamento racional y proviene de mi indolencia» (4-VIII-31). «A los que tenemos una porción de Segismundo ¿qué puede dársenos de todo? Sin embargo, el mando es en mí una función natural.

Pero hay cosas grandes que uno quisiera hacer; los hombres pequeños las estorban» (3-VII-32). Quiso mi mala suerte que este hombre, de veras grande, fue para mí uno de los hombres pequeños que estorbaron mi misión. El 31-V-32, recién pronunciado su maravilloso discurso sobre el estatuto catalán, describe el ambiente «pequeño», el derrotismo, «una maliciosa complacencia en abultar las dificultades presentes», y añade: «Yo estoy seguro de salir de todo esto; me parece clarísimo y si me dejasen tranquilo no ocurriría nada.»

Trozos análogos, de confianza en sí mismo, inevitablemente forrada de desdén para con el ambiente en que se mueve, lo elevan por encima de la envidia. Además, en el admirable diálogo con Alfonso XIII, que medio soñó despierto el 27-V-32 en la euforia de su gran discurso dice algo que confirma su conciencia de su superioridad.

EL REY.   *Yo quería hacer algo grande en España.*
AZAÑA.   *Es increíble. Nadie le hubiera supuesto capaz de grandeza ni en su imaginación.*
REY.   *¿Y usted tampoco lo cree?*
AZAÑA.   *Tampoco.*
REY.   *¿Por qué?*
AZAÑA.   *Porque no es usted artista.*

Esto, para mí, es un atisbo luminoso que nos abre el arcano de aquel hombre genial. *Sin ser artista no se puede ser hombre de Estado.* Azaña era lo uno y lo otro. Escultor de pueblos que se topó con una arcilla refractaria a la forma, una piedra que parecía mármol firme y era granito deleznable. Pero gran escultor. Así se lo escribí un día y él contestó: «Querido amigo: muy agradecido de su felicitación. Está bien eso de escultor; pero ¿en qué materia? ¡Velay! como dicen en Valladolid.»

Gran escultor porque gran poeta. No se pueden leer sus libros sin toparse con unos renglones de tan fuerte belleza que hay que cerrar el libro sobre el pulgar y ensoñar lo que se ha leído.

Sensibilidad. Esto es el rasgo dominante. Percepción de la belleza. Profundo, íntimo, inefable placer de la belleza. *Ergo,* profundo, íntimo, inefable sufrir de la fealdad. Creo que aquí radica el secreto de su cerrazón, su miedo, su actitud defensiva, su aislamiento, su no querer saber, su desdén. Y ¿qué remedio queda que volver a aquel sueño despierto que tuvo cuando «convocó» a Alfonso XIII?

«He estado no sé cuánto tiempo inactivo, sumiso en divagaciones, y más que nada en el reposo. He levantado la cabeza y, en el espejo que hay al fondo de la sala donde trabajo, me he visto a distancia, con una expresión grave y pensativa que me ha llamado la atención. Me he visto como si viese a otro. He visto al ministro, al Presidente, al timonel de

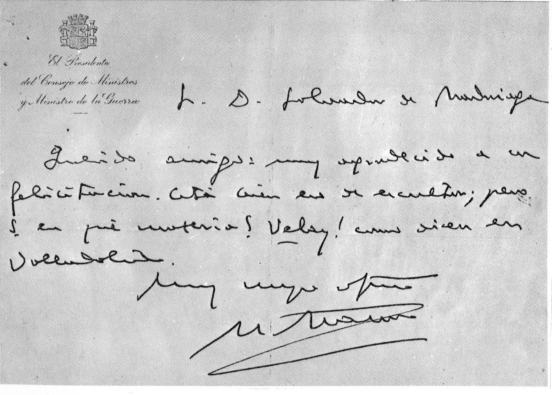

El Presidente
del Consejo de Ministros
y Ministro de la Guerra

Fotocopia de la carta a la que el autor alude en el texto.

Azaña con el abad mitrado de Montserrat
dom Antoni Maria Marcet.

Visita de Azaña a la biblioteca
del monasterio de Montserrat, de Barcelona.

una política, ya fuera de la representación, sin más testigo que sus propias reflexiones.»

Entonces convoca al rey Alfonso y habla con él. Pero la procesión va por la cripta. Él, el artista, el escultor de pueblos, el poeta fino y sensible y delicado, ha visto aquel rostro fofo e irrevocablemente feo, aquellas facciones achorizadas, aquellos ojos, tristes de su propia fealdad, y se ha dicho: «Pero ¿qué eres tú que ahí me miras y para olvidarme llamas al rey de su destierro? ¿Qué eres tú?» Y el del espejo contesta:

—Un poeta dentro de un sapo.

Este poeta penetró hondo en el saber humano por vía de su corazón. Para él, como poeta que era, el corazón era el camino natural para el cerebro. En sus *Memorias*, al azar de los días, tardes, noches, se abren de súbito perspectivas del alma humana esbozadas con maravillosa precisión a su vez dictada por la nobleza del que escribe. Entonces, este hombre tan complejo, a veces tan inferior a sí mismo, dará una página entera sosteniendo como nadie en su época la fuerza del pensamiento, la magnanimidad, el sentido trágico de la vida, sobre todo, pero no sólo, de la española.

Esta riqueza asombrosa de sus *Memorias* me ha incitado a terminar mi retrato de este grande hombre con una página suya que lo representa mejor que cualquier rasgo de este su aspirante a pintor. Lo difícil era escoger entre tanto oro puro. He rechazado lo estrictamente intelectual porque no era él eso, sino algo mucho más humano y cálido; y he escogido una página escrita durante su estancia en la Pobleta (17-X-37):

Hoy al mediodía he salido al jardín, con propósito de leer a la sombra de un árbol. Imposible. La embriaguez de la mañana me ha quitado la atención y luego el deseo. Decimos que es otoño, porque no hace calor. Pero un sol deslumbrante, y como un trabajo profundo, invisible, de germinación y crecimiento. Densidad de primavera. Aromas fuertes de resina y flores. Un vientecillo ágil. Revolotean, sobre las dalias encarnadas, dos mariposas. Un labrador ara los bancales y canta a grito pelado. La tierra está blanda, migosa, suave. Después silencio, calma luminosa. Acordes de silencio y luz. No sé qué sentido capta una vibración, ni luminosa ni sonora. Imposible adaptarse a un ritmo. Se escapa, se va. Me deja atrás, se va uno al fondo como piedra... El perro ha venido a hacerme compañía. Se acerca a la estanquilla, derriba un tiesto, bebe, con fuertes chasquidos de lengua, brinca sobre un arriate, troncha unos tallos, y se me queda plantado delante, mirándome de hito en hito. A los lados de la cabezota, los muñones de las orejas cortadas le ponen dos acentos puntiagudos. «¿Qué quieres, Tom? ¡Estás flaco! ¿Te echan poco de comer?» Es un mastín cachorro, manso y sociable. Poco inteligente, no entiende lo que le digo, pero le gusta que le hable. No sería el primer caso. Entiende bien que soy su amigo. Se echa en el suelo tan largo como es, apoya la cabeza en las manos, su mirada me envía dos hilitos brillantes por entre los párpados entornados. Es feliz porque nadie le hace daño, y su índole perruna no se sustrae como yo a la fascinación del natural. ¡Qué día insolente, provocador del hombre! La vida no es como aparenta en este rincón. Ni siquiera para los perros. Pienso que lo sabrían los cartujos retraídos aquí en otro tiempo, y que por saberlo se retraían. ¡Qué atroz indiferencia por el sufrimiento humano esta calma falaz, sin moraleja posible! La matanza continúa.

Ramón Pérez de Ayala

(1881-1962)

Y se ríe Pérez de Ayala
con su risa entre buena y mala.

Así, ANTES DE COMENZAR MI ESBOZO DE AYALA, me lo da hecho la memoria de un golpe genial de intuición. No falta nada. Es él. Quienes lo conocieron bien lo reconocen al instante en la aleluya de Valle-Inclán. La risa, sosegada e inteligente, que casi siempre le iluminaba el rostro, la bondad que manaba luz de razón de todos los rasgos de su rostro, la maldad o más bien la malicia que en su inteligencia provocaban los traveses humanos que percibía —o imaginaba— y que, a su vez, le alimentaba la risa, cerrando el círculo en un anillo de serenidad. Porque no era una sonrisa de esas que las gentes se ponen como mascarilla para cubrir el vacío, sino un como regocijo activo de lo que se ve y de lo que se va a ver...

Ayala era asturiano. Hijo, pues, de la región que es, a mi ver, la más inteligente de España, la más razonable, la más clarividente. Fue sin duda uno de los hombres más agudos de su época, y por lo tanto, no sólo perspicaz sino objetivo. Pero fue además un hombre bueno y hasta tierno; y ya hace muchos años, la primera vez que me ocupé de él, que fue con motivo de sus primeros versos, procuré poner de relieve esta bondad y esta ternura de la mejor poesía de Ayala.

No era actitud fingida, como quizá pudiera sospechar quien observara la influencia en él de los versos de Francis Jammes. Este poeta del Midi francés derramó su ternura sobre los burros, animales que lo merecen (al menos, los cuadrúpedos) aunque no sea más que para compensar las

313

perrerías de que son objeto por parte de los hombres y que debiéramos llamar *hombrerías* a fin de no cometer injusticia para con los perros.

Ayala, en sus primeros versos, cayó alguna vez en imitación de este poeta francés, siendo así que nuestro asturiano valía mucho más como poeta que su modelo; y así creo que la influencia de Francis Jammes no sirvió tanto para revelarle la bondad, que en Ayala era ingénita y genuina, como para quitarle la vergüenza de ser bueno.

Que el español es así. Teme ser bueno porque vive dominado por el complejo del *macho*, y teme —este macho *teme*— que se imagine la gente que, puesto que es bueno, es afeminado. En vano se inventó entre nosotros aquello de *lo cortés no quita lo valiente* (quedándose en *cortés* por no atreverse a decir *bueno*); a fin de salvaguardar la reputación de macho a que todos aspiran; casi no hay español que no procure esconder la poca o mucha bondad que aguarda en él como un sol en la bruma.

Así que me veo obligado a hacer constar que Ayala, aunque naturalmente bueno, era tan hombre como cualquiera y aun más que muchos; de modo que, al poner de relieve su bondad queda muy lejos de mi ánimo poner en tela de juicio eso que ahora se ha dado en llamar *machismo*, vocablo que no deja siempre de chocarme porque en mis mocedades un *macho* era sobre todo un mulo, y por lo tanto carecía de goces nupciales (como también decía Valle-Inclán).

Vuelvo, pues, así a «su risa entre buena y mala». Este hombre bueno era perspicaz y observador como pocos, y por lo tanto tenía que ver con los ojos del intelecto lo que de malo hay en los seres humanos. ¿Dónde, pues, la maldad que el otro perspicaz, Valle, descubría en él? En que un «bueno» sin mezcla se entristecería al observar las taras de sus congéneres, pero Ayala se regocijaba al verlas. Esto, por paradójico que parezca, se debía a su misma bondad.

Que hay que explicarlo... Claro que hay que explicarlo. La bondad, que es una de las formas que toma el amor, no es una actividad intelectual sino afectiva, y por lo tanto no requiere condiciones. No dice: «te querré si eres sana y perfecta y si no, no»; la bondad acoge y abraza sin condiciones. Para Shakespeare, tan hijo suyo (o de Dios) es Yago como Otelo. Pero la malicia, que era la forma que la maldad tomaba en Ayala, es una actitud adquirida por la experiencia, y por lo tanto, no sin el apoyo y ejercicio de la función intelectual. Los traveses en los humanos son como los dientes en las ruedas, requisito del engranaje. El malicioso se construye, pues, un mundo cuyas piezas se machiembran naturalmente como las de una máquina bien pensada; y esta construcción le produce un hondo placer intelectual. La malicia del observador inteligente, aun cuando lleve en sus entretelas ciertos efluvios de maldad, no es mala; es si acaso neutral. Quizá por esta causa, fina y agudamente intuida, dice de

Ayala Valle-Inclán «su risa entre buena y mala» porque ni expresa sin matices la bondad innata en Ayala, ni tampoco alude a una maldad sin matizar y filtrar.

De todos mis encuentros con Ayala guardo buen recuerdo. Era de lo más civilizado, culto, ameno, considerado, que dio la España de su tiempo. Y en las letras españolas, como poeta y como novelista, de lo mejor del siglo, de lo más original y de lo más sensible y perceptivo y capaz de expresar con acierto y vivacidad los humores, aspectos, sustancias y atributos de cosas y personas.

Su tendencia dominante como poeta y novelista era la intelectual. Los temas y el modo de tratarlos revelaban una actividad ante todo intelectiva, y no es raro sino casi normal que en su obra la acción se distraiga a veces, dejando de lado el personaje para que el autor medite en voz alta durante un párrafo o un par de páginas. Través de intelecto activo que se observa hasta en los más grandes, y que aflige a Shakespeare tanto como a Tolstói.

Pero, para mi gusto, lo mejor de Ayala es su lenguaje y estilo, en los que acierta siempre a dar la impresión que el gran escritor logra sin proponérselo: la perfección verbal en la espontaneidad, la exactitud matemática en la libertad lírica, la sensibilidad de cada instante dentro de la armonía del conjunto. En pocos escritores de España se ha dado un don más logrado y puro de escribir como un gran artista sin preocuparse del arte. Y porque era un don suyo personal y original, se observa con la misma fuerza en toda su obra, ya sea en la poesía, ya en la novela, y en ésta, ya en los caracteres como en los paisajes, y hasta en sus ensayos. Lo mismo da y vivifica un momento humano que un atardecer, un idilio que una tormenta. Ayala tuvo la serenidad intelectual del hombre de pensamiento puro y libre, sin rayas, fallas, tabúes, linderos de ninguna clase. Y siendo tan intelectual no fue nunca intelectualista, ni pedante, ni hombre trabado por prejuicio alguno. Fue uno de los espíritus más libres de su siglo. Esta postura lleva sus riesgos. Es muy posible que Ayala no lograse haberlos sorteado todos. Se daba, en particular, en él cierta indiferencia con ribetes de escepticismo y aun de cinismo en cuanto a su actitud para las cosas de la vida colectiva, ya política, ya social. Recuerdo una conversación que tuve con él sobre la historia de nuestro pueblo, tan abundante en altos hechos e increíbles hazañas como en barrancos tristes de fracaso y humillación, y cómo su actitud se colocaba sin esfuerzo en una perspectiva nada humilde ni orgullosa, sino reposada y natural. «¿Por qué no ha de haber pueblos que se granen en el éxito y la prosperidad y otros en el desengaño y el sufrimiento?» Ésta era en el fondo la postura normal y de equilibrio en que Ayala vivía y a la que debía no poco del encanto que su trato inspiraba.

Pero en un artista tan maravillosamente dotado de sensibilidad y agudeza, no era humano esperar que, ya en aquella zona libérrima, no se le resbalase el alma hacia un cinismo más agresivo, agudizado por la vena satírica. No de otro modo creo poder explicar sus referencias a mí que encuentro en las *Memorias* de Azaña.

Ya he referido más de una vez cómo los dirigentes de la República, obligados a improvisar en todos los Ministerios, llevaron este difícil arte a su más alto nivel en el terreno que más les importaba pero que menos les interesaba. Con decir que este terreno era el de la política exterior está dicho todo; porque, aunque cabe dar varias razones de peso para explicar el fracaso de aquella República, opino que la de más peso fue la inepcia de su política extranjera.

De primeras, y sospechando, no sin cierta razón, que, en su conjunto, el cuerpo diplomático era monárquico, la República echó mano de sus hombres de letras para sus embajadas más importantes, y claro es que los escritores que se hallaban en Madrid fueron los primeros designados. Así, Ayala fue nombrado embajador en Londres.

Poco o nada sabía de él la opinión inglesa fuera de los especialistas de literatura española; pero, en general, el nombramiento fue muy bien recibido, porque lo poco que se sabía de Ayala era bueno (como que procedía de una obra mía publicada en inglés y español en 1924).[1] Pero el *Guardian* (que entonces se llamaba *Manchester Guardian* aunque era un periódico nacional y no meramente provincial) preguntó por qué no me habían nombrado a mí. Diré ahora paladinamente que tuve la suerte de que no me nombrasen, porque aunque, de haber estado bien orientado el gobierno, claro que lo hubiera hecho, no creo que me habría encontrado a gusto en Londres.

Me nombraron para la embajada de Washington de modo harto singular, en mayo, y me trasladaron a París en enero del año siguiente. Mucho más tarde, leyendo el *Diario* de Azaña, me enteré de que mi nombramiento había causado hondo disgusto a Maura, que era candidato: «Maura está muy enfadado conmigo porque cree saber que me he opuesto a que le nombren embajador en París. Jamás se ha hablado de este asunto en Consejo y Lerroux no ha hecho la menor indicación en este sentido. Cuando dijo que Danvila retornaba a Buenos Aires, propuso desde luego a Madariaga y se aceptó» (17-XII-31).

De este modo, me encontré embajador en París, donde me sentía

1. Hoy ampliada y reimpresa como *De Galdós a Lorca*, Buenos Aires, 1960.

Pérez de Ayala con su esposa y su hijo en 1917.

Pérez de Ayala poeta: «El sendero andante».

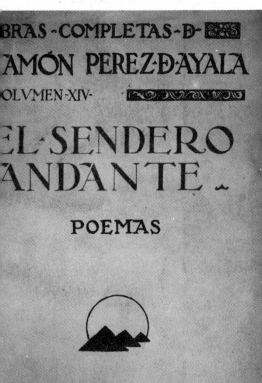

BRAS · COMPLETAS · D ·
AMÓN PEREZ · D · AYALA
OLVMEN · XIV ·

EL · SENDERO
ANDANTE ..

POEMAS

RENACIMIENTO

El escritor en una foto posterior a la guerra civil.

mucho más a gusto de lo que habría estado en igual puesto en Londres; pero al mismo tiempo, delegado de hecho aunque nunca lo fui de derecho (al menos a título permanente) en la Sociedad de Naciones. En Londres, Ayala pronto y bien empalmó con sir Robert (luego lord) Vansittart, tema sobre el que volveré después. Pero cumple primero ilustrar con textos y otros datos una interesante nota que figura también en el sustancioso diario de Azaña:

Me felicitó [Ayala] por mis discursos en las Cortes y me preguntó, no como embajador «sino como novelista» si era verdad que yo le había ofrecido a Madariaga la cartera de Hacienda. Le dije que sí. Parece ser que Madariaga comunicó nuestra conversación a los que estaban con él, y también a Ayala cuando pasó por París, camino de España. Ayala no quería creerlo porque, a su juicio, Madariaga es muy infatuado y trepador. Se ha creado el mito de Ginebra para ser importante en Madrid.

Me preguntó además Ayala si voy a ir a la conferencia de Ginebra. Le respondo que no, porque la situación de España no me permite alejarme de aquí. Ayala dice que Madariaga quiere llevar a Ginebra a cuantos más ministros españoles pueda, para darse importancia, y que ahora pretende llevar a tres, como sujetos por una cuerda en el hocico. Ayala me aconseja que no haga caso de lo que me diga Madariaga, y que antes de decidir si voy o no a Ginebra aguarde a lo que él, Ayala, me diga (o sea, que debe ser él quien me guíe, y no Madariaga. Pienso dejarlos iguales a los dos) (17-I-32).

Me abstendré de comentar todo esto en cuanto a Azaña, salvo que viene como anillo al dedo a todo lo que de él digo en la semblanza que de él he esbozado; pero en cuanto a Ayala no me incita a desdecirme de lo que arriba digo sobre su bondad y perspicacia. Al fin y al cabo, las facultades humanas también sufren eclipses; y en este caso, la errónea interpretación de mi ser-como-soy que Ayala expresa, se debe, como en tantos otros, a la rapidez de mi ascensión sobre el horizonte de Ginebra. La gente, aun perspicaz, como Ayala o Zulueta, no quería creer que yo subía sin ágiles esfuerzos de «trepador» y ambiciones de «infatuado», actitudes y formas de ánimo que me son y fueron siempre desconocidas.

Sólo que, en el caso de Ayala, se da otro elemento: la influencia de Vansittart. Este alto funcionario de la diplomacia inglesa me consideraba como un hombre peligroso no para Europa (que maldito si le importaba) sino para Inglaterra, que era lo único que le parecía digno de su actividad; y más de una vez se me atravesó en mi camino y yo en el suyo porque yo lo consideraba como un fósil de la política internacional. En esto coincidía yo con Eden, el cual consiguió nombrarlo «Consejero diplomático del gobierno» para quitárselo de enmedio, procedimiento que los ingleses llaman pintorescamente: *Kick somebody upstairs*, o sea «echarlo a patadas hacia arriba».

Vansittart y Ayala se hicieron íntimos. Vansittart tenía pretensiones literarias y era hombre de mucho ingenio verbal, en prosa y en verso. En mis *Memorias* he descrito cómo Ayala, durante los dos conflictos —el de Manchuria y el de Etiopía— que nos llevaron a la segunda guerra general, enviaba a Madrid despachos tranquilizadores que reflejaban la opinión de su amigo más que la mía; y armonizaban con el propio escepticismo de Ayala.

Nada de esto, ni antes ni después, influyó en la opinión que yo abrigaba sobre Ayala. Siempre supo guardar el dominio casi completo de sus ideas políticas que en él florecían en el intelecto sin arraigar en la pasión. Pasó el episodio de la República de la que él, con Ortega y Marañón, se declaró amigo oficial; y su distancia cordial de las cosas le permitió tomar posiciones que yo ni en sueños hubiera imaginado aceptase tan elegante poeta. Con todo, jamás dejé de admirarlo como hombre de letras y de tenerle apego como amigo, y de sonreír con cariño y nostalgia pensando en su sonrisa entre buena y mala.

Augusto Barcia

(1881-1961)

Antes de tener relación personal con él, Augusto Barcia era para mí una firma al pie del primer artículo de la primera plana de *El Liberal*. Era, pues, un ejemplar del tipo que yo mismo iba a encarnar más tarde: el periodista intelectual, especializado en ideas y no en noticias. Me era simpático, como liberal, y lo encontraba siempre claro y razonable. Seguía su artículo con asiduidad.

Poco a poco, comencé a sentir al leerle cierto hastío. Me daba la impresión a veces de que su artículo de hoy parecía un eco del de ayer o anteayer; y además, de que Barcia se contentaba fácilmente con una argumentación meramente externa o formal. Predestinado al mismo oficio, sin duda me iba yo formulando, para mi propio uso, los principios y las reglas que me parecían deber regirlo; y lo que me chocaba era no hallar siempre estas reglas y estos principios plenamente satisfechos en sus escritos.

Lo primero que observé y lo que inició mi reserva para con su obra escrita fue una tendencia a la verbosidad. Desde mis primeros días de escritor he sentido con gran vigor esta repugnancia a decir en cinco palabras lo que se puede decir en cuatro; y si bien no leo con gusto tampoco al escritor que procura ultracondensar a lo Tácito o Gracián, cosa que considero debe desecharse como afectación, estimo que el estilo natural no debe pecar ni de verboso ni de lacónico, sino limitarse a ser natural.

No tardé en darme cuenta de que Augusto Barcia escribía sus artículos con la vista puesta en la columna que había que llenar. Ahora bien, cuando se escribe, la idea exige un sustantivo; y si el que escribe ha menester llenar cierto número de centímetros cuadrados de papel, no podrá dar más sustantivos si ya se le han acabado las ideas: de modo que no le queda más remedio que adjetivar. A este defecto está expuesto el orador más que el escritor por razones que otro día daré; pero bien lo observó aquel genial observador de España que fue Ford cuando cuenta cómo en su viaje por Andalucía iba en una diligencia tirada por once mulas y un caballo, «que iba entre ellas como un sustantivo entre adjetivos en un discurso de las Cortes» [de Cádiz].

Así pude explicarme la afición a los adjetivos, que era uno de los rasgos del estilo de Augusto Barcia; a tal punto que los solía disponer en filas de tres casi siempre delante de cada sustantivo. Con no poca frecuencia, su artículo solía empezar con uno de esos ternos adjetivales: «Grande, vasto, ampuloso, el movimiento político... etc.» Bien se echa de ver que un artículo normal de Barcia del que se quitaban los adjetivos, quedaba reducido en un tercio o un cuarto de su longitud.

Sucedía, pues, que esta manera de escribir venía a ser una como revelación de otro rasgo mucho más esencial en el carácter de Barcia, y del que no me di cuenta hasta conocerlo y tratarlo. Este trato era suma-mente suave y sin roces. Barcia era, en efecto, hombre de buen sentido, buena educación, buenas intenciones. Todo un caballero. Sonriente y afable, un sí es o no es satisfecho de sí mismo, de seguro lo estaba de las cosas, no a la manera dogmática y apriorística de Pangloss, pero sí al modo pragmático de un inglés de la gran época, aunque él, personalmente, no daba impresión alguna de ser o parecer inglés.

Más recordaría lo francés en su rostro galaico, ancho y hasta espa-cioso, y su bigote gabacho, su sonrisa inteligente. Pero los ojos grandes y luminosos eran españoles. Elementos todos positivos. ¿Por qué, pues, la sensación de insuficiencia que el conjunto, no obstante, emanaba? ¿Se-ría precisamente la suficiencia, la satisfacción, el narcisismo, una seguridad que no se ha parado bastante a considerar sus oscuras flojeras?

Hasta que la vejez muy avanzada que logró en la emigración le privara de su maravillosa lozanía, Barcia era muy buen mozo, guapo, bien con-formado, admirablemente vestido sin caer en lo *dandy*, de fácil y animada conversación. Había casado con una hija de don Rafael María de Labra, el ilustre barba-noble de la abogacía española, enlace que le había elevado en la escala social y (supongo que) facilitado su encumbramiento a la pre-sidencia del Consorcio Bancario, especie de «junta de defensa» que los bancos habían organizado para no ser menos que los militares.

Era, en suma, un hombre a quien todo le había salido bien y que carecía de razones para pensar que no vivía en el mejor de los mundos posibles. Para colmo de su éxito (si es que no hubo en ello más efecto que causa) era nada menos que grado treinta y tres de la masonería espa-ñola, algo así como el León XIII o el Pío X de la izquierda burguesa española, eminencia en la cual se aliaban y resolvían aquella insuficiencia

El Liberal

«...Augusto Barcia era para mí una firma al pie del primer artículo de la primera plana de "El Liberal".»

Ramón Pérez de Ayala, Augusto Barcia y Salvador de Madariaga.

«Barcia, como siempre, concede gran atención a lo que opina Portela, ignoro la causa, como no sea la de fraternidad masónica» (Azaña, 1937). (En la foto, Portela Valladares.)

y aquella suficiencia en una nueva revelación: Barcia era una fachada.

Arquitectura lograda, de gran estilo. Sonrisa. Serenidad. Contento. Equilibrio de las formas, armonía de conjunto. Pero el vacío detrás. Como aquellos edificios que veía otrora el turista en Hollywood, palacio italiano, calle inglesa, iglesia rusa, todo de cartón piedra, carente de fondo y de tercera dimensión, Barcia era una fachada bien construida, tan bien construida que el saberlo le inspiraba aquella suficiencia; pero no era nada más que lo que se veía, de modo que tras la fachada se abría y bostezaba el vacío; y por saberlo el otro, sentía aquella insuficiencia.

En donde primero se manifestaba esta situación era en su estilo, tanto de escritor como de orador. Aquellos ternos de adjetivos le eran necesarios para la simetría. Eran como las ventanas pintadas de que habla Pascal. Porque a su vez la simetría le era necesaria para crear la impresión de aquella profundidad que no existía; de modo que en su actividad intelectual, con la pluma o con la palabra, su problema no era tanto el que planteaba el momento sino el de siempre: como parecer tener fondo cuando no se tiene.

Azaña vio el hecho, pero no la explicación: «Barcia ha pronunciado un discurso, largo y de circunloquios, como suyo. Barcia es bueno, pero sus discursos no lo son tanto, porque la palabra precisa y significante se le resiste.» Las palabras no tienen resistencia. Lo que le faltaba a Barcia para dar con la palabra significante era necesidad de algo que significar. Le faltaba fondo.

Había por eso en él cierta calidad específica y personal que le otorgaba hasta una función social nada nimia: en un país de fanáticos sostenedores cada uno de su yo, Barcia era un hombre sensato y liberal que no tenía «yo» alguno que sostener mientras se tuviera en pie la fachada que presentaba al mundo. Era de buena composición, buen compañero, buen vocal, buen presidente, buen negociador, buen amigo, limpio de toda envidia, pues ¿qué más querría? Y esta cualidad, tan valiosa en un país donde tanto abundan los descontentos, los resentidos, los frustrados y los envidiosos, le otorgaba merecida simpatía pero también indudable utilidad social. Barcia era hombre que nadie temía, pero que todos preferían tener como amigo. Era además hombre de indudable bondad.

Ocurre, no obstante, que la bondad desorientada puede cambiar de signo y tornarse mala; y que la fachada sin fondo puede dar lugar a accidentes serios. En mi relación con este hombre, al fin y al cabo, excelente, me tocó hacer experiencia de todos estos efectos paradójicos que produce la mera buena intención.

Nada tendría de extraño que lo que le llevó a la masonería fuera precisamente aquella su bondad nativa, el deseo de hacer el bien. Guardémonos de aspirar a organizar el bien. El origen de mi primer disgusto con él fue uno de estos episodios de bien organizado, o al menos tal lo cree haber sido a falta de otra explicación. Era a la sazón ministro de Estado Luis de Zulueta, y el incidente J. L. L. que he referido con más detalle en mis semblanzas del propio Zulueta y de Araquistain lleva todas las señales de haberse debido a una maniobra de J. L. L. sobre el grado treinta y tres Barcia. Porque J. L. L. era ducho en las artes de hacerse recomendar por los h∴. Cuando lo tuve que devolver a Madrid (ya desengañado Zulueta de su recomendado que lo era de Barcia), J. L. L. le puso a Barcia la cabeza como un bombo con tremendas historias de monarquismo en la embajada que yo dirigía en París, tanto que Barcia me escribió una carta dando por hechos todas aquellas insidias y calumnias.

Fachada pura. Barcia, incapaz de ahondar, tomaba todo lo que le contaba su hermano en masonería como palabra de evangelio. Lo mismo le pasó con Portela, según cuenta Azaña en 1937. «Barcia, como siempre, concede gran atención a lo que opina Portela, ignoro la causa, como no sea la de fraternidad masónica.» Así, pues, este hombre, que era la bondad misma, por deseo de hacer el bien a un h∴ y por falta de fondo, hizo el mal para conmigo sin pararse a dilucidar la verdad.

Como la piedra que lanza el chico sobre el mar tangencialmente de modo que rebote cada vez que toca el agua, sin nunca penetrar, así pasaba Barcia siempre rebotando a la superficie de las cosas. Otro ejemplo tuve con él. Cuando lo nombró Azaña ministro de Estado en 1936, no tardó en darse cuenta de esta superficialidad de Barcia. «En el Consejo, Barcia ha planteado algunas cuestiones imprecisas, referentes a Ginebra, de las que no parece todavía muy enterado. Tengo que buscarle un buen subsecretario que le saque de la tela de araña que urdirá la gente de la casa» (20-II-36).

Cuando pasé yo por Madrid y fui a verle me lo encontré enfrascado en un enorme legajo, el de nuestras relaciones con la Unión Soviética, y estudiando cómo reconocerla. Cuando le aseguré que ya estaba todo resuelto en un documento que habíamos marcado con nuestras iniciales Litvinov y yo, no lo quiso creer y no cedió hasta que se lo encontré yo en aquel mamotreto de papel. No había estudiado el asunto.

Pero su obra maestra en estas arriesgadas excursiones por las escaleras de teatro que se erigen de cualquier manera detrás de las fachadas de cine, fue el famoso episodio de la enmienda al Pacto que provocó mi ruptura con el gobierno Azaña y aun con el régimen.

La Sociedad de Naciones había pasado por dos crisis graves: la de Manchuria y la de Etiopía. En ambos casos un país reconocido como gran potencia por Ginebra, es decir, representado de modo permanente en el Consejo, se había puesto en ruptura de Pacto. En ambos casos, se había hablado de sanciones. Azaña, que conocía tan bien como nadie el estado de preparación militar de nuestro país, temía, como era natural, ver a España enzarzada en un conflicto internacional, y más de una vez me había instado a que se revisaran nuestras obligaciones jurídicas en estos casos.

Se daba el caso de que yo, a mi vez, venía rumiando lo mismo precisamente desde mi doble experiencia en Ginebra; y como había observado análogas tendencias en los escandinavos, que con Suiza, Holanda, Bélgica y Checoslovaquia, se habían unido a nosotros para formar un grupo de acción común en Ginebra, expuse una vez «mis» ideas ante este grupo con la venia explícita de Azaña y de Barcia. En lo esencial se trataba de que cada país hiciera una declaración soberana afirmando que el artículo 16 del Pacto (el de las sanciones) no sería obligatorio mientras no se hubiera cumplido el 8 (el del desarme); pero, en cambio, cada país podría declararse libremente obligado por el artículo 16 en tales o cuales casos concretos (los cuales serían negociables con los países beneficiados).

Como precauciones elementales en diplomacia hice constar que la nota era mía personal; y que, por lo pronto, era secreta, aunque se dieron copias confidenciales a Francia, Inglaterra y la Argentina. En condiciones que no conozco con bastante certidumbre para juzgar, el documento llegó a la prensa, sospecho (sin pruebas pero con indicios) que por un conducto comunistoide de la Secretaría General. La prensa de Madrid se desató contra mí por «aspirar a menoscabar el Pacto». Y aquí lo de la fachada. Acosado por los periodistas, Barcia declaró que si algo había sería cosa puramente mía, que él no sabía nada, y que así lo comunicaba a las cancillerías.

La campaña, claro está, arreció contra mí, no sólo en los periódicos socialistas sino en los que sostenían a Azaña; y éste, que era tan inspirador como yo del nuevo plan, no dijo esta boca es mía. Barcia recibió carta mía recordándole que le había mandado el texto de la nota días antes de presentarla y que tenía un telegrama de él acusando recibo y dando su acuerdo. Pero lo que más le sacudió fue el telegrama de Munch, su colega de Dinamarca, llamándome a reunión en Ginebra para discutir mi plan y otro danés muy parecido.

Entonces se dio cuenta; y a la fachada sin fondo se asomó el caballero. Salió el decreto nombrándome y vino conmigo a Ginebra; y ante la prensa de España, asombrada y desconcertada, asistió a nuestra reunión y se deshizo en elogios de mi actuación (la sesión era secreta). Araquistain, que sabía todo, siguió combatiéndome y acusándome; y también mi amigo Fernando; pero el caso de Barcia era muy distinto.

Augusto Barcia —a la derecha
del jefe del gobierno—,
ministro de Estado
en el gabinete formado
por Manuel Azaña
el 19 de febrero de 1936,
tras el triunfo
del Frente Popular.

Salvador de Madariaga
con Maxim Litvínov
y Paul-Boncour.

Barcia padecía de falta de fondo. En los de Fernando y Araquistain el fondo era lo que sobraba.

Volví a España y dimití. Entendámonos. Dimitir, no podía, porque llevaba cinco años sirviendo a la República, y desde el mes de mayo del 34 lo venía haciendo sin cargo, despacho, archivo, secretaría ni teléfono (como no fuera el mío). Dije que me marchaba. Y cuando fui a llevarles mi nota a Casares, entonces presidente del Consejo, y a Barcia, me di cuenta de que les embargaba el ánimo a ambos honda preocupación. Por vez primera, el rostro de Barcia había perdido su sonriente placidez. Todo se tambaleaba. Hasta la fachada.

Pablo Ruiz Picasso

(1881-1973)

AUNQUE COETÁNEOS CASI UN SIGLO, he tenido con Picasso muy poca relación personal. Solía verlo en Londres cuando se dio *El sombrero de tres picos* de Diaghilef y Falla para el que había hecho él decoraciones. Extraño trío de artistas. Falla, magro, desnudo en su traje negro, callado y humilde en el fondo de su ser, franciscano y hasta un San Francisco; Diaghilef, hedonista refinado, pederasta hasta de aspecto y atuendo, finísimo y refinadísimo no sin ribetes de ridiculísimo; y Picasso, ojos grandes que todo lo devoraban, sonrisa escéptica y despectiva, fachenda malagueña, seguridad de sí mismo expresada hasta en el modo de estar de pie que parecía decir: «Yo, contra todos.» Hablaba poco o nada. Su manera de hablar era el dibujo. Sus decoraciones eran sencillas, pero muy hermosas, obras maestras de esa difícil facilidad que antes que él no lograron quizá más que Racine y Mozart. Cuando se terminaron aquellas inolvidables representaciones, dejé de verlo.

Hacia 1920, mi amigo James Bone, escocés, que dirigía la oficina londinense del entonces *Manchester Guardian,* al saber que iba de Londres a España, me rogó que, al pasar por París, visitara a Picasso y le arrancara una entrevista. Fui, pues, a ver al artista revolucionario. Vivía ya a lo burgués. Nada de *bateau-lavoir.* Un piso como para banquero en el Boulevard Haussmann o cosa así. Estaba en casa, pero no me recibió. (No le había avisado.) Me fui preguntándome «¿no habría hecho yo lo mismo?». Y como no hallé en mí respuesta clara, me consolé.

Con los años, llegué a embajador de la República en París. Siempre que había algo en la embajada que pudiese interesar a Picasso, se le mandaban invitaciones. Jamás vino, lo que, desde luego, caía dentro de su jurisdicción soberana; pero jamás contestó a las invitaciones, cosa que, entre gente civilizada, toma ya un cariz distinto. Todavía no era comunista.

Ni lo fue nunca, llevase o no el carnet del partido. Para demostrarlo basta con aquel dibujo suyo que titulaba «Retrato de Stalin» y que se parecía a Stalin tanto como al Moro Muza o a la Gioconda. Dibujo asombroso, como tantas cosas del malagueño más genial que han visto los siglos, donde Picasso le toma el pelo al comunismo y a los comunistas como él sólo podía hacerlo.

Y con esto se termina mi relación con Pablo Ruiz Picasso, salvo que tarde o temprano venía obligado a mirar de frente aquel fenómeno de la pintura, como Lope lo fue de las letras: porque España cela en su ser algo desorbitado y fenomenal que la lleva a producir monstruos. Desorientada, perpleja, la crítica le fue primero hostil, y aquí del español impertérrito, del yo contra todos; y como, en el fondo, hay pocos críticos de arte que hayan penetrado hasta la raíz de lo que piensan y escriben, terminó él por vencer. En las notas que siguen digo cómo y por qué disiento de la común estimación.

A Picasso le va como un guante la definición de sí mismo que un día me dio Ortega. «Yo soy un ibero irreductible.» Le va mucho más que al propio Ortega, que al fin y al cabo era un intelectual hecho a domarse a sí mismo con las bridas de la razón y el bocado de la voluntad. Pero Picasso cruza al galope los campos del arte moderno como un potro bravo, rebelde a todo lo que no sea su propia fogosidad.

Habrá, pues, que tomar su vigor natural como el rasgo primero y dominante de su fascinante fisonomía. El vigor se da o no se da. Brota de la tierra como un volcán harto de quietud, y no se discute. Se aguanta y se toma en cuenta. Su efecto inmediato es de admiración rendida, una admiración que ni a pensar ni medir ni juzgar se atreve; una confusión que encoge el ánimo y le hace exclamar: ¡Válgame Dios!

Este vigor ¿cómo y en qué se expresa? Toda la vida de Picasso lo canta. Se expresa como una obediencia instantánea que, de la vista (o el recuerdo) va al corazón, lo mueve, y del corazón va al brazo, de modo que ojos, alma y brazo se funden en asombroso unísono y de esta fusión brota el caballo, el toro, el torso de mujer, la paloma, el payaso, la ventana luminosa, tal y como son y aun más.

En la medula misma de todo pintor se da esta facultad misteriosa de reproducir exaltándolas las líneas vivas de la naturaleza. En ninguno quizá de la historia humana se ha dado con la asombrosa fuerza que revela en Picasso; y éste es precisamente el don que hace de él el pintor más dotado del poder primordial de su arte: el de recrear las líneas de la naturaleza en su vida y vigor originales.

«...aquel dibujo suyo
que titulaba
"Retrato de Stalin"
y que se parecía
a Stalin tanto
como al Moro Muza
o a la Gioconda.»

«...Picasso, ojos grandes que todo lo devoraban,
sonrisa escéptica y despectiva,
fachenda malagueña, seguridad de sí mismo...»
(Retrato de Picasso, por Pablo Gargallo.)

«Les demoiselles d'Avignon.»

«...brota el caballo,
el toro, el torso de mujer...»
(«Guernica», pintura de 1937.)

Nada hay que más rinda al hombre que la vislumbre de un poder creador. Como si sintiera en su propio ser una como onduela de la impulsión original divina, el espectador de un cuadro de Picasso se entrega a lo que del espíritu le llega a través del artista. Ésta es la potencia segunda, o derivada, de Picasso. Tanta vida infunde en la forma y movimiento de sus obras, que desarma y rinde a los que las miran, fascinados por el poder de un artista que parece compartir el privilegio divino del Creador.

Así se mide la grandeza de Picasso en el siglo XX, como la de Goya en el XIX, que ambos dominan, cada uno el suyo, como figuras paternas, fuentes de inspiración para el arte de todo un siglo, y de tanta masculinidad que después del uno como después del otro el arte ya no vuelve a ser lo que era.

Situación de exorbitante privilegio. Recuérdese que cuando Picasso pinta las *Demoiselles d'Avignon,* quebrando formas y convenciones como un don Juan Saltaparedes, es ya un artista de éxito que triunfa con sus deliciosos cuadros de profunda poesía, los llamados de las épocas azul y rosa. Todo esto lo tira por la ventana; y como un «ibero irreductible» se lanza sin temores ni respetos a descubrir continentes nuevos. Típico gesto absoluto del español.

Abordemos el tema, por arduo que se nos presente. ¿No reconoceremos en él aquí la tendencia tan española al abuso de poder? ¿No oímos en el fondo del joven pintor el arranque sobrehumano del «hacer lo que me da la gana»? Esa gana, ésa sí que es forma típicamente española del ser. Y no es que los no-españoles no tiendan nunca a abusar del poder que la ventura les brinda; sino que el modo y estilo de abusar del poder que tienen los españoles es cosa muy suya, y muy bien expresada en «hacer lo que me dé la gana».

Ahora que, cuando aquel español genial, aquel potro indómito, se puso a pisotear los jardinillos y parterres del arte clásico, ya el público, fascinado por su poder natural, lo seguía rendido; y así el pintor quizá más dotado en poder creador de la historia del arte se malogró por carecer de antagonismo crítico. Pero también por fallarle otras dotes.

Disciplina no le faltaba. Bastante tuvo para hacer una carrera de gran pintor como Ribera o Zurbarán; pero no le bastó para canalizar aquel su inmenso poder re-creador del mundo que había recibido en la cuna. De donde sus evoluciones caprichosas, sus imitaciones libres, sus inventos fugaces, hoy adaptados, olvidados mañana, aquella sucesión de estilos que parece como el mariposeo de un insecto despistado que no sabe a qué flor quedarse. Así se revela un espíritu vagabundo a modo de velero con más vela que brújula, abandonado al viento que sopla.

Y surge la sospecha: ¿no le faltará calado a este balandro? ¿No vendrá a ser Picasso a modo de un gran orador capaz de expresar con la mayor galanura y exactitud los temas que se le antojen del modo que le dé la gana, pero a quien le faltan temas? El curso mismo de su vida, su comunismo a todas luces frívolo, su «andalucería», su guasonería de fondo, ¿no dan que pensar sobre si el hombre Picasso habría recibido en la cuna un pensamiento y una sensibilidad suficientes para ocupar dignamente la fuerza incomparable de su arte de pintor? ¿No vendrá a ser el cogollo mismo de su tragedia el haber sido el pintor más grande de la historia que no supo qué pintar?

Ibero irreductible, Picasso, tanto por sus asombrosas facultades como por sus fallas humanas, estaba predestinado a ser el artista representativo de nuestra época. Rotas o maltrechas las ataduras tradicionales, amenazadas las religiosas, las fronteras, las filosofías, el mundo se sale de todas sus madres y se mezcla y confunde en un caos donde cada cual se imagina que puede «hacer lo que le da la gana». Pero este sueño dorado del anarquista se revela mucho más inaccesible de lo que lo habían imaginado sus soñadores; los cuales, frustrados, se consuelan admirando al artista prodigioso que lo plasmó y que, en su arte, parece al menos haber conseguido lo que le dio la gana.

Pero ¿de veras lo consiguió?

José Ortega y Gasset

(1883-1955)

CUANDO LO CONOCÍ, él tenía veintinueve años y yo veintiséis. Él era el guía y mentor de la juventud española, yo un ingeniero de la Compañía del Ferrocarril del Norte, gran admirador de aquella constelación de dioscuros que, sin ellos proponérselo, vinieron a constituir Ortega y Unamuno. Lo que más admiraba en Ortega era su encanto personal. Hoy, cargado de años, observo lo que antaño se le ocultaba a mi ánimo más ligero: mi tendencia a mirar en los hombres más lo irracional que lo racional. En aquel maestro de filosofía, lo que me fascinaba no era la vasta frente, la mirada penetrante, el habla clara, sino el encanto que emanaba de los grandes ojos, de la boca grande, de todo el rostro luminoso y sonriente. Un día, en la puerta del Ateneo, donde nos enfrentó la casualidad —entraba él, salía yo—, se lo dije. «Muy halagüeño», me contestó.

Su inteligencia me hacía pensar en una mujer de su casa, hacendosa, siempre alerta sobre cosas que hay que hacer pero que no están hechas. Rara vez he hablado con él sin que, sobre el tema que el azar nos hubiese brindado, no dijera: «Es curioso que sobre esto no haya todavía nada.» Esta síntesis de pensamiento y de acción, seguro estoy de que entraba como ingrediente en aquel su encanto singular. Era el hombre siempre joven, activo y pensante, que reclutaba ciudadanos conscientes para España con sólo mirarlos.

- Aquella boca lo decía sin hablar; porque no era sólo la herida abierta en el rostro para dar paso a la palabra, sino aquel labio, que la ola de voluntad impulsada por aquella mandíbula fuerte ondulaba. La fascinación del rostro era a modo de un magnetismo de contrarios: la luz serena de los ojos y el empuje de la mandíbula varonil. La cabeza, algo echada atrás, alejaba el rostro como para escrutar mejor al del otro.

El «otro» aquella mañana era yo, pero su «otro» más constante era Unamuno. En aquel entonces, Bergamín el Viejo, político de abolengo de la vieja política, había aprovechado su paso por el Ministerio de Instrucción Pública para echar a don Miguel del rectorado de Salamanca; y entre nosotros, los que seguíamos a la constelación Ortega-Unamuno, surgió la idea de una manifestación de homenaje al rector expulsado. Iríamos a cenar a la Moncloa y hablarían los dos dioscuros. Ortega no estaba de acuerdo. Quería la voz del español desconocido, y se fijó en mí. ¿Qué mejor? Un ingeniero de ferrocarriles que viene a decir que España no va.

Yo obedecí como un soldado al capitán de su compañía.

Recuerdo perfectamente el ambiente material y moral de aquella noche en la que me estrenaba como ciudadano y como orador, pero no el orden de los discursos. De su contenido, recuerdo que Ortega insistió en que todos a una condenábamos la «bergaminería», pero no por ello nos identificábamos con el «hermano enemigo» que Unamuno era entonces para él; y que esta franca disidencia en la unanimidad venía presentada con una gracia intelectual y afectiva tan soberana que lejos de perjudicar a nuestra armonía la enriquecía con sus matices y resonancias.

Era para todos nosotros una era de esperanzas. Ortega, joven y vigoroso, lanzado a toda vela, se entregaba de cuerpo y alma a su misión de educador político del pueblo español, con una visión profunda y original de la obra por hacer. Nada de krausismo. No se trataba de transplantar un pino teutónico al país de las palmeras, sino de algo mucho más hondo: ¿de transfigurar la palmera en pino? Claro que no. Pero allá en el fondo del transfondo orteguiano, ¿quién sabe? De todos modos, para aquel ingenio implacablemente serio, insobornablemente limpio, la labor no consistía en reformar el campo, en vigorizar la economía, en construir escuelas, sino en darle un cambiazo al carácter español. Este mero enunciado basta para medir la virtud original del joven filósofo, y quizá su ingenuidad insospechada.

Aquella mandíbula... no la olvidemos, ni la ola de voluntad que imponía a las palabras del maestro. Bien. Ya has hablado. ¿Qué hacemos ahora? Ortega no fue jamás de los españoles que, pronunciado un gran discurso, se van a dormir a casa convencidos de que han hecho algo. Él era tan capaz como el primero de pronunciar su gran discurso. Y ¿quién lo olvidaría? El 23 de marzo de 1914, Ortega pronunció un gran discurso en la Comedia. Pasión, sin duda. ¿En qué español faltaría? Pero ¡qué dominio de sí, qué serenidad, qué sencillo en lo profundo era aquel hombre, y qué armónicos de dolor vibraban en aquella voz viril!

«Una generación, acaso la primera, que no ha negociado nunca con los tópicos del patriotismo y que, al escuchar la palabra España, no recuerda a Calderón ni a Lepanto, no piensa en las victorias de la cruz, no suscita la imagen de un cielo azul y bajo él un esplendor, sino que meramente siente, y esto que siente es dolor.» Esto decía aquella voz joven y viril a aquella España «vital» que le escuchaba y que él veía como la adversaria y víctima de la España «oficial». La cual «consiste en una especie de partidos fantasmas que defienden los fantasmas de unas ideas y que, apoyados por las sombras de unos periódicos, hacen marchar unos ministerios de alucinación... Toda una España con sus gobernantes y sus gobernados, con sus abusos y con sus usos, está acabando de morir».

Aquella voz era nueva en España. Mucho se ha escrito sobre europeización frente a hispanización —yo mismo lo he hecho, el mismo Ortega no dejaba de aludir a ello al tratar a Unamuno de «hermano enemigo»—, pero ambos términos, ambas actitudes no pasaban de matizar tendencias y personas que estaban en el fondo de acuerdo en lo esencial. Ortega no se contentaba con hablar y luego dormir sobre sus laureles: la voluntad le impelía a la acción. Entonces fue cuando fundó la Liga de Educación Política.

Éramos unos cien mal contados y cuando nos reuníamos rara vez pasábamos de sesenta. Éramos el hombre de la calle. Burgueses (como hoy se dice). Profesiones liberales. Mi primera observación fue que entre aquellos europeizadores de España no estaba muy bien representado el europeísmo en su aspecto más urgente: pocos lingüistas. Del centenar sólo éramos tres los que hablábamos un francés bueno de verdad: Américo Castro, Morente y yo. Me tragué la observación no sin saborear su amargor. Inglés, menos, mucho menos. Alemán (que yo apenas conocía), quizá alguno, aparte del maestro.

El cual había traído un proyecto de manifiesto al país. Con decir que era de Ortega, dicho está que bien escrito, demasiado bien escrito, y hasta demasiado intelectual. Morente, tan fiel siempre a Ortega, llevaba, sin embargo, la voz cantante de la oposición. «Demasiado wagneriano», decía. Ortega aceptó la crítica con una ecuanimidad que me pareció muy de admirar; y la asamblea confió la redacción de otro manifiesto a un trío compuesto de Leopoldo Palacios, Enrique de Mesa y el que ahora lo recuerda en estas líneas.

Tengo para mí que quien me embarcó en este trirreme fue el propio Ortega, inspirado en una visión teórica de una acción que imaginaba práctica: un sociólogo, un poeta y un ingeniero; y que este error fue quizá germen de futuras desavenencias. Palacios quedó eliminado por la tremenda crisis que padeció entonces al caer su hija enferma de meningitis; y Mesa y yo nos encontramos con aquella responsabilidad. Trabajamos ambos y no poco. Pero sobrevino la guerra y todo se lo llevó el vendaval.

Nada enseña lo que se piensa como la obligación de redactarlo. Aquellos ejercicios de redacción que hice con Enrique de Mesa me fueron haciendo penetrar en el tema de fondo que Ortega encarnaba, desentrañarlo, analizar lo que traía dentro. Para él todo estaba bien claro. Ir al cogollo de las cosas. Escuela, despensa... detalles. A lo esencial. Reformar el carácter nacional mediante una minoría dirigente a su vez formada por la filosofía —lo que él llamaba *ciencia*—. Punto de vista hondo y original. Porque con todo su tesón en abogar por la ciencia, Ortega no era un mero baconiano. No abogaba por una explotación de la ciencia aplicada en beneficio del hombre, no era, en suma, el precursor de este triste estado en que hoy nos hallamos con la vista puesta en las curvas de ingresos por cabeza y coeficiente de crecimiento y otras monsergas —lo que el joven profesor quería era una España de más españoles capaces de pensar con precisión y claridad— en lo que, con razón, veía la condición previa para toda unanimidad o acuerdo.

Con todo esto me sentía identificado con entusiasmo y admiración para con quien lo veía tan claro y tanto lo deseaba. Y sin embargo, allá dentro algo me quedaba que no acertaba a expresar, algo que me imponía una reserva. «Aquí hay algo que no va», me decía una voz muy honda. De este modo se iba formando una como nubecilla de divergencia que no dejaba de inquietarme, aun antes de que se me aclarase lo bastante para poder definirla.

Quizá fueran dos las nubecillas. Una se me fue precisando pronto: la oposición entre la España oficial y la España vital no me parecía tan sólida como al primer pronto; y aun me atrevía a dudar de que tales entelequias existiesen. Para mí, no había más que una España. Cuanto más lo pensaba y observaba, más evidente se me hacía que la España oficial, con ser muy defectuosa, era lo más vital que había en España. La España oficial era la España-Poder; y lo era precisamente por ser lo más vital que había. De modo que lo que Ortega llamaba la España vital no era más que la España no-oficial, la cual carecía de poder por dos razones: porque no era bastante vital y porque no era oficial. La tan arraigada costumbre española de esperar de instinto que la acción pública venga siempre del Estado —cosa que Ortega no dejó de denunciar y de lamentar—, ¿qué era sino una forma del ser español que todo español aceptaba como cosa sabida?

La otra nubecilla ensombrecía el otro tema del programa orteguiano de 1914: el carácter nacional. Ortega era demasiado penetrante para

«...la vasta frente,
la mirada penetrante,
el habla clara...»
(Ortega visto por Bagaría.)

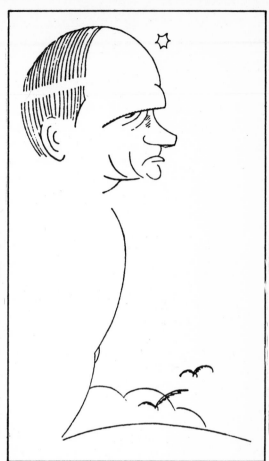

Ortega estrechando la mano
de Martin Heidegger.

«Morente, tan fiel
siempre a Ortega,
llevaba, sin embargo,
la voz cantante de la oposición.
"Demasiado wagneriano", decía.»
(En la foto, José Ortega y
Gasset con García Morente.)

dudar de que existiera un carácter nacional; por eso mismo, me desconcertaba que creyese posible cambiarlo mediante una acción minoritaria
aun a muy largo plazo. Y cuando digo *cambiarlo* todavía queda por
añadir: «en lo esencial». Esto necesita esclarecimiento. No creo que en
aquellos dos años que pasaron desde la fundación de la Liga de Educación Política hasta mi mudanza de Madrid a Londres, haya llegado yo a
diseñar en mi ánimo estos problemas con la claridad de hoy; más bien
me imagino todo ello como un campo en fermentación donde van saliendo trigo de pensamiento y maleza estéril al azar del esfuerzo, de la meditación y de la experiencia.

Con todo, ese guía perenne que nos lleva adelante a través de los
años, me dictaba ya una divergencia, una desconfianza sobre la posibilidad de darle un cambiazo al carácter nacional quizá más recio de toda
Europa, y menos que nada, a dárselo por medio de la filosofía. Cambiazo
o conversión, porque a lo que Ortega aspiraba —y en su aspiración fue
infalible— era en el fondo a *objetivar* al español. No recuerdo si emplea
el vocablo, pero ése es el concepto que le inspira. Eso es lo que para él
significaba la «ciencia» y la «filosofía»: volver la espalda al capricho y
poner los ojos en lo que hay.

Ahora bien, el tallo y la raíz del carácter nacional español es su
subjetividad. Eso lo veo ahora claro, después de haberlo descrito de tal
o cual modo no pocas veces. Por lo visto Ortega creía posible (aunque
difícil) esta operación. Yo la creo imposible. Y en una polémica con
Pittaluga, explicaba por qué: se puede educar a un potro bravo para
silla o para tiro; pero nunca se podrá hacer de él un elefante.

No estoy diciendo que la labor de Ortega fue inútil. Al contrario.
Creo que los resultados de su esfuerzo igualan, quizá superen a los de
casi todos los hombres eminentes de su época; pues ni Costa ni Ganivet,
ni Menéndez Pelayo, ni aun el mismo Unamuno, han ejercido sobre la
cultura española, a través de la Universidad y de la prensa, el influjo
bienhechor, organizador, pensador, que Ortega logró; de modo que el
indudable progreso del nivel intelectual medio de nuestras Universidades y, en general, de nuestra clase media, se debe sobre todo a él.

Lo que estoy diciendo es que esta labor, con ser inmensa, no iba a
ser, ni ha sido, todo lo amplia y definitiva que él se imaginaba o deseaba;
que este éxito indudable que él logró en la cumbre no podía propagarse
a la nación en general, sin (como dicen los hidráulicos) alguna pérdida
de carga. En efecto, en contra de su ideal, con tan admirable abnegación
servido por él y por sus discípulos, laboraban las esencias tenaces del carácter nacional; esencias indomables e inconvertibles que actuaban no sólo
en el país, sino en la minoría selecta que logró crear, y hasta en él mismo.

En el país, fuerza es darse cuenta de una actitud general contraria a la filosofía. Esto se debe precisamente a que el español es fundamentalmente teólogo. La relación hombre-universo admite dos perspectivas opuestas: desde el yo y desde el universo. Los teólogos están en el Sinaí del yo; los filósofos, en el Partenón del universo. En resumidas cuentas, lo que Ortega deseaba —y ello prueba la profundidad de su modo de abordar el tema— era que los españoles se mudaran del Sinaí al Partenón.

Pero ésta es la mudanza a la que el español es más reacio. «Es que, desde el Partenón, se ve mucho mejor el universo», le dice el filósofo. «¿Y a mí qué? ¿Qué quiere usted que haga yo con el universo? Bastante que hacer me doy yo a mí mismo sin ocuparme de eso.» Ésta es la oposición entre lo objetivo y lo subjetivo que con tanta valentía expuso Unamuno al identificar la filosofía con el hombre-filósofo.

No es que el uno tenga razón y el otro no. Es que cada cual tiene razón dentro de su razón. Ortega quería afinar el guitarrillo intelectual de cada español sobre el diapasón natural, para llegar al unísono, y el español le contestaba: «Es mía la vihuela.» Y tan suya. Porque no era sólo su vihuela, sino su *viduela*. Cada cual la suya. Y sólo una. Y al que le venía con «filosofías» (ese plural despectivo, tan español, a quien sólo interesa lo único, lo singular)... a quien le venía con filosofías y universos replicaba alzándose de hombros: «¿Y en eso qué se me va a mí?» Teólogo a solas con Dios.

Ortega tuvo además mala suerte. Apenas lanzada su campaña para europeizar a España, se le volvió loca la modelo. De entonces acá, la modelo medio se curó y luego padeció otro ataque de demencia aún peor. «Con que, filosofía ¿eh? Pues, si a eso lleva la filosofía, prefiero quedarme en mi casa.»

A trueque de digredir, aunque si es digresión sólo lo será aparente, diré todo el mérito que cabe atribuir a Ortega y a los intelectuales casi todos de su época en la penetración y elegancia de su actitud cordial para con las dos guerras europeas. En el caso de ambas guerras, la Historia pudo haber inspirado a la minoría dirigente española una parcialidad en pro de Alemania, muy justificada por lo que Francia, Inglaterra y los Estados Unidos habían hecho padecer a España. Suele olvidarse, y nunca se ha agradecido, que en aquellas dos crisis tremendas el estado mayor intelectual de España orientó nuestra opinión al lado de los países atlánticos. En esta labor abnegada y sabia tomó una parte tan honrosa Ortega que es deber de todos dejarlo consignado.

Vuelvo al eje de mi camino para recordar que precisamente cuando nos disponíamos a europeizarnos, se nos quebró Europa entre las manos.

La posición de Ortega, sin embargo, por estar bien arraigada y fundada, no varió. La razón no varía. Y a través de las dos guerras mundiales, el sabio español siguió en su puesto —si bien con matices que no dejan de percibirse en su obra—. Pero el derrumbe doble de la paz atlántica no dejó de reforzar la actitud instintiva del español medio, su subjetivismo teológico frente al objetivismo filosófico del maestro.

El cual a su vez... porque ¿vamos a esperar del hombre excepcional poderes mágicos? Dicen los ingleses que nadie puede salirse de un salto de su propia piel. ¿Lo pudo Ortega? Claro que no. «Yo soy un ibero irreductible», me decía con acierto que me pareció ejemplar. Ortega fue toda su vida un cerebro disciplinado tratando de gobernar un corazón díscolo. Como tantos españoles, fue conservador de instinto, liberal de costumbres y anarquista de tendencias innatas. No me refiero a su vida privada, que siempre me mereció el mayor respeto; sino a sus gustos y aversiones, modos de llevar la vida de relación, amistades y enemistades. En Europa, su imprevisibilidad era proverbial. Que Ortega contestase a una carta o acudiese a un acto internacional era tan aleatorio como que saliese el ocho de bastos. Ortega es, de por sí, la demostración más elocuente de que el carácter nacional no cambia en sus esencias, y menos que por nada, por la filosofía.

Quizá los que de esto saben más que yo, puedan deducir algunas conclusiones sobre la inexistencia de un sistema de filosofía orteguiano. La importancia que Ortega daba al sistema ha sido bien observada por los que han estudiado su obra. Bastaría el ejemplo más reciente, el excelente libro del profesor McClintock [1] que todo orteguista y todo orteguiano debe leer. Diré de pasada que no deja de ser tema fascinante que Ortega, buscando en Alemania un maestro que guíe sus juveniles pasos, haya ido a escoger a un hebreo. Veo aquí una de tantas manifestaciones del carácter interpretativo de los hebreos. Para un español en Alemania ¿qué mejor intérprete que un hebreo?

Pero aquel joven intelectual madrileño que vuelve a España lleno de la importancia de crear un sistema filosófico no sólo coherente sino orgánico, se va poco a poco olvidando de este aspecto de su labor. «Es que se deja arrastrar por el periodismo» piensan algunos, y la autoridad de Bergson los apoya. Pero no era así. Ortega no se desvía del sistema porque le atraiga la prensa, ya en sí ya como instrumento de educación política de España; sino porque, al contacto íntimo con su tierra y pueblo, le baja la presión filosófica (intelectual) mientras le aumenta la presión teológica (vital).

En su pensamiento, irrumpe la vida; y con esa intuición infalible del español genial (como él lo era) se va dando cuenta creciente de que el

1. ROBERT McCLINTOCK: *Man and his Circumstances: Ortega as Educator*, Nueva York, 1973.

dicho económico: *no hay más riqueza que la vida* se aplica también al saber. No menospreciemos su labor periodística como escritor, y como creador de periódicos. Pero admirémosla aún más como la adaptación de un intelecto filosófico a la forma moderna, ágil, espiritual y aun poética de la filosofía, que es el periodismo. El periodismo como él lo hacía, de tal calidad que, después de Ortega, la prensa española no pudo ya volver a los modestos niveles de otrora.

Fácil es verlo cuando ya está hecho; pero cuando él lo hizo, ¿quién lo veía sino él? Tan «creación» es esto, o más, que un sistema de filosofía que añadir a los muchos que se exponen en el museo histórico de esta singular disciplina; la tenacidad, la claridad y la sensibilidad de que dio prueba el joven profesor año tras año de su brega diaria son las cariátides de su obra y de su vida.

Vida trágica, claro está, como la de todos los españoles que han vivido este cruel siglo xx. Porque, hasta nuestro siglo, los europeos han vivido penalidades sin cuento pero iluminadas por la luz de una esperanza; mientras que este siglo xx ha tenido el triste destino de oscurecer el horizonte de la esperanza en quienes han aprendido a penetrar bajo las apariencias. El europeizador ha vivido bastante para ver Europa dos veces devastada, rota su unidad, mermada su libertad, amenazadas de muerte sus dos tradiciones más sagradas, la socrática y la cristiana; y el hispanizador ha visto a España atada a la rueda implacable de su fuerte destino que daba otra vuelta más de guerra civil.

Demasiado por encima de las fórmulas y consignas que, como costras de cicatriz le salen al lenguaje astroso de la política, Ortega ha tenido que reflexionar sobre la diferencia entre lo que él soñó como su obra y lo que el Destino hizo con ella y con sus protagonistas. Si para fuera, ha podido a veces dar la impresión de no caber en sí de poder moral y de plenitud, de seguro intuyó, tan sólo con verse en el espejo de la reflexión, que el derrumbe de Europa y la tragedia de España se explican por el maravilloso teorema de Sancho Panza: cada uno es como Dios lo hizo y a veces peor.

Indalecio Prieto

(1883-1962)

«Don Inda» era un huevo. Redondo, solía moverse andando, pero le hubiera sido más fácil rodar. Esta su dominante característica me hacía a veces pensar en el modo cómo Keyserling, en sus ensayos sobre Europa, solía representar el genio alemán: un huevo de cáscara dura (aunque no mucho) y de sustancia tierna, seminal. Todo se aplicaba a Prieto pese a que de alemán no tenía ni un pelo.

Su exterior, su cáscara era mucho más ruda, aunque no mucho más dura que la del huevo; y recordaba la de la nuez de coco: hirsuta y leñosa. Cultivaba la rudeza, en parte por darse perfil y relieve, en parte por mero placer de hombre espontáneo, niño y juguetón, que se divierte asustando a sus hermanas y tías. La «hermana-tía» en esto para él era Fernando de los Ríos, hombre de lenguaje limpio y de genio bien regido por la razón. Prieto se regodeaba soltando en su presencia las palabrotas más obscenas y blasfemas, para lo cual hacía gala de la imaginación más desenfrenada. Cuanto más sufría el pulcro Fernando, más gozaba el obsceno y blasfemo don Inda.

En estos lances solía actuar de excitador y estimulante Santiago Casares Quiroga, que combinaba la elegancia y pulcritud de aspecto de Fernando de los Ríos con la afición al lenguaje vitriólico, cosa que no sospecharía nadie tras aquel rostro tan señoril y dueño de sí mismo; y tan bien lo hacía que solía tomar la situación donde la había dejado Prieto, ya en alto (¿o bajo?) nivel de obscenidad y hacerla saltar aún más alto con otro vuelo de imaginación.

Hay que ver y oír estas escenas sobre el fondo de aquellos días de la República naciente, cuando aquella docena de hombres se estaba estrenando en el arduo oficio de gobernar que iba a quebrarlos a todos; porque entonces, en su vida pública y oficial, todo, hasta el tener que ponerse el frac era objeto de conciencia, como lo fue, por ejemplo, para

Largo Caballero; mientras no lo había sido el hacerse una casa, lo que, quisiéralo o no, implicaba ingresar en las filas de los capitalistas. Ráfagas de infantilismo venían así de vez en cuando a aliviarles el peso de su tremenda e inusitada responsabilidad, y por eso jugaban con lo que podían y más a mano tenían, que eran las palabras.

Tampoco hay que extrañarse de que el más juguetón fuera Prieto; porque era, con mucho, el más espontáneo de todos ellos, luego el más cercano a su niñez; el menos intelectual, porque el menos dado a lo abstracto, el más cercano a las cosas concretas y cotidianas, el de umbral más abierto a su fuero interno, en comunicación más directa con su sotasí, el más apasionado y quizá el más propenso a verse desde fuera y a juzgarse con severidad sin escuchar excusas de amor propio o sofismas de abogacía.

En su estructura mental, al principio, la idea general, la teoría, apenas si entraba en cuenta. Era el pragmático por excelencia; y en la conducta se dejaba guiar de lo que le decía no su intelecto, sino su ser, en el que parecía haber depositado toda su confianza. La cual merecía, porque Prieto era honrado a carta cabal, aunque, como mero pragmático que era, le ocurriera a veces errar aun en cosas de rectitud.

Más concretamente, estimo que mientras en cosas de ética política, hombres como Azaña o Besteiro procederían conforme a principios de ética teórica, Prieto obraría por mero instinto o gusto personal, modelado y atemperado por ese consenso tácito que es la costumbre. Por otra parte, con él no era posible perder de vista la pasión, de modo que para prever lo que iba a decir o hacer Prieto, era menester primero vislumbrar a qué grados de pasión estaría, y de qué pasión.

Era hombre del pueblo y asturiano, aunque bilbaíno, por decirlo así, de profesión. Hijo de sus obras, ocupaba en la prensa y en el partido una situación que se había ido creando a fuerza de inteligencia. Pero también en esto era pragmático y no había manera de llevarlo a las altiplanicies del pensamiento. Recuerdo una noche de verano, sentados todo un grupo en un café al aire libre en Recoletos, en el que se habló de todo, y él muy bien y muy sensato en todo, sobre la República y lo hecho y lo por hacer, y daba gusto oírle, salvo que a todo lo que oliera a teoría o pensamiento, guardaba silencio; hasta que, ya tarde, recayó por allí Fernando, y Prieto se sintió inspirado por el mismo demonio a verter sobre la noche clara y serena las más espesas inmundicias verbales.

Aun así, era pulcro como persona y como amigo; leal, claro, nada intrigante; y aunque jamás supe nada de su vida privada, me daba la impresión de hombre de costumbres limpias y regulares. Su pecado preferido era de seguro la glotonería, y más de una vez, cuando hacía falta encontrarlo, lo hallaron en algún merendero de Puerta de Hierro atracándose de langostinos y *champagne*.

348

Tenía ojos saltones y grandes, de matiz entre grisáceo y azulenco; y no daba la impresión de ser tan ciego como era, porque veía poco y mal; pese a lo cual, carecía de la desconfianza universal que tan difícil hacía la relación con aquel otro gran cegato que era don Niceto; sólo que Alcalá Zamora era meramente miope, y lo que le caía bastante cerca y era bastante pequeño para pasar la lente de su cristalino, lo veía aún más claro que el común de las gentes; mientras que la ceguera de Prieto no parecía depender de la distancia y aun quizá viera más claro de lejos que de cerca.

¿Socialista? Bueno. Como ustedes quieran. También lo era Fernando. Marxista, no. Era Prieto un hombre del pueblo que le había visto las orejas al lobo de la miseria; y sabía, por experiencia propia, que el hombre dispuesto a trabajar puede, si quiere, vencerlo por lo que luego aprendió a llamar la *iniciativa privada*. Pero, en general, su actitud era de una envidiable libertad de opinión, abierta a todo con tal que la intención fuera noble. Si hubo quien le reprochara tal o cual acción o actitud, ello se debió precisamente a que no se dejaba encasillar en preceptos o etiquetas; pero pese a los errores de juicio y acción que suelen ir con la actividad política como la sombra con el perro, su intención parece haber sido siempre leal para cosas y personas.

Era, según creo, limpio de toda envidia o vanidad; defectos, además, que incitan a las acciones meditadas y aun premeditadas, cosa netamente contraria a la espontaneidad esencial de su ser; y por eso pasaba malos ratos escudriñándose y pesando sus defectos o insuficiencias con balanza de boticario. Quizá lo que más le hizo sufrir, sobre todo al comienzo de su carrera ministerial, fue su incompetencia. Curioso contraste con Azaña, que no vacilaba en cargar sobre Prieto la responsabilidad de la Hacienda de la República, sabiéndolo tan incompetente para aquel ministerio, después de ofrecerme la cartera a mí, que era aún más incompetente.

Así que pasa medio año y Vergara, el subsecretario de Hacienda, le dice a Azaña (5-VII-32): «*Está derrumbado.* Prieto repite que el ministerio se le viene encima y que no acaba de penetrar los problemas. Ya lo sabía yo por habérselo oído y conocido en los Consejos de Ministros. Insiste en dimitir.» Esta observación resurge en las *Memorias* de Azaña casi a diario hasta que la guerra civil los desterró a ambos primero de España y luego del planeta. El hecho es siempre el mismo en sus formas diversas: el lamento espontáneo de un hombre que exhala con espontánea sinceridad la insuficiencia de su formación y carácter. De todos los políticos, fue el que mejor vio la gravedad de la guerra civil y más trabajó para evitarla aun después de declarada y para comenzar el acercamiento. Sus llamadas a la paz civil en los primeros días fueron de un patriotismo sincero y saturado de ansiedad.

Podría decirse, como primera aproximación, que la vida política real de Prieto fluía menos en el canal de la razón que en los cauces irracionales. como la intuición por un lado y la pasión por el otro. En un debate donde se luchaba por ideas, no era casi nunca ni útil ni prudente acudir a Prieto; pero si el plano intelectual se embrollaba y cubría, si no se veía bien la salida, y, sobre todo, si se caldeaba el ambiente, aquel hombre, en frío, bueno y leal, vertía sobre la sesión bocanadas de lava liberal y democrática que al limpiar las subconciencias lo aclaraban todo, a no ser que lo devorasen en un incendio político.

No creo que haya lugar a dar peso alguno al testimonio de Largo Caballero sobre el carácter de Prieto, salvo en un punto concreto que luego diré. «Prieto ha sido envidioso, soberbio, orgulloso, se creyó superior a todos; no ha tolerado a nadie que le hiciera la más pequeña sombra... Le gustaba siempre estar en primera fila, mimado, alabado y admirado. Estar inactivo sin exhibirse, sin poner de relieve sus sobresalientes condiciones, le producía efectos desastrosos.» Esto dice Largo en sus *Memorias* (p. 153).

Estimo que estas líneas perjudican más al juez que al acusado. Largo no era precisamente inmune a la envidia. El honrado estuquista no veía sin admiración su, en efecto, admirable orto desde la miseria al poder social, y actuaba con habilidad dentro de los dos mecanismos, el de la U.G.T. y el del partido socialista; mientras que Prieto, hecho para más vastas esferas, mucho más político que sindical, solía actuar directamente sobre la opinión.

Sólo hay un punto en el que Largo ve la verdad si no muy claro: precisamente por la inseguridad crónica que padecía, Prieto era un pesimista sempiterno. Era también más clarividente, más penetrante en sus juicios sobre cada situación; y si las cosas venían mal dadas, comenzaba por recordar aquello de «a salvo está el que repica»: pasaba la frontera. Largo le recuerda, sin asomo de caridad, que fue lo primero que hizo en todas las grandes crisis del fin de la monarquía y de la República.

Claro que volvemos al motivo constante de la hombría. Hasta a Prieto se le ha querido tachar de cobarde. Quiso la suerte que la batalla más peligrosa de las que tuvo que dar en su vida fuera, no contra las fuerzas del «orden», de «la reacción», sino contra las fuerzas armadas del socialismo marca Largo Caballero, que en Écija lo hubieran asesinado diez veces si hubieran apuntado mejor, y sólo salió con vida por la protección que halló en su propia *Motorizada*, fuerza armada del socialismo marca Prieto que, luchando heroicamente, logró sacarlo ileso por milagro de aquella guerra civil entre socialistas.

Piense cada cual como quiera o pueda sobre tan tristes espectáculos que ha ofrecido, ofrece y ofrecerá nuestra democracia; lo que no se ve por ninguna parte es falta de valor en Prieto. Sus pasos de la frontera se deben a su pesimismo. A mi ver, en la línea general de la vida de Prieto, lo que domina es un liberalismo populista sostenido por una emoción de justicia para el obrero o el campesino; cierta impaciencia para con todo lo que opusiera barreras a la manifestación espontánea y apasionada de lo que llevaba dentro; un sentido agudo de lo real y positivo en política; más práctica y afición a lo político que a lo sindical o social; poca afición a los chismorreos y triquiñuelas que suelen fomentar los mecanismos societarios; y, con ser hombre de gran elocuencia popular, dado a latiguillos y formulillas, menos fe en las palabras que en los hechos. Añádase no poco escepticismo sobre las soluciones socialistas ortodoxas de principio, como la expropiación, aunque no sobre la lucha obrera en sí, como la huelga; y lo que resultará será más bien un reformista impaciente que un revolucionario; y un abogado leal y ferviente de los obreros más que un socialista o un revolucionario militante.

¿A qué socialista que no fuera Prieto se le iba a ocurrir sustituir a Alcalá Zamora por Azaña? Esto es, sin embargo, lo que se propuso y llevó a cabo con tesón y habilidad. Repetidas veces he expresado sobre este episodio mi opinión netamente contraria a Prieto, que la ejecutó, y a Azaña, que la concibió, aunque ocultando la mano maestra con inusitada destreza. Obra maestra del subjetivismo español, expuso a los ataques de los adversarios aquella República cuya institución suprema no respetaban los mismos republicanos. En toda la vida pública de Prieto no cabe dar con un error más grave. Error doble: en sí y por su fundamento. En sí porque, si bien las críticas que se han elevado contra don Niceto por su modo personalista y caprichoso de entender la función presidencial, estaban plenamente justificadas, hubiera sido preferible aguantar a tan espinoso presidente hasta el final de su mandato que no ofrecer al mundo un espectáculo tan escandaloso de inestabilidad como el de una República que se desdice y echa a los tres años de mandato a quien había elegido como su primer presidente; pero si la decisión en sí era deplorable, ¿qué decir de su pretendida fundamentación?: ¡que el presidente erró al disolver unas Cortes con mayoría derechista que las elecciones transfiguraron en un Parlamento de frente popular! Esta decisión, cosa de Prieto y de Azaña, es para ambos una mancha que no lograrán borrar jamás.

Por parte de Azaña no cabe circunstancia atenuante; y sus maniobras, hábiles si un tanto pueriles, para despistar a la opinión y sincerarse de toda ambición, no bastan para disminuir su responsabilidad; antes la aumentan. Pero, en descargo de Prieto, cabe decir que de veras veía en la elevación de Azaña una salida, para él la única, hacia la estabilidad del régimen. Víctima de su pragmatismo, no vio la gravedad que para un régimen fundado sobre la opinión ha de tener siempre aspirar a vivir de una mentira. Para sostener la mentira, es menester la fuerza.

351

Si no llevó la penitencia en el mismo pecado, la llevó en sus consecuencias. Elevado Azaña a la presidencia, subió de punto la hostilidad de los militares, para quienes era un Coco, y ya en plena guerra civil, se reveló la paradoja que ni Prieto ni Azaña habían visto, aunque otros la hayan vislumbrado (como por ejemplo Araquistain): excelente como adalid de una España parlamentaria, Azaña tenía que fracasar como jefe del Estado de una España en guerra civil; y otro tanto, *mutatis mutandis*, cabe decir de Prieto. Cuando Azaña nombra a Negrín, escoge su propio verdugo. Cuando Prieto crea o intenta aprovechar la situación que permite a los comunistas echar a Largo del poder, le entrega a Negrín la guillotina que va a decapitarlo a él políticamente. Entrar en más detalles sería perderse en el bosque, nada virgen pero sí espeso, de los dimes y diretes que han cubierto de hojas de papel emborronado las polémicas entre todos estos protagonistas de la muerte de la República.

De este período quizá sean Prieto y Azaña los que más hondamente sufrieron el desgarrón de España. Los otros que, entonces, se mueven en torno suyo —Largo, Negrín, Araquistain, Vayo y los demás— hallaban quizá en su mismo sectarismo revolucionario cierto equilibrio, una como justificación que les permitía conllevar los horrores de la guerra y la división de España. Vayo se veía siempre en las fotografías llevando un fusil colgando horizontal del brazo caído donde uno esperaba ver su cartera de ministro; y tal o cual voluntario pasaba de emborronar sus papeles más o menos literarios a dejar caer bombas sobre sus compatriotas, si no con relativa paz de ánimo, al menos con indiferencia.

Pero Azaña y Prieto sufrían cada cual a su modo. Agudo, y en la guerra, febril generador de pensamiento, Azaña parecía transfigurar su tortura en ideación. Prieto carecía de este escape. Para él, la guerra, desde la primera noche en Madrid, fue cosa de tormento en su sensibilidad siempre abierta a todo el país; y a medida que se iba cerrando sobre toda España la negrura de su destino, se vio condenado a la peor de las muertes, que es la de la esperanza.

Más de una vez en los primeros años de su emigración pude observar, conversando con él, lo trepidante que era su emoción sobre la guerra civil. Lo que le oprimía el ánimo y le llevaba al borde de las lágrimas era el sentido de su propia responsabilidad; en lo cual revelaba su mayor delicadeza y sensibilidad, pues no era Prieto de los más responsables, salvo en un punto concreto: su tendencia a hablar y a representar la pasión. «Prieto —le dije más de una vez—, la pasión es como la gasolina: bien para el motor pero no para el volante.»

Esta rendija de algo como discusión entre él y yo se vino a precisar y ensanchar durante los largos años en que vivimos ambos en la emigración, siempre pensando en España.

Entre mis papeles de aquella época he encontrado un artículo de Prieto dedicado a polemizar conmigo sobre el tema monarquía-república. No lo hay, a mi ver, más huero y estéril. Es además característico de nuestro pueblo y país. A trueque de repetirme he de trazar aquí el sistema de coordenadas que me sirve de referencia en estas cosas, a fin de evitar que el debate se pierda en mero palabreo. El caso es que ser republicano o ser monárquico en España, en el siglo XIX y lo que va del XX, no significaba nada más sustancial que el mero cubrecabezas del jefe del Estado. ¿Rey o presidente? Tal era la alternativa, que unos y otros se imaginaban, sin pararse a pensar que tanto la una como la otra forma de jefe de Estado ofrecía entonces, como antes y después, ejemplos y casos de todo género de gobernantes, desde el presidente coronado que reinaba en Suecia hasta el monarca absoluto que presidía en Venezuela.

Más de una vez he intentado poner orden en esta confusión mediante una distinción dramática. Se echa un problema sobre la mesa en torno a la cual se sientan varios «pueblos» y, de éstos, unos preguntan: *¿qué* se va a hacer? y otros *¿quién* va a hacer esto? Los pueblos-qué son los republicanos de verdad; los pueblos-quién son los monárquicos de verdad. Porque los unos se concentran en la cosa (*res*, de donde *res-publica*) y los otros en la persona, el *uno (monos)* que manda, o sea el monarca.[1]

Tanto vale decir que los republicanos de verdad son los pueblos objetivos; y los monárquicos de verdad son los pueblos subjetivos. De donde deduzco que, en contra de las apariencias, los pueblos de verdad republicanos son los nórdicos y anglosajones (con Suiza); y los pueblos de verdad monárquicos son los mediterráneos; con los de la Europa media como tipos entreverados.

Pues bien. Prieto vivía inmerso en el conflicto ingenuo y popular del republicano nominal; nada de corona, nada de misa y a vivir; y, en el fondo, era un «republicano» (nominal), pintado con una mano, no muy fuerte, de socialista. Tan es así que siempre se le reprochó su tendencia a ir a los comicios del brazo de los «republicanos» y sobre esto tuvo que dar explicaciones no pocas veces. El 6 de setiembre de 1947, Prieto decía en un discurso a sus correligionarios en París: «Con razón o sin ella, con motivo o sin él, en el seno del Partido Socialista obrero español estuve siempre tachado constantemente de excesiva simpatía hacia los republicanos.»

Esto no quería decir que él no fuera «republicano» y sus oyentes también. Parte de tanta confusión se debía a que los socialistas (en los países latinos) son todos «republicanos» pero muchos «republicanos»

1. El azar semántico viene a complicar la expresión (que no el tema en sí) porque en vez de «de verdad» podría decirse *reales* por oposición a «nominales»; pero este adjetivo presta a confusión entre real (de *re*) y real (de *rex*).

«Hijo de sus obras, ocupaba en la prensa
y en el partido una situación que se había
ido creando a fuerza de inteligencia.»
(Caricatura de Bagaría publicada
en «El Sol» el 6 de abril de 1921.)

«Elevado Azaña a la presidencia, subió
de punto la hostilidad de los militares,
para quienes era un Coco...»
(Don Manuel sale de su casa para
dirigirse a prometer su cargo
como primer magistrado de la nación.)

«Sus llamadas a la paz civil en los primeros dias fueron
de un patrimonio sincero y saturado de ansiedad.»

«...a medida que se iba cerrando sobre toda España la negrura de su destino, se vio condenado a la peor de las muertes, que es la de la esperanza.»

Uno de los últimos actos oficiales en que intervino don Inda durante la guerra. De izquierda a derecha, Julio Álvarez del Vayo, José Díaz, Juan Negrín, Prieto, Jesús Hernández, Vicente Rojo y Vittorio Codivilla.

(quizá los más) no son socialistas. (Dejo al margen, por ahora, mi propia definición del republicano que excluye del género a casi todos los mediterráneos.)

Así las cosas, la acusación o el reproche que se le hacía a Prieto de excesiva simpatía hacia los republicanos se traducía en la práctica por una actitud positiva para con el problema batallón de los socialistas: ¿vamos con o sin los burgueses? Prieto siempre dijo «con». Pero ¿con los monárquicos? Eso ya era harina de otro costal, y aquí es donde el pájaro viene a posarse sobre mi rama.

El 17 de abril de 1944 publicaba un diario de Méjico un artículo de Prieto que llevaba por título: *España en peligro. Cómo pretende salvarla don Salvador.* Venía a ser una refutación de otro mío publicado poco antes en Buenos Aires con un título todavía más largo: *Para suceder a Franco y eliminar a la Falange, un general liberal.* Como no es cosa de achacar a Prieto título tan voluminoso, y por no acordarme de cómo y cuándo se fraguó, acepto el esperpento aunque no parezca nada mío; y claro es que también acepto la responsabilidad de la tesis, aunque opino hoy que buena parte de las críticas que le opone don Inda están justificadas.

En general, y no deja de tener su interés esta observación, creo que llevaba yo la razón en cuanto al principio y que la llevaba Prieto en cuanto a su práctica y aplicación. Tiene razón él cuando señala lo difícil y aun lo imposible de hallar entonces un general liberal; no la tiene cuando se hace un ovillo con la idea de evolución, invocando hasta a «Heriberto Spencer» cuando yo, modestamente, sólo quería decir por «evolución» la maduración que en todo pensamiento político de veras vivo tiene que ir produciendo la experiencia.

No dejó de caer entonces Prieto en la debilidad, la verdadera manía de no pocos de mis contemporáneos, en ver en mis opiniones de entonces un reflejo de las del Foreign Office de Londres —tema de tan donosa incoherencia que algún día habrá que tratarlo en sí—. Pero en estas páginas no se trata de mí, sino de Prieto. Lo importante era que la solución monárquica no le parecía sólo imposible sino «vergonzosa»; no sólo (a lo que barrunto) en sí, sino porque la imaginaba solución si no impuesta, por lo menos fuertemente recomendada por Inglaterra. Este último punto es un detalle que estorba y oscurece la discusión. Yo, al menos, no he descubierto nunca en Londres preferencia alguna por la monarquía; y creo este aspecto uno de los mitos que se forjaron los republicanos españoles, con lo cual, se les hacía todavía más cuesta arriba ni siquiera dirigirles la palabra política, al menos a los monárquicos.

Pero antes de pasar a otra etapa del debate, creo de interés objetivo dilucidar otro punto en que tuve que disentir con Prieto. En el curso de nuestra polémica, le dirigí estos renglones:

Voy ahora a recoger la frase final del señor Prieto: recoge una mía en la que decía que el que yo fuera embajador y ministro de la República fue favor que la República me debió a mí, y termina su artículo con estas palabras: «No le hubiese venido mal a mi contendiente refrenar su desmedida soberbia. Porque ni él estaba tan alto, por mucho que se alabe, ni la República tan baja, por mucho que la denigre.» ¿Desmedida soberbia? No observo yo excesiva humildad en esta observación del señor Prieto. En primer lugar, yo no he denigrado jamás a la República, ni sé cómo se puede hacer eso, ni dónde vive una Señora llamada República que se pueda alabar o denigrar. Me he limitado a una observación concreta y exacta. Me he limitado a poner coto a una argumentación inadmisible que consiste en decir (o dar por sentado) que si uno ha sido funcionario de un régimen, pierde para siempre el derecho: 1.º, de criticar los errores cometidos por sus compatriotas durante ese régimen; 2.º, de proponer otro régimen para otras circunstancias.

En el curso de esta argumentación he afirmado y repito que al servirla como embajador el favor se lo hice yo a la República y no la República a mí. El señor Prieto se indigna. Pero ¿por qué? ¿No es así como debe ser? ¿Para qué, pues, fue el señor Prieto ministro? ¿Para sacar provecho de la República? ¿O para que la República sacara provecho de él? No lo entiendo.

Y por último, cuando dice el señor Prieto que yo no estaba tan alto por mucho que me alabe (no sé cuándo ni dónde me he alabado yo) ¿se da cuenta el señor Prieto de su incompetencia para juzgarme? Yo no soy ningún vanidoso. Tengo mi alma en mi almario y me conozco los defectos tanto como cada hijo de vecino los suyos. Pero soy objetivo. Sé los servicios que hice a la República recién nacida, y aun a la ya crecidita, y aunque no los exagero, los justiprecio. Ahora bien, esta estimación de mis servicios no es cosa que el señor Prieto pueda hacer porque no conoce, ni tiene los medios para conocer, los ambientes en que se prestaron.

Y quédese esto aquí, aunque más podría decir, porque hoy está el señor Prieto en mi casa y me toca a mí ser comedido.

Todo esto pasaba en 1944.

En octubre de 1947, don Inda y don José María Gil Robles se encontraban en el despacho de Ernest Bevin, secretario de Asuntos Exteriores de Su Majestad Británica en Londres. Que no fue fácil, sin duda. Que tanto el uno como el otro se sintieron casi heroicos por haberse colocado tan cerca del que cada cual de ambos consideraba como su Satanás político, lo suscribo. Que (según decían en Londres) Gil Robles fue a la cita de boina para ir más disfrazado, estoy dispuesto a creerlo, y que

Prieto iba también de boina me parece probable, para evitar que lo tomaran por un embajador inglés. Pero el hecho ahí está. Aquellos dos cometas de nuestro firmamento, que tan distintas y distantes hacían sus órbitas, se encontraron en Whitehall.

Tan difícil había sido que todavía en 1948, el 27 de noviembre, Prieto escribía a Trifón Gómez, Luis Jiménez de Asúa y Antonio Pérez una larga carta en la que se leen párrafos sabrosos:

Estamos justamente satisfechos ante lo ya alcanzado. Primeramente se nos censuraba, entre jubilosos vaticinios negativos, porque no llegábamos a ningún acuerdo con los monárquicos, y luego los mismos implacables críticos nos censuraron por haberlo obtenido. Entre ellos hay algunos que, creyendo fracasado nuestro intento, anunciaron que si lo lográbamos lo examinarían con buena voluntad. Y ahora, ante su chasco, eluden con pueriles pretextos el examen ofrecido, incluso alegando que los contratantes no existen por carecer de personalidad. Pues existen y tienen personalidad suficiente. No se trata de fantasmas.

Prieto las enumera con satisfacción: por un lado el Partido Socialista Obrero Español; y por el otro, la Confederación de Derechas Monárquicas. Meto baza yo aquí para recordar que esta Confederación, por otro nombre la C.E.D.A., era la misma idéntica entidad que don Niceto, pese a la indudable fuerza parlamentaria de que disponía, se resistió tanto a incluir en sus Ministerios, hasta que se vio obligado a ello en el otoño de 1934, provocando así el ensayo general de alzamiento de las izquierdas que luego sirvió de modelo al alzamiento de la ultraderecha en julio de 1936.

¿Qué había ocurrido? A esta pregunta contesta Indalecio Prieto con notable diafanidad en su discurso del 6 de setiembre de 1947: «Las ilusiones no se destruyen súbitamente: se van perdiendo con lentitud, unas veces por la edad, otras por desfallecimiento físico, y otras con debilidades morales.» Y a renglón seguido hace constar que él no abrigó nunca «la ilusión de creer que Franco va a ser sustituido súbitamente por unas instituciones republicanas que en la actualidad viven lánguida vida en el destierro»; y hace valer los factores nuevos que puedan «devolver a España la República». Éstos son, según él, «los factores internacionales».

Como quiera que la vida es una trenza de hilos, hebras y fibras de toda suerte de materiales, del oro a la soga, sucedió que por entonces me mandó Prieto desde Méjico (el 24-V-47) un recorte de unas lucubraciones de Carlos Montilla, secretario más o menos general del partido de Azaña, metiéndose conmigo según se lo permitían sus escasas luces. Lo explicaba don Inda escribiendo: «Cumplo deseos de don Carlos Montilla.» Le contesté a Prieto que no contestaba al autor de tal engendro porque no se lo merecía, pues no se había molestado en estudiar mis ideas y opiniones antes de criticarme por lo que yo ni pensaba ni hacía. Como otros lo habían hecho antes o lo iban a hacer después, Montilla me acusaba de preconizar una solución monárquica para España porque era la solución inglesa. A él no le contesté, pero a Prieto le dije (14-VI-47): «La ignorancia que tamañas aberraciones revelan de la realidad, tanto en cuanto a mi carácter como en cuanto a la política inglesa, como en cuanto a mi absoluta independencia y frecuente oposición frente a la política de este país en que vivo, son bastantes para excusarme de toda contestación al señor Montilla. Créame, amigo mío, no haremos un país vivible mientras la gente sea tan frívola para con las cosas y para con las personas y, en estas épocas de técnica, ¿adónde ir con ingenieros que dicen de sí mismos ser "un poco bohemios"?»

En el mismo sobre y con la misma fecha le mandé una carta en la que, con la mayor franqueza, le afeaba los ataques, algunos chabacanos y hasta groseros, que hacía a la dinastía en su discurso del 1.º de mayo. «No le hablo como monárquico, puesto que no lo soy. Son monárquicos los que no aceptan la república. Son republicanos los que no aceptan la monarquía. Yo tengo la cabeza y el pecho abiertos a una y otra forma.» Pero, después de afirmar que en una España de retorno a su libertad política, ya monárquica, ya republicana, él, Prieto, sería indispensable, tenía que «lamentarme en la confianza y confidencia de esta carta íntima, de la falta de reserva, de elevación, de calidad política en todas las parrafadas que dedica usted a la monarquía».

Así definido el tema, le reprochaba claramente sus faltas de:

— táctica, puesto que se trataba de unir a todos los españoles no extremistas, entre los cuales había muchos monárquicos;

— de prudencia, puesto que la España que esperábamos lo mismo podría pronunciarse por la República que por la monarquía;

— de dignidad pública, puesto que él era uno de los grandes hombres de Estado de España y, por lo tanto, del mundo;

— de gusto, puesto que sus discursos quedarían en la Historia de España, que merece más respeto.

Prieto tardó en contestar y dio sus razones, no malas, para excusar su tardanza. Pero en ambos asuntos, de tan desigual importancia, estuvo negativo. En el de la carta de Montilla, su actitud fue tal que provocó esta respuesta mía:

No encuentro muy simétrica su actitud en lo de Montilla; porque si me traslada usted a mí una carta abierta suya que no tenía nada de grata para mí y era además injusta y mal informada, otro tanto pudo haber hecho con mi carta a él, que era merecida y más discreta por no ser abierta. Pero, en fin, agua pasada no corre molino y éstas son minucias que no han de entibiar nuestra buena amistad.

En cuanto a mi sermón sobre sus chabacanos ataques a la monarquía, clara resultaba mi reacción al leer su última frase: «Le anuncio mi visita y durante ella podremos charlar acerca de lo que en su carta me dijo y sobre otros temas que incluso pueden revestir mayor interés.» Así, pues, no se había enterado o no se había querido enterar del interés de mi ruego amistoso para que moderase sus malos modales públicos. Defecto suyo era éste que constituía grave obstáculo a su ascensión política, y que me preocupaba entonces de modo más especial por lo que ahora paso a contar.

En todos los países de la Europa que Stalin iba dejando todavía libre y en todos los sectores políticos de ellos, surgían hombres, grupos, asambleas, publicaciones, abogando por la integración europea. Poco a poco iban cuajando en tres grandes grupos: uno de inspiración cristianodemócrata, otro de economistas y financieros y otro socialista, tres grupos que a su vez se confederaron para formar un comité organizador, con fuerte arraigo en Italia, Francia, Inglaterra, Bélgica y Holanda.

El *spiritus rector* de este que se llamó Movimiento Europeo, era el doctor Retinger. Pese a su doctorado, Retinger era un hombre de acción. A los 53 años, se había tirado en paracaídas, para llevar a cabo una misión de guerra en Polonia, su país; y como consecuencia, se había quedado medio paralítico, aunque andaba como podía, fumaba y tosía tanto y tan fuerte que desgarraba sus propios pulmones y los oídos de los que le oían toser; pero fumaba en cadena y se bebía su coñac siempre que la ocasión lo permitía. Pelo que parecía peluca, ojos que parecían de vidrio, nada guapo, tez de máscara mejicana, era sin embargo un hombre de gran atractivo y fuerza magnética. Jamás nadie le oyó echar un discurso y casi nunca escribía. Pero era un verdadero director.

Pronto comenzó a pensarse en una gran Asamblea europeísta y se decidió que tendría lugar en La Haya y en 1948. No se trataba de ningún congreso internacional, de modo que no había delegaciones; pero el Comité invitaría *nominatim* a las personas cuyo conjunto constituiría la Asamblea, las cuales, por lo tanto, no representarían más que lo que eran. Se tendría, no obstante, en cuenta, con vistas al equilibrio del conjunto, la nacionalidad y la significación pública de cada cual. Además, habría hasta media docena de personas escogidas por su significación europea. Yo fui uno de los así designados.

Todo esto me lo explicó Retinger en una de nuestras primeras entrevistas, terminando por poner en mis manos el arduo problema de escoger quiénes iban a ser los asambleístas españoles. Comenzaron a circular listas, algunas alarmantes, con personajes tan conocidos por su intransigencia como don Ramón de la Sota: hubo pretensiones de Negrín; y tanto se agitó la gente que ya se podía vislumbrar una Asamblea europeísta obligada a abandonar su propio tema, que era la integración europea, para entregarse al tema de la desintegración de España.

Decidí hacer de cirujano. Propuse y se adoptó traer a Trueta como personalidad sin partido; y a Prieto y a Gil Robles como encarnaciones de las dos alas de la opinión pública española. Sobre esta base se hizo el Congreso; y de él recuerdo, como detalle pintoresco, que Prieto, que vino en coche guiado por un amigo vasco, nos llevaba y traía por La Haya admirablemente orientado por su amigo vasco que, en caso de duda, consultaba al guardia holandés de la encrucijada, que, desde luego le hablaba en su lengua, al que el amigo contestaba en vascuence.

Gracias a la estricta definición de los asambleístas españoles, no se perjudicó la situación (ya bien precaria) de España en aquella asamblea histórica, aunque tampoco se lograra mucho progreso en lo que estaba en la conciencia de todos: la incorporación real, y no meramente formal, de España a Europa.

Ya entonces estaba Prieto muy acabado. En sus últimos años se había prodigado sin medir sus fuerzas; y aunque más de una vez sorprendió a sus médicos por sus notables fuerzas de recuperación, le falló el corazón para soportar el peso de tanto cuerpo y la febril actividad de alma tan apasionada; de modo que no le llegó el aceite para iluminar su noche hasta ver el alba del día con el que tan ardientemente había soñado.[2]

---

2. Cuando, ya en el destierro, Negrín y Prieto se encuentran en posesión de fuertes sumas de dominio público, y crean respectivamente el S.E.R.E. y la J.A.R.E., ambos proceden con arreglo a criterios de poder político, que no me propongo relatar ni menos juzgar aquí por no conocer el asunto de modo bastante directo; ya que, en estas materias, más vale pecar por carta de menos que por carta de más.

Visto desde fuera, y sin prejuzgar ni juzgar aquí la honorabilidad personal de los tres socialistas que en ello intervinieron, se ve una decisión puramente personal *de facto*, mejor o peor revestida de argumentos y documentos *de jure*, que puso y mantuvo en manos de Negrín, de Prieto y de Calviño, tres diputados socialistas, sumas calculables en cientos de millones de pesetas, pertenecientes o al Tesoro o al pueblo español; y aunque no es cosa de poner en tela de juicio ni la actividad de los dos primeros en pro de los refugiados españoles ni la pasividad de Calviño, parece que, de haber existido mejor voluntad y *objetividad* en todos, se pudo haber puesto aquel dinero al servicio del país, emigrado como entidad de conjunto. Viene a ser otro caso, entre tantos, de la subjetividad de nuestro carácter.

Américo Castro

(1885-1973)

En la historia de España sólo cuentan dos Américos: el que descubrió el continente americano, cuya existencia no sospechó Colón, y el que descubrió las tres castas. Si la guadaña igualitaria no se lo hubiera llevado cuando aún a los 87 Américo Castro seguía floreciendo con pasmosa fecundidad, es seguro que habría escrito yo algo y aun mucho sobre «El Descubrimiento de Américo». Hoy, separado de él por esa linde *from whose bourne no traveller returns,* sigo considerándolo como un caso muy singular de erudito español: de cerebro tan bien organizado como el que más, de agudeza y penetración admirables y de corazón trepidante de pasiones.

Estas pasiones batieron las viriles paredes de su pecho con vigor a veces tempestuoso; aun siendo, como eran, derivadas de su pasión central, que fue de veras y honradamente, el ansia de saber y la sed de verdad. Américo perteneció por natura y derecho a la pléyade de espíritus nobles que iluminó el firmamento español a fines del siglo XIX y primera mitad del XX, y que afortunadamente sigue dando a España una esclarecida aristocracia intelectual.

Pero se daba en él un no-sé-qué especial que lo distinguía de sus compañeros: un como fuego contenido, una trepidación que le incitaba a penetrar de lleno e identificarse con las causas, parcialidades, opiniones, que la investigación parece siempre propensa a crear entre los investigadores, y que en él solía manifestarse en mal genio y sospecha del otro.

Me hallaba yo una vez, y no ha mucho, sería entre cinco y diez años ha, en el despacho del director de uno de los centros hispánicos más autorizados de Europa; y charlábamos plácidamente sobre hispanismo y sus temas cuando, movido por el asunto mismo, aludí a Américo

Castro. Al instante mi eminente amigo saltó como tocado por alguna descarga eléctrica: «No me hable usted de ese hombre imposible.» Sorprendido por el vigor de aquella explosión, alcé la vista del libro que ojeaba y pregunté con los ojos: «Sí. Imposible. Irascible y suspicaz.» Y sobre este tema, irascible y suspicaz, explayó el otro su furia contenida contándome un caso de pruebas corregidas, que Américo consideraba como censuradas, en fin, un caso como tantos; pero en el que, al parecer, se expresaban la irascibilidad y la suspicacia de Américo.

Todo esto y mucho más, me parece y pareció siempre proceder de cierto apasionamiento crónico que padecía Américo. Ahora bien, el apasionamiento es el pan nuestro de cada día entre españoles, y precisamente sobre la pasión he construido yo el carácter del español frente a la inteligencia francesa y a la acción inglesa. ¿Por qué entonces hacer problema de lo que, en nuestra tierra, es normal y general? Pues, en primer lugar, porque Américo era en estas cosas extremado y aun extremista, cosa que, al fin y al cabo, también suele ser en España normal y general.

Éste fue para mí el enigma específico de Américo. En el fondo de su pasión discutidora, latía como un resentimiento. ¿Por qué? ¿Contra qué? Era uno de los intelectuales de más éxito, tanto en casa como fuera; universal y merecidamente respetado por su labor profesional; catedrático de la Universidad Central desde muy joven; excelente lingüista, uno de los mejores de aquellos días. Y, sin embargo, daba la impresión de que quería ser otro.

Nos conocimos jóvenes todavía, hacia 1912, año en que yo contaba 26 y él 27 de edad; y creo que comenzamos a laborar juntos con motivo de las reuniones que organizaba y dirigía Ortega hacia la creación de la Liga de Educación Política. Pronto me di cuenta de su dominio impecable del francés; y de que en todas nuestras discusiones me parecía encarnar el sentido común no sin cierta distancia para cosas y gentes.

Cuando, terminada la primera guerra europea, regresé de mi primera residencia inglesa, y me puse a buscar dónde y cómo ganarme la vida, hablé con él sobre la posibilidad de crear una cátedra de francés o de inglés o de ambas lenguas, en la Universidad de Madrid; y él me explicó que para tal cosa sería indispensable un doctorado en Letras de que yo carecía. Tenía razón, y aun le sobraba, porque mientras se preparaba la gente a que aceptara la idea, se redactaba el proyecto y se votaba, ya estaría yo Dios sabe dónde, pero sin duda no en la cola de los aspirantes.

Quedamos buenos amigos, y yo le era cada vez más adicto a medida que iba leyendo sus excelentes libros. Pero confieso que me defraudó una vez durante mi breve paso por el Ministerio de Instrucción Pública que hoy, en *castellanqui,* llaman de Educación y Ciencia. Se celebró en Madrid por entonces un Congreso Internacional de Química, y como ministro tuve que ocuparme de los actos oficiales en obsequio a los delegados. Se concedieron un puñado de doctorados *honoris causa* para unos cuantos eminentes sabios de fuera, y presidí la ceremonia universitaria. En el claustro casi no había profesores.

A mí me pareció aquello una lamentable falta de cortesía. Se llegó a querer excusarla alegando que se trataba de un gobierno Lerroux, lo que me pareció aún más deplorable y primitivo que la grosería en pelota; pero lo que más me dolió fue la ausencia de profesores procedentes de la bien educada Institución, entre ellos Américo.

Ya entonces di en sospechar que podía haber otra cosa en su actitud: se daba en Américo cierta tendencia al humor cabizbajo, al silencio tenaz y contemplativo, que comenzaba a inquietarme. Recuerdo una vez, mucho más tarde, en Berlín, cuando di una conferencia a una sociedad de cultura alemana sobre *Cervantes y su tiempo.* Hablé en alemán. Más exactamente, leí mi conferencia en alemán, lengua que leo bien, pero hablo mal; y Américo, que se presentó a escucharme, al terminar todo y crearse corro natural de los de casa, en vez de intervenir en la conversación como maestro del tema que era, se paseaba como un león por la sala vacía, con las manos cruzadas atrás, los ojos en el suelo, como si en aquella sala no hubiese nada.

Guiado quizá por un instinto más vidente que mi observación, había yo puesto buen cuidado en encarecer a los dirigentes de la sociedad que me había invitado lo mucho que Américo sabía del asunto, mucho más que yo, lo que, al fin y al cabo venía siendo verdad desde hacía un cuarto de siglo lo menos. Él seguía reconcentrado y cabizbajo.

No aportaré más datos ni recuerdos. Diré tan sólo que a fuerza de correspondencia, leer sus excelentes libros, hablar con él y recibir de cuando en cuando un folleto suyo exornado con una dedicatoria tipo flecha de dardo agudo y hasta casi envenenado, llegué a la conclusión de que Américo me tenía tirria. «Otro más», me decía yo, ya resignado. Pero claro que, en su caso, era una tirria especial.

A la primera ojeada, sonaba aquella tirria a una pregunta: ¿Por qué, estando yo aquí, que conozco alemán y he sido embajador en Berlín, y soy maestro en cervantología como pocos, es este ingeniero de Minas improvisado profesor de Oxford, el que recibe la invitación para hablar a los alemanes cultos sobre Cervantes? Al primer pronto no le faltaba, pues, razón a Américo. Para él yo no era en las letras académicas sino un intruso, un aventurero. Académicamente, carecía de legitimidad, sobre todo en el país académico y sabio por excelencia. De aquí el desconcierto, el malestar de aquel excelente académico y erudito.

Esto se confirma leyendo sus libros. En uno de nuestros debates por correo le hablé de sus obstinados silencios sobre mi obra aun cuando se estaba explayando sobre temas que había explorado y renovado yo; pero aún más que sus silencios me llamaron la atención sus despectivos o indignados acentos cuando echaba al cesto de su cátedra mis explicaciones del ser individual y colectivo de España y de los españoles: el individualismo, el carácter, la influencia del suelo y clima.

El secreto estaba en su misma inteligencia y honradez intelectual. Cuando se paseaba en aquella sala berlinesa, con las manos cruzadas detrás y los ojos sombríos clavados en el suelo, lo grave no era la pregunta: ¿por qué éste y no yo? sino su propia contestación, su reconocimiento íntimo de que en mi lugar él habría hecho un estudio más explícitamente fundado en hechos «científicos»; pero yo había presentado un Cervantes y su tiempo más vivaz, vivo y coleando que lo que él alcanzaba. Y esta honradez de fondo era lo que lo tornaba murrio.

En aquel silencio taciturno cobraba presión el resentimiento que luego en sus libros se desahogaba en alusiones con espina. Todo ello se fue cargando de tensión con motivo de sus dos grandes ideas favoritas: las tres *castas* y el origen del vocablo *español*.

De ambos temas logró hacer unos como cotos de caza intelectual donde cobraba valiosas piezas para la filología española. Aunque, en su polémica con Claudio Sánchez Albornoz, me inclino a creer que éste se acerca más a las cosas que aquél, no por eso dejo de admirar la penetración, la erudición y la originalidad de Américo, sobre todo en aquellos libros «conflictivos» donde mejor describe la vivencia y convivencia de las tres castas.

Quizá se me permita recordar que en lo que atañe a la importancia del aporte hebreo a nuestra civilización, no he tenido yo que aguardar el descubrimiento de Américo. Mi conferencia *Spain and the Jews,* pronunciada ante la Jewish Historical Society de Inglaterra, el jueves 23 de mayo de 1946, bastaría para demostrarlo. Pero el aporte de Américo es asombroso no sólo por su erudición y su pensamiento, sino por su sentido de lo que se estaba viviendo.

Hay siempre que tener cuidado con su tendencia, tan española, a personalizar el tema haciéndolo suyo propio, y, por ende, a apasionarlo. Límpiense sus escritos de los depósitos y adherencias que tal propensión les depara, y lo que queda es valioso.

No es cosa de dar aquí su plena extensión a nuestra polémica postal, que quizá conviniera publicar un día; pero en cuanto concierne a las tres castas, quisiera dejar bien claro un punto que Américo, sin darse cuenta, no dejó de embrollar. En un artículo de la *Revista de Occidente* (1964) escribía yo: «Cierta dignidad de vida y costumbres, una pintura excelsa, un teatro original y casi nada más», como un cuadro resumen de la civilización española. Américo extrajo estos renglones de su contexto para poco

366

En esta foto de 1908
aparecen, a la derecha,
de pie, Américo Castro
y, sentado,
Manuel García Morente.

En 1932 junto
a Ramón Pérez de Ayala
y su esposa Isabel.

En su casa de Madrid en el año 1972.

menos que excomulgarme en su libro sobre *La Celestina*, no sólo por haber olvidado a Cervantes sino interpretado este olvido como luego se verá. Le escribí una carta un poco fuerte y a ella contesta:

Al leer eso, escrito por persona de tanta autoridad como usted, a continuación de haber leído lo de Hugh Thomas y Trevor Roper mon sang ne fit qu'un tour. Le escribí en seguida y usted me contestó en 20 de julio del 64:

Sólo le diré por ahora:

1. Que estoy mucho más cerca de usted que de nadie en mi modo de ver las cosas;

2. Que he afirmado en público mi creencia de que Cervantes era judío.

¿Cómo no tomar esto último, de su puño y letra, como justificación y no disculpa de haber omitido a Cervantes en aquel sweeping statement?

Es decir que, cuando yo procuraba hacerle ver que por dar reacción positiva al aporte hebreo a la cultura europea y por estar persuadido de que Cervantes era hebreo, yo consideraba evidente que no podía ser ésta la causa de haber omitido a Cervantes de una enumeración de abstractos en la que no venía a cuento citarlo, en mi actitud él veía antisemitismo. Y tan lo veía, y con tanto empeño, que uno al menos de sus epígonos sigue explotando en tal sentido el párrafo en cuestión.

Al releer estos papeles no tan viejos, me ha llamado la atención una frase que no recordaba. Dice Américo que leyendo lo que había escrito yo, *mon sang ne fit qu'un tour*. Y se me ocurrió (para seguir en francés) si este modo de decirlo no sería *un cri du cœur*. Este empuje de su teoría de las tres castas, esta celosa guardia para que nadie se la venga a arrebatar, estas violentas reacciones irracionales en cuanto una mano se acerca por benévola que sea, ¿no serían pequeñas explosiones irracionales del judaísmo reprimido del propio Américo?

Él lo niega en absoluto, con seguridad. Pero ¿qué español culto, de aspecto aristocrático, de mente aguda, puede dogmáticamente afirmar que no lleva en las venas sangre judía cuando es nada menos que de la vega de Granada?

Porque hay otros indicios, varios, de los que daré dos. El tipo físico era netamente de sefardita fino, «pura sangre», y Américo lo cuidaba con esmero; lo que le llevó a quitarse la barba. Quiero decir que su rostro era cosa que le ocupaba, signo que es muy hebreo como se echa de ver en la historia. Creo que, al rasurarse, perdió estilo y distinción, pero eso es otro problema. Téngase además en cuenta que Américo cambió dos veces de nacionalidad. Se hizo brasileño y luego norteamericano. «Hay que darles apoyo moral», me decía en Princeton para explicarme el segundo cambio. Indicios. Desde luego. Pero ahí están.

Ahora bien, que Américo sea o no *ex illis* puede llegar a ser un día tema para eruditos; hoy me parece más importante otro aspecto del problema que, a mi ver, es el único que Américo no ha enfocado con la debida claridad. No voy a tratarlo a fondo sino tan sólo a esbozarlo.

Que la existencia de las tres castas sea un hecho fundamental en la historia y formación de nuestro pueblo y su historia es cosa que nadie disputará, y el haberlo puesto tan claro y de tan brillante manera ha sido quizá el mayor servicio que Américo ha hecho a nuestra cultura. Pero en su obra falta casi del todo la consideración de este problema: si hay tres casas, hay tres maneras de ser español. O, de otro modo: no hay identidad entre español cristiano viejo, español hebreo y español morisco. El cristiano nuevo es un caso mucho más complejo, que empieza sin y termina con identidad.

Sucede que el propio Américo ha dedicado alguna atención al tema del valor esencial del vocablo *nosotros* (por ejemplo en la *Revista de Occidente*, junio de 1964), que trata con su perspicacia habitual. Ahora bien, basta con abrir un libro de Pérez de Pulgar para ver que, para él, «nosotros» quería decir los cristianos nuevos. El nosotros del tiempo de las castas se aplicaba separadamente a cada una de las tres castas; y a mi ver, esta triangularidad del nosotros español no deja de percibirse cuando se leen escritos de personas de indudable vigor, cada una en su casta. Creo, por ejemplo, que Cervantes pensaba en la simbolización de «ellos», o sea los cristianos viejos, en no pocos de sus escritos así como en la propia creación de don Quijote y de Sancho.

Mi conclusión sería, pues, que Cervantes y Fernando de Rojas fueron geniales como españoles porque, de haber nacido en Suecia, o no hubieran sido geniales o lo hubieran sido de modo distinto; pero que en España fueron no «españoles y no hay más que hablar», sino judeoespañoles. Y aquí es donde Américo se escurre o se torna confuso, terco e intransigente, quizá porque la sangre se lo mandaba.

Y así se explicaría esa como indignación con la que rechaza toda la explicación de lo español que no sea la de las tres castas. Ya sea la geografía y el ambiente, ya sea el «individualismo» o cualquiera otra fundada en la sicología. Lo que no ve es que siempre queda en pie esta pregunta: «Si se hubieran dado las tres castas en Ucrania, en Mecklemburgo o en Suecia, ¿habrían producido tales resultados?»

Es evidente que no. La simiente y raíz de lo sueco habría florecido de un modo distinto de lo «sueco» actual, pero todavía más distinto de lo español actual. Las tres castas, pues, para Américo, no eran sólo una visión clarividente de la realidad española en cierta época de nuestra historia, sino un dogma que había que aceptar íntegro so pena de excomunión, claro caso de lo que él mismo daba como indicio seguro de islamismo o judaísmo.

Otro de sus descubrimientos de lo más interesante en sí, pero que él también quiso transmutar en dogma, fue la aparición tardía del vocablo *español* para designar a nuestro pueblo y además la etimología no española de este adjetivo. También en este caso Américo es agudo, penetrante y original para empezar; luego, extremista, exagerado e intransigente; y por último despectivo para quienes no opinan como él y hasta acusador e inquisidor de las sin duda pésimas intenciones de tales herejes cuando se niegan a reconocer cosa tan evidente.

Yo cometí en uno de mis libros la herejía de decir que Viriato era ya típicamente español, y allí fue Troya. Pero el caso es que el hecho de que «español» no comenzase a circular hasta el siglo XII (o cuando haya sido) no impide que la cosa exista y aun el nombre, que ande de labio en labio aunque no todavía de papel en papel, porque los papeles se escriben en latín todavía. Sobre esto cruzamos cartas como sables o floretes que un día harían por lo menos (creo yo) amena lectura.

Pero el diablo las carga. Sucedió que a Gironella se le ocurrió hacer una especie de plebiscito sobre la existencia de Dios, quizá recordando aquel debate en un municipio rural de Méjico, en el que quedó Dios en minoría. Emití mi voto, favorable a la Divinidad, y entre las pruebas que hice valer figuraba ésta: que sólo a la imaginación divina se le pudo haber ocurrido la disputa entre Newton y Leibniz sobre el cálculo infinitesimal o la disputa entre Castro y Albornoz sobre los españoles y su historia, tema que había tratado Calderón:

> *Cuentan de un sabio que un día*
> *tan ufano se encontraba*
> *que sólo se sustentaba*
> *de yerbas que él descubría.*
> *¿Habrá otro —entre sí decía—,*
> *más descubridor que yo?*
> *Y cuando el rostro volvió,*
> *vio la respuesta, observando*
> *que otro sabio iba arrojando*
> *las yerbas que él descubrió.*

Todo esto iba inserto en mi respuesta a Gironella, que, precisamente por ser deísta y positiva, me resistía a tratar en estilo solemne. Así que llegué a escribir cosas imperdonables, como ésta: «Algo por el estilo le pasó a Cervantes con la biografía de Don Quijote, a quien tuvo que inventar —como yo a Dios—, para que, ya inventado, Don Quijote se saliese con la suya y sobrepasara a Cervantes, como Dios a mí. Y para despistar, Cervantes le echó el vivo a Cide Hamete Benengeli, y se puso a escribir novelas como *Galatea* y *Persiles* que no lee nadie más que algún que otro científico, como Américo Castro, el Einstein de la ciencia histórica de España, que las leyó en busca de argumentos para su teoría de la Relatividad de los Españoles. Todo para que se la refutara un hijo de Sancho (nombre que, como usted sabe, es la forma popular de nuestra santidad) el cual, como tal, es enemigo mortal de moros y judíos, aunque, para ocultarlo, se tape el Sánchez con un albornoz.»

Mi error fue garrafal. Américo, que no fue nunca hombre de humorismo espontáneo, perdió la serenidad y me mandó una carta casi y aun sin casi desaforada, protestando: «Nadie —fulmina— con un mínimo de conocimientos y de responsabilidad intelectual toma a burla la acción de musulmanes y judíos en la vida española, en la auténtica, no en la inventada por quienes comienzan por ignorar que *español* fue una palabra provenzal introducida por los peregrinos a Santiago hacia 1230.»

Yo le contesté que sentía que hubiera perdido el buen sentido «hasta no ver que en esa página yo no me pronuncio ni tengo por qué pronunciarme sobre el fondo de tal discusión. «Reconozco y aplaudo el gran servicio que ha hecho usted a la historia de España y así lo he dicho, por ejemplo en mi *Memorias de un federalista.*»

Ni me contestó. Su exabrupto tenía poco o nada que ver con la «razón» que parecía explicarlo. Era un respirar por la herida; y la herida era permanente y debida al resentimiento del sabio diplomado que sabe escribir contra el aficionado intruso que también sabe escribir y además sabe hablar.

Mantengo, no obstante, las palabras que en esta misma carta le dirigí en respuesta a su exabrupto:

«Tengo por usted como filólogo e historiador una muy alta opinión; como persona, le vengo observando hace cuarenta años con el mayor interés y afecto; al fin y al cabo, hermano de infortunio, lo cual me ha servido no poco para conllevar silencios y sombras de que le escribí a usted antaño. Porque le observo a usted bien, no me extraña su exabrupto; y porque no me extraña, le declaro, sin ambages, que sigo siendo su amigo.»

Alfonso XIII

(1886-1941)

QUE ALFONSO XIII NACIÓ REY ES UN HECHO. Que nació ya vestido de
uniforme de infantería, pecaría quizá más de exagerado que de inexacto.
Por lo menos nosotros, sus súbditos, sobre todo los que (como yo) éramos
de su edad (me llevaba dos meses), teníamos casi derecho a creerlo;
porque cuando apenas si había cesado de chuparse el dedo, ya parecía
tocar la trompeta. Al verlo pasar, de uniforme de cadete, no aún cumplidos los diez años, los que en aceras o balcones lo veíamos pasar, sentíamos compasión por aquel muchachito privado de su corneta que iría
(pensábamos nosotros) tan bien con el uniforme.

Nos habían dicho que había nacido rey; y en nuestra limitada biología,
las dos dificultades, la de nacer rey y la de nacer a secas, se anulaban
mutuamente, tanto más por ser el nacer entonces para nosotros un misterio casi tan denso como lo es ahora. Pero eso de nacer rey, eso sí
que se nos hacía cuesta arriba. Porque un rey era un señor con barbas, que
llevaba un sombrero redondo con seis u ocho púas, y en la mano una
espada, una porra, una moneda de oro o una copa de vino; un señor,
además, que llevaba un capotón encarnado —pobre señor, ¡qué calor
aguantaría en verano!, bien que apenas se movía—. Además, los había
de estos reyes que al llegar a la cintura, en lugar de barriga, les salía otro
señor igual, pero de arriba abajo. Francamente, aquel niño rubito tan
modosito que iba sentado al lado de aquella señora triste, con una cara
chiquita que casi no se le veía entre la visera del ros y la tirilla de la
guerrera, no se parecía en nada a ninguno de los cuatro reyes de verdad
que conocíamos.

El caso es que, fuera como fuese, había nacido rey y doquiera que iba
tocaba la banda, tronaba el bombo y le hacían honores. Eso de hacer

373

honores era cosa que nadie de nuestra generación sabía lo que era, pero sonaba a muy importante. Esta atmósfera de misterio que rodeaba al Niño Real le otorgaba entre nosotros gran autoridad, que a su vez hacía manar de aquel rostro rubito y redondo ondas de magnetismo que le daban lugar especial y aparte en nuestro mundo. La autoridad y el magnetismo del Niño Rey vivían en nosotros como fenómenos primarios y naturales, amasados con sustancia humana, puros como la niñez de toda amalgama social o política, cuya mera existencia desconocíamos.

La Constitución. La Dinastía. La Ley. La Nación. Estos y otros vocablos que a veces sonaban en la conversación de los mayores, no despertaban noción alguna en nosotros, y menos cuando se trataba de correr al balcón a ver pasar al rey. El cual era en nuestra realidad un habitante del mundo de los cuentos que tantas veces habíamos oído y que comenzábamos a leer en los minúsculos libritos de Calleja. En aquel mundo había hadas, princesas, dragones, brujas que galopaban por los aires a caballo de una escoba, realidad mucho más fuerte y viva que la que habitaban los mayores, toda trabada de palabras interminables, como *Constitución* y otras sierpes de sonido no menos increíbles para nosotros.

La locomoción a bordo de una escoba era cosa muy de pensar, y se nos ofrecía a veces como solución de problemas rebeldes. Por ejemplo, ¿cómo «andaba» el rey doble, que de cintura para abajo era otro rey igual al de arriba? Claro que nos habíamos dado cuenta de que aquel sombrero de las ocho puntas se llamaba *corona*, y que los mayores decían siempre que había que hacer todos los sacrificios para salvaguardar la corona; y aunque no teníamos ni sombra de idea de lo que eran *sacrificios*, el tono con que lo decían los mayores nos hacía pensar que serían algo así como animales de gran valía, como decían que eran los caballos del rey, que con un leve rasguño de la uña del meñique del caballerizo que los montaba, daban media vuelta completa sin vacilar.

Al rey doble no le serviría para nada dar media vuelta, de arriba abajo, porque tan doble seguía siendo antes como después, de modo que si tenía que andar, tendría que hacerlo con las ocho puntas de una corona o de la otra, así que nos parecía natural que los mayores dijesen que había que hacer todos los sacrificios para salvaguardar la corona; pero a mí (en quien ya quizá apuntaba mi afición a la matemática) me pareció una corona de ocho o seis puntas cosa muy poco apta para la marcha, y no dejé de observar que el Rey Niño no llevaba corona sino un sombrero o gorra de visera, muy raro, con una sola punta delante. Ahora que este ros, como lo llamaban los mayores, tampoco me parecía muy adecuado para la marcha y, sin otra solución posible, se me ocurrió lo de la escoba. Esta forma de locomoción se me antojaba más en armonía con las costumbres del país de las hadas, las princesas y las brujas, al que sin duda pertenecían los reyes.

Desde entonces, me dediqué a observar al Rey Niño, a fin de ver aparecer los primeros signos de su realeza, por lo menos la barba, aunque también ansiaba ver cómo le iba creciendo otro Rey Niño igual, pero al revés, por debajo de la cintura; y cuando estaba solo en casa, cosa muy ardua de lograr, me montaba a caballo de una escoba, aunque siempre sin efecto, por lo que deduje que aquel medio de locomoción sólo servía para brujas y reyes, de cuya existencia no dudaba y de cuya esencia no tenía ni la menor idea.

Quién sabe a qué extrañas regiones me habrían llevado estos derroteros si entonces no hubiésemos emigrado de Madrid a La Coruña, ciudad que por su lejanía no solía visitar el rey. Quizá también por la misma causa, La Coruña pensaba tan poco en el rey como el rey en ella; y aún supe pronto que en aquella mi ciudad natal eran muchos los que no creían en el rey. Los llamaban *republicanos,* otra sierpe sonora que me parecía muy larga y remota, porque si se trataba de decir que no creían en el rey me parecía a mí que no faltarían modos más sencillos de expresarlo.

Este descubrimiento fue para mí muy importante, sobre todo mientras tuve que luchar con los obstáculos que me impedían comprenderlo. El primero era su misma definición. ¿Qué quería decir eso de que uno no cree en el rey? ¿Pues qué, no lo había visto yo pasar en un coche abierto por la calle de Ferraz y subir a la Princesa por la de Ventura Rodríguez? ¿Y esa princesa no era prueba evidente de que sí había rey puesto que había princesa? En estas discusiones conmigo mismo malgastaba yo un tiempo precioso que robaba a Euclides o a la gramática latina. Por un lado, veía en efecto, casi tocaba, a los republicanos. Eran once; y los otros, los que creían en el rey, eran diez; y nosotros solíamos ir a verlos discutir (que aquello se veía más que se oía); íbamos al Ayuntamiento, donde se reunían para no ponerse de acuerdo y votar (que era de lo que en el fondo se trataba) y votaban sabiendo de antemano que los anti-rey ganarían porque eran once contra diez, pero que no les serviría para nada porque el alcalde votaba con los del rey y como su voto valía por dos hacía lo que quería.

Todo esto me dejaba muy perplejo; porque aunque yo iba creciendo y me iba percatando de cosas que no tenían nada que ver con las hadas, me seguía intrigando que los concejales perdiesen el tiempo en minucias cuando tenían pendiente lo principal, que era si había rey o no, y si no, ¿quién era aquel chico que iba con aquella señora, y por qué sonaban trompetas y hasta tiraban cañones en cuanto le veían?

Pero por muy intrigado que estuviera yo, mi asombro y desconcierto subieron de punto cuando un día la pandilla tuvo la idea de ir a ver el cementerio civil. En el cual, según nos explicaron, enterraban a todos los republicanos (quiero decir cuando se morían) para que, por estar aparte y separados por tapias de los pro-rey, no pudieran reñir con ellos, y de este modo hubiera lo que llamaban la paz de los muertos.

Fuimos, pues, un día y me encontré con que entre aquellos muertos republicanos no se estilaba poner una cruz en el sepulcro, sino un retrato del muerto. Y aquí fue Troya. Todos aquellos republicanos, o sea hombres anti-rey, todos llevaban barba. Miré y miré y volví a mirar, pero como los retratos no pasaban de la cintura, no llegué a saber si más abajo les salía otro republicano al revés con su barba y todo. Pero aun así mi desconcierto no podía ser mayor: si el rey tenía por lo menos una barba, ¿cómo es que los anti-rey se distinguían precisamente por llevar la faz poblada con aquellos bosques de pelo?

A esta pregunta le di muchas vueltas, y en una de ellas caí en sospecha de que los anti-rey, quizá sin darse cuenta, lejos de serlo, eran verdaderos amantes de la realeza, tanto que se negaban a que el Rey Niño la disfrutase en monopolio, y por eso se dejaban todos la barba como diciendo: «Yo también soy rey.» Esta reflexión me fue de gran provecho para mis estudios de filosofía, pues ya era un indicio de que me daba cuenta de la diferencia entre *Das Ding* y *Das Ding an sich*, lo que a su vez prueba que, en España al menos, todas las barbas van a dar a Alemania.

Creo que la confusión mental en que me sumieron datos tan contradictorios más bien obró en favor que en contra de mi empeño en poner orden en mi cabeza política. El caso es que lo necesitaba; porque de pronto me di cuenta de que llevaba ya meses y meses asistiendo a las sesiones del Ayuntamiento como secuaz convencido de los republicanos. Éste fue otro descubrimiento que me llenó de perplejidad. ¿Cómo podía yo no creer en el Rey Niño que... bueno, ¿para qué seguir? El caso es que los anti-rey me convencían y los pro-rey no, y aplaudía a rabiar cada vez que en una votación ganaban los republicanos, aunque no sirviera para nada como antes expliqué, y hasta gozábamos todos más precisamente porque no servía para nada.

A pesar de lo cual, yo seguía pensando en aquel Rey Niño. ¿Le habrían salido barbas? Mis estudios de bachillerato habían ahuyentado brujas y princesas, y situado al jovencito rubio de guerrera y ros en el paisaje nacional; me daba cuenta exacta (?) de la función que cumplía en el conjunto del país; se me habían aclarado no pocas de las sierpes sonoras de los mayores: iba entrando a ser yo mismo casi mayor; regresamos a Madrid; y un buen día, bajo el claro sol de Castilla, vi al rey ya cadete. Llevaba espada, pero ni basto ni oro ni copa. No le había crecido la barba, pero sí la nariz y la mandíbula mandona.

Lo demás, lo vi y viví ya desde Europa.

«Que Alfonso XIII nació rey es
un hecho. Que nació ya vestido
de uniforme de infantería, pecaría
quizá más de exagerado que de inexacto.»

Francisco Ferrer: «...su condena a muerte
y ejecución habían sido imposición
militar tolerada si no apoyada por el rey.»

«...la bomba lanzada
por Mateo Morral el
día de su boda.»

El eje, el espinazo de su carácter era el valor personal. Esta cualidad excelsa se acusó e imprimió en la opinión pública universal a causa de una serie de atentados que comienza con el de la rue de Rohan, en París (1905), y continúa el año siguiente con el dramático y patético de la bomba lanzada por Mateo Morral el día de su boda. Importa insistir sobre este hecho que se suele, si no olvidar, pasar como cosa normal, nada del otro jueves; aunque es fundamental en la historia de aquel hombre que nació rey. El juicio que se forme sobre Alfonso XIII debe fundarse, ante todo, en su arrojo natural que le incita al ataque como defensa como cuando volvió el caballo hacia el asesino (1913), o cuando presidió a pie el entierro de Canalejas, asesinado (1912), y en una desconfianza de la violencia utopista que sus presuntos asesinos encarnaban.

Todo esto era cinecinta por desarrollar cuando, estudiante en París, testigo del primer atentado, llegué a imaginar —tan milagroso fue que el rey y el presidente Loubet salieran ilesos— que había sido todo una intriga de la policía para darle un triunfo al rey, idea descabellada de un joven de 19 años. Pero vino lo de Ferrer, en 1909, y ya me encontré de hoz y de coz en una campaña contra mi gobierno y su rey.

Ni por un momento vacilé ante el dilema que planteaba la contradicción entre mi convicción y mi país. Opté por lo que yo creía, y sigo creyendo, la justicia. Bien es verdad que algo influirían el ambiente y el modelo. París, en 1909, vibraba con el caso Dreyfus, y yo (que por supuesto era *dreyfusard*) veía el caso Ferrer como otro caso Dreyfus. El modelo era Caspar-Jordan. Pastor protestante evadido de su Iglesia para protestar contra la pasividad oficial del protestantismo francés frente a los sufrimientos del pueblo de Madagascar (donde había ejercido su ministerio), Caspar-Jordan era un don Quijote redivivo; y tomó por suya la causa de Ferrer sin pensar en los daños de todo orden que le acarrearía su quijotismo.

Tomé, pues, en aquella campaña una parte tan activa como me lo permitían mis estudios; pero refrenada además por cierto instinto político, quizá mejor, sicológico, que me llevó a sospechar en mis conmilitones cierta mescolanza de motivos. Matemático ya, purificado por la exactitud de la madre de todas las ciencias, me disgustaba que el tema esencial —la ejecución de un inocente— se mezclase con el anticlericalismo y el republicanismo. Además, Caspar-Jordan llevaba barba, lo mismo que no pocos de sus compañeros de cruzada.

¿Tenía algo que ver la inocencia o culpabilidad de Ferrer con la forma de gobierno de España? En mi fuero interno, el politécnico contestaba que no. Pero otra me quedaba dentro. Aquel uniforme de infantería... Leídos y escuchados unos y otros, quedaban en pie dos hechos:

378

que Ferrer no había tenido responsabilidad alguna ni en el atentado contra el rey el día de su boda ni en la agitación de lo que dio en llamarse la Semana Trágica; y que su condena a muerte y ejecución habían sido imposición militar tolerada si no apoyada por el rey.

Este episodio contribuyó a ir poco a poco trazando en mi ánimo las grandes líneas del cuadro español tal y como yo lo veía, y mi vuelta a España en 1911, para ingresar en la Compañía de Caminos de Hierro del Norte como ingeniero, lo fue confirmando y aclarando. Quizá por mi formación, fuerte en ciencias exactas, rechacé desde mi juventud toda dicotomía fácil en buenos y malos, izquierdas y derechas, militares y civiles y otras antítesis gratuitas. Por otra parte, mi afición a la sicología colectiva, estimulada por mi creciente experiencia de pueblos foráneos, me abría los ojos a la semejanza de los contrarios en mi país. La imposición de la muerte de Ferrer por los militares me parecía ya como idéntica en su esencia a la violencia de los anarquistas que aquella imposición aspiraba a vengar en el pasado y a evitar en el porvenir. Y en el rey veía un español más.

El rey era el primero de los políticos, *primus inter pares*, uno de ellos. Ésta fue su desgracia. No se dio cuenta de que el *poker* del poder, juego favorito de casi todos ellos, le estaba vedado al rey no sólo por la Constitución sino por la vera esencia de la función real. Los políticos le brindaron en bandeja de oro la llave de la sala de juego y un sitial preferente a la mesa del tapiz verde; y él se puso a jugar aquel juego, siniestro para España, que hasta en su vero nombre avisaba a quien tenía oídos para oír: Decreto de Disolución.

Yo estaba bastante bien enterado de los puntos que calzaba el rey. Era listo, listísimo, pero no inteligente. Nada culto. Nada amigo de artes, ciencias o pensamientos. Escéptico en cuanto a ideales políticos, como hombre que ya a los 20 años ha pasado dos veces por las horcas de la muerte que habían izado en su camino los idealistas del anarquismo. Muy simpático. Muy campechano. Nada rebarbativo ni almidonado. Pero nada ingenuo. Nada utópico. Nada optimista.

Durante mi primera larga estancia en Londres, le dimos un banquete en el Centro Español, que todavía entonces, en una bocacalle de Oxford Street, ocupaba un viejo caserón decorado por Sancha. Alguien debió de decirle que estaba presente yo, que a la sazón solía publicar un artículo semanal en *El Imparcial*. Me mandó llamar y dejé mi asiento para ir a saludarle desde el otro lado de la mesa que presidía. Me dio la mano, me sonrió, no me tuteó (nunca lo hizo) y me aseguró (con mejor intención que veracidad) que mi padre era muy amigo suyo; y luego, con una chispa de luz pícara en los ojos: «Escriba usted mucho de *democracia*. Allí les gusta mucho eso.»

Muy simpático. Muy abierto. Casi cínico ya. Pero si aquel hombre, trabajado por el peligro y estragado por la politiquería, se hubiera limitado a jugar el *poker* de la disolución con sus ministros, aunque habría fracasado como monarca creador, quizá no hubiera perdido la corona. Lo que le hizo perder la corona fue aquel uniforme de infantería con que había nacido.

Me han contado —y no fue el duque de Alba quien me lo contó— que aquel gran señor, gran caballero, excelente amigo y buena persona, fue de los primeros en darse cuenta del aislamiento del rey y en procurar ponerle coto, a cuyo fin convidó a su casa de Madrid al rey para que conociese a Ortega. Da vergüenza pensar que tal cosa hubiera sido necesaria. Pero en la biblioteca personal de Alfonso XIII no había, cuando se marchó, más que un Código Civil y una edición de lujo del Quijote.

Llegó Su Majestad, se hizo la presentación, y el rey preguntó: «¿Y qué enseña usted en la Universidad?» A lo que Ortega contestó: «Estética y Metafísica.» Y el rey, chascando los dedos como un golfillo de Madrid, exclamó: «Pues no debe ser poco difícil eso.»

Así quedó frustrada una muy noble y muy previsora acción del duque esespañol por antonomasia, frustrada por el buen humor, la campechanía, la espuma de frivolidad en que efervescía el ser de Alfonso XIII. Pero tampoco hay que exagerar. Si Alfonso no era ningún rey filósofo, menos aún rey pensador, poseía un juicio ágil y un laboratorio humano sin igual en el reino. Si, a mi ver, merece las críticas que todos le hacemos por haberse dejado menguar hasta la talla de tantos Besadas, Armijos, Morets y Silvelas de su reinado, no por eso hay que olvidar el aspecto central, axial, de su problema: ¿la fuerza o la discusión? Éste es el *leitmotiv* de su vida.

Y así vista, no cabe interpretarla a la ligera como una elección libre y gratuita en pro de la fuerza. En 1913 pasó él personalmente por su tercer atentado, al que hizo frente con su habitual coraje, echando el caballo sobre su agresor; gesto, desde luego, típico de su carácter, pero quizá también revelador de su estado de ánimo, secreta exasperación contra el anarquismo insensato. Porque esto ocurría en abril de 1913 y Alfonso XIII había intentado la «discusión» frente a la «fuerza», dando el poder a Canalejas en 1910, y sosteniéndolo contra el viento de izquierda y la marea de derecha hasta que un anarquista asesinó a su ministro a fines de 1912. La gallardía del rey siguiendo a pie el cadáver de Canalejas fue objeto de admiración universal. Menos observado y más significativo fue lo que aquella escena dramática expresaba: la renuncia regia a la discusión. Sólo quedaba la fuerza. El rey volvió a revestir el uniforme con que había nacido. Su reacción agresiva ante el atentado de abril del año siguiente vino a confirmarlo.

No vale juzgar la política como un ajedrez de ideologías. La política es drama de seres vivos, y no existe razón alguna que obligue a un monarca joven y sano a renunciar a su humanidad. Si el hombre es él y su circunstancia, el rey es él y sus atentados. Las peripecias del porvenir, la caricatura del *Cu-cut*, la ley de Jurisdicciones, las juntas de defensa, la bofetada de Sánchez Guerra al general Aguilera, la dictadura de Primo, la República, la guerra civil son consecuencias de aquellos atentados insensatos.

La gran tragedia de España es que sus españoles que no fueron nunca imperialistas, son siempre imperiosos; y los libertarios, que piensan (a mi ver) muy a tono con nuestro ser y temperamento, se han dejado siempre amilanar por los imperiosos, primarios, apresurados, atropellados, confusos, anarquistas, que han manchado de sangre y de insensatez una doctrina humana henchida de esperanza. Mientras el socialismo marxista no ha producido ni producirá más que la siniestra tiranía de que da triste ejemplo la Unión Soviética, el socialismo libertario pudiera muy bien ser la cuna del porvenir político social. Esta bella esperanza es la que deshonraron y mataron con sus bombas y revólveres los asesinos de Cánovas, Canalejas, Dato y los que atentaron contra el rey.

En Alfonso XIII mataron desde luego sus buenos propósitos de rey liberal que demostró nombrando y sosteniendo a Canalejas contra unos y otros. Porque —y esto es importante— en política quien no se vea atacado por ambos costados no es probable que vaya por buen camino. Muerto Canalejas, Alfonso XIII no creerá ya posible solución alguna que, en último término, no descanse sobre el Ejército. En el cuadro de circunstancias de aquella época, esta conclusión era natural. Pero le costó la corona.

Pasado el 1913, o sea sus 27 años, Alfonso XIII es un escéptico con ribetes de cínico. Ya no cree en la posibilidad de organizar a España como una república coronada; y como consecuencia inevitable, ya no cree (si creyó) en la paz internacional mediante negociación permanente. La guerra de 1914-18 ha venido a fortalecer estas posturas íntimas, aunque el escepticismo regio haya subido un tanto de categoría moral a causa de la actividad caritativa del rey para con las víctimas de toda suerte que aquella verdadera guerra civil europea vino a causar.

En 1921, la exposición de arte español en Londres inaugura con inusitada brillantez la serie de su género que inicia la convalecencia de Europa. El organizador es el duque de Alba. Pronto me escribe y pide auxilio. El catálogo, excelente como obra de Sánchez Cantón, ha caído en las manos desdichadas de Merry del Val, que lo ha confiado a Dios sabe quién, que ni jota entendía ni de arte ni de castellano ni de inglés. El duque me pide que haga una segunda edición.

Me instalo en un cuchitril de apenas un metro cuadrado en Burlington House, cotejo el catálogo errático con los cuadros, salgo y entro y voy así pergeñando el catálogo nuevo, en el curso de cuyo trabajo descubro gazapos inverosímiles. Voy como siempre me gustó ir, con un traje viejo y ostento (sin darme cuenta) una pelambrera que, aun sin melena, haría palidecer de envidia a un jipi de hoy.

En uno de estos viajes de exploración me encontré con una eximia comitiva. El duque, haciendo de cicerone, lleva de cuadro en cuadro a Alfonso XIII y a Jorge V. Procuro pasar inadvertido, pero la pupila ducal no duerme, y de la mano me lleva al rey. Alfonso XIII está de muy buen humor. Estamos todavía en el ambiente eufórico que domina Europa desde que estalló la paz. El duque expone mi misión y trabajo. Merry, desde luego, ausente.

Pregunto al rey: «Ya le habrá informado el duque a V. M. del caso de Signoret.» «No. Pero lo hará usted.» Guío, pues, a mi ilustre compañía hacia un cuadro del pintor catalán que representaba *El juicio de París*, las tres diosas revestidas de su mera belleza, el pastor sentado sobre una peña, dos o tres cabras, un fondo de árboles y celajes. Lo miran todos. «Bueno ¿y qué?», pregunta el rey. Sin una palabra le enseño el catálogo, que en inglés decía: «Tribunales de justicia en París.»

Jorge V, que, algo apartado, hablaba con Paco Sancha, ascendido *ipso facto* a cicerone oficial, se acercó: «*What is it? What is it?*» Sin asomo de sonrisa, contesté fríamente: «*Law Courts in Paris, Sir.*» Miró el cuadro, me miró y creyó prudente volver a su conversación con un hombre que, por lo menos, iba elegantemente vestido.

Han pasado los años, y yo, funcionario de la Sociedad de Naciones, he venido a Madrid en misión especial que abarca una visita a Alfonso XIII.

Me encontré con un hombre de rasgos más acusados que los que vivían en mi recuerdo de Londres. Andaba en los treinta y tantos. La mandíbula Habsburgo le daba cierto aire de Carlos V; pero los ojos eran vivaces y un sí es o no es maliciosos; y el bigotillo le robaba majestad. El lugar era casi espartano; un despacho chiquito, muy bien puesto, pero de ejemplar sencillez. El rey me indicó que me sentara frente a él, el despacho por medio, y yo coloqué sobre las rodillas una chistera de mi padre que había sacado de un desván para ir a Palacio.

Le expuse la necesidad de dar el mayor desarrollo posible a la Sociedad de Naciones, único modo que yo veía para evitar que tuviésemos que gastar sumas enormes en armas. En el ardor de mi argumentación, le asestaba a la chistera fuertes manotazos, lo que el rey miraba con no poco temor (a lo que me figuré) de que la hundiera irreparablemente.

Estaba el rey muy sonriente y tranquilo. Yo hablaba como jefe de la Sección del Desarme que era en Ginebra ; y él callaba y sonreía como rey

«Era listo, listísimo,
pero no inteligente.
Nada culto. Nada amigo de artes,
ciencias o pensamientos.»

«Muerto Canalejas, Alfonso XIII
no creerá ya posible solución
alguna que, en último término,
no descanse sobre el Ejército.»
(El cadáver del jefe del gobierno
es velado en el Ministerio
de la Gobernación.)

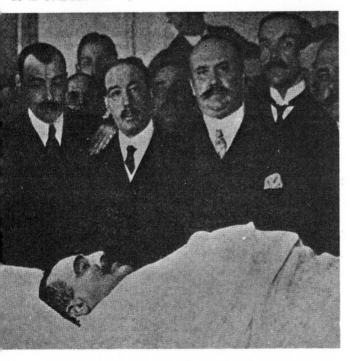

Martínez Anido: «...me parecía ver en aquel desdichado
militar una como mala sombra que exponía a serios
peligros a Primo, al rey y a España misma.»

que era y sobreviviente de tres o cuatro atentados. No estoy diciendo que él había examinado su problema como yo lo he analizado aquí; sino que lo había vivido; y, a mi ver, había hallado la serenidad en una profunda renuncia a toda esperanza y en su resolución de aceptar las cartas que el destino le diera, teniendo en cuenta que para él, ya el único triunfo era espadas.

Pocas y malas migas podían hacer el desarme y las espadas, así que aquella entrevista se disolvió sin gran detrimento de mi chistera, gracias al buen humor y al don de gentes del rey. Ni que decir tiene que yo no vi entonces todo el panorama tal y como lo he esbozado aquí; pero sí me di cuenta de que no contábamos en Alfonso XIII con apoyo moral alguno para nuestro gran experimento de paz mediante discusión.

Nada, pues, de extraño podía ser que el rey perdiera a veces contacto con las cosas de la vida internacional tal y como entonces se manifestaban. La coyuntura se presentaba como una prueba de empuje entre las dos tendencias: ¿fuerza o discusión? Exactamente las dos tendencias que se disputaban el campo en la vida nacional de Alfonso XIII. Los de la fuerza, favorables al predominio de las grandes potencias y aun de las pequeñas sobre la base de «a quien Dios se la dé, San Pedro se la bendiga»; y los de la discusión, deseosos de construir una *civitas Dei* de naciones para organizar de modo inteligente la vida sobre el planeta.

Por este espinoso camino íbamos avanzando en Ginebra cuando el gobierno decidió retraerse de la Sociedad de Naciones. Fue cosa de Primo; y el hecho de que el rey no se opusiera al disparate de su ministro se debe (según barrunto) a dos causas: que ya el rey vivía en pleno escepticismo, como arriba he apuntado; y que carecía ya de la fuerza moral de antaño y había caído al nivel de mero instrumento de Primo.

Yo estaba muy disgustado, pero Quiñones lo estaba más todavía; y como había concebido una alta idea de mis dotes de persuasión, trató de que viese al rey, aprovechando un viaje de Alfonso XIII a París en 1926. Aun allí, le costó Dios y ayuda a Quiñones hacer que el rey accediese a una entrevista, lo que, por las razones apuntadas, se explica perfectamente; y la evasión del Rey, jugando al escondite con la pertinacia de su embajador, dio lugar a nuestra conversación, de pie en el pasillo de la embajada, durante una recepción en su honor. El rey, de pie, con la espalda contra la pared y yo frente a él con la espalda expuesta a las inestables bandejas de *champagne*.

Estuvo, como siempre, cortés y hasta cordial, dispuesto a oír, pensarlo y contestar; y yo dispuesto a no decir ni una palabra más de lo indispensable. Se acogió a dar largas en cuanto al fondo y ver venir; y lo dejé con la impresión de que ya no era el rey de antaño, dueño de sus opiniones y posturas; y que, para él, la verdadera realeza había terminado.

Un día de 1927 recibí una carta de mi amigo Henry Thomas, bibliógrafo inglés que dirigía entonces la sección española de la biblioteca del Museo Británico. Me confiaba que el Comité nombrado para elegir al profesor que desempeñaría la nueva cátedra de Estudios Hispánicos creada en Oxford me ofrecería la cátedra si yo le aseguraba a él que la aceptaría. Llevaba yo meses ya mirando a la puerta de la Secretaría General de la Sociedad de Naciones, así que acepté sin vacilar; y el 1.º de enero de 1928 pasé de la vida política internacional a la vida académica.

Esta cátedra llevaba el título de «Cátedra Alfonso XIII de Estudios Hispánicos», de modo que al poco o mal informado le daba la impresión de ser el profesor poco menos que un caballerizo mayor del rey. El cual, pese al dictado de aquella cátedra, no tenía nada que ver con ella. Los ingleses, con toda su admirable objetividad, gustan de adornarla con toda suerte de plumas y colores. Apenas si hay cátedra en Oxford que no ostente un nombre ilustre, como cimera en casco; y mientras la de francés lleva el título de Mariscal Foch, a la de español se le impuso el de Alfonso XIII. Por brevedad y sencillez, yo no la usé nunca con una sola excepción, que el curioso lector hallará relatada en el boceto consagrado al marqués de Merry del Val.

Mientras tanto, la Dictablanda (como llegó a llamarse) seguía su camino, tan pronto soleado por un acierto (como las aventuras de Primo en Marruecos), tan pronto ensombrecido por desaciertos cada vez menos tolerables; y pronto se llegó a temer que ocurriera algún desmán, sobre todo al observar la importancia creciente que se iba concediendo al general Martínez Anido. Desde mi observatorio de Oxford, me parecía ver en aquel desdichado militar una como mala sombra que exponía a serios peligros a Primo, al rey y a España misma. Los amigos que pasaban por Oxford y venían a verme solían reforzar esta impresión.

En enero de 1930 cayó Primo. El 9 de marzo publiqué un artículo de dos columnas en *The Observer*, en el que llamaba la atención del rey sobre su responsabilidad personal si algo grave ocurría en el país, como muchos lo temíamos a causa de la coincidencia en Barcelona de tres generales: el capitán general de Cataluña, Barrera, que en su día iba a ser uno de los enviados a Mussolini para pedirle ayuda y lanzar la guerra civil; el general Milans del Bosch, palaciego, o sea, instrumento ciego de Palacio, y el general Martínez Anido, que Barcelona conocía demasiado para no sospechar que algo siniestro se tramaba.

De tan largo artículo, sólo traduciré el final, que dice así:

El peligro que amenaza consiste en que, para salvar al Rey, se recurra a estimular sucesos que provoquen una reacción en pro de «un gobierno resoluto» [...] Esperamos que se le eviten a España métodos de lucha indignos de la dignidad dramática del conflicto entre España y su Rey. Porque es un conflicto noble. El Rey es un buen patriota. Los rasgos de su carácter que lo han traído a este atolladero no dejan de recordar algunos a los que Fernando el Católico debe su fama inmortal. Sería rebajar el conflicto si se calumniase al país para salvar al Rey o, piénsese lo que se quiera de su política, calumniar al Rey para salvar el país. No tiene la culpa el Rey Alfonso de haber nacido con cinco siglos de retraso, ni la tiene España de que hayan pasado esos cinco siglos; y la nación tiene derechos mayores que los que puede alegar el primero de sus hijos.

Pero ya las cartas del destino estaban sobre la mesa. Al caer la dictadura, no se gritaba «Abajo Primo» sino «Abajo el Rey». Los estudiantes lo echaron del trono, llamándole «Gutiérrez». Iba un chico por la calle con una maletilla , y los demás detrás gritándole: «Gutiérrez, ¿te vas?» Y él contestaba: «No. Me echan.»

¿Qué había pasado? Que a fuerza de llevarlo, el uniforme de infantería se le había hecho piel.

Luis Araquistain

(1886-1959)

Por AQUELLOS DÍAS, postreros de la paz europea que ya no iba a volver jamás sobre nuestro malhadado continente, pasó sobre España una gentil bandada de garzas suizas, tres de las cuales, sin duda las más bellas, se posaron en las orillas del Manzanares. El cabello de oro y los ojos, claro que garzos, estas aves tan lindas no se posaron en Madrid por confundir el Manzanares con ningún lago de su país; su verdadero motivo era mucho más avizor. La una se casó con Araquistain, la otra con Vayo y la tercera con Viñuales.

Cada uno pudo haber dicho —pues las tres sabían latín— *veni, vidi, vici*; y aun pudo haber imaginado (salvándose de un vuelo las declinaciones) que el *veni* ese de César era un a modo de genitivo de Venus, porque las tres habrían pasado ante el dios Paris con sobresaliente.

Trudy, la mayor, se llevó a Araquistain. El cual era ya fuerte presente en España cuando Vayo y Viñuales eran sólo porvenires. No recuerdo por qué camino o encrucijada lo conocí. Supe que había pasado años en Berlín y hasta creo que era del grupo de aficionados a la filosofía que concurrían bajo la férula de Maeztu a lo que llamaban la *Kantina*. También me contaban que había sido marinero.

Lo parecía. La impresión primera de su persona sugería más la fuerza física y aun el volumen y peso corporales que la agudeza intelectual; y también la voluntad hasta las lindes de lo terco más que la agilidad del ser ni interior ni exterior. Cuando por vez primera (y creo que única) lo vi instalado a su mesa de labor, lo que más se me imprimió en la memoria fue un gran diccionario de la Academia, que estaba consultando y que se me antojó cosa rara en un escritor.

Ni todo era acertado ni todo erraba en esta primera impresión. Así, por ejemplo, la agudeza, no a primera vista evidente, era sin embargo rasgo casi dominante en Araquistain, cuyo intelecto era muy activo y penetrante. La lectura de sus artículos y libros y la experiencia de su vida me confirmaban, sin embargo, que no iba descabellada mi primera impresión. Era en efecto su agudeza casi exclusivamente intelectual, por lo cual solía quedarse pasivo y romo ante cosas del ánimo o de la naturaleza que no se entregan así como así al primero que llega. Ya he contado otra vez (en el curso de mi debate endémico sobre el carácter nacional) cómo una noche en Londres, Sancha nos había guiado a él y a mí a la pasarela de Charing Cross, donde, desde el centro del río, a las diez de la noche, se podía disfrutar del espectáculo espléndido que ofrecían el río de tinta azul negra, serpenteado de verdes y carmesíes, y las orillas encendidas de luces multicolores y los altos edificios que, iluminadas todas sus ventanas, semejaban escaparates de joyeros para gigantes; de vez en cuando, una gabarra negra sobre el menos negro del agua, avanzaba como sigilosa ballena. Llevábamos un rato allí los tres cuando se oyó en la negrura la voz impaciente de Araquistain: «¡Bueno, vámonos, que aquí no se ve nada!»

Gracias a aquel relámpago verbal, vislumbramos Sancha y yo no poco del alma de Araquistain. Era evidente que, para él, la sensibilidad artística se hallaba embotada y como olvidada por falta de ejercicio y de predisposición natural; de modo que todo lo que tenía de agudo, y no era poco, se confinaba a aquellos dominios del intelecto en donde cabe operar con el silogismo.

Se le veía en la cara. Los ojos le irradiaban inteligencia, sátira, regocijo ante el error del otro; y la boca y la mandíbula expresaban agresividad. Tanto en sus escritos como en su persona, era Araquistain agresivo, y uno se daba a pensar en las riñas púgiles con las que solían antaño distraer su aburrimiento los marineros. Daba, pues, siempre la impresión de ser hombre de alta presión agresiva, de modo que para él la brega política como la polémica desgranaban sus episodios siempre al borde de la riña de gallos.

De toda mi relación con él, nuestro período de la preguerra mundial pasado en Madrid de 1911 a 1916 fue el más tranquilo y cordial. Ambos casados con no-españolas, las dos casas se habían acercado y unido por un sentimiento de solidaridad en las dos mujeres. La profesión no nos unía, porque yo entonces era ingeniero de la Compañía del Norte.

Por aquel entonces nació un hijo de Araquistain que Trudy llamaba Fincki, o sea Pinzón. Contaba Trudy que casi el mismo día había dado a luz la hija de la portera, y que un día se encontró a la portera sacudiendo al recién nacido como botella de medicina, y al reprochárselo y prevenirla contra cosas malas que podría sufrir el niño con tanta sacudida, contestó la portera: «Qué me va usted a enseñar a mí, que he enterrado a ocho.» La pobre Trudy temblaba todavía evocando aquella súbita irrupción de la muerte en las cosas humanas que es tan típica de nuestro pueblo.

Ya venía yo observando que Trudy Araquistain disponía de una voluntad digna de hacer frente a la de su marido; y recuerdo que le solía yo tomar el pelo —que tan bonito era, todo de oro— a propósito de querellas conyugales que yo inventaba sobre la base de dos mandíbulas de mando. «Me han dicho, Trudy, que ayer, exasperada, le tiró usted a Araquistain a la cabeza nada menos que a Fincki.» Ella se reía. «¡Bueno, algunos exageran, pero por lo menos que agarró a Fincki por un pie y le pegó con él en la cabeza al padre de la criatura!»

Tanto él como ella tomaban la broma con buen humor; y aun diría que, por entonces, no habían brotado a la superficie aquellas simientes de agresividad que iban a proliferar más tarde en la vida de Araquistain. Por aquella casa solía ir mucho entonces un tal Durán (nada que ver con el que luego fue compositor, general de la República en la guerra civil y alto funcionario de las Naciones Unidas). Este Durán, rubio, de ojos azules y rostro largo y delgado, como en cuchillo (en contraste con el rostro ancho y redondo, como de sol poniente, de Araquistain), era maestro en la esgrima del sable, que solía ejercer sin piedad sobre su víctima. Yo lo supe por Trudy y aun me contó que un día ambos creyeron al fin ser el tan esperado de la devolución de la deuda, en que Durán entró diciendo con gran solemnidad: «Creo que os debo trescientas cincuenta pesetas, ¿no? Bien. Entonces, os propongo que me deis ciento cincuenta, y así haremos cifra redonda.» Araquistain se las dio.

Trudy, maguer casada con él, estaba, claro está, todavía aprendiéndose a su marido; y es muy probable que Araquistain estuviera todavía aprendiéndose a Durán. Vaya usted a saber. Pero el caso es de recordar porque sugiere que los rasgos más fuertes y quizá más característicos de Araquistain hayan salido a luz al influjo de la experiencia, más que por orden genésico o por el modelado ambiental.

Entretanto había estallado la primera guerra europea, y un día se presentó en Madrid John Walter, el dueño del *Times*, a la sazón encargado de la propaganda inglesa. Venía en busca de una persona que se encargase de dirigirla en Londres para todo el sector de habla española. Araquistain, a quien fue a ver, le dio mi nombre.

Yo me hallaba entonces meditando cómo cambiar de rumbo, soltar la técnica y pasarme a la literatura, mi verdadera vocación. Con el asombro que es de imaginar, mis jefes del Ferrocarril leyeron mi carta de dimisión. Araquistain llegó hasta a escribir que para España uno de los mejores resultados de la guerra había sido mi ingreso franco en la carrera literaria.

En Londres me lo encontré después. España había logrado reunir entonces un buen plantel de periodistas literarios, cuyo maestro era Ramiro de Maeztu, y uno de cuyos escritores más destacados era Araquistain. Esto se debía en parte a que nuestro pueblo, recogido en siglos de teología, no cree en las meras noticias mientras no vengan teñidas del color en que el lector piensa. Darle a un periódico español un mero papel de informador frío equivale a matarlo. Lo que el lector español desea saber es qué piensa de los hechos su Fulano o Mengano favorito. Por eso vino a florecer entonces de modo tan singular el periodismo literario.

Más tarde, tuve alguna relación con Araquistain, sobre todo cuando se encargó de dirigir *España*, la revista que había fundado Ortega. Había organizado yo en Londres una exposición de obras de Bagaría, y la dueña de la galería de arte donde se había hecho, me había confiado unos miles de pesetas para entregar a Bagaría como producto de las ventas. Recuerdo que me fui una tarde a la redacción de la revista con la esperanza de ver allí al genial artista catalán. Allí estaba, en efecto, pero también estaba Araquistain.

Cuando éste oyó que traía aquel dinero, me echó el sermón más fantástico que jamás había oído: «¿Y va usted a entregar ese dinero a este bárbaro, que se lo beberá en cerveza y ni una peseta le pasará a su mujer y a sus hijos? De ningún modo. Ese dinero lo ingresa usted en la cuenta de la revista y aquí se lo daré a su familia a medida que lo necesite, y este salvaje ni lo olerá. Y no hay otra solución.»

Yo miraba al bárbaro y salvaje y a su mentor y censor. «Bueno. Yo he recibido dinero para Bagaría y a él le toca decidir lo que hago. De modo que... usted dirá.»

Bagaría me miraba muy serio, con sonrisa triste. Luego, con voz lenta y baja, me dijo: «Haga lo que dice Araquistain.»

A medida que iba madurando con el pasar de los años, Araquistain se iba haciendo más socialista, más militante y más agresivo. Su vigor como político se manifestaba con la pluma, instrumento formidable en su mano, pero no con la palabra, para la que era poco menos que incapaz. En las Cortes Constituyentes, ganó cierta celebridad su enmienda definiendo a España como «una República de trabajadores». Nadie creyó que pasaría, pero pasó con gran mayoría porque las asambleas tienden siempre a la demagogia, y la enmienda de Araquistain era demagogia pura. Yo proponía en los pasillos que se le pusiera al párrafo un asterisco con una nota explicando que se trataba de una leve exageración.

Aquella Constitución, tal y como pasó, era un muestrario de caprichos demagógicos y de contradicciones, cuyos principales autores fueron los radicales-socialistas, dirigidos por Álvaro de Albornoz y Marcelino Domingo; pero no faltaban también casos socialistas como éste de Araquistain con su República de trabajadores.

No es fácil situarlo en la silueta moral de Araquistain, que al fin y al cabo era hombre serio. Quizá creyera él que era necesario que la Constitución llevara en el frontispicio una sentencia marxista; quizá creyó de buena ley de guerra de clases hacer temblar a la burguesía; quizá se dieran otros motivos que no alcanzo a vislumbrar; pero lo que no cabe dudar es que si engañaba a otros, Araquistain no se engañaba a sí mismo; porque él sabía muy bien que España no era una República de trabajadores.

Mi relación con él se fue deteriorando rápidamente durante 1932. Yo lo tenía por un hombre batallador y militante, pero recto y leal; durante aquel año, me vi obligado a cambiar de opinión. Ya he relatado en otros lugares cómo Zulueta, bajo presión masónica, colocó en la embajada de París a un parásito peor que inútil; y cómo me vi obligado a devolvérselo a Madrid por la conducta no sólo parasitaria sino intolerable de aquel esbirro. Pues bien, Araquistain, que dirigía entonces *Claridad,* no tuvo reparo en publicar los ataques personales de aquel individuo, aun después de haberle yo demostrado documentalmente de quién se trataba. Aquel episodio me obligó a romper con él.

Fue, no obstante, uno de los delegados a la Conferencia del Desarme, que hice nombrar aquel mismo año; pues todas las naciones coincidieron en que había que llevar delegaciones nutridas para dar autoridad a aquella asamblea. No es éste el lugar para exponer cómo y por qué fracasó y por qué las delegaciones, pasadas las primeras jornadas, se redujeron a lo indispensable. Creo que Araquistain tenía casi todas las cualidades que habrían hecho de él un gran delegado internacional, pues era agudo, tenía sangre fría y era buen lingüista; pero carecía de un don esencial para Ginebra: no hablaba bien en ninguna lengua, ni aun en la suya; y aunque era brillante pluma en mano, la palabra es indispensable para el parlamentarismo, ya sea nacional, ya internacional.

Quizá haya sido este defecto el que le impulsó a la agresividad y aun a la violencia. El partido socialista se resquebrejaba a ojos vistas agudizando día a día sus tensiones internas. Los de Prieto dominaban *El Socialista.* Los de Largo, a cuyo grupo pertenecía Araquistain, fundaron *Claridad,* con un tono más izquierdista y aun revolucionario. Zugazagoitia, que dirigía *El Socialista,* no hacía más que preguntar a *Claridad* de dónde le venían los fondos. La tensión aumentaba, y por aquel entonces nadie se sorprendía si de cuando en cuando los socialistas de un bando se liaran a tiros con los de otro bando por detestarlos aún más que a los detestados capitalistas. Un día, en la casa de vidrio del Retiro que dio en llamarse Palacio de Cristal, con ocasión de celebrarse

Álvaro de Albornoz.

Marcelino Domingo.

Palacio de Cristal del Retiro, 10 de mayo de 1936.
Elección del presidente de la República.

«...dicen que decía Araquistain:
"Ojo con Ossorio. Parece
una foca, pero es un tiburón."»

«...Zugazagoitia, cometa de larga
cola, se pegó contra Araquistain,
bólido planetario...» (En la foto,
el director de «El Socialista».)

«¿Cómo extrañar que estallara la guerra
civil entre los casi-comunistas
de Largo y los fascistas sin casi
de José Antonio cuando dos socialistas
se enzarzaban en guerra civil?»

allí la elección del presidente de la República, Zugazagoitia, cometa de larga cola, se pegó contra Araquistain, bólido planetario, y allí hubo chispas y coscorrones como cuando Venus se dio de bruces con Marte y con la Tierra en uno de esos carambolajes siderales que describe Velikovsky.

¿Cómo extrañar que estallara la guerra civil entre los casi-comunistas de Largo y los fascistas sin casi de José Antonio cuando dos socialistas se enzarzaban en guerra civil? Vino, pues, el ciclo aciago para España, y una de sus consecuencias fue que la embajada de España en París pasara de mano en mano como balón de rugby. Cuando le tocó su turno a Ossorio y Gallardo, dicen que decía Araquistain: «Ojo con Ossorio. Parece una foca, pero es un tiburón.»

Pero también le llegó su turno a él y entonces oí no pocos decires que pintaban al flamante embajador socialista en un papel nuevo: como naviero emprendedor y tratante en armas. Me negué a creerlo porque siempre había visto a Araquistain como un intelectual socialista desinteresado en lo material. Yo vivía entonces en la emigración de mi pluma y mi palabra, y un día me topé con Navacerrada, que había sido mi segundo agregado militar (el primero había sido Ungría), el cual me puso en las manos una copiosa memoria personal que me causó hondo disgusto. Navacerrada, militar de una lealtad republicana a toda prueba, todavía agregado militar bajo Araquistain, refería que las actividades comerciales y navieras del embajador disgustaban tanto a los militares franceses que se negaban a tratar con él. Aconsejé a Navacerrada que no publicase aquel original (como deseaba) y que se limitara a dar conocimiento al ministro de la Guerra. Sólo sé de cierto que no lo publicó.

Vino después la derrota de la República y la instalación de tantos republicanos lejos de su país. En Londres, tanto Araquistain como yo solíamos frecuentar el mismo restaurante español en una calle cerca de Piccadilly. Ni nos saludábamos. Fingíamos no conocernos. Supe un día que decía él que sentía haberme juzgado mal. Lástima grande que hombre tan inteligente cayese no ya en este error puramente personal, al fin perdonable, sino en el exorbitado y trágico de haber contribuido a llevar a España a la guerra civil por puro dogmatismo fanático.

Quizá hubiera algo más. Cierto deseo de singularizarse no por vanidad personal (Araquistain no era vanidoso), sino por agresividad, que era su verdadero defecto, probablemente arraigado en un resentimiento oculto. Así me inclino a pensar que cabría explicar nuestro encuentro en la prensa inglesa a propósito de Gibraltar.

Un propietario de revistas, llamado Hulton, me pidió un artículo para una que publicaba con el título *The World Review*. Lo escribí y se lo mandé. Cuando se publicó (octubre de 1940) me encontré con la desagradable sorpresa de que, en el mismo número, la revista publicaba otro de Araquistain sobre Gibraltar, con el título: «A los españoles no les interesa» *(The spaniards don't want it)*. Hice valer a Hulton que su proceder no era correcto. Lo reconoció. Convinimos en que publicaría en seguida otro artículo mío en el que sobre el tema general de las relaciones hispanoinglesas trataría yo el de Gibraltar a mi manera.

Justo es reconocer que el artículo de Araquistain era excelente. Todo lo que cabía decir sobre el abandono en que se hallaba el Peñón cuando lo tomaron los angloholandeses y la incuria en que lo tuvimos en el siglo XIX, todas las razones estratégicas para justificar que siguiera en poder de Inglaterra, todo lo dicho sobre estos temas por Ganivet, Juderías y otros está expuesto con la claridad y la fuerza que solían ser las cualidades más relevantes en aquel autor. Claro que, con la parcialidad de su época e ideología, le echa toda la culpa a los reyes. Pero su punto esencial es que al español medio le tiene sin cuidado Gibraltar.

Mi réplica se publicó en enero de 1941 y se llamaba: «La Nueva Atlántida.» Comenzaba por afirmar que en un sistema de viva-quien-venza internacional no habría armonía de intereses entre España e Inglaterra; pero que habría que buscarla en un sistema de cooperación creando la Nueva Atlántida entre ibéricos y anglosajones. De Gibraltar decía que «una España aliada era mucho más valiosa para Inglaterra que el Peñón»; y sin referirme a Araquistain por su nombre, añadía: «Ya sé que hay españoles que dicen que a España no le interesa Gibraltar. Por su cuenta y riesgo lo dicen. El problema de Gibraltar no es cosa que definimos los españoles; es cosa que nos define. Que España desee Gibraltar no puede discutirse. No puede existir sin desearlo.»

Proponía, pues, una alianza perpetua entre España, Portugal, Inglaterra, los Estados Unidos y los países hispanoamericanos, a base del retorno del Peñón a España y de la utilización de todos los puertos iberoamericanos en caso de guerra; afirmaba que, eliminado el efecto paralizante de la presencia inglesa en Gibraltar, la prosperidad de España produciría exceso de población que iría a Sudamérica beneficiando los países industriales de la Alianza. Recuérdese que esto se escribía en plena guerra contra Hitler. En esto quedamos. Pero no he de ocultar un detalle que revela la actitud negativa británica entre estos temas. La *World Review* hizo una publicidad vigorosa al artículo de Araquistain «A los españoles no les interesa Gibraltar». Pero guardó silencio ante el mío. Claro caso si los hay de información dirigida, es decir, dirigida contra la verdad.

También sobre este artículo se me aseguró más tarde que Araquistain se había arrepentido.

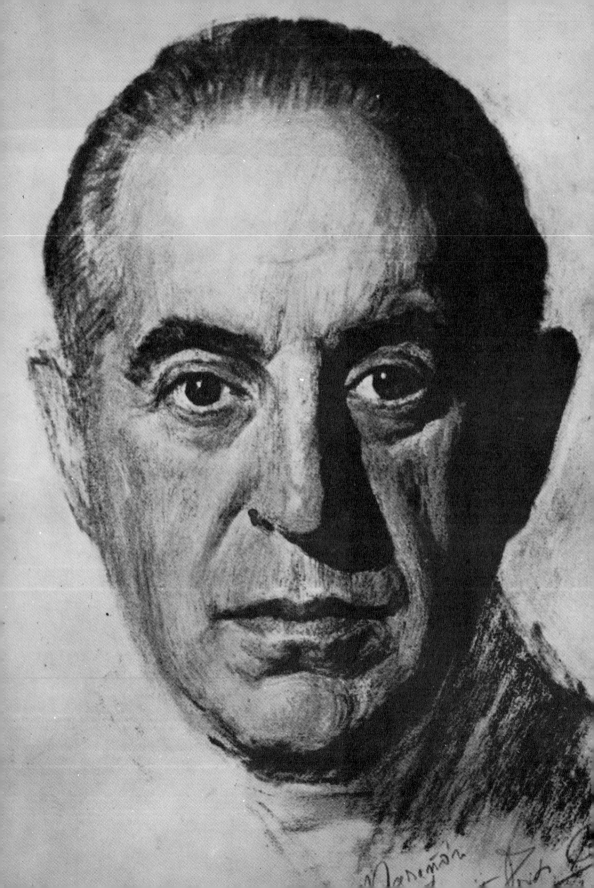

Gregorio Marañón

(1887-1960)

Lo PRIMERO QUE HAY QUE HACER PARA PINTAR (o intentar pintar) un retrato es mirar al modelo. Tarea nada fácil en el caso de Marañón, porque siempre estaba en otra parte. Hombre más móvil, ubicuo y omnipresente no se dio jamás; y para colmo de ubicuidad, era ya en su persona y genio tan multidotado y multicompetente que aun cuando al fin lo había uno situado y hallado, quedaba por saber si tenía uno delante al médico, al hombre de ciencia, al historiador, al escritor... y aún quedan por contar. No seré yo quien reclame contra el derecho de ser (como hoy día se dice) polifacético. ¡Cuántas veces me lo han echado en cara y aun afeado!; pero, en esto, Marañón me daba ciento y raya.

Yo, a mi vez, lo admiraba por ello; porque me daba cuenta, por experiencia, de que eso del polifacetismo está muy bien, pero consume mucho tiempo; lo cual me hacía pensar, y adiviné porque así era en efecto, que Marañón era muy madrugador; mientras que yo he tenido siempre por principio y práctica que hay que acostarse temprano para poder levantarse tarde. Calculo que cuando yo comenzaba mi jornada —digamos, las diez— ya Marañón había consumido horas de labor en una o dos de sus «facetas». Y éste no es tema frívolo ni baladí; porque el hombre que sirviendo su ser y sus dones, consume un tiempo dado y regular al día, se carga de satisfacción y armonía íntima y no padece presión de ánimo.

Creo que esta facultad de ajustar su balance de pagos de actividad, de no estar casi nunca en deuda consigo mismo, fue toda su vida para Marañón fuente de gran dominio de sí, serenidad y salud moral; lo que contribuyó por un lado a la incomparable autoridad que pronto ganó como médico, y por otro al solaz y la amenidad que sus amigos gozábamos en su compañía.

Así ha debido de ser, porque la paz, la serenidad, cierta distancia de las cosas y aun de las personas, no eran en Marañón dones espontáneos. Ni mucho menos. Era tan apasionado como lo solemos ser todos los españoles; y yo no he olvidado todavía una escena que tuvimos en París, saliendo de almorzar en un restaurante del centro, porque rozamos cosas de ideología cuando los tres —él, Calvet y yo— iniciábamos nuestra emigración. Aquel Marañón no era el sonriente, cordial, sereno amigo de sus amigos; sino que, el sentirse no muy seguro de su postura ideológica, le hizo perder toda mesura. Nada, además, de excepcional. Sobre el fondo de su serenidad cordial, se ocultaban volcanes siempre prontos a eructar lava. Casi podría decirse que Marañón gastó no poco de su asombrosa vitalidad en domar el potro bravo que llevaba dentro.

Bien que el domador era de tan pura sangre como el domado. La naturaleza lo había dotado de dones poco comunes. Todo el arsenal de ellos que se necesita para escalar la altura de la ciencia médica, la pura como la aplicada, estaba a su disposición, servido, además, por esos sentidos sutiles, sobrecarnales, como el instinto, la intuición, la observación clínica, que de un modo tan asombroso como irracional, permiten al que los posee rebasar los linderos de la mera ciencia y dar con el secreto de la naturaleza.

Cuando nos conocimos, relativamente tarde, era ya Marañón la lumbrera médica respetada en toda España y fuera de ella, no tan sólo, pero sobre todo, a causa de sus trabajos sobre secreciones internas. Pero, mimado por las hadas que estas cosas disponen, había logrado también una situación envidiable (y envidiada) en las letras españolas; y sus estudios como historiador gozaban de fama no menor que sus libros de medicina.

Creo que las dos vertientes de su actividad se interinfluían o, al menos, que su formación intelectual, ante todo científica, determinaba su obra literaria y le otorgaba ciertos rasgos típicos. Su escrupulosa labor de investigación, servida por una objetividad perfecta, constituían infraestructura común a sus dos profesiones, la científica y la literaria: y su estilo era el diáfano, objetivo y eficaz de un escritor hecho en el laboratorio más que en el cenáculo literario o la pradera florida. En un siglo todavía demasiado pagado de verbosidad e inflación verbal, Marañón escribía con sobriedad tan diáfana como elegante.

Su profesión le abría la intimidad de numerosos seres humanos, de modo que el mundo de las gentes venía a ser para él como cantera de sicología. Así se explica la afición que tomó pronto a la interpretación de caracteres históricos. Combinada con su incansable investigación, esta penetración sicológica, don natural en él, estimulado por la experiencia clínica, dio lugar a libros que quedarán como clásicos en nuestra literatura. El más perfecto es quizá el retrato que ha dejado del conde-duque de Olivares, donde el personaje se yergue entero y vivo sobre el pedestal de papeles en que su autor lo apoya. Libro a mi ver de primer orden en la historiografía española, muy superior a su *Antonio Pérez,* donde la investigación ahoga al investigado.

Marañón fue muy español. Su hogar, sus gustos, sus amigos, todo su modo de vivir estuvo siempre inserto en España, en toda ella. Era hombre de gusto muy seguro, y arraigado en las cosas de España, las de antaño y aquellas de hogaño que conservan el abolengo y la dignidad de lo español. En su cigarral de Toledo se vivía vida española en síntesis perfecta de lo culto y de lo popular. Su misma familia era modelo de la familia española de abolengo burgués, culta y popular, libre y reservada, feliz en su serena armonía.

No es nada liviano lograr un hogar donde reinan la paz, la armonía, el buen humor, y todo en un ambiente de belleza y de sencillez. Esto lo lograron Marañón y su mujer sin proponérselo, nada más que *siendo* como eran los dos. Tan era así que, bajo la República llegó casi a ser paso tradicional de todo programa de acogida a ilustres huéspedes de fuera, un almuerzo en el cigarral de Marañón. Recuerdo, por haberme tocado más de cerca, la hermosa fiesta que fue el almuerzo a Herriot cuando visitó España como presidente del Consejo.

Gregorio Marañón fue uno de los españoles más libres de envidia que he conocido. Quiero decir que no era envidioso. Y se dirá: pero ¿de qué o de quién, si lo tenía todo? Quien tal pregunta hiciere no ha calado hasta el fondo de ese cáncer del espíritu que tanto aflige al español. Aun en la cumbre de un cúmulo de dones y bienes, el envidioso se siente roído por la envidia. Uno de los aspectos que hacían tan placentera la compañía y conversación de Marañón era su total carencia de envidia. Pero, si no envidioso, era muy envidiado.

Claro que se daba plena conciencia de serlo y que lo tomaba como algo inevitable que hay que aceptar como el clima o el lenguaje o cualquier otra característica del país en que uno nace o vive. El mismo Marañón decía (lo cuenta Gil Robles) que la celebridad completa es la que dan por igual «los amigos apasionados y la enconada envidia de los enemigos». Muy característico del personaje es que diera por evidente y consabido que los amigos serían apasionados. Él lo era; en la amistad como en todo, y hasta en el hablar. Pero la misma frase citada recuerda el rasgo antagonista de la pasión que dominaba en él y la vencía; aquella serenidad de juicio que le lleva a admitir como dos fuerzas reales la pasión de los amigos y la enconada envidia de los enemigos.

La envidia es como un ácido que, vertido sobre un retrato, ennegrece las sombras, hace más negras las que ya se ven y más visibles las que casi no se veían. Hombre tan derramado sobre las profesiones y tan logrado en todas, ¿qué iba a hacer sino padecer la envidia de los que se le habían ido quedando atrás en todas ellas? Esta enfermedad del cuerpo colectivo español se manifestó con agresividad exacerbada cuando Marañón asomó a la política. Ello se explica porque la política es una profesión abierta donde pululan los incapaces y semicapaces, a quienes asusta sobre todo el capaz. La mitad lo menos de los disgustos y sofocones que terminaron por llevar a Azaña a la desesperación, se debieron a la envidia.

Marañón no sentía la vocación política. Lo digo sin haber hablado del asunto con él. Pero no cabe dar otra explicación a los hechos. Se presentó diputado: no habló jamás. Pudo haber sido jefe del gobierno en 1933, cuando le ofreció el cargo Alcalá Zamora. Creó, con Ortega y Ayala, el grupo de «amigos de la República» y no se volvió a presentar candidato. No era orador; pero tampoco lo era Araquistain, que fue toda su vida un socialista militante. La verdadera causa, sospecho, de la escasa vocación política de Marañón fue su convencimiento de que no hay cuestiones ni soluciones políticas; sino que los males del ser colectivo calan más hondo.

Hay demasiado paralelismo entre el cuerpo humano y el cuerpo social para que un médico consciente de su profesión no se dé cuenta de que la política no es el método adecuado de habérselas con las enfermedades que padecen los grupos humanos. Marañón, que recibió la República con entusiasmo (lo confirma Azaña), vio pronto acusarse en el hervir cotidiano de los acontecimientos los males que iban a dar al traste con aquella hermosa esperanza. Sus envidiosos, atentos tan sólo a la satisfacción de su pasión personal, buscando cómo hacerle daño, idearon publicar un volumen donde no había nada impreso, con el título de *Discursos parlamentarios de Gregorio Marañón,* soberbio ejemplo en verdad de la índole meramente desinteresada de la pasión envidiosa, puesto que tal empresa sólo podía dar de sí (todo lo más, y si lo daba, que es más que dudoso) el disgusto personal que se llevara el envidiado.

Para el izquierdista como para el derechista, es anatema cambiar de orientación en política; y se explica porque, como el político suele estar dominado por la ambición, estos cambios de postura casi siempre revelan disposición a vender una postura por un cargo. «París bien vale una misa.» Pero para todo aquel (intelectual o no) que va a la política sin mera ambición personal, estas evoluciones que se dan en la opinión propia no son sino consecuencias que el hombre honrado ha de aceptar de sus propias observaciones sobre los sucesos. No estoy diciendo que basta carecer de ambición política para acertar en lo que se piensa; sino que el que observa con desinterés tiene derecho a cambiar de opinión; «de sabios es cambiar de consejo». Que con el cambio yerre o acierte, es harina de otro costal.

Un crítico de esos acerbos de que disfrutaba Marañón, escribía en

Marañón en compañía
de Pío Baroja.

El doctor Marañón
en su juventud.

En setiembre de 1930,
Marañón dialogando
con el conde
de Romanones
en la playa
de Ondarreta.

Una fotografía
del doctor Marañón
en los años cincuenta.

Claridad: «¡Qué caso de degeneración mental el de Marañón! ¿Por qué no publican un libro sobre él, explicando el trayecto recorrido entre su antimonarquismo de 1930, su republicanismo puro de 1931, su azañismo de 1932, su gilroblismo de 1935 y su seudoalfonsismo de [hoy]?» Estos beatos de la República, o del socialismo, como los beatos de la tradición o de cualquier otra beatería que fuese, no alcanzaban a comprender las angustias mentales del español objetivo que procura ver los hechos como son y no como uno quisiera que fueser, y luego se atiene, casi siempre con disgusto, a lo que su lógica y conciencia le dicten.

Dominados por el Santo Advenimiento y el dogma, derechas e izquierdas se erguían una contra otra en posiciones pétreas que sólo a la guerra civil podían llevar. Marañón, como tantos otros, adoptó la República con entusiasmo, no porque prestara importancia especial a la forma de gobierno, que como ya lo dice el lenguaje con su sabiduría espontánea, no es más que mera forma; sino porque permitía un ambiente nuevo, sin obstáculos ni trabas, para que el aparato estatal del país se renovara. ¿Iba a seguir entusiasmado cuando ya el régimen, a fuerza de dar bandazos a derecha e izquierda, se encaminaba a la guerra civil? ¿No era más de agradecer que de ofender el que un hombre responsable de su propio intelecto buscase su verdad?

No diría yo que la hubiera encontrado Marañón en aquel preciso momento. En aquellos tiempos de angustia, esa angustia negra que levantan las esperanzas muertas, hubo quien buscó nueva esperanza en las fórmulas, entonces a la moda, del fascismo musoliniano y aun del nazismo. A mi ver, Marañón llegó entonces a sucumbir a ciertas influencias juveniles que desorientaron su buen sentido y zaparon su serenidad. Palpitaba en él una vitalidad, un anhelo de optimismo, que le otorgaban perenne juventud, quizá también perenne ligereza. Los envidiosos que se ensañaban en él atacaban su «herejía», aquella su abjuración del Santo Advenimiento y del dogma, ataque injusto y mediocre de una ortodoxia no menos cerrada por imaginarse a sí misma como el credo del porvenir. Más frágil hubiera sido el «hereje» si los ortodoxos lo hubieren atacado como creyente en otra ortodoxia aún más errónea que la que abandonaba.

Pero la nueva postura era quizá inevitable para él. Lo exigía su nuevo optimismo. Cuenta Gil Robles en sus *Memorias* (p. 487) cómo Ossorio y Gallardo había redactado un manifiesto en el cual se apelaba a la cordura de los españoles para evitar el peligro de una guerra civil que no pocos veían ya venir (en enero de 1936). Lo firmaron Unamuno, Azorín, Teófilo Hernando, Bastos, del Río Hortega y Pittaluga. Es curioso que Marañón no lo firmara, ni Marquina, ni Américo Castro, ni Ortega. ¿Razón? Que se exageraba la gravedad del diagnóstico. La imagen se imponía, con tanto médico a bordo; pero el error del segundo diagnóstico también. Ignoro por qué tantos buenos observadores cayeron en tan

404

craso error; pero en el caso de Marañón, la causa era evidente: Marañón era optimista de nacimiento. En un callejón sin salida, la salida era para él artículo de fe. Y esta salida le daba precisamente la juventud, la misma juventud suya, de un Marañón rejuvenecido.

Esto que va aquí relatado de un modo que creo conforme a los datos de la realidad humana, observados por un liberal sin prejuicios de un lado o de otro, caía en aquel ambiente caldeado por la guerra civil ya latente como aceite sobre el fuego. La envidia añadía lo suyo, siempre activa y malhechora, en la vida de Marañón. Y así se explica que su actitud de buscador de la verdad sirviese de pábulo a muchos maldicientes no siempre dignos de ser adversarios suyos, aunque algunos lo fueron.

Como médico, y bueno, Marañón conllevó la emigración sin grandes penalidades materiales; porque eso de «los duelos con pan son menos» también se aplica a la emigración política. Eventualmente, se reintegró a la vida de su país, volvió a gozar de la luz de los días de España y de sus noches incomparables. Volvió incólume a su habitual serenidad. De la paz de su ánimo, no digo nada. Quizá la recobrara también. Mas me inclino a pensar que no.

Pablo de Azcárate

(1890-1971)

EL GRAN AZCÁRATE de mis juventudes no era mi otrora amigo, Pablo, objeto de este esbozo, sino don Gumersindo, sabio y prudente profesor que gozaba de gran prestigio entre los monárquicos por ser republicano moderado, y entre los republicanos por estar bien visto en Palacio. Los Azcárate deben de ser gente de origen vasco emigrados al noroeste de España, porque parecen haber florecido en el reino de León. Allí estaba Pablo enseñando Derecho cuando me lo traje a Ginebra.

Hay más miga en ello de lo que parece. A la tácita, y aun a veces de viva voz, se ventilaba entonces en Ginebra un pleito capital: ¿iba a ser la Secretaría General una entidad verdaderamente extra —si no sobre-nacional— o mera cooperativa política de funcionarios nacionales? Desde el primer día me asocié a los que abogaban por el primer modo de ver, que había sido el que tomaron los fundadores de aquella casa: Drummond y Monnet.

Pero en las naciones de la sociedad velaba el espíritu antagonista del que animaba la Sociedad de las Naciones; y en no pocos casos había que ceder y nombrar para tal o cual vacante a un candidato presentado, favorecido o impuesto por su país.

Azcárate poseía no sólo todas las cualidades sino algún que otro defecto que le tenían que asegurar un gran lugar en la Secretaría General. Era alto, robusto, bien plantado, sin asomo de mal gusto o jactancia, sino más bien de presencia modesta, aunque firme y capaz de «sostenella y no enmendalla» si sabía tener razón. A esta buena prestancia unía una gran seriedad, quizá excesiva, rayana en carencia de humorismo, defecto que en la burocracia suele tomar ribetes y colores de calidad. Era inteligente, correcto, objetivo, muy capaz; y no se dejaba distraer por la imaginación de la ruta recta del razonamiento de que se trataba. En suma una verdadera adquisición para aquella casa.

En aquella casa cayó muy bien, tanto por la buena labor que hacía como técnico de tan delicado tema como por su buen tacto con jefes y compañeros. Pronto se hizo una reputación merecida de hombre seguro de lo que decía, objetivo e imparcial. Para nosotros, los españoles, fue su gestión una confirmación de la tesis que yo venía sosteniendo: que los españoles, por nuestro carácter nacional, éramos materia prima excepcionalmente adaptada para las entidades supranacionales, porque no estábamos dispuestos a abandonar la verdad cuando la verdad y el nacionalismo se oponían.

Aunque no he retenido ni en la memoria ni en mi archivo casos concretos de actitudes tomadas por Azcárate en conflictos de tan delicada contextura, conservo el recuerdo vivo de mi admiración por la claridad y firmeza con la que informaba sosteniendo siempre la verdad, aun en casos en los cuales el Estado español sostuviera otra cosa. Y me complazco en poder afirmar que Azcárate cumplió quizá mejor que ningún otro funcionario internacional, por lo menos tan bien como él que mejor, los deberes que de ellos se esperaban.

En suma, estimo que Pablo Azcárate fue un funcionario internacional de todo punto excelente. Sus mismas limitaciones, su tonalidad seria hasta los linderos de lo lúgubre, su carencia de humorismo y de alas en la imaginación, eran para su función cualidades que venían a reforzar los dones de inteligencia y carácter que había hallado en la cuna; y en la casa nadie puso en duda que Pablo de Azcárate haría un excelente funcionario internacional.

Los hechos lo confirmaron. En octubre del 1922 entró como miembro de la Sección de Minorías, una de las más delicadas de la Secretaría. Tan bien lo hizo Azcárate que cuando yo dimití de la Dirección del Desarme para ir a Oxford y el director de Minorías, noruego apellidado Colban, pasó a mi puesto, ya se pensó en Azcárate para sucederle como director; pero prevaleció el «diplomatismo» nacionalista y vino un ministro plenipotenciario español; hombre capaz y bien dotado en sí, pero sin lazo alguno ni comunión con aquella casa; de modo que cuando, al fin aburrido, se marchó, entró Azcárate en el lugar que por derecho natural le correspondía. Fue tan excelente director de Minorías como había sido miembro de Sección y su reputación en la casa y entre los delegados no hizo más que subir.

Procedía, en efecto, Azcárate de un sector y de un nivel de la cultura europea que, lejos de tener que aprender de Europa, aportaban a Europa algo igual si no superior a lo que ella daba. El espíritu negador, zumbador, guasón, que mantienen en España (sobre todo en Madrid y en Barcelona) los fracasados y los inasimilables, se ha encarnizado con la Institución como con todo lo serio y positivo que es capaz de dar nuestro país; pero ello no quita para que (con Krause o sin Krause) la Institución haya sido para España un venero de hombres de conciencia.

No solían ser espíritus brillantes, surtidores de imaginación, fuentes de luz; pero sí caracteres dotados de excelente intelecto, aquellos hombres, que por su integridad, aportaron a España, como individuos y aún más en su conjunto, cierta sobria y modesta grandeza. De ellos fue Pablo de Azcárate.

En la moda de hoy, somera e ingenuamente izquierdista sin saber a la izquierda de qué se sitúa o va, quizá sea arriesgado añadir que Azcárate era un liberal-conservador. Su cualidad eminente, notable equilibrio de juicio y aun de sensibilidad, le dictaban casi siempre opiniones sensatas, meditadas, moderadas, abiertas a perspectivas y consecuencias posibles; y por eso, frente a los problemas del día, solía ser su consejo tan desinteresado como eficaz y prudente.

Había entrado en la sección en 1922; y le nombraron director en 1930, con lo que se satisfacía el «equilibrio de las nacionalidades» en los altos cargos. En otro lugar he contado ya cómo en un espléndido piso que ocupaba en la avenida de las Naciones, dominando el lago, nos reunimos a comer juntos los españoles recién estrenada la República, y se discutió nada menos que el problema de qué hacer con el rey; porque Vayo, siempre animoso, sostenía que las únicas revoluciones que no habían fracasado eran las que habían decapitado al rey. A mí me parecía la discusión algo teórica puesto que nadie pensaba en ello; pero recuerdo que de todos nosotros, el más sabio, comedido y conservador era Azcárate, que, a mi ver, con razón, consideraba la idea como un magno disparate.

Es un tema muy lleno de estofa humana, de ella, no poco irracional y aun invisible para cierto tipo de ojos mentales; y teniendo en cuenta este aspecto específico del problema, me parecía lo más hondamente natural la actitud de mero horror humano y rechazo intelectual que a Vayo oponía Azcárate.

Los dos primeros escalones de la carrera internacional de Azcárate los subió de la mano conmigo, convencido yo como estaba (y sigo estándolo) de su aptitud para la obra ginebrina. El tercero lo subió también gracias a mí, pero en contra de mi criterio. Ésta es una historia muy compleja y por haberla contado ya en mis *Memorias,* me limitaré a dar sólo aquí, como dice Rabelais, su *sustantífico meollo.*

De los dos modos de comprender la Secretaría General, como un campo de rivalidades nacionales representadas dentro de aquella casa por los funcionarios de ella, cada cual, según su nación, o como un organismo nuevo extra si no sobrenacional, yo me había declarado siempre por el segundo, y en mis seis años dentro de la Secretaría, había adquirido no poca experiencia de la situación. Sabía, en particular, que desde la dimisión de Jean Monnet, Drummond había retrocedido en sus convicciones sobre el particular hasta el punto de haber permitido a Mussolini nombrar para subsecretario general *italiano* al jefe de Gabinete del Duce, fascista notorio, si bien hombre amable y cortés.

En cuanto me encontré con que la República (sin consultarme) me nombraba embajador en Washington, luego en París, para que pudiera también representarla en Ginebra, me puse en campaña para corregir este abuso y hacer de la Secretaría General un irreprochable centro de veras internacional. Uno de los puntos de mi programa fue conseguir que las subsecretarías generales no fuesen monopolio y privilegio de las grandes potencias.

Como, para los fines que yo me proponía, y dentro del ámbito de la Sociedad de Naciones, «gran potencia» equivalía a «vocal permanente del Consejo», y en la práctica, España lo era, ni por asomo se me había ocurrido que nuestro país presentara candidato para el nuevo cargo. Yo había pensado ya quién nombrar para el puesto de subsecretario general: un delegado irlandés llamado Lester. Pero lo que no podía sospechar, sucedió.

Gané el pleito. Se creó la vacante. Y al instante, Drummond nombró a Azcárate (1-VII-33). Yo me quedé de una pieza. Ni por asomo me parecía bien, salvo en cuanto a la capacidad de la persona; pero como ejemplo de igualdad entre las naciones, el nombramiento era absurdo. Le di más vueltas al asunto y caí en el motivo secreto. Desde el día de mi entrada en aquella casa, que fue por decisión de los franceses de la Secretaría (no los de París), Drummond me había recibido con un recelo tal que no logró nunca curarse de él. Siempre sospechó en mí «segundas» que, por temperamento, soy incapaz de abrigar, pues si jamás las abrigo, les quito el gabán y salen a «primeras» a cuerpo gentil. Por lo visto, Drummond se apresuró a nombrar a Azcárate porque no tuviese yo tiempo de aspirar a aquel sillón.

¿Cabía más disparatada interpretación de mi ánimo, intención, temperamento? Pero lo que no observé entonces, sino mucho más tarde, y aun eso a la luz de otra revelación que ahora contaré, es que Azcárate, de seguro enterado de lo que se iba a hacer con él, no me confió el secreto. Lo cual era ya harto revelador de un cambio de signo en su relación conmigo.

No creo que este cambio se debiera a nada interesado como lo hubiera sido el defender su ascenso. Y ¿contra quién? No veo yo a Pablo en nivel tan mezquino. Para mí, no cabe explicar un acto de Pablo Azcárate más que bajo el signo del desinterés y de la honradez. Desorientado como me dejó entonces, no pensé nunca en su actitud como

Una foto retrospectiva, fechada en Londres en mayo de 1910, en la que Jorge V, nuevo rey británico, aparece con la totalidad de los monarcas europeos. De izquierda a derecha, de pie, Haakon VII de Noruega, Fernando I de Bulgaria, Manuel II de Portugal, Guillermo II de Alemania, Jorge I de Grecia, Alberto I de Bélgica; sentados, Alfonso XIII de España, Jorge V de Inglaterra y Federico VIII de Dinamarca.

«...sigo considerando a Negrín como un hombre funesto, entregado a los rusos.»

«...me contestó [Azcárate] que nadie sabía lo que había pasado en Budapest, porque sólo se conocía la versión que daba la propaganda norteamericana.»

causada por una ambición tan desorbitada que se traga hasta la amistad y la gratitud. Algo había, pero no era eso.

Cuando en estas dudas andaba, sucedió que coincidieron en Ginebra tres de los pocos amigos íntimos que entonces tenía, dos de los cuales figuran en este libro, aunque no afortunadamente, el tercero, por estar en vida; mucha vida además. Estos tres amigos, separadamente, la misma semana, sin saber ninguno que los otros dos me confiaban lo mismo, me avisaron: «Azcárate no es amigo tuyo.» El hecho, así apoyado en tres testigos independientes, no se podía rebatir ni dudar. La causa seguía siendo un misterio para mí.

Pasó más tiempo, y en 1936 se produjo el incidente de la reforma del Pacto que he repetido en este libro al tratar de Fernando de los Ríos. Hubo durante aquel episodio, que se desarrolló en Ginebra, Madrid y Londres, ciertas actitudes de Azcárate que me hicieron sospechar que, ideológicamente, no estaba conmigo. Algo más pensé, pero no lo sostuve por falta de prueba documental. Yo dejé de servir a mi gobierno en Ginebra a mediados del mes de julio, y Azcárate se fue de embajador a Londres en setiembre.

Pronto se hizo para mí evidente que mi amigo de antaño se consideraba ya como un fiel ayudante de Negrín, que a su vez lo era de Stalin; hasta el punto que Negrín tenía sus fondos, considerables por cierto, en el Narodni Bank de Londres. Esta situación, ya rara durante la guerra civil, continuó cuando Negrín era en Londres un mero juan particular emigrado.

Murió Jorge V y hubo en Londres (donde aquel rey tenía gran popularidad) el natural sentimiento. A las ceremonias de la coronación de su sucesor, Jorge VI, asistió Besteiro como embajador oficial de la República. Estaba yo entonces en los Estados Unidos y no pude verle; pero él fue más de una vez a mi casa, quizá para descargar el corazón. Había rechazado poco antes la embajada de Buenos Aires, que le ofrecía Vayo; porque pensaba que su deber era no dejar a Madrid, ciudad de la que venía siendo diputado desde 1918. Pero este hombre señero y excelso entre los españoles de la República no halló buena acogida en nuestra embajada; y cuando venía a ver a mi mujer e hijas, solía hacerlo en taxi. Preguntada la embajada, contestó alguien que el coche de la embajada tenía que ir a la estación a buscar al señorito Manolo.

¿Quién era el señorito Manolo que así tomaba prioridad sobre el embajador extraordinario de España? Pues el primogénito del embajador ordinario y el distinguido dirigente, ya bien conocido, de la juventud comunista española. Habrá que retroceder algunos años. Los numerosos funcionarios internacionales que la Sociedad de Naciones y la Oficina Internacional del Trabajo habían ido acumulando en Ginebra, habían fundado una Escuela Internacional, primaria y secundaria para su progenie. Era excelente; y en su dirección y ambiente ejercía cierto predominio una mujer más bella que inteligente, esposa de un alto funcionario de la Oficina Internacional del Trabajo, que se llamaba Maurette.

Madame Maurette era de izquierda, entiéndase bien, en el sentido moderno de la frase, es decir, favorable a la Unión Soviética; y solía ver con buenos ojos la creciente influencia que sobre sus alumnos ejercía el profesor Oltramare, de la Universidad de Ginebra, cuya cátedra era un semillero de comunistas.

A la mesa, en casa de Azcárate, comentábamos a veces esta situación, sobre todo cuando Manolo se convirtió al comunismo hacia los trece o los quince, tomándolo nosotros, los mayores, por un ensayo de juventud; pero el chico era de los que poseen bastante caletre para entrar en el error y no bastante para salir de él: comunista modelo que ha seguido siéndolo hasta la fecha.

Un día —y vuelvo ahora a Londres, cuando ya Pablo era embajador allí— me encontré con Oliván, que me contó haber recibido la visita de Manolo de Azcárate, el cual le traía el relato de una entrevista que a petición del chico habían celebrado, para rogarle que lo firmara, si estaba conforme, o lo cambiara. Oliván le contestó que lo publicasen como él lo recordaba, pero que no firmaba nada y se reservaba el derecho de discrepar si llegase el caso.

Pasó más tiempo, y yo recibí un recado de Negrín, que quería verme. Me negué. Consideraba —y sigo considerando— a Negrín como un hombre funesto, entregado a los rusos, y no quería contacto alguno con él. El recado me había llegado por conducto de Pablo de Azcárate. Ante mi negativa, Pablo propuso venir a verme para decirme lo que me habría dicho Negrín. Vino a verme al Reform Club. Por faltarme los archivos, no puedo decir de qué se trataba; pero sí recuerdo que procuré hacer constar que me negaba a ver a Negrín por razones no personales, sino objetivas, de ideología y conducta política.

Pasó más tiempo, y héteme aquí que un día me pide Azcárate que lea un relato de su entrevista conmigo para que lo firmase o lo corrigiese. Este detalle tan fútil me fue una iluminación. Antaño se decía: de tal palo tal astilla. Ahora resulta al revés. Tal hijo, tal padre. ¡Hasta la técnica de las entrevistas firmadas! No firmé nada y me puse a mirar hacia atrás.

No es ejercicio que me gusta hacer. A los 88 esperé para publicar mis *Memorias*. Pero creo que por este pintoresco detalle se me iluminó el proceso del alejamiento del que había sido mi amigo y de cuya capacidad, integridad y claridad intelectual tan alta opinión había tenido. Bajo la influencia que esta amargura me produjo —la de ver a un ser tan bien preparado para la verdad, pudrirse en la mentira comunista—, la correspondencia que su pretensión de que firmase la entrevista abrió entre nosotros se fue agriando. Le reproché con creciente vehemencia (no tanto en mi nombre como en el de aquel Pablo de Azcárate de 1922) que hubiera abandonado el camino real de la verdad por la podredumbre intelectual del comunismo; hasta que al ver que se seguía llamando «un viejo liberal» le recordé la infamia de Budapest (1956). A esto me contestó que nadie sabía lo que había pasado en Budapest, porque sólo se conocía la versión que daba la propaganda norteamericana.

Esta salida me debía haber producido más pena que indignación; pero me produjo más indignación que pena. Le escribí una carta fuerte expulsándolo de mi amistad. A mano tenía quien me advirtió que moderase mi indignación, pero no seguí tan sabio consejo. Tenía razón mi consejera. Era un caso claro para la pena: ver a un amigo perder la razón bajo el imperio del cáncer moderno.

Julio López Oliván

(1891-1964)

En tiempos de Guillermo II, corría por Berlín un dicho que se atribuía «al» capitán de la guardia a caballo del emperador: «Primero es el emperador; luego su capitán de la guardia de a caballo; luego, su caballo. Después nadie, después nadie; y después nadie. Y luego el capitán de la guardia de a pie.» Muy reducido y mucho más respetuoso para con el cuerpo diplomático, donde he conocido muy buena gente, solía yo decir: primero es Oliván: luego nadie; y después quienes ustedes quieran.

Julio López Oliván fue sin duda el diplomático más excelente que he conocido. Tuve la suerte de empalmar con él justo cuando lo necesitaba. El caso es que la República nació tan provinciana que ya era paleta. Para el grupo de San Sebastián, los Ministerios que importaban eran los interiores, todos hijuelas y como emanaciones del de Gobernación; y tan poco pensaban en el de Estado, que colocaron allí a Lerroux creyendo así «confinarlo» en aquel limbo, algo así como encerrar al caballo en la pampa.

Raro parecerá, pero esto es lo que hicieron. Luego, llevaron a Ayala a Londres, y la prensa inglesa preguntaba por qué no a mí. Y a mí me mandaron a Washington porque no tenían ni idea de lo que Ginebra significaba entonces ya, en Europa, ni de lo que yo significaba en Ginebra. Cuando se dieron cuenta, tuvieron que trasladarme de Washington a París, y aun esto se debió a que ya entonces (a fines del 31) era Oliván director de Política en el Ministerio de Estado.

Nacido en 1891, había hecho casi toda su carrera en Marruecos, en esos cargos consulares africanos donde se aprendía tanto y de lo que de verdad hay que aprender. Lerroux lo trajo a Madrid y le ofreció la dirección de Asuntos Políticos. Y aquí sale a escena el verdadero, el genuino

Oliván. Antes de aceptar el honroso cargo ofrecido, le dice al ministro: «Yo tengo que advertir a usted que soy monárquico y seguiré siéndolo.» Lerroux le agradeció la advertencia, pero lo nombró. Y puesto que (muy a pesar mío) tengo que decir tantas veces cosas poco halagüeñas del gran cacique radical, aprovecharé la ocasión para elogiar el buen sentido y el olfato que demostró al escoger a Oliván y al confirmarlo precisamente por haberle hecho tan oportuna y noble advertencia.

Desde nuestros primeros pasos juntos por aquella espaciosa España nueva que era la República, nos entendimos con asombrosa facilidad. Lo que decía uno caía en el otro, en terreno tan bien preparado, que no hacía menester glosa ni confirmación. Nuestro acuerdo sobre lo que había que hacer en política extranjera, y sobre todo en Ginebra, era completo y además se fundaba en un acuerdo más amplio en cuanto a la situación general de España y al personal que la República había elevado al poder.

A primera vista, no parecía evidente tan favorable resultado siendo tan corto el tiempo que llevábamos conociéndonos y tan distinta nuestra formación. Yo, coruñés educado para ingeniero en Francia, casado y «rodado» por la vida en Inglaterra; él, aragonés, abogado, diplomático, hecho por la experiencia en África; yo, cuarenta y cinco; él, cuarenta. Claro es que ni nos dábamos cuenta de nuestro acuerdo general, de modo que no nos planteamos el problema de cómo explicarlo; pero, con la perspectiva de hoy, me inclino a pensar que, por decirlo así, nos encontrábamos porque nos citábamos en un trozo de realidad concreta que veíamos igual; o dicho de otro modo, que ambos veíamos las cosas —de dentro y de fuera de España— con la misma objetividad.

Lo que yo siempre aprecié en Oliván era ese don de la objetividad que tan indispensable es a quien aspira a hacer obra fecunda y duradera. Pero claro que para que haya objetividad tiene que haber objeto; y que para que el hombre objetivo vea el objeto, bien es menester que su potencia visual se lo permita. Oliván era de lo más inteligente que jamás fue a Ginebra, y al decirlo, no quiero contar sólo a los españoles.

Esta inteligencia se fundaba en una base sólida de ponderación. Ya nos avisa el lenguaje que la ponderación es la vera esencia del pensamiento, ya que pensar vale pesar. Volvemos a dar aquí con su imparcialidad, hecha de objetividad. Ante una situación concreta, de las que a diario se nos presentaban en Ginebra, había que oír, ver, digerir los datos así adquiridos y *sopesar,* o sea *sopensar,* el conjunto. Para esta labor, judicial, por decirlo así, era Oliván maestro.

Pero, además, le distinguía otro don quizá todavía más valioso para su profesión: esa adivinación intuitiva que sólo es dable a los artistas; ese sexto sentido que penetra sin tener que juzgar, que ve sin tener que mirar, que concluye sin tener que argumentar. Este don era supremo en él y más de una vez observé que le incitaba a quedarse en silencio,

418

como reservado y en duda, ante cosas que parecían evidentes porque a él, aun pareciéndole también evidentes, no lograban convencerle. En estos casos, venía casi siempre a probar la experiencia que Oliván había tenido razón.

Era, pues, la suya una inteligencia tan profunda como aguda y tan firme como sutil. Lo que en esto a mí más me intrigaba era que Oliván era aragonés. Había nacido en Zaragoza el 24 de mayo de 1891; y en su conversación, siempre animada y esmaltada de bromas y chistes, el acento, la chispa, la vivacidad aragonesa brotaba con deliciosa espontaneidad, tanto más apreciada por el aire de reserva y buena educación con que solía expresarse. Paradoja del maravilloso Aragón, que da el prístino y explosivo baturro como tipo general, y sobre esta llanura volcánica e hirsuta, alza los picos de intelectualismo sutil que fueron el enciclopedista Aranda, Gracián y Oliván, o la honda inspiración de Goya.

Oliván era de modales naturalmente corteses y, aún más, civilizados; cosa que sin duda debería a su educación familiar, pero que, también sin duda, debió a su ser natural. Era de seguro un alma de rica herencia espiritual, en la que a juzgar por su rostro, garbo y tipo entraban elementos árabes; de modo que quizá haya que considerar su carrera diplomática en países árabes como consecuencia de este atavismo. La fuerza en él parecía siempre emanar de una vibración como eléctrica; pues era delgado, casi descarnado de cuerpo, alto, muy elegante, también con elegancia no sólo adquirida por el trato y crianza, sino nacida con él.

Susceptible y sensible. Buen católico y devoto, sin sombra de beato; por lo cual recuerdo cómo sufrió cuando leyó un día un artículo en el que tanto a él como a mí nos daba por masones uno de esos fulanos que se dedican a babosear. A mí, que me tratasen de masón no se me daba un bledo; pero Oliván sufría lo indecible; y el caso valdrá la pena de contarse hasta su inesperado fin cuando el esperado fin permita contarlo.

No dejaré de apuntar, en honor a la verdad, que en esta susceptibilidad de Oliván entraba una pizca de esnobismo. Confieso ignorar si se daba en su familia un título de Castilla; pero creo no caer en error al decir que Oliván y yo diferíamos tan sólo en nuestro modo de pensar y de vivir el tema este de la llamada aristocracia; clase que a él le gustaba frecuentar y a mí no me daba ni frío ni calor, sin caer por eso en el través de tantos esnobs a la inversa, que sólo por ser marqués desdeñarían al mismo de Santillana si hoy escribiera entre nosotros, pero se morirían por darle la mano a Mao Tse-tung.

De éstos conocí yo en Inglaterra, donde nació y crece y florece el esnobismo, que se morían de deliquio al ser invitados al té por la hija de Vishinski, aquel feroz esbirro que servía de verdugo a Stalin, como a otro le encantaría una invitación del duque de Norfolk o de Harold Macmillan, editor éste de libros que llegó a primer ministro, duque aquel descendiente del que maguer católico, logró sobrevivir a la tremenda Isabel y a su nada amable padre. En Ginebra, los hombres famosos abundaban en calles y plazas, y el esnobismo no carecía de alimento.

Quizá entrase una pizca al menos de este través en la actitud que Oliván solía tomar frente al sarpullido de embajadores literarios que padeció entonces la República. Era él demasiado sagaz para dejar de ver las causas que lo explicaban, al menos en los primeros tiempos del nuevo régimen. En su conjunto, el Cuerpo Diplomático era monárquico y en él abundaban títulos de Castilla y otros señorones de campanillas; y el fondo donde con menos dificultad podía la República hallar personas idóneas y hechas a la vida euroamericana era el grupo de intelectuales que habían enjambrado a otros prados durante la dictadura.

Así, pues, mientras los elegidos fueron Ayala, Américo Castro, Araquistain y otros por el estilo, no hizo Oliván sino aprobar lo hecho como justo y razonable; pero pasando el tiempo fue bajando el nivel de los llamados a representar a España usurpando puestos de los reservados al Cuerpo Diplomático, tanto que un día llegó a pronunciar aquellas palabras que pocos se podían permitir con tanta libertad como él, cuyo mero rostro irradiaba inteligencia: «Para tontos, nos bastamos nosotros.»

Al primer tapón, zurrapa. Vamos a Ginebra en setiembre del 31 para actuar por primera vez en la Sociedad de Naciones como representantes de España, y no sólo me toca presidir el Consejo (Lerroux ausente, otra vez en Madrid), sino que se produce el incidente que da pie al Japón para su famosa agresión a China. O sea que España ocupa la presidencia del Consejo cuando se produce el primer caso en el que una gran potencia viola el Pacto.

Por aplicación de sus prescripciones, el presidente tiene el deber de informarse cerca de la delegación japonesa de lo que está ocurriendo. Voy, pues, a ver a Yosizagua, el delegado japonés, al Hotel Metropole, y desde luego ruego a Oliván que me acompañe. ¡Qué festín para quien siente la vocación sicológica! Yosizagua sabe perfectamente que aquel incidente de Mukden es la primera escena de una aventura que va inexorablemente a la anexión de Manchuria por el Japón, digan lo que quieran los artículos, ya del Pacto ya del *Times*; y nos recibe atrincherado tras una muralla de supuesta inocencia e ignorancia. «No sé. Me voy a enterar», dice, y en secreto piensa: «Mientras me entero de lo que ya sé, han avanzado una etapa nuestras tropas.»

Salimos; y digo a Oliván: «Si la Sociedad juega bien sus cartas, podremos crear una situación tal que los Estados Unidos tengan que ingresar en ella; porque la Sociedad va a tener que enfrentarse con el Japón y el Japón es hoy el enemigo mayor de los Estados Unidos.» Y me dice

Oliván: «Este Yosizagua dice que no sabe nada y lo sabe todo. No nos harán caso. De modo que el Japón no le tiene miedo ni a Ginebra ni a Washington.»

El tiempo iba a revelar el secreto de tan enigmática situación: los Estados Unidos estaban entonces bajo la férula de dos hombres capaces para su tiempo, pero rezagados por arrogancia y rutina: Hoover, su presidente, y Stimson, su secretario de Estado. Entonces se perdió la ocasión para haber fundado la Sociedad de Naciones sobre una base sólida de experiencia, lo que habría evitado el conflicto de Etiopía y la elevación de Hitler. En mi semblanza de Ayala traté de este particular. Aquí sólo indicaré que Oliván había leído en Yosizagua como en un libro abierto, con su agudeza habitual.

No es que acertara siempre. Cuando Azaña, dos meses apenas después, en diciembre del 31, organizó su Ministerio, me despertó a la una de la mañana (durmiendo yo el sueño del justo en el Hotel George V) para ofrecerme la cartera de Hacienda: de seguro, de todas las existentes e imaginables, aquella para la que sería menos apto. Claro que le dije que no, haciendo valer lo que acabo de consignar, mi máxima ineptitud, y además el hecho de estar ya presentado y aceptado como embajador en París. ¿Cómo ocurrió aquella oferta? Por un conjunto de circunstancias, una, y la principal, la extraña indiferencia que aquel hombre excepcional sentía para con la competencia. Sobre este terreno abonado vino a actuar la casualidad y la poca información. El informante fue Leopoldo Palacios, excelente persona y de la mejor voluntad. Sabía mi buena relación con Tom Lamont, uno de los pilares de la casa Morgan; y yo mismo le había contado cómo cuando Lamont supo la caída de la monarquía y mi nombramiento de embajador en Washington, «ni eso —me escribía— me consoló de ver caer un régimen al que acabábamos de prestar 60 millones de dólares».

En el ambiente algo novato y aun paleto del Madrid de entonces, ¿qué más para hacer un ministro de Hacienda? Azaña salió del paso nombrando a Prieto, que era aún más incompetente que yo; y yo me quedé preguntándome por qué no me nombraba a Estado, que era lo que toda Europa esperaba. En esta perplejidad me acompañaba Oliván, sólo que él iba más lejos, tanto que cuando a los pocos días, tuvimos ambos que salir para Madrid, él iba seguro de que el ministro de Estado sería yo; mientras que yo no lo creía.

No lo creía precisamente por la oferta de Hacienda que Azaña me había hecho, y cuyo origen conocía o por lo menos adivinaba. Azaña, pues, razonaba yo, hará este nombramiento tan al tuntún como el otro, y así fue. Recuerdo que a la hora del desayuno, cuando llegamos al Escorial, nos trajeron la prensa y allí estaba ya el nombre del ministro: Luis de Zulueta.

Había, pues, fallado el olfato político de Oliván. Pero ¿por qué? Por suponer que el ambiente español era tan objetivo como él. Claro que, objetivamente, el ministro debí haberlo sido yo. Claro que hasta lo fui, en todo lo esencial y vital de nuestra política; y claro que durante años se creyó en Europa, y aún se sigue creyendo, que yo fui no sólo ministro de Estado sino *el* ministro de Estado de la República. Pero la subjetividad española pudo más; sólo que como el mundo en que tenía que actuar Oliván era Europa y no España, este fracaso no contó nada en su éxito general.

Este éxito fue inmediato y universal. No he de repetir aquí lo que en la semblanza de Lerroux referí cómo actuó la delegación en su primera asamblea de Ginebra, donde se desprende toda la labor callada y abnegada de Oliván. Bastará decir que fue para mí el complemento exacto que yo necesitaba para mi labor: en lo técnico, yo aportaba el conocimiento y la experiencia de lo internacional y ginebrino; él me traía su conocimiento y experiencia del Estado español y de la diplomacia. Tan liberal como yo, tan convencido de lo que debiéramos hacer en Ginebra como yo, Oliván daba el *modus operandi* y yo llevaba el rumbo; en la práctica yo actuaba como motor y él como freno, aunque hubo uno o dos casos en los que resultó al revés.

Oliván no era tampoco novato en lides internacionales. De enero del 29 a noviembre del 30 había ejercido de adjunto al *greffier* del Tribunal Permanente de La Haya, institución judicial de la Sociedad de Naciones; puesto al que no se accedía así como así; de modo que el mero hecho de haberlo ejercido daba en sí prestigio y autoridad. Era buen lingüista para la negociación y las relaciones personales, y muy competente en derecho.

La Sociedad de Naciones estaba acostumbrada a delegaciones españolas «del montón» en cuanto a la Asamblea y a un representante de primer orden en el Consejo, el celebradísimo Quiñones de León; de modo que no tardó en darse cuenta del cambio de estilo que aportábamos los de la República, resueltos a intervenir y dejar huella de nuestro paso tanto en las instituciones como en el modo de vivirlas. Cada vez se fue haciendo más frecuente que el Consejo escogiera al delegado de España para misiones o gestiones delicadas, y en no pocos de estos casos tuve la buena fortuna de contar con el consejo de Oliván y a veces de poder delegar en él asuntos que, por la causa que fuere, pensábamos ambos que valía más pasárselos a él.

A título de ejemplo, mencionaré dos o tres. Por encargo del Consejo, tuve que ejercer de ponente-árbitro en una disputa entre la Gran Bretaña y Finlandia sobre utilización de barcos finlandeses por la marina británica, y su compensación financiera. Pronto se reveló el asunto jurídicamente espinoso; y aunque seguí asumiendo responsabilidad política

Palacio de la Sociedad de Naciones en Ginebra.

López Oliván con Salvador de Madariaga, departiendo en el organismo ginebrino.

«...Eduardo VIII no se atrevía a aceptar a Oliván por estar casado con una divorciada.» (El rey con su madre, sir John Simon y otras personalidades tras la celebración del Día del Armisticio, en Londres, el 12 de noviembre de 1936.)

Ramón Pérez de Ayala.

ante ambas partes, pasé su aspecto jurídico a Oliván. Nuestra propuesta de acuerdo fue aceptada por ambas partes, y aun dio lugar a la concesión de sendas grandes Cruces de la Rosa Blanca de Finlandia para Oliván y para mí, pese a los esfuerzos que hicimos cerca de los finlandeses para eludir una distinción que nos parecía de mejor intención que tacto.

También rogué a Oliván se encargara del asunto de los asirios, curiosa comunidad cristiana que vivía en Irak, siempre expuesta a violencias y matanzas. Encargado por el Consejo de aquel engorroso asunto, pronto llegué a la conclusión de que había que encontrar algún lugar en el planeta donde alojar aquella pobre gente. Pero el problema exigía viajes que yo no podía emprender, y laboriosas negociaciones. Oliván lo gestionó con la mayor distinción, aunque sin el éxito que se merecía por haberse perdido todo en una de esas crisis internacionales en que todo se lo lleva la trampa.

Pero quizá el asunto que Oliván contribuyó a resolver con más brillantez, hasta las lindes de la paradoja, fue el del Saar. Se trataba de una situación heredada de la primera guerra europea. Los franceses ocupaban el valle del Saar y había que liquidar la situación con un plebiscito. Ocurrió que los asuntos del Saar venían siendo confiados por costumbre al delegado de Italia, que a la sazón era Aloisi, archifascista mussoliniano. Se le dieron como adláteres a Oliván y a otro delegado, si mal no recuerdo, danés. Este trío llevó el asunto con una sabiduría y prudencia tales que en el Saar no pasó nada. Se había convocado el Consejo a sesión permanente, se había improvisado una fuerza de policía internacional, en previsión de lo que podría pasar. No pasó nada. El trío había redactado un reglamento para que rigiera el plebiscito, y no fue la menor de las paradojas ver a Aloisi, fascista, totalitario, aprobar aquel documento democrático redactado por el español liberal Julio López Oliván.

Meros ejemplos, que quizá como tales se evaden de lo común y hasta deforman algo lo usual. Porque lo que allí y entonces realizamos Oliván y yo fue una colaboración perfecta debida a la exactitud del encaje entre dos caracteres con sus preparaciones respectivas armonizadas en lo profesional por lo técnico y en lo personal por una lealtad y confianza sin asomo de sombra.

De Ginebra, la competencia de Oliván se propagó a otras actividades. Ya antes de venir a Ginebra le había tocado ocuparse de las reclamaciones de súbditos y protegidos de Inglaterra en Marruecos (1924), de los tratos para la paz con Abd-el-Krim (1927), de la colaboración hispano-francesa en Marruecos (1926), de la Conferencia de La Habana sobre Migración (1928); y después, fue todo lo que se podía ser como mi *alter ego* en Ginebra; y delegado a la Conferencia económica y monetaria convocada en Londres en 1933. En junio de 1936 fue nombrado embajador en Londres.

El nombramiento no podía ser más arriesgado. Por sencillo que pareciera, estaba erizado de dificultades. La primera, poco conocida en Inglaterra y ni siquiera sospechada en España, vino del rey de Inglaterra, que lo era entonces Eduardo VIII. El Foreign Office le mandó a Palacio el *placet* para que lo firmase, y el rey, avezado a estos trotes y sabiendo que toleran mal la espera, no lo firmaba.

Pasaron los días y aun las semanas; y como en Madrid comenzaba la gente a alarmarse, hice yo un sondeo en Ginebra, capital de capitales, donde todos los gobiernos solían no ya estar representados sino también presentes. Supe así de la mejor fuente que Eduardo VIII no se atrevía a aceptar a Oliván por estar casado con una divorciada. Y no ciertamente porque el joven rey inglés fuera un puritano, sino porque ya entonces era archisabido, aunque no público, que tenía con una divorciada yanqui una relación de tal fuerza que le iba a llevar a abdicar.

Salvamos aquel obstáculo porque en Inglaterra el rey reina pero no gobierna; pero quedaban otros más graves que Oliván no podía salvar. A fin y al cabo, había servido lealmente y con brillantez a la República a pesar de sus convicciones monárquicas; pero al verse el régimen impulsado por las crueles circunstancias a abandonar principios y tradiciones de más arraigo que la mera forma de gobierno, Oliván no podía ni seguir como su embajador en Londres ni unirse a los del otro lado, con algunos de quienes, sin embargo, sentía mayor afinidad.

Yo le había recomendado que, si viniere a topar con dificultades serias, pidiera consejo a mi amigo Tom Jones, eminencia gris que había sido de todos los primeros ministros ingleses desde Lloyd George hasta Ramsay Macdonald. Así lo hizo, y Tom dejó consignado el episodio en sus propias *Memorias*.

Mal le hubiera ido si el azar, la suerte o la Providencia no se hubiera llevado entonces al Hammarskjold que a la sazón regía el *Greffe* del Tribunal de La Haya, y digo al Hammarskjold porque esta ilustre familia sueca siempre parece tener lo menos uno de sus vástagos al servicio de alguna institución internacional. Claro es que su paso, aunque breve por aquella casa como *vicegreffier,* bastaba para asegurar su elección a Oliván, que ejerció el cargo nueve años; de 1937 a 1946, años difíciles de guerra. Y cuando terminó la guerra y se intentó reconstruir la estructura internacional, el cambio más notorio y, por decirlo así, obligado, fue el de tener que hacerse todo con aquiescencia de Rusia, nación que había sido expulsada de la Sociedad de Naciones (a propuesta de la Argentina) por su conducta con Finlandia.

Uno de los rasgos más típicos, notables y pueriles de la nueva estructura fue el cambio de nombre de todo lo que lo tenía. Impuesto por la ex expulsada y luego potente Rusia se manifiesta en la «Organización de las Naciones Unidas», en vez de la «Sociedad de Naciones» y el Tribunal Internacional de Justicia en vez de Tribunal Permanente de Justicia Internacional. Pero si los nombres se inventan, los hombres no, y menos los competentes. Oliván volvió a su antiguo cargo en el nuevo tribunal y lo ejerció de 1953 a 1960.

De aquella casa sólo salió para cuatro años de sufrimientos causados por una cruel enfermedad. Aunque admirablemente cuidado por su único hijo, Oliván pagó con la vida aquella dolencia y más quizá la dolencia íntima y profunda de ver a su patria desgarrada por la guerra civil.

Juan de la Cierva y Codorníu

(1896-1936)

¿QUIÉN SE ACUERDA DEL AUTOGIRO? Nadie habla de él. ¡Ah, si La Cierva se hubiera llamado monsieur Lecerf, o mejor todavía, Mr. Hart o Mr. Deer, todavía se hablaría, y mucho, sobre el autogiro! Pero eso de que, en la historia de los descubrimientos humanos, figure un español no se usa desde los tiempos de Guillermo el Taciturno.

Nada de taciturno tenía el genial inventor del autogiro, que, aún ahora, callen lo que quieran los tratadistas, sigue siendo la idea matriz y motriz de lo que hoy se llama *helicóptero*. Cuidado, qué nombrecillo le han ido a buscar al tal engendro, todo por relegar a lo más distante posible el nombre que recuerda a España y, con ella, a Felipe II, Torquemada y todas esas telarañas que, en lo que a nosotros respecta, aún enlobreguecen las guardillas mentales de muchos euroamericanos.

Porque lo que Juan de La Cierva aporta a la ciencia práctica de la aviación es un modo de elevar en el aire un aparato pesado sin recurrir a la energía mecánica, ya que la que el autogiro consume sólo sirve para su propulsión horizontal. La propulsión vertical procede del movimiento giratorio del rotor. No es posible sin entrar en detalles técnicos que estarían aquí fuera de lugar, hacer justicia a la originalidad no sólo del pensamiento central inicial de La Cierva sino de la imaginación creadora que mantuvo siempre vivaz y alerta para dar nuevos y mayores poderes no sólo de mera fuerza sino de adaptabilidad y flexibilidad, a su invento. Aunque muchos lo pasan por alto, no creo que ningún especialista serio se atrevería a negar que La Cierva no ha sido sólo el inventor del mero autogiro; sino el creador, y si vale este neologismo, el ingeniador de casi todas las ideas originales que constituyen el helicóptero moderno.

Cuando lo conocí, llevaba ya de ocho a diez años de la labor consagrada por el éxito; que en aviación el «traer las gallinas» consiste en volar, cosa que, pese a su inmensos dones de toda suerte, no logró el mismo Leonardo. Pero el propósito de La Cierva no consistía sólo en volar, lo que consiguió ya en 1923; sino en volar a poca velocidad, y hasta casi nula, y elevarse y aterrizar casi verticalmente, cosas negadas al aeroplano. Una de sus ideas favoritas, que resultó muy fecunda, fue la del ala de gozne, cuyo ángulo de inserción puede variar. Llegó a poner a punto este invento entre 1931 y 1934, y yo lo conocí con motivo de una demostración de su invento que organizó en París.

¿Con mi ayuda y apoyo? Pues nada de eso. Que se los hubiera dado gustoso, es evidente; pero La Cierva era de esos espíritus españoles a lo Hernán Cortés, que sólo se vuelven hacia el Estado cuando ya lo tienen todo hecho. En uno de los campos de aviación de París, había hecho marcar en el suelo un cuadrado de cien metros de lado, y allí probó cómo se elevaba en su aparato, volaba encima, se paraba encima, y se posaba dentro sin salir del cuadrado así limitado.

Éste fue el camino que nos acercó. Quedamos en muy buena relación; quizá reforzada por lo que en mí subsistía todavía de mi «primera encarnación» como ingeniero; y entonces fue cuando, por él, me enteré de los trabajos teóricos del general Herrera para dar solución menos paradójica a los problemas astronómicos y físicos que Einstein resolvía entonces por medios revolucionarios.

Pasaron los años —muy pocos— y un día, ya instalado en Inglaterra para una emigración que iba a ser desastrosamente más larga de lo que había imaginado en mis horas más pesimistas, me encontré con él. Ya bien entrada la segunda mitad del año 36 (almorzando en un hotel de Park Lane), tuvo nuestra conversación por objeto el único que podía entonces absorber a dos españoles: la guerra civil. Jamás he oído abogado más elocuente, más noble, más generoso en sus juicios, más puro y desinteresado, en defensa del alzamiento militar de julio. Aquella conversación acabó de convencerme de que La Cierva no era sólo un intelecto preclaro, sino un corazón fuerte y diáfano.

Nos separamos sin que mi entonces amigo hubiera logrado hacerme cambiar de actitud. Y si no él, ¿quién podía hacerlo? Poco después, un accidente ciego, un avión que se estrella, privó a España de aquella vida ejemplar.

Juan de la Cierva
con el autogiro de su invención.

Juan de la Cierva en una
de sus últimas fotografías.

Pronunciando una conferencia
en la Academia de Ciencias de Madrid
poco antes de la guerra civil.

Juan Antonio Ansaldo

(1901-1958)

«ESPAÑOL, LOCO.» Éste fue siglos enteros dicho proverbial en todo el mundo. En España, el proverbio solía ser: *enamorado, loco.* No importa. Los españoles, a quienes se nos alcanza no poco de las cosas de la locura, andando los siglos, hemos forjado otro proverbio: *de fraile, de poeta y de loco todos tenemos un poco.* Proverbio sabio sobremanera, salvo que el «un poco» ese me parece algo modesto, que, de loco el que más y el que menos tiene entre nosotros su buena proporción.

Cada cual, por supuesto, a su manera. Pero, aun así, se da en el modo de ser español un ramo de locura muy nuestro, ramo al que se deben muchas cosas memorables que los hijos de España han llevado a cabo en la historia y muchas de las desgracias y desastres que han ensombrecido sus hogares; una como rebeldía contra la razón, querencia a lo fuerte, violencia desaforada y descomunal, que hierve en su sangre, tiende el arco de su voluntad, y busca y aun exige la pendencia y el peligro.

Este hilo rojo que se entreteje en la trenza nacional es quizá el elemento de la vida hispana que mayor sabor, color y vigor le otorga. Aquí oscurecido, rebrotando allí entre tantos otros que componen nuestra vida, es elemento estimulante, pero también perturbador de nuestras cosas, y lo mismo se da en las letras y las artes, en la política y sus pronunciamientos, que en la genialidad de tantos favorecidos y en la criminalidad de tantos desgraciados. Es como una querencia siempre ávida de satisfacción. A veces toma forma humana en un hombre o mujer a quien, con ello, otorga atractivo maravilloso. Así Juan Antonio Ansaldo.

Cuando lo conocí estaba ya cerrado el ciclo de sus locas aventuras, de las que sólo guardaba el arrebol, como el que todavía enciende los azules de poniente cuando ya se han ocultado los fuegos solares. Era punto menos que imposible adivinar que aquel guapo mozo de cincuenta años, rubio y rubicundo, sonriente y muy de aplomo, de garbo militar, pero llevado con aristocrática modestia, había pasado por tantos lances, retado con victoria tantos peligros y cometido tantos disparates como luego revelaba su historia personal; porque lo que hablaba era de un sentido común muy soleado por la luz serena de la valentía en reserva.

Solíamos encontrarnos en París, tres o cuatro veces al año, con motivo de las reuniones del Consejo Federal Español del Movimiento Europeo, el cual venía a ser una entidad, aunque internacional, del género de un partido político —socios particulares, fines públicos— constituida por entidades nacionales que, en cada país, laboraban por popularizar la idea de la integración europea. Entre estos «Consejos» nacionales, el nuestro constituía excepción porque su sede oficial era París y sus socios eran todos emigrados. Yo solía ser su presidente, y me rodeaban un vicepresidente por cada agrupación política y un secretario general, que solía ser o vasco o catalán. No es que lo decidiéramos así, sino que así fue.

Ansaldo no fue de los primeros en llegar. Cuando se asoció a nuestras tareas, contaba ya el Consejo con una nutrida colaboración vascongada no sólo de excelentes compañeros de labor, sino de local donde trabajar y reunirse; pero la bienvenida que acogió a Ansaldo fue excepcional porque hacía tiempo que deseábamos en el Consejo contar con un vocal monárquico. Nosotros lo deseábamos objetivamente; pero además sentíamos la presión del Movimiento Europeo, que preguntaba: ¿cuándo vienen los monárquicos? A lo que no era nada fácil contestar que no querían venir. El campo de fuerzas políticas españolas es muy intrincado, y unos por sentir todavía viejos prejuicios, otros por no querer cruzar ningún Rubicón, los monárquicos se hacían reacios.

El propio Ansaldo ha relatado cómo lo recibí desde el sitial presidencial el día en que al fin llegó. A decir verdad, traía credenciales más personales que oficiales, pero Ansaldo era de los que podían aplicarse lo de aquella inglesita que decía: «*My face is my fortune, Sir*», y su mera simpatía le servía de credencial. Se sentía, dice, en situación desairada, pero esta sensación era sin duda debida a su excesiva sensibilidad de hombre acostumbrado a andar entre amigos y a no tener que temer nada ni siquiera de la autoridad, ya que en último término la autoridad desembocaba en los militares, que habían sido los suyos, hasta muy tarde, hasta que él y sus amigos se separaron de lo que Franco representaba.

El problema separatista era, claro está, el más difícil entre nosotros.

MADRID DIA 17 DE ABRIL DE 1931
NUMERO SUELTO 10 CENTS.

ABC

DIARIO ILUSTRADO. AÑO VIGESIMOSEPTIMO
N.º 8.833

REDACCION Y ADMINISTRACION: CALLE DE SERRANO, NUM. 55. MADRID

AL PAIS

He aquí el texto del documento que el Rey entregó al presidente del último Consejo de ministros, capitán general Aznar:

Las elecciones celebradas el domingo me revelan claramente que no tengo hoy el amor de mi pueblo. Mi conciencia me dice que ese desvío no será definitivo, porque procuré siempre servir a España, puesto el único afán en el interés público hasta en las más críticas coyunturas.

Un Rey puede equivocarse, y sin duda erré yo alguna vez; pero sé bien que nuestra Patria se mostró en todo momento generosa ante las culpas sin malicia.

Soy el Rey de todos los españoles, y también un español. Hallaría medios sobrados para mantener mis regias prerrogativas, en eficaz forcejeo con quienes las combaten. Pero, resueltamente, quiero apartarme de cuanto sea lanzar a un compatriota contra otro en fratricida guerra civil. No renuncio a ninguno de mis derechos, porque más que míos son depósito acumulado por la Historia, de cuya custodia ha de pedirme un día cuenta rigurosa.

Espero a conocer la auténtica y adecuada expresión de la conciencia colectiva, y mientras habla la nación suspendo deliberadamente el ejercicio del Poder Real y me aparto de España, reconociéndola así como única señora de sus destinos.

También ahora creo cumplir el deber que me dicta mi amor a la Patria. Pido a Dios que tan hondo como yo lo sientan y lo cumplan los demás españoles.

Nota del Gobierno acerca del mensaje.

El ministro de Hacienda facilitó a última hora de ayer tarde la siguiente nota:

«El Gobierno no quiere poner trabas a la divulgación, por parte de la Prensa, del manifiesto que firma D. Alfonso de Borbón, aun cuando las circunstancias excepcionales inherentes al nacimiento de todo régimen político podría justificar que en estos instantes se prohibiera esa difusión.

Mas como el Gobierno provisional de la República, segurísimo de la adhesión fervorosa del país, está libre de todo temor de reacciones monárquicas, no prohibe que se publique ni cree necesario que su inserción vaya acompañada de acotaciones que lo refuten de momento.

Prefiere y basta que el país lo juzgue libremente, sin ninguna clase de sugestiones ministeriales.»

«Aunque respetaba y quería a mi rey, me rebelaba contra el Manifiesto de Despedida, en el que se justificaba el abandono del poder para evitar derramamiento de sangre entre hermanos» (Juan Antonio Ansaldo).

Los vascos de nuestro «Consejo Europeo» oscilaban entre autonomismo y separatismo al menor céfiro lógico de la discusión; ya era significativo que en su plantel, brillante, por cierto, de compañeros de europeísmo, no figurase José Antonio de Aguirre por considerar que, como jefe de Estado, tenía que guardar las distancias.

Ansaldo trató del tema con el encanto que distinguía todas sus intervenciones, henchidas de saber humano, de experiencia, de serenidad y de gracia. Pero no parece haberse distinguido ni un ápice de sus paisanos en el ten con ten de su actitud, siempre en equilibrio inestable entre la autonomía y el separatismo.[1] Hoy, después de tanta sangre vertida en vano, no suenan con tanta amenidad las cosas gráciles, humanas, amables que Ansaldo ofrecía sobre tan espinoso tema.

Las cañas se han vuelto lanzas, y muchos vascos —cuántos no sabemos— se han envenenado con las aguas de su propio nacionalismo. El mismo Ansaldo, cuando vino a nuestro Comité, estaba aprendiendo, por lo menos, dice él, a chapurrear el vascuence. En nuestro Consejo no todos los vascos lo hablaban. Pero Ansaldo tuvo al menos la agudeza de observar que no era el momento de las pequeñas republiquitas, sino el de las grandes federaciones.

Esta relación de casi familiaridad con Ansaldo, directa y sin referencia a su pasado político, me fue de gran enseñanza, y por eso insisto aquí sobre el orden en que lo conocí. Ya entonces estaba él de vuelta de muchas cosas; en las que había tomado parte como hombre de acción cuyo recreo eran novelas policiacas y no tratados de filosofía política; de modo que la que había ido floreciendo en él, como la yerba entre las losas de un patio bien forrado de jardines, era tan espontánea como las locas aventuras y rebeldías que su forma de disciplina militar y de romanticismo monárquico había vivido antes.

Eran seis hermanos, todos aviadores; en una época además en la que la burocracia, ni la nacional ni la extranjera, había tejido aún la pajarera que iba a enjaular a los nuevos pájaros humanos y a domesticarlos. Hombres de gran impulso y audacia, hallaban todavía en el aire y en la velocidad un espacio digno de sus envergaduras; de modo que contra el duro suelo y las fachadas pétreas se sentían rebeldes. Ésta era la tensión natural. Que los Ansaldos la tomaran por ardor monárquico era también natural. Ramón Franco la tomó por cinco o seis cosas distintas de todos los colores del arco iris político. Lo que hacía a Juan Antonio Ansaldo tan simpático era que quien con él hablaba sentía respirar esta tensión aérea, como de alas que aguardan el momento de despegar.

Pero esta silueta de español tan relevante no se destacaría de la

1. Del tema he tratado con más detalle en mi libro *Memorias de un federalista,* Buenos Aires, 1967. V. en este libro mi semblanza de Cambó.

pared sin completarla con el fondo de las aventuras que vivió bajo la República y sobre ellas los celajes del espíritu que en y a ellas lo animaban.

Comenzaron muy pronto, pues Ansaldo era monárquico tan esencial y primordial que no vio con buenos ojos la abdicación de Alfonso XIII. Lo explica él mismo con palabras que hay que citar: «Aunque respetaba y quería a mi rey, me rebelaba contra el Manifiesto de Despedida, en el que se justificaba el abandono del poder para evitar derramamiento de sangre entre hermanos. Años más tarde, tantas crueldades vividas debilitaron mucho mis rotundas convicciones anteriores, pues llegué a comprender que los reyes, como los padres, repugnan hacerla correr a raudales» (p. 17). En estas líneas se abarcan los años locos y los años cuerdos de Juan Antonio Ansaldo.

Su misma vitalidad haría excesivo el relato de sus aventuras; habrá, pues, que limitarse a dar algún que otro botón de muestra. Comenzó por procurarse una base aérea en el Club del Aire fundado por los seis hermanos en el aeródromo Loring, cerca de Cuatro Vientos, donde so color de Escuela de Pilotaje y de Empresa de Fotografía Aérea se proyectaban y realizaban muchas cosas, algunas de ellas lícitas. De allí alzó el vuelo el 15 de diciembre de 1930 el aviador Ramón Franco (en su fase republicana), para colaborar en la rebeldía fracasada de Galán y García Hernández. Al año siguiente, instalada la República, Juan Antonio Ansaldo se acogió a la ley del Retiro y se situó en Biarritz.

Se crea la Falange, en la que figura Ansaldo como «jefe de objetivos» que él mismo define así: «preparación de golpes de mano, creación de una campaña de agitación, ejecución de represalias contra los ataques y atentados de que eran víctimas los falangistas». Ejemplo al canto. Matías Montero era vendedor del periódico de Falange. Un día cayó para siempre «asesinado por balas marxistas». El jefe de objetivos tuvo que actuar. «Era ingrata y difícil tarea iniciar a un grupo de seres humanos en la terrible misión de matar a sus semejantes. Pero ¡se consiguió al fin!... «Al principio sólo morían falangistas. Ya por el mes de abril, las víctimas de uno y otro lado podían equipararse en cantidad.» Así fue creciendo la tensión y fomentando la guerra civil hasta el punto que Ansaldo llega a escribir con motivo de una revista de 800 falangistas en su aeródromo. «La sensación de triunfo que produjo en aquellos hombres desafiar en modo abierto y decidido leyes y fuerzas republicanas, se les reflejaba en semblantes y miradas de orgullo y esperanza.»

Según Juan Antonio Ansaldo, estos mismos éxitos del jefe de objetivos se le atragantaron a José Antonio, iniciándose así una escisión que fue a parar, pasando el tiempo, a la expulsión de Ansaldo por José Antonio. Cambiando de inspirador, el jefe se va con sus objetivos a otra parte y contribuye a crear el Bloque Nacional, de Calvo Sotelo, el cual estaba predestinado a ser uno de los «eslabones» de la cadena de víctimas que Ansaldo mismo vio desde un principio como inevitable consecuencia de tanta «barbarie».

Para el Bloque Nacional fue «un mal asunto» que al fin Alcalá Zamora, cumpliendo su deber constitucional, aceptase que Gil Robles entrase en un gabinete y nada menos que en la cartera de Guerra. «Ahora —decían muchos derechistas ante la sorpresa y el disgusto que en monárquicos y fascistas produjo tal acceso—, ahora, con el ejército a sus órdenes es el árbitro del país.» Pero Ansaldo, más perspicaz, replicaba: «Pero ¿es que se va a sublevar desde ese puesto?»

Así vemos cómo van creciendo las semillas y raíces de la guerra civil y hasta pensándose y preparándose maniobras como la expedición aérea de Ansaldo del Pays Basque a Portugal para ir a buscar a Sanjurjo, ya pensada antes de la sublevación de agosto e intentada de nuevo con fracaso fatal después de su amnistía.

Conocida es la parte primordial que tomó Ansaldo en aquel intento: las condiciones de sumo peligro en que colocó a Sanjurjo y a su aviador honorario la cautela con que el gobierno portugués ocultaba su complicidad; lo que vino a añadir el propio Sanjurjo trayéndose para aquel avión casi de juguete una enorme maleta llena de uniformes para entrar como triunfador en Madrid: la resignada aceptación de aquel riesgo por el temerario aviador; la pericia de la maniobra y el fatal desenlace: Sanjurjo muerto en el acto, y Ansaldo salvado de milagro por un pastor con pérdida del oído, magullamiento de varias vértebras y casi total destrucción de aquel cuerpo tan joven y vigoroso.

Pero se escapó del hospital portugués por impaciente y se fue a su país vasco, donde su heroica mujer que lo había estado buscando en la noche cantábrica el día del desastre, se lo encontró al fin entre sábanas familiares. Éste es el motivo musical de aquella vida: un rebotar del suelo después de cada caída, por brutal que fuese; una virtud primigenia, espontánea, anterior en tiempo, en vida, en lógica, a toda idea, ideología o modo de pensar. Un modo de ser.

Las gentes de hoy que viven cuadriculadas en un mundo de meridianos y paralelos ideológicos, derechas-izquierdas, burgueses-obreros, beatos-ateos, no lograrán jamás comprender a estos españoles que viven lo que piensan y aun así a su modo, y que no se dejan encasillar en cuadrícula alguna preconcebida. Cuando los hermanos Ansaldo se van recongregando (ya en el régimen de Franco) bajo el mando oficial de Juan Antonio, ocurre un incidente que ilumina esta singularidad de lo genuino español. Los casados viven en grupos de varios matrimonios juntos. Los solteros, en edificios aparte que rige una como ama de llaves, cuya hija, joven y bien dotada por la naturaleza, sirve de criada y, si a mano viene, juega con los oficiales y los despierta echándoles un cubo de agua fría.

«...iniciándose así una escisión que fue a parar, pasando el tiempo, a la expulsión de Ansaldo por José Antonio.» (En la foto, Primo de Rivera con sus hermanas Pilar y Carmen en Chamartín, verano de 1934.)

El general Sanjurjo en las primeras horas de la fracasada sublevación del 10 de agosto de 1932, en Sevilla.

Ramón Franco en su época de director general de Aeronáutica con el gobierno republicano.

Joaquín, el más joven de los Ansaldo, viene un día a ver a Pilar, la mujer de Juan Antonio, y le pide aunque sea un catre solo en el edificio de los casados. ¡Por qué! Porque la chiquilla aquella es joven y guapa y él no quiere encontrarse un día volando hacia su sepultura sin confesión.

Esta dimensión vertical del español es la que le hace tan enigmático para los hombres de hoy que se creen más avanzados cuanto más horizontales y gregarios los va haciendo la tecnología; y en los Ansaldo produce el ritmo de sus vidas, en armonía con lo español, compuesto de más o menos largos períodos de aquiescencia quebrados por súbitas explosiones. Juan Antonio Ansaldo, que era cada vez menos franquista, se metió en una conspiración que falló y le costó la expulsión del ejército del Aire y dos meses de cárcel.

En esta cárcel, «rodeado de toda suerte de consideraciones y respetos» invitó a su pabellón a celebrar la patrona de la aviación, el 10 de diciembre, a unos oficiales de aviación, prisioneros desde el 18 de julio por ser o haberse declarado republicanos. Copiaré de sus *Memorias* el párrafo que sigue: «En los ojos del comandante Esteve, mi antiguo jefe, condenado a muerte y después a treinta años de prisión "por haberse equivocado de bando", brotaron lágrimas de emoción y de agradecimiento cuando, al levantar su copa de jerez conmigo, recordando los dos un pasado venturoso de camaradería y hermandad, pidieron a la Virgen de Loreto que tendiera un manto de olvido sobre tanto odio implacable e inútil, y que otra vez pudiéramos ser hermanos los unos para los otros.»

Elegía en la muerte
de Unamuno

(1864-1936)

I

Seca, pero no fría,
como tú la quisieras,
te ofrezco mi elegía.
Por las áridas eras,
los grises olivares,
las pardas sementeras,
los finos encinares,
las vegas salmantinas,
los prados, los pinares,
las sierras diamantinas,
por toda aquella tierra seca y noble
—granito, arena, roble—
que miraste con ojos agresivos,
y que, en tu casto amor, transfiguraste
en nueva Dulcinea,
maestro, Don Miguel, oh Don Quijote
de las altiplanicies de la idea,
por todo aquel solar que galopaste
lanza en ristre, sobre tu seco Rocinante,
hoy cabalga el Azote
de la guerra civil. Alucinante
espectro. A su paso
cerebros, ojos, almas, corazones
olvidan sus razones.
La España que soñaste,

la Eterna, se destierra,
a otros siglos quizá, y en sí se abisma,
mientras se enferra
la otra contra sí misma:
España contra España cierra en guerra.

II

Solo, un día, en la cumbre,
lejos de la encrespada muchedumbre,
Don Miguel de Unamuno sostenía
su perenne agonía,
su lucha con el Ángel. El anciano
veía allá en el llano
Toledo asesinada,
desangrándose inerte,
en su lecho de muerte iluminada
por cuatro luminarias:
las torres del Alcázar, ardiendo funerarias;
en los altos de Asturias,
la fina y culta Oviedo destrozada,
por encontradas furias—
madre mártir por su progenie torturada;
y allá en el centro mismo,
trono, cetro y guarismo
de la inmortal España,
Madrid, por la guadaña
de la muerte, segada
y, como Jezabel, abandonada
a los perros del odio y de la saña,
cebándose en su entraña.
El anciano, con hondo desconsuelo,
los ojos alzó al Cielo,
de tanto horror ahítos:
«Señor, Señor, a gritos
te lo pide mi alma,
elévame a Tu seno,
y desde tu divina, eterna calma,
permite que mi espíritu sereno
vea la hermosa palma
que en esta inmunda tierra

Unamuno según el famoso retrato de José Gutiérrez Solana
fechado en 1936, el mismo año de su muerte.

abonan tanta guerra, y tanta sangre y tanto cieno.
Señor, Señor, elévame a Tu seno.»
    El anciano expiró. Ya de sus ojos
no brota aquella luz de idea viva,
fraternal y agresiva;
ya aquellos tonos rojos
de pómulos y frente,
facciones de hematita bilbaína,
se apagan lentamente
en ocre, cera y gris, y ya se afina
en su faz, que entre sombras se dilata,
afilada y sutil barba de plata.
Ya el verbo móvil, de energía ardiente,
es silencio yacente.

III

Su espíritu, entretanto abre las alas
y las etéreas salas
cruza en ávido vuelo
para saciar aquel su eterno anhelo:
«Al fin, Señor, alcanzaré Tu cielo.
Gozaré Tu presencia.
Conoceré Tu voz y nadaré en Tu esencia.
Llego, al fin, Señor, llego
a abrasarme en Tu fuego
mi espíritu ante Ti desnudo y uno
entra en la Eternidad. Yo, yo, Unamuno.»

.   .   .   .

Largo alarido, como de alma en pena,
vino a quebrar el goce prematuro
de su espíritu impuro.
Humano todavía,
le inundó la piedad. Abatió el vuelo,
y, con el peso del humano duelo,
el anciano sintió en el duro suelo
hambre de compañía.
El tétrico quejido
helaba con su pálido alarido

el etéreo elemento.
Desolado lamento
de multitud que ha muerto
perdida en el desierto.

Milicianos, militares,
señores y proletarios,
obreros, curas, seglares
mendigos y propietarios;
rostros de héroes, de patriotas,
de idealistas fraternales,
de exaltados y de idiotas,
poetas y criminales,
de profetas libertarios,
de apóstoles bolcheviques,
de jefes disciplinarios,
y de jaques tabernarios
y de cínicos caciques;
rostros de desesperados
que, en los espacios etéreos
se sentían desterrados
de los aires deletéreos
en la tierra respirados;
rostros llenos de sorpresa
porque el alma, liberada
del odio en que estuvo presa,
ya no les trepida airada
y a su sosiego regresa;
rostros que al perder el fuego
de la pasión en que ardieran
sentían espanto ciego
cual si la vida perdieran;
pobre y triste muchedumbre
que al nacer a Nueva Vida
añora la pesadumbre
que la mantuvo oprimida...

IV

El noble anciano, humano todavía,
los miró largamente,

con los ojos del alma:
«Hermanos de mi alma,
ha poco que corría
con anhelo impaciente
hacia la Eterna Calma.
Me paró vuestra pena.
Traéis el alma llena
del dolor de la Tierra,
del odio con que el alma más serena
envenena la guerra.
Y vuelvo hacia vosotros, retrasando
el instante divino,
para iros indicando el buen camino.
Hermanos de mi alma,
vuestro dolor me aterra.
Santa es la guerra, sí, santa es la guerra,
mas no la que habéis hecho.
No la que enfrenta hermano contra hermano,
abriendo un negro abismo
de odio en cada pecho.
Santa es la guerra que el centauro humano
hace contra sí mismo.
¡Luchasteis hacia afuera!
Olvidasteis la fiera
que el hombre lleva dentro.
Nuestra alma es nuestro campo de batalla
Sólo aquel que en su centro
ha vencido al dragón, sólo el que es puro,
tiene derecho y talla
para armarse las manos
y luchar contra el mal en sus hermanos.
Almas desventuradas,
a las costas eternas
traéis desenfrenadas
vuestras fieras internas.
No veréis al Señor.»
                         Otro lamento
surgió en la multitud vasta y sombría.
El anciano cayó en melancolía.
«Yo, yo, Unamuno...
uno de tantos, de vosotros uno...
¿cómo gozar de la divina calma
hermanos de mi alma,

mientras quedáis aquí desamparados,
por vuestras propias fieras devorados?
Compañeros seré de vuestra pena
y vuestra desventura,
hasta que Dios nos lleve a todos a Su Altura.»
Entonces, una fuerza ultraterrena
le irguió hasta más allá de su estatura
transfigurado en luz—y, transparente,
en éter vivo ardió el anciano ardiente.

V

La multitud vibró en nuevo alarido
mas, ya espíritu puro y elegido,
Unamuno no oía aquel quejido.
Resuelta su agonía,
en la Eterna Armonía,
como un acorde más, su ser se diluía.

Elegía en la muerte de Federico García Lorca

(1898-1936)

> Ya se acabó el alboroto
> y vamos al tiroteo.
>
> FEDERICO GARCÍA LORCA

I

Dos cristales de luz negra
brillaban en su mirada.
En su boca relucían
cristales de sombra blanca.
El pelo, noche sin luna.
La tez, oliva y naranja.
El gesto, ensalmo gitano.
La voz, bordón de guitarra.
Y en el alma, ancha y florida,
la Vega de su Granada.

Cipreses del Albaicín,
arrayanes de la Alhambra,
cedros del Generalife,
aroma, color y savia,
el bullicio de Sevilla,
la gravedad de Granada,
los jazmines de la Vega,
los geranios de Triana...
De aquel espíritu en flor,
Andalucía brotaba.

A su voz, alzan la testa
los toros de la torada,
se ruboriza el almendro,
se quiebra en espuma el agua,
en el zarzal florecido
se estremece la nidada,
el cazador queda absorto
toda en sueños la mirada,
el caballo entra en su ritmo,
el jinete, en su prestancia,
los ríos se desperezan,
los montes yerguen la espalda,
se ahonda el azul del cielo,
se enciende más la solana,
se lleva la mano al pecho
la mujer enamorada.
A su voz, toda la vida
en su propio ser se baña.

A su voz, el Romancero
revive en calles y plazas;
alzan el vuelo las coplas
del follaje de las almas;
se preña de melodías
el vientre de las guitarras.
A su voz, canta hasta el aire.
A su voz, baila hasta el agua.

II

Dos nubes de sangre en fuego
por el vasto cielo avanzan.
La una contra la otra
desastre y muerte amenazan.
Ya borran la luz del sol
de la tierra desdichada.
Almas tensas, almas lívidas,
almas tensas, almas cárdenas.
Látigos de fuego y sangre
desgarrando el aire estallan.

La última foto de García Lorca, en 1936, en un café de Madrid.

Por el aire amarillo
   pasa la muerte.
Los ojos, dos balazos.
   Hueca la frente.
En la boca vacía
   treinta y dos dientes
Que van castañeteando
"Viva la Muerte".

Nube negra, nube roja,
sangre contra sangre alzada,
almas tensas, almas lívidas,
almas tensas, almas cárdenas.
Ardió la flor del almendro.
Muerta yace la torada.
En el aire alzan el vuelo
maldiciones y venganzas.
Emboscado, el cazador
acecha la caza humana.
El río ha bebido sangre.
La noche ha bebido lágrimas.
La luna enreda cadáveres
entre sus redes de plata.
Se lleva la mano al pecho
la mujer asesinada.
De dolor, gime hasta el aire.
De dolor, llora hasta el agua.

III

Entre harapos de aire roto
tu voz suena y no lo creo,
tu voz suena y no lo creo.
El día es un alboroto,
y la noche un tiroteo,
y la noche un tiroteo.
Nube negra, nube negra,
cerraste sobre Granada.
De tu alma tensa, alma lívida,
de tu alma tensa, alma cárdena,

sobre el carmen más florido
se desgajó una descarga.
    Yo me asomé a aquel silencio
    por si su voz resonaba,
    por si su voz resonaba.
    Sólo se oía el disparo
    del tiro que lo mataba,
    del tiro que lo mataba.
    Huye, deseo, deseo,
    la vida es un alboroto,
    y la muerte un tiroteo,
    y la muerte un tiroteo.

Ay jazmines de la Vega,
ay geranios de Triana,
cipreses del Albaicín,
arrayanes de la Alhambra,
cedros del Generalife,
aroma, color y savia...
¡Muerto yace aquel arbusto,
raíces y tronco y ramas,
que brotó de vuestra tierra
y floreció en obra y gracia!
    Huye, deseo, deseo,
    la vida es un alboroto
    y la muerte un tiroteo.
Federico,
voz, cantar, leyenda, magia
Federico, ay Federico,
tierra, polvo, sombra, nada...
Los gusanos de tu cuerpo
roen rosas y manzanas.
los gusanos de tu cuerpo
roen que roen las almas,
almas tensas, almas lívidas,
almas tensas, almas cárdenas.
Los gusanos de tu cuerpo
roerán a toda España...

IV

No, que tu espíritu en flor
incorrupto se levanta.
Huele a almendro y a jazmines,
y sabe a oliva y naranja.
Vuela sobre las dehesas
y da vida a la torada
y enciende como candelas
los cipreses de la Alhambra;
ahuyenta las nubes lívidas,
ahuyenta las nubes cárdenas,
y descorre en el Oriente
las cortinas del Mañana.
Tu espíritu en flor, tu espíritu
en luz, tu espíritu en gracia
hará brotar de la Vega
cosecha de nuevas almas,
almas tiernas, almas límpidas,
almas tiernas, almas cándidas.

Calendario de la vida y obra del autor

1886 (23 de julio.) Nace en La Coruña.

1899 Bachiller. Instituto Cardenal Cisneros, Madrid.

1900 (Octubre.) Entra en el Collège Municipal Chaptal de París.

1904 Elegido por su colegio para el concurso general de ensayo francés de París. Obtiene el primer accésit.

1905 Bachiller francés.

1906 Entra en la École Polytechnique.

1908 Entra en la École Nationale Supérieure des Mines (París).

1911 Sale ingeniero de minas. Entra en la Compañía de Caminos de Hierro del Norte de España.

1912 Contrae matrimonio en Glasgow con Constance Archibald, escocesa de nacionalidad británica.

1916 (Abril.) Dimite de su cargo de ingeniero de la Compañía del Norte y se encarga en Londres de una oficina de información sobre la guerra europea.

1917 Nace su hija Nieves.
Publica *La guerra desde Londres*, colección de artículos aparecidos en *El Imparcial*.

1919 Nace su hija Isabel.

1920 Publica *Shelley and Calderón* en la Oxford University Press.

1921   (Mayo.) Nombrado agregado técnico de la delegación española a la Conferencia del Tránsito que la Sociedad de Naciones celebra en Barcelona.

(Agosto.) Ingresa en la Secretaría General de la Sociedad de Naciones.

1922   Nombrado jefe de la Sección del Desarme.

Publica en Madrid: *Ensayos anglo-españoles* y *Romances de ciego*, con prólogo de Unamuno.

1923   Asiste como representante de la Secretaría General a la Conferencia Interparlamentaria de Copenhague.

Publica *Semblanzas literarias contemporáneas* en Barcelona; *The genius of Spain* en la Oxford University Press.

1925   Secretario general de la Conferencia Internacional de la Intervención del Tráfico de Armas celebrada en Ginebra por la Sociedad de Naciones.

Publica *Arceval y los ingleses*, en Espasa-Calpe, Madrid; y la novela *La jirafa sagrada*, en español y en inglés.

1926   Publica la novela *El enemigo de Dios* y la *Guía del lector del Quijote*.

1927   Publica *La fuente serena*, poesías.

1928   Publica *Quatre espagnols à Londres*, su propia versión francesa de *Arceval y los ingleses*.

Publica *Englishmen, frenchmen, spaniards* en la Oxford University Press.

(1 de enero.) Acepta la cátedra de literatura española que le ofrece la Universidad de Oxford.

1929   Publica *Disarmament* en Londres y en Nueva York.

1930   Publica *Ingleses, franceses, españoles* en Madrid.

Publica en París (Gallimard) *Anglais, français, espagnols*, versión propia del anterior, que recibe el premio de *L'Europe Nouvelle*.

Publica en inglés *Sir Bob*, cuento para niños de 9 a 90 años.

1928-1930   Se encarga en los veranos de un curso de Política Internacional en Ginebra.

1930-1931   Viaje de conferencias por los Estados Unidos, Méjico y Cuba.

1931   La República lo nombra embajador en Washington.

Publica *España, ensayo de historia contemporánea*.

1932   (1 de enero.) Trasladado a la Embajada de París, ejerce también durante cuatro años como primer delegado *de facto* de España en Ginebra.

Doctor *honoris causa* de la Universidad de Poitiers.

1934   Publica en inglés la *Guía del lector del Quijote*.

Acepta la cartera de Instrucción Pública en el gabinete Lerroux, y luego también, interinamente, la de Justicia.

Cesa a fines de abril en ambas. Sigue de delegado *de facto* en Ginebra sin nombramiento ni sueldo.

1934-1935   Recorre en visita política Europa central y conoce en la Legación de Viena a doña Emilia Rauman (nacida Székely), que a partir de 1938 se encargará de su gabinete literario.

1935   Invitado por el gobierno argentino va a dar conferencias a Buenos Aires. El gobierno de la República lo nombra embajador extraordinario para presentar sendos collares de Carlos III a los presidentes de Uruguay, Argentina, Chile y Perú.

Elegido académico de la de Ciencias Morales y Políticas.

Publica *Anarquía o jerarquía*, Aguilar, Madrid.

1936   Elegido académico de la Academia Española.

A principios de julio se retira del servicio de la República. Al estallar la guerra civil se instala en Ginebra (después de haber ofrecido sus servicios al gobierno) para dedicarse a la Fundación Mundial que está intentando crear.

Publica *Guía del lector del Quijote* en la Sudamericana, Buenos Aires.

1937   Recibe el precio Elias Rowland de la Universidad de Yale por su obra literaria.

Publica *Elysian Fields*, discusión dramatizada sobre temas políticos, escrita durante una estancia en Yale University.

Publica *Anarchy or hierarchy* en Londres (Allen & Unwin) y en Nueva York (Macmillan); y también *Anarchie ou hierarchie* en París (Gallimard).

1938   Publica *Champs Elysées* en la revista *Marianne*, en París.

Se instala en Londres y después en Oxford, pero sin función ni cargo alguno en la Universidad, dedicándose a conferencias en varias universidades inglesas, en los Estados Unidos, en Sudamérica y en la B.B.C. de Londres, donde hace durante años una plática semanal para Hispanoamérica.

1939   Publica la *Vida de Colón* en inglés (Hodder & Stoughton, Londres, y Macmillan en Nueva York).

Publica *Campos Elíseos*, en Sudamericana, Buenos Aires.

Publica en Londres (Allen & Unwin) *The world's design*, y en París (Flammarion) *Le grand dessein*.

1940   Publica en Buenos Aires la *Vida de Colón* y *El Toisón de oro*, libro de teatro que contiene además *La muerte de Carmen, Mío Cid* y *Don Carlos*, piezas dramáticas en verso.

1941   Publica la *Vida de Hernán Cortés* en español, Sudamericana, en Buenos Aires.

Su *Cristóbal Colón*, para radio, emitido en la B.B.C. en español, y en la de Buenos Aires, con el título de *Las tres carabelas*.

1942   Publica la cuarta edición de *España, ensayo de historia contemporánea*, cuya novena edición se publica en Sudamericana, Buenos Aires, y en Madrid, Espasa-Calpe, en 1974.

Publica *Spain. An essay in contemporary history*, Jonathan Cape, en Londres.

Publica en inglés la *Vida de Hernán Cortés*, Hodder & Stoughton, en Londres, y Macmillan en Nueva York; y es nombrado *fellow* honorario del Colegio de Exeter, de Oxford.

Publica en español *El cuadro histórico de las Indias*, que luego se seguirá publicando en dos tomos: *El auge* y *El ocaso del imperio español*.

Publica *Rosa de cieno y ceniza*, poesías en castellano, francés e inglés.

Publica *El corazón de piedra verde*, novela sobre la Conquista de Méjico, primera de la serie «*Esquiveles y Manriques*».

1943   Publica *Spain. An essay contemporary history* en Nueva York.

1944   Publica en Londres y en Nueva York *The heart of jade*, versión inglesa de *El corazón de piedra verde*.

1945-1946   Preparación de la *Vida de Bolívar* en Inglaterra, Francia e Hispanoamérica.

1947   Asiste, único especialmente invitado a título personal, al congreso de los partidos liberales europeos celebrado en Bruselas con motivo del Centenario del Partido Liberal belga, congreso donde se crea la Liberal Internacional, que lo elige presidente y años después Presidente de Honor Perpetuo.

Publica en inglés *El auge* y *El ocaso*, en Londres y en Nueva York. (*The rise, The fall of the Spanish American Empire.*)

Asiste a la celebración del segundo centenario de la Universidad de Princeton, que le otorga el doctorado *honoris causa*.

A ruegos de la B.B.C. se encarga del centenario del nacimiento de Cervantes dando la conferencia de presentación y vertiendo al verso inglés la *Numancia* de Cervantes radiada por la B.B.C.

1948   Invitado a título personal, asiste al Congreso del Movimiento Europeo celebrado en La Haya y es nombrado presidente de la Comisión de Cultura. En la institución creada por el Congreso conserva esta presidencia durante veinte años.

Publica *On Hamlet*, nueva interpretación de la obra de Shakespeare.

La radio francesa da su fantasía dramática en verso francés *Le mystère de la Mappemonde et du Papemonde*, con música de Alexandre Tansman.

1949 Publica el *Hamlet* de Shakespeare en traducción española en verso precedida del ensayo que había publicado en inglés el año anterior.

Con el padre Antoine Verleye, franciscano belga, crea en Brujas el Colegio de Europa, del que fue presidente hasta 1964, año en que se retiró y fue nombrado Presidente Fundador.

1950 Se funda en París el Congreso para la Libertad de la Cultura, que lo nombra uno de los Presidentes de Honor juntamente con Benedetto Croce, John Dewey, Karl Jaspers, Jacques Maritain, Bertrand Russell y Reinhold Niebuhr.

Publica *Don Juan y la donjuanía*, teatro en verso.

1951 Invitado por la Fundación Dyason, va a dar una gira de tres meses de conferencias en Australia.

Publica *Bosquejo de Europa*, Hermes, en Méjico.

Publica *Bolívar* en Méjico, Editorial Hermes.

Publica *Bolívar* en inglés, en Londres, Hollis & Carter.

1952 Publica *Ramo de errores*, novela, Editorial Hermes, Méjico, 1952, y *Portrait of Europe*, Hollis & Carter, Londres.

1953 Publica *Presente y porvenir de Hispanoamérica*, Sudamericana, Buenos Aires.

Publica *Bolívar* en edición inglesa, en Nueva York, Pellegrini & Cudahy.

1954 Publica *Essays with a purpose*, Hollis & Carter, Londres.

Publica *A bunch of errors*, Jonathan Cape, Londres.

Publica *La camarada Ana*, Editorial Hermes, Méjico.

Se estrena en la Ópera de París *Numance*, ópera de Henry Barraud con libreto del autor en verso francés.

La Radiodifusión francesa da su dramatización de la *Vida de Cristóbal Colón*, con música de escena de Alexandre Tansman.

1955 Publica *De la angustia a la libertad*, Editorial Hermes, Méjico, y *De l'angoisse a la liberté*, Calman-Lévy, París.

Publica *Romances para Beatriz*, poesía para niños, Editorial Juventud, Barcelona.

Publica *Portrait of Europe*, Roy Publishers, Nueva York.

1956   En Londres publica *War in the blood*, Collins, Londres, segunda novela de la serie «Esquiveles y Manriques».

Publica *Guerra en la sangre*, Sudamericana, Buenos Aires.

Publica *The heart of jade*, Londres, Collins, edición en rústica (paperback).

Se celebra en París su septuagésimo aniversario con un banquete presidido por André Siegfried, en el que hablaron Albert Camus y Rodolfo Llopis; así como en la sala Pleyel una fiesta de poesía y música en que María Casares recitó la *Elegía a Lorca*, y un cuadro dramático representó *El 12 de octubre de Cervantes*.

El Colegio de Europa publica un *Liber amicorum* para celebrar sus setenta años.

Publica *De Colón a Bolívar*, Edhasa, Barcelona.

1958   Publica *Una gota de tiempo* (Sudamericana, Buenos Aires), tercera novela de la serie «Esquiveles y Manriques».

Publica el *Ciclo hispánico*, Sudamericana, Buenos Aires.

Publica la octava edición de *Ingleses, franceses, españoles*, en la Sudamericana de Buenos Aires.

1959   Publica en dos tomos (*El auge* y *El ocaso*) *El cuadro histórico de las Indias*.

Publica *La que huele a romero y tomillo*, Sudamericana, Buenos Aires, poema sobre España, y también en esta editorial la séptima edición de *España, ensayo de historia contemporánea*.

1960   Es recibido académico de la de Ciencias Morales y Políticas de París.

Publica *Democracy versus Liberty*, Londres, Pall Mall Press.

Publica *The blowing up of the Parthenon*, Londres, Pall Mall Press, y Praeger, Nueva York.

Publica *De Galdós a Lorca*, Sudamericana, Buenos Aires, reedición de *Las semblanzas literarias contemporáneas*, aumentada con ensayos sobre Ortega, Gabriela Mistral y Lorca.

Preside la Conferencia Cultural celebrada en Lausana por el Movimiento Europeo.

(Junio.) Asiste a la Conferencia Internacional del Congreso para la Libertad de la Cultura, en Berlín.

1961   Sale la edición de bolsillo de la *Guía del lector del Quijote*, en inglés, en la Oxford University Press, precedida de un ensayo sobre *Cervantes y su tiempo* que había pronunciado, en alemán, en Berlín el año anterior.

Sale en Londres *Spain* (Jonathan Cape).

Sale en Buenos Aires (Sudamericana) *El semental negro*, cuarta novela de la serie «Esquiveles y Manriques»

1962 Sale en Londres la edición de bolsillo de *War in the blood*, segunda novela de «Esquiveles y Manriques» (Panther Editions).

Publica *Los tres estudiantes de Salamanca* (Sudamericana, Buenos Aires), libro de teatro que contiene también *El 12 de octubre de Cervantes* y *Viva la muerte*.

Publica *Latin America between the eagle and the bear*, en Nueva York, Praeger.

Publica *El Quijote de Cervantes*, con comentarios y notas, y como prólogo el ensayo sobre *Cervantes y su tiempo*.

(5 al 8 de junio.) Preside la delegación conjunta de europeístas españoles del interior y del exterior en el Congreso Europeísta de Munich.

1963 Publica *Sanco Panco*, novela fantasía, Editorial Latinoamericana, Méjico.

Publica en Nueva York (Collier Books) una edición en rústica en inglés del *Ocaso del imperio español en América*.

1964 Recibe el Premio Deutsch de la Universidad de Berna, por servicios a Europa.

Sale en Londres la edición de bolsillo del *Corazón de piedra verde*, en inglés.

Publica en Londres (Frank Cass & Co.) la segunda edición de *On Hamlet* con respuestas a sus críticos de la primera.

Se retira de la presidencia del Colegio de Europa que lo nombra Presidente Fundador.

El Festival de Salzburgo, hasta entonces inaugurado por personalidades austriacas, lo elige para presidir la inauguración de aquel año. El Festival publica su discurso (pronunciado en alemán) en francés, inglés y alemán.

1965 Publica en Edhasa, Barcelona, la primera edición de *Retrato de un hombre de pie*.

Se representa en el Piccolo Teatro de la Scala de Milán *Viva la muerte*.

Publica en Nueva York la edición en rústica del *Auge del Imperio español* (Free Press).

1966 Radio Berna emite una versión alemana de *Campos Elíseos*.

Publica en Buenos Aires *La cruz y la bandera* (Sudamericana) así como *Satanael*, la quinta novela de «Esquiveles y Manriques».

Publica en Londres *Le Mystère de la Mappemonde et du Papemonde*, fantasía en tres actos y un prólogo en verso con ilustraciones de Vallmitjana (Éditions d'Art O'Hana).

Recibe el doctorado *honoris causa* de la Universidad de Oxford.

1967   Publica en Londres (Allen & Unwin) y en Estados Unidos (University of Alabama Press) *Portrait of a man standing*.

Recibe en Hamburgo el Premio Goethe por sus servicios a Europa.

Publica en Buenos Aires (Sudamericana) *Las memorias de un federalista*.

Publica en Buenos Aires (Sudamericana) *Yo-yo y yo-él*, novela.

La B.B.C. rueda en su casa y jardín de Oxford un reportaje cinematográfico con motivo de la publicación en Londres del original inglés de su *Retrato de un hombre de pie*.

1968   Publica en inglés, en la revista londinense *The Tablet*, y luego en español, en *Destino*, su artículo *La tragicomedia de Gibraltar*.

1970   Publica en Buenos Aires (Sudamericana) *Diálogos famosos*, que comprende una nueva edición de *Campos Elíseos*, muy aumentada, y la primera de *Adán y Eva*.

El 18 de noviembre contrae segundo matrimonio con doña Emilia Székely-Rauman.

Da en francés la conferencia inaugural de la exposición de Goya en La Haya.

Publica en Aguilar (Madrid) la segunda edición de *Anarquía o jerarquía*.

1972   En diciembre traslada su residencia al cantón suizo del Tichino.

Publica *Mujeres españolas* (Espasa-Calpe).

Crea en el Colegio de Europa la Fundación Emmons Blaine, dotándola con 34 000 dólares, para otorgar becas a estudiantes españoles y portugueses.

1973   Publica Espasa-Calpe la segunda edición de *Arceval y los ingleses* (primera edición en 1925).

La ciudad de Aquisgrán le otorga el Premio Carlomagno por sus servicios a Europa.

1974   El 12 de junio se representa en el Ateneo de Madrid su obra *La donjuanía*.

Publica en Espasa-Calpe sus *Memorias (1921-1936)*.

Publica en Planeta, Barcelona, *Españoles de mi tiempo*.

NOTA. Salvo en muy pocos casos, sólo se han mencionado las primeras ediciones. En general, todas las obras menos dos o tres tópicas se han seguido y siguen reimprimiéndose. No se han mencionado las traducciones a otras lenguas, incluso la francesa (si no es el texto original del propio autor). Estas traducciones suman unas 50 obras.

464